普通高等学校创新创业新形态系列教材

创新
创业基础

主　编　唐　锐

副主编　刘方龙　肖喜明　肖　锋

Foundations of Innovation and Entrepreneurship

科学出版社

北　京

内 容 简 介

本书旨在为大学生提供系统的创新创业知识，帮助他们在激烈的市场竞争中脱颖而出。本书结合理论与实践，涵盖了创新思维的培养、商业模式的设计、创业理论与实践以及商业计划书的撰写等方面。同时，书中融入了大量成功案例与实战经验，激励学生将所学知识应用于实际，鼓励他们在挑战中不断探索、不断创新。此外，本书还特别设计了一系列互动练习与讨论题，促进学生之间的交流与合作，提升他们的综合素质和实践能力。

本书特别适合在校大学生、创业爱好者以及希望提高创新能力的年轻人。无论是对创新创业有所了解的学生，还是初次接触这一领域的读者，都能根据书中的内容找到适合自己的学习路径。同时，教师和创业指导者也可以通过本书的结构化知识和实用案例，为学生提供更有效的指导与支持。希望通过本书，能够激发更多大学生的创业热情，培养他们的创新思维，助力他们在未来的职业生涯中取得成功。

图书在版编目（CIP）数据

创新创业基础 / 唐锐主编. -- 北京：科学出版社，2024. 12. -- （普通高等学校创新创业新形态系列教材）. -- ISBN 978-7-03-079773-5

Ⅰ. G647.38

中国国家版本馆 CIP 数据核字第 2024T4T952 号

责任编辑：王京苏 / 责任校对：姜丽策
责任印制：张　伟 / 封面设计：有道设计

科学出版社 出版
北京东黄城根北街 16 号
邮政编码：100717
http://www.sciencep.com
三河市骏杰印刷有限公司印刷
科学出版社发行　各地新华书店经销

*

2024 年 12 月第　一　版　　开本：787×1092　1/16
2024 年 12 月第一次印刷　　印张：18 1/4
字数：445 000
定价：49.00 元
（如有印装质量问题，我社负责调换）

编 委 会

主　编：唐　锐

副主编：刘方龙　肖喜明　肖　锋

编　委（按姓氏拼音排序）：

陈　琛　陈　欣　黄　胜　赖　磊

林　芹　赵九茹　周　萍

前　　言

在当今经济全球化和科技迅猛发展的时代，创新创业已成为推动社会进步和经济发展的重要动力。习近平总书记在党的二十大报告中指出："必须坚持科技是第一生产力、人才是第一资源、创新是第一动力，深入实施科教兴国战略、人才强国战略、创新驱动发展战略，开辟发展新领域新赛道，不断塑造发展新动能新优势。""加快实施创新驱动发展战略。坚持面向世界科技前沿、面向经济主战场、面向国家重大需求、面向人民生命健康，加快实现高水平科技自立自强。"[①]大学生作为未来社会的中坚力量，拥有无限的潜力与创造力，而如何将这些潜力转化为实际的成果，正是《创新创业基础》所着力探讨的主题。我们希望通过本书的系统性知识与实践指导，帮助学生在创新创业的道路上迈出坚实的第一步。

本书从创新思维的培育到创业实践的实施，涵盖了创业的各个环节，旨在为读者提供全面的基础知识和实用技能。同时，我们将邀请真实案例中的成功创业者，分享他们的经验与教训，激励学生在追求梦想的过程中，勇于面对挑战与风险。通过本书的学习，学生不仅可以掌握基本的创业理论，还能培养分析问题、解决问题的能力，增强团队合作的意识。

借助本书，期待更多的大学生能够勇敢探索、积极实践，把握新时代带来的机遇，成为创新创业的实践者和领导者。无论是在校园内还是未来的职场中，本书都将为他们的职业发展铺就一条广阔的道路。

[①] 习近平：高举中国特色社会主义伟大旗帜　为全面建设社会主义现代化国家而团结奋斗——在中国共产党第二十次全国代表大会上的报告. https://www.gov.cn/xinwen/2022-10/25/content_5721685.htm[2022-10-25].

目　　录

第一章

创新创业导论

【学习目标】

1. 理解创新的含义、特征与意义；
2. 掌握创新的主要类型与一般过程；
3. 了解创业的定义、特点与意义；
4. 明确创业的基本类型、核心要素与一般过程；
5. 认识创业企业的生命周期。

■■■■ 导入案例 ●

西西弗书店的文商相融之道

面对电商平台和数字出版物的激烈竞争，西西弗另辟蹊径，找到了文化与商业平衡发展之道。

初创：使命驱动下的文化理想

创始人薛野，一位贵州省高考文科状元，意识到家乡遵义在经济和文化上的滞后，从北京大学毕业后怀揣着使命感回到家乡，于 1993 年与一群志同道合的年轻人在遵义创办了西西弗书店，希望推动家乡文化事业的发展。尽管初期营收有限，但薛野用卖书的收入举办讲座和文化活动，坚持深耕文化理念。1996 年，西西弗获得了中国图书发行协会授予的"全国信誉良好书店"称号，开始谋划向外扩张。然而，随着电子图书和图书电商的崛起，实体书店行业遭受重创。西西弗也难逃经营惨淡的命运，于 2007 年濒临倒闭。

新生：变革中的商业模式重构

面对经营困境，薛野向久经商场的姐夫金伟竹求助，金伟竹开始接手西西弗。他认为传统书店容易陷入文化与商业之争的两个极端，并坚信文化与商业可以相辅相成。于是，他决定将西西弗重塑为"文化商人"，实现文化与商业的平衡发展。2007 年成为西西弗发展史上的转折之年：完成向现代企业的过渡，采取董事会股东制和总经理制度；积极向省外扩张，寻找新的市场增长点；改变定位，将图书作为零售商品经营，尝试"书店+"复合经营模式。2008 年，西西弗在重庆三峡广场开出了第一家省外连锁书店。

崛起：书店与商场的双向奔赴

西西弗选择跳出专业性读者市场，重新定位为"大众精品书店"，瞄准那些"不读书的人"，通过与商业地产的合作，吸引大量没有阅读需求的人群，同时在商场中培养大众读者。2009 年，西西弗在重庆北城天街开设了第一家"购物中心书店"，正式开启与商业地产的合作，通过"书店+咖啡+文创"的商业模式，在购物中心迅速占领市场。重庆市场的成功促成了西西弗与多家商业地产品牌的战略合作，使其快速在成都、深圳、杭州等城市的购物中心复制重庆模式。截至 2022 年，西西弗在一线、新一线和二线城市的入驻率极高，覆盖了西南、华南、华东、华北、西北等多个地区。

[资料来源：程雨，朱晓霞. 2022. 黔"驴"有技：西西弗书店的文商相融之道[J]. 清华管理评论，（10）：124-132.]

第一节　创　新　概　述

一、创新的内涵与意义

（一）创新的含义

"创新"（innovation）一词源于拉丁语，原有三层含义：一是更新，即对原有事物进行替换；二是改变，即对原有事物进行改造；三是创造，即开发出新的事物。创新这一概念涉及经济学、管理学、社会学等多个领域。美籍奥地利经济学家约瑟夫·熊彼特（Joseph A. Schumpeter）在其 1912 年出版的《经济发展理论》著作中首次提出了创新理论并对创新作出了重要界定。熊彼特认为，创新是建立一种新的生产函数，也就是将一种从未有过的生产要素和生产条件的新组合引入生产体系。由此可见，创新实质上是要素的重新组合，这种组合并非要素的简单相加，而是对要素的创造性组合。熊彼特将这种创新组合概括为五种形式：引进新的产品，采用新的生产方式，开辟新的市场，获得原材料或半成品的新的供应来源，以及建立新的组织形式。换言之，熊彼特从企业管理的角度提出了创新的五个方面，即产品创新、工艺创新、市场创新、要素创新与组织创新。从 20 世纪 60 年代起，管理学家们开始探讨创新的含义。现代管理学之父彼得·德鲁克（Peter F. Drucker）认为，任何改变现有物质财富和创造潜力的方式都可称为创新，他强调了创新的广泛性，将创新视为一种贯穿组织各个层面和方面的管理实践。苏珊·斯科特（Susanne G. Scott）认为，创新从发现问题开始，然后产生新的构想或解决方案，再寻求支持来执行新想法。据此，奥内·詹森（Onne Janssen）认为，创新是新想法产生、推广和实施的过程。

综合不同学者的观点，创新是指突破常规、产生新想法，并运用各种资源来落实新想法，以此改进现有事物或开发新事物的价值创造活动。因此，创新主要有两种形式：一种是从无到有、从 0 到 1 的发明创造，以开发全新的事物；另一种是对既有要素的重新组合，以变革和改进原有的事物。

（二）创新的特征

创新能将新构想转化为现实生产力，造就现有事物的变革或新事物的产生，从而提高运作效率以及实现价值创造。因此，创新具有以下主要特征。

1. 目的性

任何创新活动都围绕着特定目的来开展，目的性贯穿创新的整个过程。例如，流程创新是为了提高组织运营和生产效率，产品创新是为了打造外观和性能良好的产品以更有效地满足市场需求，商业模式创新是为了给客户创造更大的价值。这也说明，新构想是从实际出发而非纯粹空想。

2. 变革性

创新是一个复杂的动态过程，涉及对现有事物的改进和革新，如改进原有产品的结构、性能和外观，体现了创新的变革性。这种变革是在现有知识基础上，将新思想、新观点运用于已有事物，通过不断的技术升级来实现该事物的迭代更新。

3. 新颖性

新颖性是创新的重要特征。创新意味着"创造性破坏"，即突破旧的框架和范式，催生革命性的新概念、新技术、新产品等。这种特性强调摒弃现有的不合理事物、革除过时的内容并确立新的事物，如开发新的技术、产品、服务或流程。这种新颖性是持续变化的，以便不断地改进和超越。

4. 价值性

价值性是指创新活动能够对人类的生产、生活、学习和工作创造新的价值，产生有益的影响。价值性与创新的变革性、新颖性密切相关，但并非所有新颖或改进的事物都具有价值、都是创新。只有满足社会需要、对人类活动有意义，才具备创新的价值性。

5. 前瞻性

创新还具有前瞻性，是指洞察和预测未来可能出现的变化和机遇并提前规划和采取行动以应对变化、把握先机。这就要求创新者拥有市场洞察、技术预测、趋势分析、持续学习和动态适应的能力。前瞻性使创新不仅能满足当前的市场需求，还能引领未来的发展方向，从而为社会创造持续的价值。

（三）创新的意义

创新可以促进经济增长。创新是驱动经济增长与转型发展的新引擎。熊彼特的创新理论强调了创新对经济发展的重要作用，认为只有创新才能推动经济发展，创新是不同生产要素的创造性重组，新的组合构成了新的生产函数，从而提升生产效率并最大限度地获取超额利润，由此促进经济发展。改革开放使中国在全球化中走上发展的快车道，但发展不平衡、不协调、不可持续问题突出，利用资本、资源、劳动力投入拉动经济增长的方式已发挥到极限，而人口、资源、环境压力加剧。尤其是当前中国经济发展已进入新常态，在这一背景下，以要素投入驱动经济增长和规模扩张的粗放型发展方式难以为继，只能转向发挥创新驱动优势的经济增长方式。只有大力推进各种创新行动、带动全面创新，才能在资源约束下提高内在的经济生产效率和资源组合效益，为长期的经济增长注入新的活力和动能，从而通过创新实现可持续的经济增长。

创新能够引领社会发展。创新是引领发展的第一动力，党的二十大报告提出"加快实施创新驱动发展战略""坚持创新在我国现代化建设全局中的核心地位"。正如2014 年 8 月 18 日习近平总书记在中央财经领导小组第七次会议上所言，纵观人类发展历史，创新始终是推动一个国家、一个民族向前发展的重要力量，也是推动整个人类社会向前发展的重要力量。在信息化、全球化、数字化浪潮中，新一轮科技革命和产业变革在全球范围内迅速展开并迸发出巨大创造力，新技术、新产品、新业态、新商业模式等不断突破。数字技术、智能制造、新能源、新材料、生物技术等前沿技术和颠覆性技术的群体性突破，不仅改变着经济生产形态和市场竞争格局，还深刻地影响人类社会的生产、生活和人际交往方式，重塑人们的思维方式和价值观念。创新也从科技和经济领域向社会各个领域延伸，成为驱动社会发展的核心动力。当创新作为第一动力与人们对社会发展愈发高层次的需求相结合时，就会爆发出势不可挡的革命性力量。

二、创新的主要类型

创新有多种类型，可以根据创新的内容、程度和主体进行划分，如表 1-1 所示。

表 1-1   创新类型

划分依据	主要类型
创新内容	技术创新、知识创新、产品创新、流程创新、服务创新、商业模式创新、组织创新
创新程度	渐进性创新、突破性创新
创新主体	自主创新、合作创新

（一）根据创新内容划分

按照创新的不同内容，创新主要分为技术创新、知识创新、产品创新、流程创新、服务创新、商业模式创新和组织创新。

1. 技术创新

技术创新是指开发新的技术或者改进现有的技术。技术创新是助力中国经济增长模式由要素驱动转变为创新驱动以及实现经济高质量发展的关键因素。企业作为创新的重要主体，通过技术创新来构建和强化自身核心竞争力。例如，ChatGPT 是 Open AI 公司利用生成式人工智能（artificial intelligence，AI）技术和大规模预训练模型在对话机器人上的成功应用，已成为风靡全球、世界领先的 AI 系统，获得广泛的用户市场。

拓展阅读 1-1

文心一言：百度 AI 技术新突破

2023 年 3 月 16 日，百度在北京举办新闻发布会，推出了新一代大语言模型、生成式 AI 产品——文心一言。百度创始人李彦宏现场展示了文心一言在文学创作、商业文案创作、数理推算、中文理解、多模态生成五个使用场景中的综合能力。百度首席技术官王海峰随后介绍了文心一言所应用的技术。

文心一言是基于百度 ERNIE 及 PLATO 系列模型所开发的新一代知识增强大语言模型。它的关键技术包括监督精调、人类反馈的强化学习、提示、知识增强、检索增强和对话增强。前三项是大语言模型的通用技术，后三项则是百度已有技术优势的再创新，可以有力地支撑文心一言的未来发展。

文心一言的知识增强主要采用知识内化与知识外用两种方式。前者是从大规模知识和无标注数据中基于语义单元学习，利用知识构造训练数据，将知识融入模型参数中；后者是引入外部多源异构知识以用于知识推理、提示构建等。检索增强则依托于以语义理解与语义匹配为核心技术的新一代搜索架构，为大模型提供时效性强、准确率高的参考信息。在对话增强上，文心一言具备记忆机制、上下文理解和对话规划能力，可以实现更好的对话连贯性、合理性和逻辑性。

（资料来源：笔者根据网络资料整理）

2. 知识创新

知识创新是指通过科学研究获得和创造新的知识，并对新知识进行传播、应用和商业化。在知识经济时代，知识成为企业生存和发展的关键生产要素和重要战略资产。知识创新有助于企业获取异质性和多样性知识，并将这些新知识应用于新技术、新产品或新领域中，使企业具备更大的竞争优势，进而通过市场化的产品和服务实现经济和社会利益。

3. 产品创新

产品创新是指为了满足用户和市场需求，开发新的产品或对产品进行改良。也就是说，产品创新的目的在于通过产品外观、性能等的优化来响应市场需求和技术进步。这就需要企业提升技术、原材料、设备或工艺，并能够熟练应用新知识。例如，阿里巴巴开发的"余额宝"作为一种货币市场基金产品，是互联网金融产品创新的典型例子。

4. 流程创新

流程创新也称工艺创新，是指采用全新的或有重大改进的生产方法，对产品或服务的加工过程、工艺路线及生产设备进行创新。流程创新的"新"体现在技术、设备或工艺上，以降低成本、提高质量、改善环境为目的。例如，银行采用的智慧银行系统提升了业务办理效率与客户体验，传统制造企业引入的数字技术和设备实现了智能制造。

拓展阅读 1-2

索菲亚的制造数字化

索菲亚是中国定制家具行业数字化转型的领军企业。早在 2007 年该公司就着手信息化布局，成功上线企业资源计划（enterprise resource planning，ERP）系统，并采用独特的"标准件+非标件"生产模式，率先打破了定制行业困局，致力于在规模效益与个性需求之间取得平衡。在生产制造上，索菲亚一直引领并推行数字化和智能化的创新变革，公司制造中心的数字化是一个逐步完善、迭代升级的过程，生产模式由"单个订单逐一生产"演变为"标准件+非标件"，又进阶为"全柔性化生产"。通过统一组织间的数据口径和建设互联技术，公司搭建了一个全流程可查询、可追溯的协同系统，覆盖设计、生产、运输等环节。索菲亚在中国布局了多个制造基地，持续投入大量资金进行数字化建设，已经构建了一个完善的信息平台，能够贯穿前中后台，全面支持并指导实体工厂的日常运作。公司拥有先进的工业 4.0 车间，最大范围地贴近市场和消费者，产品交付周期短、准确率高、返修率低，为前端销售提供强有力的供应保障，使中后台运营达到行业领先水平。

数字化转型使索菲亚制造中心发生根本性变革。公司的智能化工厂从前端销售的设计、报价、下单，再到后端生产的贴面、开料、封边、打孔、分拣、包装、入库等，整个生产流程数据互联，软硬件有机融合，全自动无缝贯穿，极大地降低了失误率并缩短了生产周期，实现了高度灵活的个性化、数字化、大规模柔性生产。另外，智能集成系统、智能仓储系统、智能物流系统等有效衔接，提高了产品出货准确率，解决了物流环节窜货、漏货等问题。

［资料来源：张玉利，田震. 2023. 个性化与标准化：索菲亚数字化转型之路[J]. 清华管理评论，（3）：104-114.］

5. 服务创新

服务创新是指采用新的方式、内容来提供服务，以提高服务效率和质量、改善用户体验（user experience，UE）和增强用户满意度，更好地满足市场需求以及创造新的市场价值。这种创新可以为用户提供突破以往技术、资源限制的新颖服务。例如，医院官方平台提供的在线问诊服务，便是充分运用了"互联网+"技术来创新诊疗服务，解决患者的便捷就医需求。

6. 商业模式创新

商业模式是企业为客户等利益相关者创造价值、传递价值与获取价值的机制和架构。商业模式创新就是探索新的商业逻辑或运用新的方式来为企业利益相关者创造与获取价值。这类创新要对商业模式的构成要素（内容、结构、治理方式）及其架构做出新颖或重要的改变以实现价值创造。通过重塑行业或者创造新的价值增长点，商业模式创新帮助企业建立竞争优势、突破竞争重围、超越竞争对手。例如，阿里巴巴、字节跳动正是借助互联网和数字技术的发展来打造新的商业模式，从而能够灵活应对环境变化并实现卓越绩效。

 拓展阅读 1-3

"自如"商业模式：从"省心租"到"增益租"

"自如"脱胎于房产中介品牌链家，是品牌长租机构中的头部。长租行业的基础商业模式为：机构从业主手中租下房子，然后转租给个人住户。在该过程中，房东获得确定性收入及租务省心，出让一部分不确定的更高收益；机构则获得批零差价（分租）、经营差价（低收高出）、营销收益（与房东谈判获得的空置期减去实际租出期后的剩余）。

自如在业主侧的收房模式原先为"省心租"，即先收房再装修而后出租。2021 年，随着蛋壳公寓的爆雷和新冠疫情对出租市场的影响，自如开始了商业模式的重大调整，逐步推出新的收房模式，从"省心租"转变为"增益租"：业主出资装修，自如提供保底租金，双方共享增益。这一命名是为了打动业主——相比以往，整体更为增益，业主不要只关注眼前自己要承担的装修费用。具体而言，业主根据自如提供的设计方案，签订装修合同，承担装修费用；根据自如的估价系统，双方约定一个市场化的租金（简称基准租金，现实证明基本是最终出租价格），在装修完成且空气检测达标后，自如开始支付保底租金即基准租金的 80%～90%；一年后自如与业主按 5∶5 的比例分享保底租金之外的租金（一年后才进行分成，主要是由于一年内可能断租，实收租金不一定超过保底租金）。

[资料来源：滕斌圣，王小龙. 2023. 从"省心租"到"增益租"："自如"商业模式调整的"三问三答"[J]. 清华管理评论，（C1）：34-40.]

7. 组织创新

组织创新是指通过调整和变革组织结构及管理方式，使组织能够适应内外部环境变化，提高组织活动的效益。这种创新主要体现在组织结构、制度和文化方面：在组织结构上，调整组织工作分配、重新划分权责关系以及优化人才配备和沟通系统；在组织制度上，改善组织所有者、经营者与劳动者之间的关系，使各方权益受到充分保障；在组织文化上，清除落后的旧观念、吸收先进的新理念，将文化与组织创新活动及内外部环境相匹配。

（二）根据创新程度划分

按照创新的不同程度，创新主要分为渐进性创新与突破性创新。

1. 渐进性创新

渐进性创新（incremental innovation）是在原有的知识基础和技术轨道下，对产品、服务、流程等进行的程度较小的连续性、迭代式改进和革新。虽然渐进性创新对现有产品的改变相对较小，但这类创新非常重要，因为企业创造的大部分利润实际上来自常规性的渐进性创新。单个渐进性创新带来的变化是有限的，但多个渐进性创新的累积效果是惊人的。例如，微软公司自 1985 年推出 Windows 以来，每隔几年对其进行系统升级和更新以改善用户体验，成为全球应用最广泛的操作系统之一。苹果公司自 2007 年推出 iPhone 至今，历年都对手机进行循序渐进的改良和创新，而持续迭代更新使该产品始终保持着竞争力。腾讯开发的 QQ 和微信分别于 1999 年和 2011 年问世，迄今为止这两款即时通信社交软件历经了无数次的版本更新，每一次的版本升级都意味着产品功能的进一步增加和完善。

2. 突破性创新

突破性创新（radical innovation）是一种破坏性、激进式的变革创新，往往会推翻现有商业模式、应用场景和用户期望，创造出前所未有、难以想象的可能性。这类创新是正向非连续性的，通常以改变产品的主要性能指标为标志，从而打破原有产业的游戏规则，使现有企业重新洗牌，对市场竞争、行业格局产生颠覆性的影响。渐进性创新可以维持企业现有产品的竞争力，但当市场出现携带突破性创新成果的竞争对手时，一些大型成熟企业就可能丧失市场领先地位，仅依靠渐进性创新的企业很容易被市场淘汰。例如，当柯达公司还在主攻胶卷摄影业务时，索尼、佳能、松下、尼康等企业已进入数码摄影领域，最终胶卷相机败给了横空出世的数码相机，这也导致了柯达走向没落。而IBM、惠普、西门子、飞利浦等这些能够持续生存和发展的大公司，成功的关键在于通过突破性创新来实现公司的自我蜕变。

 拓展阅读 1-4

突破传统：泸州老窖"智慧酿造"的创新之路

泸州老窖是在明清 36 家古酿酒作坊基础上发展而成的国有大型骨干酿酒企业，历经了"智慧酿造"1.0～4.0 时期，将传统酿造经验科学化、数字化、标准化，并将现代科学技术融入传统白酒酿造过程，实现"单机试验—整线试验—整线优化—自动学习"。

工艺突破，拨云见日

"智慧酿造"1.0 时期，泸州老窖创新工艺流程，建立浓香型白酒风味物质代谢网络模型，为"智慧酿造"提供理论基础，并将酿酒科学理论与传统工艺结合，探索出微氧环境制曲技术、发酵生香技术，提升了制曲、上甑蒸馏、摘酒等工艺环节的生产质量。该企业坚持创新发展，与四川省食品发酵工业研究设计院、中国科学院等科研机构合作，在制曲、酿酒等多个工艺环节进行机械化改革。这一时期的泸州老窖酿造，既有古老窖池车间的手工操作，又有数十年窖龄车间的半机械化生产，更有智能酿造的发展趋势。

整线贯通，创新升级

"智慧酿造"2.0 时期，泸州老窖意识到有必要整线推行机械化生产，于是决定从单体设备升级为整线贯穿以实现整线机械化。在整线设计构建中，泸州老窖联合多家企业共同研发生产线。通过对比不同生产线的优势、劣势及生产情况，泸州老窖大胆革新，对生产线不断优化、调试与整合，最终完成整线升级。该企业以机器取代人工操作，在技术上突破了前期对单体设备的简单应用，将智能化酿酒工艺提升到复杂应用层面，为下一阶段整线推进各复杂设备的贯穿和联动奠定技术基础。

规模生产，汇聚优势

"智慧酿造" 3.0 时期，泸州老窖汇聚技术优势，实现了规模化生产与建造。该企业在生产线引进仿真技术、工业机器人、在线检测技术、大数据等，不仅能很好地继承传统工艺的精髓，还可以替代技师手工酿酒。2016 年，泸州老窖以自动化和智能化为目标的黄舣酿酒生态园项目全面启动，开启了大规模智能化酿酒生产建设。至 2019 年，该项目实现了酿酒全过程的智能化，在行业内起到了良好的示范和推动作用，完成了企业发展的重要一环。

"智慧化"，遥看远方

"智慧酿造" 4.0 时期，泸州老窖建立了完整的白酒酿造智能生产线、智能化中央管控一体化平台、精准化制造执行系统与智能决策系统。该企业紧密结合新时代智能制造的发展背景，进行数据优化、设备预防性维护、智能化预测等，"智慧酿造"已初见成效。在企业未来的智能化纵深发展上，泸州老窖期望尽早实现酿酒全过程在线监测和处理以及机器自动学习、决策和自主优化，从而为企业节省人工成本、提高生产效率并生产优质酒品。

［资料来源：湛紫樱，鲁若愚，丁奕文，等. 2022. 突破传统：泸州老窖"智慧酿造"的创新之路[J]. 清华管理评论，（3）：113-120.］

（三）根据创新主体划分

按照创新的不同主体，创新主要分为自主创新与合作创新。

1. 自主创新

自主创新是指摆脱对外部技术来源和路径的依赖，拥有自主知识产权的独特技术并在此基础上生成新产品。自主创新的关键在于具有对核心技术和知识的自主研发和掌控能力，其创新成果一般体现为获得新的科学发现以及形成自有知识产权的技术、产品、品牌等。对于企业而言，自主创新是不仅要研究出有价值的科技成果，还要实现科技成果的商业化以获取竞争优势和商业利润，这使得企业不仅能在技术层面上保持竞争力，还能更好地应对市场变化和未来挑战。因此，自主创新并非孤立于企业内部，而是要对市场具有深刻的洞察力，了解客户需求、行业趋势以及竞争对手动向，有助于企业适时调整创新方向以确保其与市场需求相契合。对于国家而言，自主创新则是脱离对国外技术路径或范式依赖的创新，即国家根据社会经济发展的客观要求，不依赖于国外技术，独立地、有意识地促进科学技术知识的生产、流动和应用并在此过程中创造财富、实现价值增值。

 拓展阅读 1-5

零跑汽车的"全域自研"突围之路

浙江零跑科技股份有限公司是一家新能源汽车企业，于 2015 年在杭州成立。在企业创立之初，零跑的核心团队毫无汽车行业经验，导致企业进展缓慢，市场表现不佳。然而，在技术方面，零跑始终坚守在"全域自研"的道路上。零跑的"全域自研"意味着要在智能电动汽车硬件和软件核心技术上进行全方位的自主研发与制造，包括自主研发电驱、电池、电控三电技术，智能联网技术，以及自动驾驶技术。创始人朱江明认为："尽管自研自造投入很大，也很辛苦，但造车是一场长跑，自主研发核心技术是零跑坚持前行的原动力，能够帮助我们不依赖外部供应商。只有自己掌握硬件和软件，产品才能具备绝对的竞争力。"

在七年时间里，零跑自主研发了三大整车平台及三电系统、智能网联系统、自动驾驶系统三项核心技术，向外界证明：零跑是继特斯拉之后，全球第二家拥有智能电动汽车完整自主研发能力的厂商。2020年10月，零跑发布了国内首款具有完全自主知识产权的车规级AI智能驾驶芯片"凌芯01"，成为国内首家自主研发自动驾驶计算芯片的车企，同时也是仅晚于特斯拉的全球第二家。在汽车芯片供应短缺的全球背景下，"凌芯01"实现了中国自主知识产权智能驾驶芯片从无到有的突破。2022年4月，零跑更是在国内首次推出了自研的电池底盘一体化（cell to chassis，CTC）技术，再度成为继特斯拉之后全球第二家发布CTC技术的车企。

［资料来源：郑刚，邓宛如. 2022. 如何"领跑"？零跑汽车的"全域自研"突围之路[J]. 清华管理评论，（12）：110-118.］

2. 合作创新

合作创新是指企业、用户、科研院校等多个主体之间通过共享资源的方式，共同开发新产品、服务或解决方案。例如，企业之间建立战略联盟或签订伙伴关系协议，共同研发新技术和产品；企业与高校或研究机构合作，共同从事科研项目合作并进行成果转化；企业通过开放式平台，联合外部个体或组织参与新产品、服务的开发项目，共同创造价值。当前全球性竞争不断加剧，企业创新面临更为严峻的考验，仅凭企业自身力量来驱动创新发展的难度加大，即便是大企业也难免遭遇资源短缺和创新瓶颈，因而创新的综合性和集群性愈发凸显。在现今竞争激烈且高度互联的商业环境中，合作创新成为企业推动技术进步、市场扩张及业务转型的关键策略。这种创新可以实现合作伙伴之间的资源共享、优势互补、风险共担与价值共创，不仅能降低研发风险和成本、加速开发周期和创新进程，还会通过资源整合、跨界融合等来增强产品或服务的市场适应性和竞争力。

三、创新的一般过程

创新源于新奇的想法，并将该想法付诸实践。根据詹森等学者的观点，创新是新想法从产生、推广直至实施的过程。据此，创新的一般过程包括产生新构想、推广新构想与实施新构想三个阶段。

（一）产生新构想

创新过程始于新构想的产生，新构想是开展创新行动的前提条件。感知到的与工作相关的问题、不协调、不连续和新趋势往往是新想法产生的诱因。针对棘手问题提出创造性解决方案或新想法，以及为企业产品、服务、流程的开发或变革探寻可能的机会、创造新颖的构想和方案等，都是产生新构想的具体表现。

（二）推广新构想

创新过程的第二阶段任务是向潜在支持者推广新构想。创新主体一旦产生创意，其需要参与社会活动以寻求新构想的支持者和赞助者，建立一个支持者联盟来为创新提供必要的帮助。也就是说，这一阶段的重点在于向他人推广新构想，以便获得他人对新想法的认可并动员他人给予实质性的支持，为后续该想法的执行奠定重要基础。

（三）实施新构想

创新过程的终极任务是实施新构想，这也是创新过程的核心阶段。实施新构想就是将新想法引入工作环境中，并利用所获得的资源和条件将该想法转化为有价值的应用，如新的技术、产品、服务、流程和商业模式等。也就是说，新构想的落实往往带来各种不同的创新成果，通过这些成果可以评估新构想的实施效果。

第二节 创业概述

一、创业的内涵与意义

（一）创业的定义

"创业"（entrepreneurship）这一概念尚未形成统一的定义，学者们从机会识别与开发、价值创造、新企业创建等不同视角对创业作出了界定，如表1-2所示。

表1-2 创业的定义

界定视角	具体定义
机会识别与开发	创业是谁、在何时、以何种方式和何种效果发现、评估与利用能够创造未来商品和服务的机会的过程
	创业是个人——无论是独立的还是在组织内部——追踪和捕捉机会的过程
价值创造	创业是由机会驱动的，会导致价值的产生、增加、实现和更新，不只是为所有者，也为所有的参与者和利益相关者
	创业是发现商业机会、整合各种资源、开发产品或服务进而创造价值的过程
新企业创建	创业就是建立新组织、创办新企业
	创业是发起、维持和发展以利润为导向的企业的有目的性的行为

从机会角度来看，创业是对机会的挖掘、识别和利用。这一观点的代表性学者斯科特·谢恩（Scott A. Shane）将创业定义为，谁、在何时、以何种方式和何种效果发现、评

估与利用能创造未来商品和服务的机会的过程。简而言之，创业是一个发现、评估和利用机会的过程。霍华德·史蒂文森（Howard H. Stevenson）认为，创业是个人——无论是独立的还是在组织内部——追踪和捕捉机会的过程，这一过程与其当时控制的资源无关。

创业也被视为一种价值创造活动。杰弗里·蒂蒙斯（Jeffry A. Timmons）认为，创业是由机会驱动的，会导致价值的产生、增加、实现和更新，不只是为所有者，也为所有的参与者和利益相关者。全球创业观察项目组也认为，创业是发现商业机会、整合各种资源、开发产品或服务进而创造价值的过程。这种价值创造具体表现为提供新产品和服务，解决现有问题，满足市场需求，创造就业机会，促进经济增长，以及对社会作出贡献等方面。

创业还被理解为创建新企业和开创新事业。威廉·加特纳（William B. Gartner）指出，创业就是建立新组织、创办新企业。阿瑟·科尔（Arthur H. Cole）认为，创业是发起、维持和发展以利润为导向的企业的有目的性的行为。克里斯蒂安·布鲁亚特（Christian Bruyat）强调，创业的焦点应放在创业者与新事业之间的互动上。我国学者张玉利认为，创业是在高度不确定性和资源约束情境下的假设验证性、试错性、创新性的快速行动机制，创建新企业则是创业的一种载体或手段。

由此可见，学者们在创业定义中强调了不同的创业活动，如机会探索和利用、承担不确定性、资源配置与组合、建立新企业、开展新业务、创造新价值和新事物等。尽管学者们对创业的界定各异，但归纳起来可从以下方面进行理解：其一，创业是一个价值创造的过程，通过资源配置、整合与利用的开拓性活动来创造价值；其二，创业强调机会的驱动，通过机会的发现、识别和利用来实现创业目标；其三，创业是一种创新活动，创业过程中往往伴随着新产品或服务的产生；其四，创业需要投入大量的时间和资源，并要承担相应的风险。

综合学者们的观点，创业是指有意识地发现机会，有效地配置与整合资源，并通过创造新产品或服务将机会转化为商业价值的过程。

（二）创业的特点

从创业定义的解读中可归纳出创业的五个主要特点。

1. 机会导向

创业的核心在于识别和开发机会，因为创业是由机会驱动的。创业者通过对市场需求及动向的分析，从中发现潜在的商业机会，然后运用各种方法来利用和把握机会，由此创造商业成果并产生经济效益。这就说明，成功的创业者不仅要具备机会洞察力，还要拥有将机会转化为实际产出的能力。

2. 资源整合

创业的前提是要打破规则和资源约束，在有限的资源条件下，通过优化资源配置、创新资源整合方式来实现创业目标。创业者是资源的所有者和配置者，其获取资源的目的在于组织这些资源来开发创业机会。因此，创业者需要创造性地整合资源以实现资源的最优配置、提高资源利用率，这样才能有效利用机会。

3. 风险承担

创业的过程需要投入大量的资金、时间和精力，还存在各种不确定因素，如技术变革、市场变化、政策调整等，因而创业必须承担一定的风险。高度不确定环境使得创业者面临无法预料的风险、挑战或危机，可能造成创业结果未能达到预期、无法实现创业目标，甚至导致创业失败。

4. 变革创新

创业的本质是变革创新，是一个先破后立的过程。整个创业过程集中体现了创业者的创新思维和创造力。创业者为了把握市场机遇而进行创造性变革与开拓性创新，包括开发新的产品或服务，打造新的技术、流程或商业模式，以及开辟新的市场。

5. 价值创造

创业的目的在于创造价值，创业就是一个实现价值创造的过程。具体地，创业是在识别机会的基础上，有效整合资源并采取行动来开发商业机会，提供满足市场需求的新颖、有用的事物，以此为顾客甚至社会创造价值。成功的创业不仅可以助力企业实现创业目标、谋求自身发展，还能丰富社会产品和服务、推动社会进步。

（三）创业的意义

创业有利于推动社会经济发展。创业通过资源的重新组合和优化配置来使相同的资源获得更多的价值，其本身就能促进经济增长。这是因为，相关理论表明，经济增长是资本增值的过程，而创业就是将个人积累的资本转化为社会资本的最直接活动。因此，创业是资本积累的动力源泉，也是实现经济增长最重要的方式之一。除此之外，创业还可以促进就业，是创造就业机会、增加就业岗位和社会财富的重要途径，有助于提高社会劳动力的就业率和薪资水平，推动社会经济的发展。在"大众创业、万众创新"的浪潮下，创业已成为我国社会经济发展的重要推力。随着大学生数量的逐年上升，就业市场已趋于饱和，越来越多的大学生加入了创业队伍中，成为中小企业创立的生力军。大学生自主创业能够有效提升大学生的就业率，进而促进我国社会经济的发展。并且，活跃的创业活动会使市场上出现许多新的产品和服务，在满足社会需要的同时提高整个社会的创新能力和商业竞争力。

创业可以使创业者实现财富自由与精神富有。创业不仅对推动社会经济发展有重要作用，还对创业者的自身发展有重大影响。与其他的职业选择相比，创业成功会给创业者带来十分可观的物质财富，有望让创业者在短期内实现财富自由。另外，创业活动也给创业者提供了充分发挥想象力与创造力的机会和空间，并且需要创业者具备多元的创业管理技能及专业素养，而这些能力的培养和提升有助于创业者自身的全面发展。创业者在创业过程中秉持个人信念和理想、不断挑战自我，在实现自我价值和精神追求的同时也能为社会创造价值。

创业的价值创造这一特点恰好强调了其对社会经济发展与物质和精神丰富的贡献，具体包括创造社会价值、商业价值与个人价值。其中，社会价值是指创业者要有社会责任感和职业道德，创办的企业要积极承担社会责任，企业提供的产品和服务要符合社会需要、环境要求以及利益相关者的期望，从而推动社会经济的健康发展；商业价值即为经济价值，也就是说创业活动要能增加社会财富、企业财富以及个人收入；个人价值是指创业者在创业过程中可以实现自身价值与人生目标。

二、创业的基本类型

（一）根据创业动机划分

基于不同的创业动机，创业可分为生存型创业与机会型创业两种基本类型。

1. 生存型创业

生存型创业是创业者在缺乏更好就业选择或对就业现状不满的情况下为了生计而被迫进行的创业活动。这类创业的动机在于谋生，即创业者受生活所迫，为了满足个人或家庭的基本生存需求，从事低成本、低门槛和低风险的创业项目，其主要追求的是物质财富。生存型创业大多在传统产品或服务领域，属于尾随型和模仿型，规模较小，抗风险能力较弱，初始创业资源较少，个体创业能力也有限。

2. 机会型创业

机会型创业是创业者为了追求商业机会、谋求更大发展而主动开展的创业活动。这类创业的动机在于把握商机，即创业者洞察潜在商机，在机会的驱使下，为追求更高利润和更好发展以及创造更大价值而主动地、有准备地创业，其侧重的是实现自我价值和个人理想而非物质财富目标。机会型创业更关注科技型、创新型领域，创业风险较大，创业者拥有较多的初始创业资源以及较强的资源获取能力、抗风险能力和创业技能，企业存续时间一般较长。机会型创业会带动新的产业发展，减少企业之间的低水平竞争。

创业者所处的环境及其所具备的能力对创业动机与创业类型的选择起到关键性作用。一般而言，机会型创业在推动经济增长、提升产业竞争力、增加税收等方面的优势更为明显，生存型创业在解决就业问题、营造创业氛围等方面发挥重要作用。

 拓展阅读 1-6

Keep：新创企业如何找到市场空白

自 2015 年在苹果应用程序商店上线以来，Keep 已经积累了大量用户，为他们提供丰富的运动课程以及随时随地健身的可能性。对于新创企业如何找到市场空白、锁定目标用户等，Keep 或许是一个不错的范本。

Keep 创始人王宁，在大学时期体重曾达到 180 斤，为了不让肥胖的形象成为他毕业找工作的绊脚石，王宁下定决心减肥。而作为一名正在实习的学生，他没有多余的钱去请健身教练，于是他花了半年时间自学互联网上的各种健身和减肥知识，最终成功减掉了 50 斤。瘦身后的王宁成了众人关注的焦点，不断有好友向他请教减肥成功的秘诀，他也乐于分享自己搜集到的各类资料和链接。

王宁的好友们对这些链接和视频提出了诸多问题，在被这些问题疯狂轰炸的时候，他突然萌生了一个想法：是否可以创办一个指导"小白"的健身应用程序（App）？当时市场上的同类 App 主要有悦动圈、咕咚、每日瑜伽、糖豆、小米运动等。悦动圈和咕咚关注的是跑步爱好者；每日瑜伽针对的是热爱瑜伽的女性用户；糖豆从事的是广场舞教学；小米运动则依托于小米智能手环来记录运动数据。王宁敏锐地发现市场上还没有一个专门做健身指导的 App，他又仔细回想了自己的减肥经历，意识到在其痛苦且漫长的减肥过程中，确实没有一款产品能够帮助自己一次性解决困惑。于是，王宁诞生了创立 Keep 的想法，并开始组建研发团队，踏上了他的创业之路。

［资料来源：杨文明，陈鸣珠. 2020. Keep：健身"小白"的创业之路[J]. 清华管理评论，（3）：104-111.］

（二）根据创业起点划分

基于不同的创业起点，创业可分为创建新企业与企业内创业两种基本类型。

1. 创建新企业

创建新企业是指创业者个人或团队从无到有地创办和运营一个全新的商业实体。这一过程包括市场调研、商业计划制订、融资、企业注册、团队建设、人员招募等多个重要环节。这种创业形式对创业者的要求较高，其需要具备强烈的创业精神和创新思维以及全面的商业知识与高效的执行能力。并且，创业者要有敏锐的市场洞察力，能够精准地发掘市场需求和痛点，同时洞悉行业动态和趋势，以便识别并把握最具潜力的商机。由于资源和经验的不足，创业者往往面临较大的不确定性和风险，为此他们可以寻求外部支持。例如，加入创业孵化器、获得天使投资或风险资本，能够为新创企业提供必要资金、技术支持、业务指导和网络资源等。

2. 企业内创业

企业内创业是在现有企业内部开展创业活动，具体是指企业内部员工通过识别和利用创业机会、主动承担风险，帮助企业创建新事业、开发新产品和新服务以及变革组织战略的过程。这是一种得到组织授权和资源保证的企业内部员工的创业活动，旨在获得创新性成果与持续竞争优势。企业发展到一定阶段后，为了促进增长和建立长期竞争优势，会在企业内部倡导并激励员工从事创业活动，同时提供相应的资源支持。企业内创业涵盖了企业大多数的战略性活动，包括开拓新业务和新市场、开发新技术和新产品、提供新服务，以及流程创新、战略更新、组织变革等，有利于提升企业竞争力和绩效，是企业成长和转型发展的重要途径。

 拓展阅读 1-7

雷神：海尔小微创业样本

雷神游戏笔记本从产品走向市场开始，没有明显的海尔标记，也不是由海尔生产，品牌也是由雷神团队完全独立运营的。然而，雷神是海尔内部孵化出来的，雷神科技公司创始人路凯林和他的团队成员李宁、李艳兵、李欣，原先也都是海尔的员工。比如，路凯林原是海尔笔记本事业部总经理，李宁原是海尔笔记本"利共体"电商渠道总监。

雷神项目的发起源自一次京东商城偶得的数据：当笔记本电脑销量下滑时，李宁发现游戏笔记本的销量却呈上升趋势，同时这一市场领域还未出现占据垄断地位的强势品牌，且进入门槛并不高。由此，团队随即成立，希望打造一款明星级产品。通过搜集开放式平台中三万多条用户差评，在用户对笔记本的众多抱怨中，他们从解决用户痛点入手，开发出第一代雷神游戏笔记本。雷神科技公司也于2014年成立，是海尔投资孵化的创客公司。

海尔通过"创客制"，为员工提供创业的平台，让每个人都有机会成为创客合伙人。若非凭借海尔小微创业转型的东风，雷神或许只会留存在他们一闪而过的念头中，而"员工创客化"使之得以实现。

（资料来源：笔者根据网络资料整理）

三、创业的要素与过程

（一）创业的核心要素

创业要素是指实现创业的过程中必不可少的组成部分。美国百森商学院杰出教授杰弗里·蒂蒙斯出版的《创业学》（*New Venture Creation*）一书被列为经典的创业学教材。在该书中，蒂蒙斯教授提出了著名的创业过程模型，如图1-1所示。这一模型提炼出了创业的三个核心要素：机会、创业团队与资源。

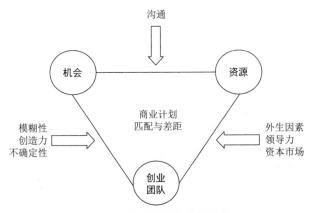

图1-1　蒂蒙斯创业过程模型

1. 机会

机会是创业过程的核心驱动力，也是创业活动的基础。创业源于对某个有价值的机会的识别和发现，例如，未被有效满足的市场需求、未被充分利用的资源等。从本质上讲，创业是一个识别、开发和利用机会的过程。如果没有机会或不能把握机会，创业活动便难以进行。面对众多看似有价值的机会，如何从中筛选出真正具有商业价值和市场潜力的机会，并寻找与之匹配的发展模式，这需要创业者具备审慎且独到的眼光。因此，对创业者而言，除了发掘有市场潜力的创业机会之外，还要分析和评估机会的商业价值。

2. 创业团队

创业团队是创业过程的主导者，创业能否成功很大程度上取决于创业团队的表现。创业团队是指创业初期所组建的为同一创业目标和愿景而共同奋斗、风险共担的两人及以上的群体。他们拥有共享的资源，按照角色分工而协同工作，共同对团队和企业负责，共同承担创业风险并共享创业收益。创业活动的复杂性、风险性和创新性，决定了创业无法由一个创业者单独完成，而是通过组建创业团队来进行合作。机会的识别和开发、资源的整合和运用、新企业的创立、产品创新、市场开拓等都需要创业团队的决策和执行。

3. 资源

资源是创业过程的必要支持，创业活动的开展需要足够的资源作为保障。这些资源包括用于机会开发和价值创造的各种生产要素和特定资产，如原材料、技术、人才、资金等。创业者获取和积累资源的目的是有效地组织与整合这些资源来开发创业机会，将机会转化为商业价值和企业竞争优势。在创业过程中，如果没有充足的资源，即便出现了大好的机会，创业者也可能难以迅速把握和有效利用。由于有价值的机会往往稍纵即逝，因而创业者要对资源进行充分整合与合理利用，以发挥资源的最大效用。

蒂蒙斯的创业过程模型诠释了三个核心要素之间的关系：首先，这三个要素是任何创业活动都不可或缺的。没有机会，创业就成了盲目的行动，容易导致创业失败；机会的发现、抉择和开发都离不开创业者，其主导着整个创业过程，而创业并非创业者个人单枪匹马就可以完成的，需要创业团队的分工协作；创业团队不仅要探索机会，还必须积累资源，因为创业活动的开展需要相应的资源支持。其次，这三个要素之间是相互适配的。在创业过程中，三个要素没有优劣之分，关键在于它们的匹配和平衡。换言之，机会要与创业团队适配，不是所有人都可以驾驭同一个机会的；机会和资源也应当是适配的，不同机会需要不同方式的资源配置。三个要素之间的平衡与协调是确保创业顺利进行的关键条件，然而，要想在创业过程中真正实现机会、创业团队和资源的匹配并非易事。最后，这三个要素是动态变化的。三个要素不是固定不变的，它们的相互关系与配合方式会随着创业过程的各个阶段而发生不同的调整和改变。实际上，创业可被视为这三个要素相互作用、平衡发展的过程。这意味着在创业过程中，要对机会、创业团队与资源三者进行灵活且适当的配置，使它们能在不断变化中实现动态平衡。

（二）创业的一般过程

创业过程是企业从无到有的发展过程，一般包括产生创业动机、识别创业机会、整合创业资源与创建新企业四个阶段。

1. 产生创业动机

创业过程始于创业动机的产生，创业动机是驱使个人投身创业活动的内在和外在因素。内在因素涉及个人的价值观、兴趣爱好、自我实现需要等。例如，个人追求灵活的工作时间和工作方式以及更高的经济回报，渴望拥有自主权和控制权，对某个领域或行业有着浓厚的兴趣和热情，想要通过创业来追求自身梦想或实现个人目标。外在因素包括竞争压力、家庭背景、社会支持等。例如，个体面对职业竞争压力或发展瓶颈，受到家庭背景的影响以及社会环境的鼓励和支持，很可能通过创业来寻找新的职业发展路径。这些内在和外在因素通常相互作用，共同促使个体产生创业动机，进而引导其主动探寻创业机会。

2. 识别创业机会

识别创业机会是创业过程的核心环节，包括发现机会来源、评估机会价值以及明确机会实现路径。也就是说，在这一过程中，创业者需要具体考虑以下问题：第一，机会从何而来？创业者应该找到创业机会的来源在哪里。第二，机会受何影响？创业者应当找出影响创业机会的相关因素。第三，机会有何价值？创业者可以复制机会、发现机会甚至创造机会，但无论哪一种方式都需要对机会进行评估以判断机会的价值。第四，机会如何实现？创业者有必要思考通过怎样的途径来有效利用创业机会，将机会转化成实际价值。

3. 整合创业资源

整合创业资源是创业者开发机会的重要手段。对创业者而言，整合创业资源往往意味着要吸收外部渠道的可获得资源来开展创业活动，要善于借助他人掌握的资源来支撑创业起步。这个过程需要组建团队、凝聚志同道合之人，进行创业融资以及打造创业环境和基础设施等。创业者拥有的资源有限，为了摆脱资源约束，其积极向外获取资源并创造性地整合内外部资源，从而提高创业资源利用率、充分发挥资源优势。实际上，在创业初期乃至后期很长一段时间内，创业者会把主要精力放在资源的获取与整合上。

4. 创建新企业

新企业的创立是创业者完成从无到有的创业过程的直接标志。创建新企业有着规范化的操作，包括企业制度设计和业务布局、企业注册和选址以及企业文化确立等。通过新企业的创办和运营，创业者为市场提供产品或服务，为顾客等利益相关者创造价值，由此获得企业收益并实现创业目标。由于新创企业的新生弱性，创业者首要考虑的问题是如何存活下来，即确保新创企业的基本生存。而从长远来看，在激烈的市场竞争中，企业不成长就无法生存，因而创业者还应具有战略性眼光，进一步思考企业如何成长与发展。

四、创业企业的生命周期

企业的生命周期类似于有机体的生长过程，经历着萌芽、成长、成熟和衰退等不同阶段。而为了避免走向衰退，企业需要不断创新以开辟新的增长点。创业企业的生命周期主要包含概念化、初创、成长、成熟、衰退与再生六个阶段，如图 1-2 所示。

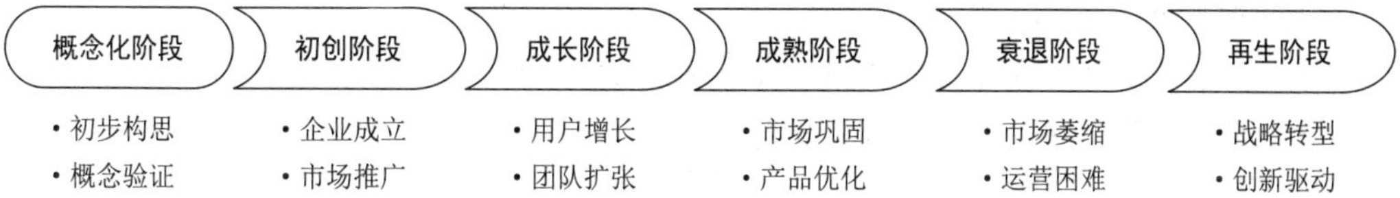

概念化阶段	初创阶段	成长阶段	成熟阶段	衰退阶段	再生阶段
·初步构思 ·概念验证	·企业成立 ·市场推广	·用户增长 ·团队扩张	·市场巩固 ·产品优化	·市场萎缩 ·运营困难	·战略转型 ·创新驱动

图 1-2 创业企业生命周期

创业企业各个发展阶段的具体内容、关键任务以及主要挑战如下。

（一）概念化阶段

1. 具体内容

（1）初步构思：创始人萌生创业想法或概念，可能来源于市场洞察、个人经验或技术创新。

（2）概念验证：开展初步调查与市场研究，从市场需求和潜在竞争等方面验证概念的可行性，规划业务模型，确定目标受众和市场。

2. 关键任务

（1）制订初步商业计划，包括产品描述、市场分析和初步财务预算等。

（2）寻找初始资金来源，例如自筹、天使投资、风险投资或创业孵化器等。

3. 主要挑战

（1）面临高度的不确定性，市场需求和竞争环境尚未明朗。

（2）需要建立初始团队，涵盖关键的技术、运营和市场职能。

（二）初创阶段

1. 具体内容

（1）企业成立：完成法律注册，组建核心团队，确定产品或服务的最初版本。

（2）市场推广：制定品牌战略，进行初步市场推广，吸引早期用户。

2. 关键任务

（1）获得种子资金，建立财务基础。

（2）招募核心团队成员，如技术、市场、销售和财务人员。

3. 主要挑战

（1）资金紧张，必须有效地管理初期开支。

（2）需要构建积极的企业文化与高效的内部沟通机制。

（三）成长阶段

1. 具体内容

（1）用户增长：通过市场推广、销售和口碑传播，扩大用户基础与市场份额。

（2）团队扩张：加大团队规模，引进专业人才，以满足企业增长需求。

2. 关键任务

（1）确保财务可持续性，寻找进一步融资渠道。

（2）优化运营流程，以支持规模扩张。

3. 主要挑战

（1）管理复杂性上升，需要有效的领导力和团队协作。

（2）竞争加剧，必须持续创新以提高产品和服务的竞争力。

（四）成熟阶段

1. 具体内容

（1）市场巩固：巩固市场地位，可能通过战略合并或收购来增强实力。

（2）产品优化：改进现有产品、服务或研发新产品，以满足客户需求并保持竞争力。

2. 关键任务

（1）探索新的商业机会，以响应动态变化的市场需求。

（2）增加组织的灵活性，以适应高度不确定的环境。

3. 主要挑战

（1）面临市场饱和与价格竞争，需要不断创新以维持竞争力。

（2）维护品牌声誉和客户满意度，防止市场份额流失。

（五）衰退阶段

1. 具体内容

（1）市场萎缩：由于市场饱和、竞争加剧或技术革新等原因，导致销售下滑、市场份额减少。

（2）运营困难：遭遇财务危机、客户流失、内部管理不善或人员动荡等问题。

2. 关键任务

（1）诊断问题并制定应对策略，如重新定位市场、优化产品或服务。

（2）重新评估财务状况，降低成本、优化资源利用。

3. 主要挑战

（1）重建市场信任与品牌形象，挽回客户和投资者信心。

（2）应对内外部压力，避免进一步恶化和萎缩。

（六）再生阶段

1. 具体内容

（1）战略转型：重组现有业务，调整市场策略，重新定义业务目标和市场定位，探索新的机会和增长点。

（2）创新驱动：通过技术创新、产品创新和商业模式创新，重构企业竞争力。

2. 关键任务

（1）重塑企业文化，加强团队建设，吸引优秀人才。

（2）获取资金支持，以满足转型过程中的融资需求。

3. 主要挑战

（1）面对市场复苏的不确定性，需要稳定的战略执行和快速的市场反应能力。

（2）持续管理成本，确保财务健康和可持续性。

 拓展阅读 1-8

科大讯飞构建创新生态系统的过程

科大讯飞已成为智能语音产业领域的领军企业，其产品涉及多个领域。该公司创新生态系统的构建经历了以下四个发展阶段。

初创期：进入智能语音市场

刘庆峰及其团队于 1999 年创立了科大讯飞，将智能语音技术进行商业化，在 2000 年前后推出面向大众消费市场的"畅言 2000"和"话王 98"两款产品。然而，由于盗版软件、用户基本能力和电子商务环境等问题，产品市场表现不佳。2001 年，创始人刘庆峰及其团队在合肥巢湖边上探讨公司发展问题。通过此次重要的"巢湖会议"，公司明确了坚持自主创新、成为语音技术开发领军企业的战略方向。随后，科大讯飞将业务重心转向了企业级用户市场。

成长期：提出 iFLY inside 战略

尽管科大讯飞拥有出色的语音技术，但由于缺乏成熟的商业经验，其在与大客户的合作中面临挑战。科大讯飞逐渐意识到将语音技术嵌入合作方系统平台是适应公司成长期的有效模式，并把这一模式称为 iFLY inside 战略。这种模式主要利用大企业在市场和渠道方面的优势，科大讯飞则专注于语音技术开发，而应用集成由运营商或用户自行处理。公司将该模式运用于中国电信、中兴通讯、联想等多个合作伙伴，也将应用场景从呼叫中心拓展至交通、教育、家居等多个领域。

成熟期：从技术提供商转型为语音生态构建者

随着移动互联网的兴起，面对快速技术迭代和互联网巨头竞争的压力，科大讯飞思考如何从单一的技术提供商转变为语音生态的构建者。于是，科大讯飞从三个方面拓展生态伙伴：第一，转变业务模式，从仅服务企业用户转向同时服务企业和个人用户；第二，根据互联网用户消费习惯，增加语音产品中的电话、短信、音乐等功能；第三，激励内外部人才进行价值创造，包括启动"讯飞超脑"计划来吸引全球顶尖语音专家加盟，鼓励员工孵化新业务以及与大企业合作等。

再生期：成为全球开放的智能语音交互平台

自 2017 年起，科大讯飞的战略重心转向全面丰富语音生态环境，主要体现在四个方面：第一，深化语音技术的应用场景，在教育、金融、汽车、通信等领域广泛应用人工智能技术；第二，拓展应用场景，统一数据体系，加强跨界合作，丰富语音生态应用环境；第三，讯飞语音云平台以"云+端"的形式搭建合作共赢的创新体系和生态系统，生态伙伴在云平台上获取技术和云端存储资源，公司利用云平台的主导地位和源头创新来优化语音技术；第四，开辟 AI 生态平台的全新模块，提供创业孵化服务。

〔资料来源：陈瑜，陈衍泰. 2022. 如何赋能企业创新生态系统：以科大讯飞为例[J]. 清华管理评论，（10）：45-52. 〕

【本章小结】

本章包含两节，分别是创新概述与创业概述。第一节具体介绍了创新的含义、特征和意义，以及创新的主要类型和一般过程；第二节分别介绍了创业的定义、特点和意义，创业的基本类型、核心要素和一般过程，以及创业企业的生命周期。

【回顾与思考】

1. 创新和创业的主要特征是什么？
2. 创新和创业有哪些具体类型？
3. 创新和创业过程涉及哪些一般性活动？
4. 创业企业的生命周期包括哪些阶段？

【课后训练】

1. 寻找感兴趣的企业创新创业案例，并结合所学知识分析其创新与创业类型。
2. 选择一家创业企业，描述该企业的发展阶段及其关键事件。

第二章
企业家精神与创新

【学习目标】

1. 理解企业家的含义与企业家精神的内涵；
2. 明确企业家精神的主要特征与创新本质；
3. 认识新时代中国企业家精神的构成要素；
4. 掌握当代大学生企业家精神的培育方法。

导入案例

高德地图：不仅仅是一张"地图"

成从武在大学毕业后一心想要实业报国，他从国内汽车行业的崛起中看到了汽车导航业务的市场前景，由此萌生了创业想法，于是在 2002 年成立了高德软件有限公司。如今，高德已成为我国领先的数字地图内容、导航和位置服务解决方案提供商。它的成长和蜕变离不开成从武的一系列战略选择。

走稳第一步：车载导航

2002 年以前，驾驶员依靠纸质地图及记忆来选择行驶路线，这种做法十分麻烦且准确度低。成从武便带领团队以电子地图进入车载导航市场，历时半年开发了数据采集工具和编辑处理平台，提供专业全面的导航信息。2007 年，高德研发的我国首个车载前装导航软件成功上市，并与多家汽车品牌开展合作。同时，随着智能手机的兴起，高德迅速开发与智能手机匹配的电子导航系统。2008 年 1 月，高德推出首款手机端产品"迷你地图"。2009 年 7 月，手机版"高德导航"正式上线，成为众多用户的首选导航工具。

迈进第二步：出行工具

2010 年 7 月，高德在美国纳斯达克成功上市，获得国际市场融资。彼时，高德在车载导航产品市场处于绝对领先地位，但是，成从武认识到只做车载导航不足以长远发展，于是决定从导航转向地图。2011 年 5 月，高德地图手机 App 正式上线，为用户提供出行导航、生活消费指南、位置交友等一条龙服务，由此高德踏上了移动互联网转型之路。2014 年，高德被阿里巴巴全资收购，借助阿里的信息技术和数据优势，高德的数字化进程迎来新一轮增长。2016 年 10 月，高德地图成功登顶手机地图行业。

跨向第三步：生活服务平台

加入阿里生态体系后，高德被纳入创新业务板块，在智慧交通、智慧出行平台等领域探索商业化场景和本地生活数字化模式。自 2017 年起，高德地图主攻用车领域，推出高德打车和高德顺风车业务。2020 年 9 月，高德推出"高德指南——个人指南"版本，集成各城市吃住行游购热门推荐，为用户出游提供便捷服务。2021 年，高德地图入驻多家第三方本地生活平台。在数字技术的推动下，高德地图不只是一张"地图"，而是涵盖多种出门服务场景的全新生活服务平台。

［资料来源：王家宝，刘国庆，周阳. 2022. 生活服务数字化：高德的品牌升级之路[J]. 清华管理评论，（4）：99-106.］

第一节　企业家精神的内涵与特征

一、企业家精神的概念内涵

（一）企业家的含义

"企业家"（entrepreneur）一词源于法语（entreprendre，译为承担、从事），最初是指从事军事冒险活动的领导者以及开拓海外殖民地的冒险家。后来，这一概念逐渐与经济学相联系。爱尔兰经济学家理查德·坎蒂隆（Richard Cantillon）在 1755 年出版的《商业性质概论》一书中，首次将企业家引入经济学领域，其被界定为承担生产经营风险并利用这些不确定性来获利的人。1803 年，法国经济学家让·巴蒂斯特·萨伊（Jean-Baptiste Say）在其《政治经济学概论》著作中认为，企业家是将所有生产资料集中在一起并对其所能利用的全部资本进行重新分配和安排的人。1912 年，美籍奥地利经济学家约瑟夫·熊彼特在其著作《经济发展理论》中指出，企业家是引领经济发展的人，是重新组合生产要素的创新者。他还指出，创新是企业家最突出的特质，企业家是市场上的创新主体，他们会对平静市场上旧的生产方式的均衡进行创造性破坏，并在经济体系内部开展革命性突变，从而探寻并把握获利机会。1921 年，美国经济学家弗兰克·奈特（Frank H. Knight）在《风险、不确定性与利润》一书中提出，企业家是不确定环境中的决策者并承担决策后果。也就是说，企业家在承受不确定性的同时承担着风险。1973 年，奥地利学派经济学家伊斯雷尔·柯兹纳（Israel M. Kirzner）在《竞争与企业家精神》一书中认为，企业家是能够敏锐发现市场获利机会、具有洞察力的人。现代管理学之父彼得·德鲁克在 1985 年出版的《创新与企业家精神》著作中指出，企业家是能够寻找变化，并将其视为机会而加以利用的人。也就是说，企业家最重要的一个特点，就是能够合理拥抱不确定性，在变化中找到机会。

综合来看，企业家是具备风险承担意识和冒险精神、勇于开创和发展新事业的人。他们在企业的生产经营活动中拥有实际支配权和统筹决策权，承受各种风险和不确定性，并把握市场机遇来获利。

 **拓展阅读 2-1**

企业家与创业者

在商业领域中，企业家和创业者是两个常见的角色，尽管它们容易被混淆，但实际上有着明显的区别和联系。

二者区别

1. 范围与目标

企业家是创建和管理企业的人，他们不仅是企业的创始人，还负责企业的战略规划、资源整合与长期发展。企业家从事各种商业活动，注重企业文化和品牌建设，通过稳定运营和策略性扩张，旨在实现企业的可持续发展。

创业者是建立新企业的人，他们从事创业活动，通过开发新的产品和服务，解决市场中的某个问题或满足某种需求。创业者致力于迅速进入市场、验证产品的可行性，并在短时间内实现增长。

2. 阶段与规模

企业家通常管理已具备一定规模和市场份额的企业，他们的工作重心在于企业的长期发展和稳定运营。创业者则处于企业的初创阶段，更多关注于产品开发、市场验证和融资等早期挑战，面临更大的不确定性。

3. 风险与创新

企业家通常面临较低的风险，因为他们的企业已度过初创阶段，具备一定的市场基础和资金支持。企业家能够投入更多的资金和资源，尝试在多个领域实现创新理念，并对可能的失败有更高的容忍度。

创业者往往承担较高的风险，因为他们处于创业初期，产品和服务尚未得到市场验证，必须不断尝试和调整以找到最佳的市场定位。创业者需要投入大量的时间和精力来验证创新构想并创建企业。

4. 资源与管理

企业家拥有丰富的资源和经验，善于利用现有资源进行有效管理和优化。他们更注重企业的整体管理和发展，包括战略规划、人力资源、财务管理、市场营销等各个方面。

创业者的资源较为有限，需要更加灵活和创新地运用现有资源，还要进行多任务处理和快速决策。他们更关注产品和服务的开发、推广以及新创企业的快速增长。

二者联系

1. 角色转换

创业者在新创企业取得成功后，随着企业的发展壮大，往往会逐渐转变为企业家。他们从解决初创阶段的问题转向管理成熟企业的日常运营。反之，企业家也可能重新投身创业者的行列，当他们离开原有企业而创办新企业时，将再次面对创业阶段的挑战。

2. 创新驱动

无论是企业家还是创业者，创新都是他们共同的驱动力。企业家通过创新管理与商业模式变革来维持企业的核心竞争力，创业者则通过产品或服务的创新来开拓新的市场和客户。

3. 风险管理

尽管风险程度不同，但风险管理对企业家和创业者都至关重要。企业家通过系统化的管理和战略规划来降低风险，创业者则通过敏捷的方法和不断试错来应对不确定性。

（资料来源：笔者根据网络资料整理）

（二）企业家精神的内涵

企业家精神（entrepreneurship，也有创业之义）是在企业家带领企业不断成长的过程中形成和发展起来的。国外关于企业家精神的研究主要分为三大流派：其一，以奈特等人为代表的芝加哥学派，认为企业家精神是在不确定环境中敢于应对挑战与承担风险，强调企业家在应对风险和市场失衡方面的能力；其二，以路德维希·海因里希·艾德勒·冯·米塞斯（Ludwig Heinrich Edler von Mises）等人为代表的奥地利学派，认为非均衡状态的市场中存在大量机会，企业家精神能够促使企业家发现和捕捉市场机会，强调企业家在机会识别和利用方面的能力；其三，以熊彼特等人为代表的德国学派，认为企业家精神就是企业家的创新精神，即企业家精神的核心在于创新，创新会打破原有的经济均衡状态，通过创造性破坏推动经济增长。国内学者也对企业家精神的内涵进行了探讨。例如，张玉利和谢巍指出，企业家精神表现为强烈的创新、承担风险与推动改革发展行为，创业情境则有助于培育和强化这种精神。程锐指出，企业家精神是个体决策者所拥有的企业家才能，具有强烈的冒险精神，能够在激烈的市场竞争中进行创新和创业活动。李兰等人认为，企业家精神是企业家追求创新的内在冲动，代表着一种迎接市场挑战、打破市场均衡、在变化中发现新机遇、创造新生产组合的过程。张维迎认为，企业家精神是在无法预测未来和形成基本共识的不确定环境中应运而生的，企业家需要这种精神来打造新的产品、技术及生产方式以推动社会发展。

从国内外学者的观点来看，企业家精神主要体现为承担风险、应对不确定性和创新。企业家在不确定环境中勇于冒险、敢于挑战，创造性地开拓新事业与开辟新道路，从而抓住市场机遇并建立竞争优势。企业家精神并不限于新创企业中，其存在于各种类型和各个阶段的企业中。严格来说，只有拥有企业家精神的人，才能被称为真正的企业家。

二、企业家精神的核心特征与创新本质

（一）企业家精神的核心特征

根据学者们对企业家精神的描述，企业家精神的重点在于冒险和创新。因此，风险承担与变革创新是企业家精神的两个核心特征。

1. 风险承担

企业家需要具备风险承担精神，敢于尝试新方法和新事物，积极寻求新的突破，并愿意承担相应的风险。这是由商业环境与企业经营管理活动的高度不确定性造成的，因而要求企业家能够应对不确定性、承受风险以及处理危机。作为企业生产经营的主要

指挥者和决策者，企业家对关系到企业兴衰成败的经营决策起着决定性作用。不确定环境中机遇与风险并存，企业家往往进行的是模糊决策或不确定型决策，通常凭借个人经验、直觉和前瞻性来洞察先机、作出预判并冒险尝试，这意味着他们需要承担决策失败所带来的风险和损失。当然，一旦决策成功，其收益也是相当可观的。企业家依靠这种突破性冒险，很可能为企业的未来赢得宝贵的发展机遇。每一位成功的企业家身上，通常都会展现出甘冒风险和承担风险的魄力。例如，海尔、联想、惠普、索尼等，这些耳熟能详的企业，虽然企业的成长经历各不相同，但他们的创始人都是在条件不成熟、环境不确定的情况下敢为人先、敢于冒险和挑战，才铸就了这些企业的辉煌。这种风险承担精神恰恰体现了企业家的探索精神。

企业家精神的风险承担特征包含以下要素：①敏锐洞察，即对事物发展状况有前瞻意识，能够预见未来走势并发掘潜在市场机遇；②敢于冒险，即不安于现状，进行新的尝试并勇于承担风险；③把握机会，即在了解市场趋势、洞察机会的基础上抢占先机，有效利用各种资源来开发商业机会；④积极探索，即保持对外界的好奇心和求知欲，主动探寻新的可能性；⑤化解危机，即具备强烈的危机意识，建立健全的风险管理和应急预案，及时识别、评估与应对各种风险和不确定因素。

这一特征要求企业家强化韧性，不仅是企业家自身的心理韧性，还包括企业的组织韧性。心理韧性是企业家在面对挑战、压力和不确定性时表现出的心理弹性和抗压能力，使他们保持稳定的情绪、冷静清晰的头脑以及坚韧乐观的态度。企业家面临着不确定因素、风险、危机与失败的可能性，在感知压力或遭遇挫折时，必须保持积极的心态，坚信自己有能力克服困难、取得成功。这种韧性使得企业家可以从挫折和失败中迅速恢复，吸取经验教训，不断调整和改善行动计划，以有效地应对各种动荡因素。组织韧性是企业在面对外部环境变化时，能够保持敏捷性、灵活性、适应性和复原能力。通过广泛获取外界信息、快速调整策略与灵活分配资源，企业家带领组织成员响应市场动态变化、促进业务稳步发展，提升了企业对不确定环境的适应力，由此增强组织韧性。

2. 变革创新

企业家是变革创新的探索者、组织者和引领者。其一，作为变革创新的探索者，企业家展现出对市场和技术的敏锐洞察以及对未来趋势的深度预见。他们不甘于现状，敢于打破传统、挑战既定模式、不断寻求新的突破。这意味着企业家持续关注行业动态、分析市场需求以及发掘商业机会，进而探索新的商业模式和发展路径，实现业务的突破和增长并构建企业的核心竞争力。其二，作为变革创新的组织者，企业家必须具备有效的组织能力与资源整合能力。他们需要重塑组织结构、改进工作流程以打造灵活高效的组织模式，同时有效整合和管理各种资源，包括人力资源、财务资源、技术资源等，以确保资源的合理配置，使创新活动得到充分支持。他们还应搭建开放的沟通渠道与交互平台，促进企业的内部协作以及与外部的合作，共同推动创新项目的实施和落地。其三，作为变革创新的引领者，企业家在引导方向和激励员工上扮演着至关重要的角色。他们通过企业愿景和使命，带领组织朝着明确的创新目标前进。同时，他们创建一个充满活力和包容性的工作环境，激发组织成员的工作热情与创造力，鼓励员工开展变革活动、实现创新追求。而新产品、技术或商业模式的出现，使企业家有可能打破行业壁垒，引领行业发展的方向。

企业家精神的变革创新特征要求企业家在思维、理念、战略和管理等方面进行革新。首先，在思维方面，企业家要超越传统思维模式，敢于挑战常规和惯例，积极寻求新的想法或解决方案，勇于接受失败并引以为鉴。他们拥有变革意愿和创新意识，不拘泥于历史经验，主动探索未知领域、尝试新的理念，以开放、敏捷的思维方式应对不断变化的商业环境。其次，在理念方面，企业家应根据社会、经济、政治和科技环境来更新企业经营理念，塑造与时俱进的企业文化和价值观，强调可持续发展、社会责任、员工福利等理念，并将这些理念融入企业日常经营活动中。通过树立良好的企业形象，企业家可以赢得员工、客户及社会的信任和支持，进而推动企业的发展壮大。再次，在战略方面，企业家要适时调整和创新企业发展战略，以适应复杂多变的市场环境和竞争格局。他们应寻找新的市场机遇和发展路径，制订灵活、前瞻性的战略规划，引导企业拓展新的领域和业务、开发新的产品和服务，从而在不断变化的市场中保持竞争优势。最后，在管理方面，企业家要创新管理模式和方法，推动组织变革和发展。他们应营造民主、包容的管理氛围，推崇平等、自由的沟通方式，激励员工参与决策和提出新构想。企业家还应注重团队建设与人才开发，培养具有主动变革意愿、创新精神和团队合作能力的员工，为企业的可持续发展奠定坚实的人才基础。

（二）企业家精神的创新本质

创新是企业家精神最本质的特征。企业家精神的主要特征是冒险和创新，而创新是企业家精神的内核与精髓。经济学家约瑟夫·熊彼特认为，企业家最重要的职能不是在现有条件下按部就班地组织经营和生产，而是不断在经济结构内部进行"革命性突变"，对旧的生产方式进行"创造性破坏"，以实现经济要素的新组合。因此，熊彼特认为企业家精神的本质在于创新。这一观点得到了彼得·德鲁克的认可和支持，其在1985 年出版的《创新与企业家精神》一书中明确指出，企业家精神就是创新精神，企业家精神的核心要素就是创新。

创造性破坏是企业家精神的一项重要创新品质，通常伴随着颠覆性创新。这意味着企业家不止步于改进现有产品或服务，而是致力于打破现有的市场格局、颠覆现有的商业模式和行业规则，引入全新的理念和解决方案来重新定义市场、开辟新的市场空间，从而创造新的企业价值。例如，企业家通过订阅模式、共享经济、平台模式等新型商业模式，重新构想产品或服务的交付方式，以提供更好的价值和用户体验。技术进步是创造性破坏的重要推动力。企业家通过引入新技术，如人工智能、大数据、物联网、区块链等，改变传统产业的运作方式，重新界定行业标准，并从中发现新的商机。创造性破坏不仅仅追求商业利润，还注重社会价值与可持续发展，这种破坏所引发的颠覆性创新有助于解决社会问题和提升人们的生活质量进而推动社会的全面进步。当然，创造性破坏往往伴随着较高的风险，因为企业家需要摒弃传统商业模式和摆脱路径依赖，探索全新的未知领域，这一过程存在较大的不确定性和失败的可能性。然而，成功的创造性破坏会给企业带来巨大的回报，包括市场份额的增长、品牌价值的提升以及对社会的积极影响。真正优秀的企业家善于在创造性破坏中赢得企业核心竞争力，引导社会消费趋向，推动产业变革和经济发展。

企业家精神反映了企业家拥抱不确定性，在不确定和变化中获得生机的能力。不确定性往往源于动态变化，而变化意味着创新。企业家这种不满足于现状、总是寻求变化的精神其实就是一种对创新的孜孜以求。因此，企业家精神的创新本质强调的是在不确定环境中进行创新，也就是说，创新存在较大的不确定性。创新是承担风险的试错过程，往往涉及未经验证的概念、技术或方法以及未知的市场反应和用户需求等，这就导致了创新的不确定性。总的来说，创新的不确定性来自外部环境的不稳定性与组织内部的复杂性。技术变革、市场动荡、政策变动，以及组织结构、资源和管理等不确定因素，都会影响创新的方向、过程和结果，需要企业家进行有效的风险管理和创新管理。

 拓展阅读 2-2

创新的不确定性与企业家精神

经济学家张维迎教授认为，创新的最大特点是不可预测，这是因为创新的前景是不确定的。创新的不确定性可以概括为四个方面。

第一，技术可行性的不确定性。一个新的想法可行不可行，根据人们当时的科学和技术知识是不知道的，至少是没有绝对把握的。也就是说，每一项新技术的出现，我们都不知道它能否成功。

第二，商业价值的不确定性。创新不同于发明，它必须有商业价值。一种创新在技术上是可行的，但技术的成功并不意味着这一创新能够受到消费者欢迎、获得市场认可。商业价值的不确定是大部分创新落地时会面临的问题。

第三，相关技术的不确定性。创新能否成功很大程度上依赖于其他相关技术，可能是互补性技术，也可能是竞争性技术。这些技术是否出现、何时出现，事先是未知的。

第四，体制、文化和政策的不确定性。不同的体制、文化和政策的对抗，会给创新带来较大的阻力。创新是创造性破坏，一个创新的出现会使得原来生产某些产品和掌握某些技术的人或团体受损，这些人就可能采取各种措施来阻碍创新的扩散，甚至使其夭折。

张维迎教授认为，正是由于创新的不确定性，我们无法预测未来，使得企业家精神成为必需。企业家精神使得企业家不以利润为唯一目的，企业家的决策不是在给定约束条件下求解的科学决策，而是改变约束条件本身，并且基于想象力、直觉和个人独特的判断。

（资料来源：笔者根据网络资料整理）

第二节　新时代中国企业家精神

一、中国企业家精神的演进历程

党的十八大以来，以习近平同志为核心的党中央高度重视企业家群体和企业家精神在国家发展中的重要作用。例如，党的十九大报告提出"激发和保护企业家精神，鼓励更多社会主体投身创新创业"，党的二十大报告再次强调"弘扬企业家精神，加快建设世界一流企业"。这是因为，随着改革开放的深入推进，中国经济持续蓬勃发展，企业家队伍日益壮大，成为推动国家经济增长、制度变革和社会进步的关键力量。同时，深化供给侧结构性改革、实现高质量发展等任务，要求一大批优秀的中国企业家肩负重任，充分展现企业家精神。

中国企业家调查系统课题组自 20 世纪 90 年代起，对中国企业家队伍进行了连续追踪调查，涵盖企业家精神、企业家成长等多方面内容。1993 年党的十四届三中全会确定了建立社会主义市场经济体制，提出了建立现代企业制度和造就企业家队伍的历史任务。在这一背景下，中国企业家调查系统课题组启动了首次企业家调查研究，并进行每年一度的问卷追踪调查。该课题组从 1993 至 2022 年开展了连续 30 年的追踪调查，并于 2023 年发布了《中国企业家队伍成长与发展 30 年调查综合报告》。调查显示，随着市场化、全球化和技术进步的进程，30 年来中国企业家精神的内涵不断丰富和升华。

调查报告指出，中国企业家精神的演进历经市场经济体制创建期、经济发展转型期、改革开放攻坚期与高质量发展推进期四个阶段。该报告总结了各个时期中国企业家精神的主要特征，如表 2-1 所示。在市场经济体制创建期（1993~2002 年），中国企业家精神主要表现为勇担风险、善抓机会、奉献、敬业和节俭；在经济发展转型期（2003~2012 年），中国企业家精神的主要特征是创新、善抓机会、勇于突破、与众不同和自我实现；在改革开放攻坚期（2013~2017 年），中国企业家队伍展现出创新、诚信、精益求精、勇于突破和造福社会的企业家精神，助力企业从粗放式向高质量发展转型；在高质量发展推进期（2018 年至今），企业家精神的诚信、敬业和创新仍受到高度重视，奉献与造福社会的特征也日益凸显。

表 2-1   中国企业家精神的演进

时期	市场经济体制创建期（1993~2002 年）	经济发展转型期（2003~2012 年）	改革开放攻坚期（2013~2017 年）	高质量发展推进期（2018 年至今）
企业家精神的主要特征	勇担风险、善抓机会、奉献、敬业、节俭	创新、善抓机会、勇于突破、与众不同、自我实现	创新、诚信、精益求精、勇于突破、造福社会	诚信、敬业、创新、奉献、造福社会

资料来源：李兰，王锐，彭泗清. 2023. 企业家成长 30 年：企业家精神引领企业迈向高质量发展——中国企业家队伍成长与发展 30 年调查综合报告[J]. 管理世界，39(3): 113-136。

中国企业家精神的形成和发展与中国政治、经济、社会环境息息相关，随着时代的变迁与社会的变革，中国企业家精神的内涵和特征也在发生变化。回顾中国企业家精神的演进历程，由表 2-1 可见，前两个时期的企业家精神注重把握机会、冒险和突破，符合企业家凭借经济体制改革红利来快速实现企业发展的特点，而后三个时期的企业家精神强调创新的重要性。从改革开放攻坚期以来，企业家精神的善抓机会、与众不同、自我实现等关注企业家自身发展的特征逐渐被精益求精、造福社会等关注人、企业、社会甚至人类福祉的特征所取代。尤其是高质量发展推进期，企业家精神愈发彰显中国特色社会主义核心价值观，如诚信、敬业、奉献、造福社会等。总体而言，中国企业家精神在不断演变的过程中始终契合时代发展特点，当代中国企业家精神则呈现出新时代中国特色社会主义的浓厚色彩。

二、新时代中国企业家精神的构成

（一）新时代中国企业家精神的内在基础

中国是世界第二大经济体、最大的发展中国家，也是在中国共产党领导下实现中华民族伟大复兴的中国梦的社会主义国家。当前，中国特色社会主义进入了新时代，新时代是全面建成社会主义现代化强国的时代，需要充分发挥企业家群体的作用，尤其是要培育具有中国特色的企业家精神。新时代中国企业家精神既是中国特有国情的发展使然，也是中国历史文化的传承产物。党的十八大报告提出："倡导富强、民主、文明、和谐，倡导自由、平等、公正、法治，倡导爱国、敬业、诚信、友善，积极培育和践行社会主义核心价值观。"

党的十九大报告指出："社会主义核心价值观是当代中国精神的集中体现，凝结着全体人民共同的价值追求。要以培养担当民族复兴大任的时代新人为着眼点，强化教育引导、实践养成、制度保障，发挥社会主义核心价值观对国民教育、精神文明创建、精神文化产品创作生产传播的引领作用，把社会主义核心价值观融入社会发展各方面，转化为人们的情感认同和行为习惯。"党的二十大报告也强调："深入开展社会主义核心价值观宣传教育，深化爱国主义、集体主义、社会主义教育，着力培养担当民族复兴大任的时代新人。"可见，承载着中国国情、历史使命和文化底蕴的新时代中国企业家精神，必然以社会主义核心价值观为基础。这一价值观帮助企业家群体更好地塑造和弘扬新时代中国企业家精神，也使大学生群体更有效地理解和学习这种精神。

社会主义核心价值观的基本理念可分为三个层面：其一，富强、民主、文明、和谐，是国家层面的价值目标。这是中国社会主义现代化国家的建设目标，是从国家层面对社会主义核心价值观的凝练，在该核心价值观中居于最高层次，对其他层次的价值理念具有统领作用。其二，自由、平等、公正、法治，是社会层面的价值取向。这是对美好社会的生动表述，是从社会层面对社会主义核心价值观的凝练，也是中国共产党矢志不渝、长期实践的核心价值理念，反映了中国特色社会主义的基本属性。其三，爱国、敬业、诚信、友善，是公民个人层面的价值准则。这是公民的基本道德规范，是从个人行为层面对社会主义核心价值观的凝练，覆盖了社会道德生活的各个领域，不仅是公民必须恪守的基本道德准则，还是评价公民道德行为的基本价值标准。因此，新时代中国企业家精神应融合社会主义核心价值观的基本理念及其具体要求。这意味着，新时代中国企业家精神要植根于中华优秀传统文化和中国共产党的红色文化。

（二）新时代中国企业家精神的构成要素

新时代呼唤与时俱进的企业家精神。2020年7月21日，习近平总书记在北京召开的企业家座谈会上指出："改革开放以来，一大批有胆识、勇创新的企业家苗壮成长，形成了具有鲜明时代特征、民族特色、世界水准的中国企业家队伍。企业家要带领企业战胜当前的困难，走向更辉煌的未来，就要在爱国、创新、诚信、社会责任和国际视野等方面不断提升自己，努力成为新时代构建新发展格局、建设现代化经济体系、推动高质量发展的生力军。"习近平总书记从战略和全局的高度深化了对企业家作用的认识，也为新时代中国企业家队伍的建设与企业家精神的培育指明了方向：新时代企业家要增强爱国情怀，勇于创新，诚信守法，承担社会责任，以及拓展国际视野。这五个方面系统地反映了新时代中国企业家精神的内涵和结构。因此，新时代中国企业家精神包含爱国情怀、勇于创新、诚信守法、社会责任、国际视野五个构成要素，如图 2-1 所示。这些构成要素充分融合了社会主义核心价值观，凸显出鲜明的时代印记和民族特色以及较高的世界水准。

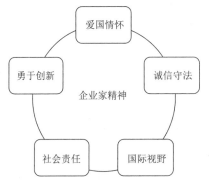

图 2-1　新时代中国企业家精神的构成要素

1. 新时代中国企业家精神的前提：爱国情怀

爱国情怀是新时代中国企业家精神的第一要素和首要原则。家国情怀是中国固有商业文化高扬的旗帜。自中华人民共和国成立以来，广大企业家致力于将企业发展同国家繁荣、民族复兴和人民幸福紧密结合起来。他们努力填补国内发展的空白，打破外国势力的封锁和垄断，通过不懈奋斗为国家经济发展和民生改善作出了重要贡献。在历次大灾大难和危急关头，中国企业家总是不遗余力地为国担当、为国分忧。这既是企业家爱国主义传统的自然延续，也是企业家精神在新时代的发扬和升华。

爱国情怀反映了新时代中国特色社会主义对企业家的价值引领。拥有爱国情怀的中国企业家对国家、民族怀有崇高的使命感与强烈的责任感，时刻关注国家发展战略和政策动向，使企业的发展方向紧跟国家战略需求。同时，他们主动把握时代契机，找准目标市场定位进而深耕细作。在建立社会主义强国的进程中，中国企业家自觉以国家利益为重、以增强中国核心竞争力为己任，构建企业自身规划体系，瞄准关键核心技术，注重实体经济发展，关注民生用品的创新和发展。这是新时代中国特色社会主义赋予中国企业家的精神路径选择。除了带领企业奋力拼搏、力争一流以强化国家综合实力和竞争优势之外，企业家们在国家和人民遭遇地震、洪水、新冠疫情等灾难之时纷纷捐款捐物，提供志愿服务。这些行为都明确展现了新时代中国企业家的爱国情怀。

 **拓展阅读 2-3**

战疫中的企业担当，彰显企业家精神

中国广大企业在新冠疫情防控战中，展现出强烈的责任感、使命感、奉献精神与担当作为，彰显了新时代的企业家精神。

战疫物资的"保障者"。阿里巴巴、腾讯等企业发挥营销网络和产业链优势，全球寻源，迅速从海内外直接采购医疗物资，最大限度地保障供应。相关企业通过复工复产、扩能增产、跨界转产等，快速提高医用物资生产能力。

战疫工程的"建设者"。火神山医院、雷神山医院等一系列战疫工程，能够以令人惊叹的速度拔地而起，离不开施工企业的持续奋战，也离不开设计、水电、通信、医疗等各行各业的企业火线支援。

战疫物资的"护送者"。民航、物流等企业迅速反应，将战疫物资快速送至一线，纷纷开通义务运送绿色通道，全力保障全国各地驰援武汉的疫情防控救援物资的运输。

战疫科技的"护航者"。科技企业为战胜疫情搭建了"科技防护网"，采用无人化、智能化的科技设备来抗击疫情，不仅节约了人力成本，还降低了人员交叉感染的风险。

国有危难，企业作为市场主体，有一种天然的救市冲动，这是中国传统儒商精神的现代表达，充分彰显了中国特色社会主义市场经济环境下的商业伦理和企业家精神。

（资料来源：笔者根据网络资料整理）

2. 新时代中国企业家精神的核心：勇于创新

勇于创新是新时代中国企业家精神的内核与灵魂。中华民族自古以来便极具创新精神，体现在商业文化上就是"勇足以决断""人弃我取"，即勇于探索、敢于尝试、逆向思维、独辟蹊径之义。创新是引领发展的第一动力，而企业家创新活动是推动企业创新发展的关键。习近平总书记在企业家座谈会上提到："改革开放以来，我国经济发展取得举世瞩目的成就，同广大企业家大力弘扬创新精神是分不开的。创新就要敢于承担风险。敢为天下先是战胜风险挑战、实现高质量发展特别需要弘扬的品质。"

正因为中国企业家勇于创新，才出现了智能家电、智慧家居、绿色出行等新型应用场景，极大地提升了人民生活质量，满足并引领了消费升级需求，同时促进了产业结构转型。新技术革命带来了新产业、新商业模式、新业态发展的历史机遇，新时代的高质量发展需要企业家提升创新发展的新动能。企业家是引领创新型经济发展的重要力量，新时代的中国企业家应该具有超越常人的创新能力，可以通过自主研发和技术创新来提高企业乃至国家的核心竞争力。例如，以创新为核心的企业家精神在华为公司创始人任正非的身上得到了充分体现，在他的带领下，华为公司坚持对 5G 技术进行研发投入，使我国在数字时代取得了国际领先的地位。中国企业家要想在全球立于不败之地，必须加快创新，尤其是加强科技创新，同时重视组织和市场创新。

拓展阅读 2-4

任正非谈科技创新

2021 年 9 月 14 日，华为公开了创始人任正非在公司内部创新先锋座谈会上的讲话，表达了他对前沿技术、科技创新等的看法。以下是他的部分观点。

我们研究 6G 是未雨绸缪，抢占专利阵地，不要等到有一天 6G 真正有用的时候，我们因没有专利而受制于人。我们过去强调标准，是我们走在时代后面，人家已经在网上有大量的存量，我们不融入标准，就不能与别人连通。但当我们"捅破天"的时候，领跑世界的时候，就不要受此约束，敢于走自己的路，敢于创建事实标准，让别人来与我们连接。

在科学探索的道路上，我国比较重视实验科学，对理论研究不够重视。公司不能目光短浅，只追求实用主义，那有可能会永远都落在别人后面。我们需要更多的理论突破，尤其是化合物半导体、材料科学领域，现在基本上是日本、美国领先，我们要利用全球化的平台来造就自己的成功。

我国也经历了泡沫经济的刺激，年轻精英们都去"短平快"了，我国的工作母机、装备和工艺、仪器和仪表、材料和催化剂研究等还比较落后，我们用什么方法在这样的条件下进行生产试验，这是摆在我们面前的困难。

（资料来源：笔者根据网络资料整理）

3. 新时代中国企业家精神的根本准则：诚信守法

诚信守法是新时代中国企业家精神的基本内容和准则，反映了企业家的法治意识、契约精神和守约观念。诚实守信是中华民族优秀传统美德，"诚"是儒家为人之道的中心思想，"信"是法家道德观的核心。诚信是人立身处世之根本，更是企业家精神的题中要义。信用与法治是社会主义市场经济的重要基石，而企业家精神的先进程度是衡量社会文明程度的重要标准。习近平总书记在企业家座谈会上强调："企业家要做诚信守法的表率，带动全社会道德素质和文明程度提升。"也就是说，中国企业家要自觉依法合规经营，诚实守信、依法治企、依法维权，不做偷工减料、以次充好之事，主动抵制逃税漏税、污染环境、侵犯知识产权等违法行为。

信守承诺、讲究诚信、货真价实、童叟无欺等，始终是中国商业文化的主流价值观。诚信守法作为中国优秀企业家必备的珍贵品质，既是对传统经营文化伦理的继承，又是对现实竞争秩序的维护。尤其在我国积极履行和引领经济全球化的背景下，尊重商业法则、遵守国际通行法规和惯例、重视知识产权等，是中国企业争取世界领先地位和完成建设人类命运共同体使命的必要前提。因此，新时代中国企业家的诚信守法体现在信守合约承诺、遵守法律法规、尊重市场规则、保障消费者权益、保护知识产权等方面，有利于提升企业形象和信誉度，建立起健康、可持续的商业生态。

 **拓展阅读 2-5**

胖东来的七大"诚信之道"

胖东来商贸集团有限公司入选 2023 年全国"诚信兴商"典型案例，并位居榜首。以下是该企业关于诚信的七大做法。

1. 尊重、关爱、成就员工

胖东来充分发挥员工的主观能动性，让每个员工成为"诚信兴商"的践行者和传播者，让顾客信任。

2. 确保所售商品质量安全

胖东来优选供货商和服务商，精心打造自主品牌，确保所售商品品质和服务质量，真正让消费者放心。

3. 营造人性化经营服务环境

胖东来始终把安全作为头等大事来抓，旗下每个商场超市门店都建立了双重预防体系，配备专业的安全管理人员，如发现险情或安全隐患，快速反应、第一时间进行处置。

4. 不折不扣履行承诺

胖东来公开向社会作出"用真品换真心，假一赔十""不满意就退货""商品和服务质量有问题就赔款"等承诺，并不折不扣地履行。

5. 从顾客角度考虑问题

小小商品标识显诚信。胖东来大众自营服装在所有商品标价签上写明"进货价、毛利率、售价"等丰富的商品基础信息。

把细节做到极致。需称重的有外包装的商品，实行"去皮（去除外包装物重量）称重"。购买水产品实行"沥水称重"，不让顾客多花冤枉钱。

开通急购热线。只要顾客有特殊原因电话联系急需商品的，不论数量多少，也不论路途远近，都按顾客要求配送到位。

倡导理性消费。在各门店柜台醒目处放置理性消费的提示牌，服务人员会以"只买对的、不选贵的"的理性消费观念，引导顾客选购商品。

购物不满意就退换货。顾客在胖东来任何一家门店购买的商品，只要不满意，只要不影响二次销售，不论有无质量问题，均可无理由退换。有质量问题的，按《客诉处理标准》进行补偿并真诚道歉。

6. 尊重商户，服务商户

胖东来秉承尊重、合作、服务、共同提升进步的理念，与商户密切合作，共同承担和分享零售企业的责任和使命。

7. 主动承担社会责任

胖东来心怀社会，在大灾大难面前慷慨捐赠，先后支援非典疫情防控、汶川和玉树抗震救灾、新冠疫情防控和河南抗洪救灾等。

（资料来源：笔者根据网络资料整理）

4. 新时代中国企业家精神的价值导向：社会责任

社会责任是新时代中国企业家精神的核心价值取向。主动承担社会责任是中国企业家追求的一种利他、奉献的企业家精神。对内而言，企业家的社会责任包括关注员工福利、提供良好工作环境、保障员工权益、提供员工培训和发展机会等。这些措施有助于提升员工的生活质量，增强员工对企业的归属感和忠诚度，促进员工的个人成长与发展，进而提高企业的生产效率和竞争力。对外而言，企业家的社会责任包括参与公益事业、支持社区发展、保护环境、解决社会问题、履行税收义务等。通过积极履行社会责任，企业可以回馈社会、增强企业声誉，树立良好的企业形象，促进社会和谐稳定发展。除了为社会创造财富和价值之外，具有社会责任担当的中国企业家在国家和社会处于危难之际，也愿意牺牲企业短期利益来帮助国家和社会渡过难关，表现出强烈的社会责任感和使命感。

企业是社会的企业，企业家则是社会的精英分子，必然要承担更多的社会义务。习近平总书记在企业家座谈会上指出："只有真诚回报社会、切实履行社会责任的企业家，才能真正得到社会认可，才是符合时代要求的企业家。"在社会层面上，新时代中国企业家要积极参加志愿服务，投身慈善公益事业以回馈社会。例如，一大批优秀企业家主动投身我国的脱贫攻坚、乡村振兴和应急救灾工作，同时在促进就业、保护生态等方面发挥作用。在企业层面上，新时代中国企业家要关心员工，稳定就业岗位，采取人性化管理以构建和谐劳动关系。可见，新时代中国企业家不仅要肩负起企业发展的责任，还要有为国家和社会担当的意识，能够在新时代中找准定位、致富思源、积极行动，为实现共同富裕和中华民族伟大复兴的中国梦贡献自己的智慧和力量。

 拓展阅读 2-6

周鸿祎：投身公益，科技报国

360 集团创始人周鸿祎，因坚持投身公益履行社会责任、以科技报国捍卫数字安全，获选 2023 中国民营企业社会责任优秀企业家。中华全国工商业联合会表示，入选企业家拥有强烈的社会责任意识、浓厚的家国情怀和企业家精神特质，着眼新时代和国家发展大局，争做促进共同富裕、履行社会责任的典范楷模。

周鸿祎始终坚持科技报国，在他的带领下，360 支撑国家解决网络安全"卡脖子"问题，推动数字安全"中国方案"的云化及普惠，将安全打造成城市新型数字基础设施及公共服务平台，通过安全托管运营服务为企业降本增效，并针对中小微企业提供免费安全服务，推动数字化"共同富裕"。

紧急救灾、安全救助一直是周鸿祎及 360 投入的公益领域。他们先后向重大灾区、贫困地区以及失学儿童、抗战老兵等群体，累计捐款捐物达数亿元人民币。360 公益平台作为民政部指定的第三批慈善组织互联网募捐信息平台之一，关注乡村振兴、医疗救助、青少年安全教育、妇女儿童保护、环境生态保护等多种公益项目板块，广泛调动社会资源，为捐助人群和受助人群搭建安全、高效、可靠的连接桥梁。

精准扶贫也体现了企业的社会责任担当。周鸿祎带领 360 公益基金会连续多年向贵州毕节、重庆彭水、新疆墨玉、四川旺苍等定点帮扶地区捐赠物资，开展专项扶贫、教育捐赠帮扶活动，为实现全面建成小康社会目标作出贡献。

（资料来源：笔者根据网络资料整理）

5. 新时代中国企业家精神的时代格局：国际视野

国际视野是新时代中国企业家精神的格局和追求，开拓国际视野是新时代中国企业家的一大着力点。当前，我们面临的是比以往更广阔的全球市场、更复杂的国际环境、更大的使命担当以及更多的机遇挑战。尽管世界经济出现了一定程度的逆全球化，国际贸易也受到了某种程度的遏制，但整体向前发展的态势不可逆转，全人类互助共享的呼声依旧高涨。中国企业家若想在国际竞争舞台上塑造自身形象，就必须熟谙国际市场竞争规则，瞄准前沿科技的竞争产品，打造具有核心竞争力的中国品牌，并提高在国际市场经营中的抗风险能力，这些都体现了中国企业家迈出国门所需的国际视野。

改革开放以来许多中国企业家勇于走出国门，积极参与国际分工和竞争，诞生了越来越多的世界级企业，如华为、中兴等国际性民营大企业。尤其是近年来，我国互联网经济引领世界潮流，实现了从"跟跑""并跑"到"领跑"的跨越。目前中国已进入新的发展阶段，构建了国内国际双循环的新发展格局。正如习近平总书记在企业家座谈会上所言："企业家要立足中国，放眼世界，提高把握国际市场动向和需求特点的能力，提高把握国际规则能力，提高国际市场开拓能力，提高防范国际市场风险能力。"只有这样，中国企业家才能更好地利用国内外市场和资源，引导企业在国际市场上实现更好的发展、发挥更大的作用。因此，在新时代和新发展格局下，中国企业家必须扎根祖国、迈出国门，拓展国际视野，主动参与国际竞争及合作，敢于迎接国际化经营带来的风险和挑战，具备领跑全球市场、为民族复兴而奋斗的意识，从而为人类商业文明的进步增添中国元素、铸就中国名片。

 拓展阅读 2-7

TCL 全球生态合作发展战略

TCL 发力生态布局，启动全球生态合作发展战略"旭日计划"，斥巨资在智能终端、半导体显示及材料、半导体光伏与半导体材料产业领域，通过参与行业标准制定、开放技术和数据平台、战略业务合作、联合研发、产业投资等途径，与全球合作伙伴共建产业生态，合力推动产业创新升级。而在生态构建过程中，TCL 也将转型为创新含量更高的技术密集型、知识密集型智能科技公司。

历经数十年发展，TCL 从一个生产磁带的地方小厂发展为全球化的科技制造产业集团，从当年只能生产一盘磁带，到产品遍及通信、家电等全品类智能终端，再将产业延伸至半导体显示、半导体光伏及材料等基础核心技术产业领域。创始人李东生总结其背后的核心动力为"变革创新，超越自我""放眼世界，征战全球""战略牵引，坚韧不拔"。李东生表示，TCL 将秉持"开放创新、合作共赢"的经营理念，聚众智、汇众力、采众长，与全球的合作伙伴、科研院校、企事业单位等深化合作，打造极致产品、探索前沿技术、服务全球用户，共建全球合作联盟。

中国企业应该以更加开放合作的心态来持续深入地融入全球产业生态，贡献自己的力量。基于此，TCL 将持续发力生态战略，加速成为泛半导体产业的全球引领者。

（资料来源：笔者根据网络资料整理）

爱国情怀、勇于创新、诚信守法、社会责任和国际视野，作为新时代中国企业家精神的五大构成要素，既形成了一个完整的理论体系，又具有密切的内在逻辑。其中，爱国情怀是企业家的应尽义务和终极追求，勇于创新是企业发展的生命源泉和前进动力，诚信守法是企业家的基本素养，社会责任是企业的本职功能，国际视野是企业创新的必要条件。没有爱国情怀，创新就缺失了终极价值；不诚信守法，创新就可能误入歧途；不履行社会责任，企业家的爱国情怀就是空中楼阁；缺乏国际视野，创新就难以立于世界前沿。爱国情怀、诚信守法和社会责任为中国企业家的创新注入了伦理属性，而承担社会责任与拓展国际视野为企业家立足国内、面向世界指明了方向。

第三节　大学生企业家精神培育

一、大学生企业家精神培育的必要性

实现中华民族伟大复兴的中国梦需要中国精神的引领，大学生作为充满活力的青年群体，代表着祖国的未来和希望，要充分发挥中国精神对大学生的引导作用。企业家精神正是中国精神在优秀企业家身上的体现，应当在大学生群体中进行广泛培育。在创新创业和知识经济时代，创新创业型人才已成为经济发展与社会进步的关键资源。大学生是全球人才竞争的坚实力量，高校作为人才培养和储备的主要场所，培育大学生的企业家精神可以满足社会对创新创业型人才的需求，具有十分重要的战略意义。因此，高度重视大学生企业家精神的培育工作是非常必要的，这不仅是大学生个人价值实现的重要途径与高校创新创业教育发展的内在需要，还是创新型国家建设的客观要求。

（一）大学生个人价值实现的重要途径

大学生在培育自身企业家精神之中开展创新创业活动，由此实现个人价值。马斯洛需求层次论认为，人在满足低层次需求后会追求更高层次的需求，而自我实现是人的终极需求。创业是大学生自我实现的重要途径之一。他们若想在创业中实现个人价值，就要拥有创业成功所必备的品质和素养。企业家精神作为优秀企业家共有的精神品质，在大学生创业过程中起到重要的精神引领作用，使他们最大限度地发挥自己的才华和能力，实现个人价值与社会价值的统一。高校根据大学生创业所需的技能来培养创业人才，并以企业家精神为核心来开展创业教育，有利于全面提高大学生创业者的个人修养和综合素质，进而通过创业实践来提升个人价值、实现理想追求。

当代大学生恰逢学习和培养企业家精神的最佳时期。互联网的普及与数字技术的发展为创业提供了更广阔的空间，大学生可以利用数字化平台和工具，以较低的成本创立自己的企业。与此同时，越来越多的高校开始重视创业教育，提供相关课程和资源，使大学生能够在校园内学习创业知识、技能和经验，为日后的创业奠定基础。如今，创业不再是一种非传统选择，而是得到了社会的广泛认可和大力支持。政府和社会各界都在积极营造良好的创业环境，提供创业政策、资金支持、创业孵化和创业培训等多方面的帮助。自主创业已成为大学生职业生涯规划的一个重要选择，他们可以获得针对性的创业扶持与资源倾斜，更好地启动和发展自己的创业项目，并在实践性学习和试错机会中塑造自身的企业家精神。这种精神会强化大学生的创新意识、风险认知、探索精神、应变能力、领导能力和团队合作精神，有助于增加大学生创业成功的可能性，满足他们的个人成长和成就需要。

（二）高校创新创业教育发展的内在需要

高校的创新创业教育有必要强调大学生企业家精神的培育，只有这样才有利于形成完整的教育体系并促进其发展。党的十九大报告中提出："激发和保护企业家精神，鼓励更多社会主体投身创新创业。"国家人才强国战略对创新创业型人才提出了更大的需求，而企业家精神正是创新创业能力和品质的集中体现。因此，高校应该深化创新创业教育改革，将企业家精神培育项目纳入创新创业教育体系中，以有效指导大学生的双创活动。另外，为避免高校在开展创新创业教育过程中缺乏对大学生的思想引领，各大高校也应当将企业家精神的教育和培训工作置于创新创业教育的重要位置，发挥企业家精神培育对创新创业教育的支撑作用。

在传统高等教育理念和实践中，对大学生的培养基本是以传授知识为主，往往忽视了激发大学生的创新创业活力，不利于提升他们的综合素养和技能。然而，随着经济结构和就业形势的变化，国家和社会对创新创业型人才的需求与日俱增，对大学生成为这类人才寄予厚望。传统教学观念则限制了高校对大学生创新意识与创业能力的开发。因此，为了满足国家和社会对这类人才的需求，在高等教育的人才培养中，必须格外重视塑造大学生的创新创业素养。并且，大学生企业家精神的培育是高等教育与社会需求对接的重要体现。高校有必要转变自身教育理念，摆脱传统规则的制约，对高等教育工作进行改革与创新，全面贯彻创新创业的教育理念，构建强化大学生创新创业知识和技能的新型教育体系，由此培养出具有企业家精神和创新创业能力的复合型人才。大学生的企业家精神驱使其成为"大众创业、万众创新"浪潮中的新生主力军，对我国的经济发展和社会进步具有重要意义。

（三）创新型国家建设的客观要求

在当前的数字时代，数字技术的迅猛发展为科技创新带来了巨大的机遇、广阔的空间和丰富的资源，创新创业已成为数字时代发展的新动能，引起我国各级政府和机构的高度重视。高校是人才培养和知识汇聚的重要基地，大学生则是知识传承和创新实践的核心载体，为国家科技进步与创新发展提供助力。大学生拥有无限的创新潜力和乐于突破社会惯例的积极心理，是我国的未来和希望。实现中华民族伟大复兴和建设中国特色社会主义现代化的使命，需要一代又一代青年大学生的共同努力。因此，培养大学生成为国家和社会所需的人才，关键在于激发他们的创新热情并增强他们的创新能力，使其成为我国科技进步与创新创业的先锋力量。这是贯彻我国"大众创业、万众创新"政策与创新驱动发展战略进而建设创新型国家的必要举措。

创新是新时代中国企业家精神的核心要素，建设创新型国家需要一批具备变革创新精神的企业家。大学生是未来企业家队伍的主体，企业家精神可以引导他们树立创新创业意识并萌生这种意愿，驱使他们投身创新创业。在企业家精神的引领下，大学生以开拓者的姿态勇于创新、敢于突破、善于创造，充分运用所学知识开创事业，为建设创新型国家提供强有力的支持。在新时代背景下，培育富有企业家精神的大学生创业者，使其在创新型、高附加值的行业内持续深耕，特别是在人工智能、大数据、新能源等新兴产业和知识密集型行业中，由此推动科学技术理论、优秀人才储备和创新创业实践转化为社会生产力。这不仅能培养优秀企业家，还会促进科技创新和管理创新，为国家经济转型与产业升级注入新动力，从而助力创新型国家的建设，提升我国在国际竞争中的地位。

二、大学生企业家精神培育的路径

为了响应国家创新创业战略，推动高校双创教育发展以及实现大学生个人价值，高校应创造有利条件并提供丰富资源，以培育大学生的企业家精神，激励他们开展创新创业实践。以下重点从个体层面探讨高校大学生如何塑造自身的企业家精神。

（一）主动学习创新创业理论知识

理论是行动的先导，也是产生正确认识的重要条件。创新创业是企业家精神的外在表现，加强大学生对创新创业理论知识的学习，不仅可以让他们深入理解企业家精神的内涵、特点和重要性，还能帮助他们在理论学习过程中培养战略思维和创新创业能力。同时，这也为大学生在日常学习和工作生活中将企业家精神运用于社会实践提供了一定的理论支持。培养大学生的企业家精神，就是鼓励他们在学习创新创业理论知识的过程中要积极思考、善于应用，在深厚的知识积累下勇于尝试，将创新思维和构想转化为日常的自觉行动。

一方面，大学生要广泛选修高校开设的各类创新创业课程，并制定高效、循序渐进的学习策略，以提升学习效率，深入掌握课程的理论知识。同时，他们应认真研读企业家精神相关书籍、创新创业实践案例以及优秀企业家事迹，并踊跃参与课堂的实践技能开发、企业家主题演讲、创新创业构想开发等环节。除了夯实自身的创新创业基础知识、提高对企业家精神的学习兴趣以及掌握企业家精神的理论体系之外，大学生还要善于将这些理论知识与所学专业知识有机结合，进一步尝试开拓新的思维角度以及提出独特的见解。

另一方面，大学生要充分利用现代网络信息、数据和数字化工具，不断获取与创新创业、企业家精神相关的知识和资源。在此基础上，他们要密切关注社会时事热点，并结合新时代的发展特点，持续探索理论知识在实际生活中的应用机会。除此之外，大学生还应主动承担课内外小组和集体活动的领导责任，创造性解决各种挑战和难题，深刻认识创新在企业家精神中的核心作用，注重对自身创新思维的训练与创新技能的开发。这些举措可以激发和培养大学生的探索精神、求真精神和创造力，从而塑造他们的企业家精神。

（二）积极参加创新创业实践活动

创新创业实践是贯彻企业家精神的主要形式，也是培养企业家精神的关键途径。因此，大学生企业家精神的培育不能仅局限于课内外的理论知识学习，而是要将理论与实践相结合，把所学知识运用于创新创业实践中，不断提升大学生的社会实践能力。也就是说，大学生应积极参与多样化的创新创业实践活动。

一方面，大学生要主动参加高校组织的各种企业实践活动，有效利用校企合作、校友会等渠道为他们提供的参访和实习机会。当前各大高校的创新创业课程越来越注重实践教学，而企业是大学生双创实践的主要基地，能让他们真正接触企业经营活动，更深刻地领悟企业家精神内涵，更有效地将理论知识与企业实际相联系。而不同的实习工作可以从不同方面锻炼大学生的企业家精神，例如，项目策划工作能激发他们的创新精神，市场拓展工作能强化他们的开拓精神。大学生在企业实习中参与的工作种类越多，就越有利于开发他们的企业家精神。同时，大学生应在这种实践中深入感受企业文化，并以新时代中国优秀企业家和成功创业者为榜样，了解他们的创业故事，学习他们身上的爱国情怀、勇于创新、诚信守法、社会责任和国际视野等精神品质，以此培养自身的新时代中国企业家精神。

另一方面，大学生要踊跃参与校内外举办的各种创新创业比赛，争取主办方的赞助来支持他们开展双创项目，从而将创新创业理论知识应用于实践，开发和落实创新创业构想并取得成果。在参赛过程中，他们将直面双创项目的挑战，锻炼自己的创新思维、问题解决能力、团队合作精神以及领导和组织能力。同时，大学生应紧密结合国家和社会的发展需求，注重项目的社会效益和可持续性，与团队成员相互协作，共同探索新的科技应用和商业模式，开发新的产品和服务。此外，丰富的参赛经历会使大学生获得宝贵的创新创业实践经验，而比赛评审、项目导师和行业专家也会给予他们有价值的指导意见，帮助他们更好地规划和实施双创项目，更充分地发挥自身企业家精神的潜力。

（三）合理规划大学生涯的双创学习和实践

大学生需要在大学期间合理规划创新创业方面的理论学习与实践活动。通过执行每学年的规划，大学生可以逐步培养和增强自己的创新创业能力与企业家精神，为未来的职业生涯和双创之路奠定坚实的基础。以下是针对大学四年的阶段性建议，如图 2-2所示。

初步探索与基础建设	深化认识与技能提升	深入实践与项目开发	项目推进与职业准备
·掌握基础知识	·学习专业课程	·提高专业能力	·推进双创项目
·加入双创组织	·积累实习经验	·拓展关系网络	·开展职业规划
·构建人际关系	·参与双创项目	·开发双创项目	·持续学习强化

图 2-2　大学生涯的双创学习和实践规划

1. 大学一年级：初步探索与基础建设

1）掌握基础知识

（1）学习创新创业领域的基础课程，如管理学、经济学、金融学等，为后续的创新创业理论学习奠定基础。

（2）参加创新创业方面的初级课程或讲座，形成对双创领域的基本认识，培养创新创业意识。

2）加入双创组织

（1）加入学校的创新创业社团或俱乐部，了解创新创业生态，拓宽视野和认知范围。

（2）参与创新创业的相关活动和比赛，初步接触双创实践。

3）构建人际关系

（1）建立与同学、前辈和老师的联系，了解他们的相关经验和故事。

（2）参加社交活动，提高人际交往能力，为未来的团队建设和资源整合打下基础。

2. 大学二年级：深化认识与技能提升

1）学习专业课程

（1）选修创新创业领域的专业课程，如商业模式设计、创业融资、市场营销、项目管理等，学习更高阶、更实用的双创知识。

（2）参与工作坊和实训项目，在实践中学习创新创业技能。

2）积累实习经验

（1）寻找创业公司或创新项目的实习机会，深入了解创新创业环境和行业现状。

（2）进行企业实习，在实际工作中培养问题解决、决策分析等能力。

3）参与双创项目

（1）加入创新创业团队，全面参与项目的构思和实施过程。

（2）参加校内外的创新创业竞赛，锻炼项目策划和执行能力。

3. 大学三年级：深入实践与项目开发

1）提高专业能力

（1）学习创新创业领域的高级课程，增强创新创业能力。

（2）参与创新创业培训班和研讨会，了解行业最新动态和趋势，掌握先进技能、方法和工具。

2）拓展关系网络

（1）参加行业交流会和创新创业沙龙，主动与企业家、投资者等建立联系。

（2）利用学校资源，如校企合作、校友会等，寻找合伙人或投资人。

3）开发双创项目

（1）组建团队，构思和规划创新创业项目，包括从市场调研到撰写商业计划书。

（2）寻找项目导师或加入孵化器，获取专业指导和资源支持。

4. 大学四年级：项目推进与职业准备

1）推进双创项目

（1）细化创新创业项目内容，进行市场测试，并根据反馈作出调整。

（2）准备商业计划书和投资路演，寻求融资机会。

2）开展职业规划

（1）根据双创项目的发展情况和个人兴趣，决定是全职投入双创事业还是寻找其他就业机会。

（2）考虑参加校园招聘或双创洽谈会，谋求未来的职业发展机会。

3）持续学习强化

（1）反思大学四年在创新创业方面的学习和实践经历，总结成功与失败的经验和教训。

（2）计划毕业后如何持续学习和发展，包括攻读创新创业研究生课程、定期接受专业培训、积极参与相关研讨会等。

 拓展阅读 2-8

掘 金 巴 西

颠的咯（广州）科技有限责任公司创始人程伟东，是广东外语外贸大学经济贸易学院 2020 级本科生，他和团队于 2021 年 11 月 5 日申请成立该公司。程伟东在大学课程中学习了创新创业理论知识，并在 2021 年暑期实习中开始接触外贸业务。通过这些经历，他逐渐意识到传统外贸面临着如何更好地与互联网结合的问题以及跨境电商未来向上的发展趋势。

程伟东及其团队经过学习和调研，最终选择进入跨境电商行业，并聚焦巴西市场。这一决策考虑到了团队当时的情况：没有投资方，只有筹集的 6 万元和借来的 3 万多元资金；团队不够了解行业规则与运营方式；没有足够的人员。可以说，财力、物力和人力都比不过行业内公司，但团队有的是热情、干劲和时间。通过调研，他们发现了一个利润率不高、消费水平偏低、可能无法快速获得高收益但竞争压力较小的市场，即巴西市场。这个市场需要投入的成本较为可控，竞争强度也适合市场小白。并且，他们选择了较新的模式——独立站+私域，这种模式大大降低了前期投入成本，这也是他们能撑过前六个月基本没有业务的艰难时期的关键因素之一。

新市场加上新方式，固然会面临的问题是，市场没有太多参照物，很多环节需要自己摸索、不断试错。他们在这一过程中经历了：给诸多客户发信息，却得不到任何回应；多个产品品类的出售失败；为配合巴西当地工作时间而每天晚上 10 点睡觉、早上 4 点起床，但还是遭受长达 6 个月不出单的身体和心理的双重打击。在这种困境下，整个团队感到很迷茫、精神内耗严重，于是开始外出积极拜访其他公司，不断获取信息，持续学习和反思，也慢慢调整心态。

通过对整个业务各大环节的思考以及对大量信息和竞争对手的分析，他们最后在海外社交平台上发现了一个能快速找到产品买家的方法，于是马上开始新的尝试，很快便有了正向反馈，业务也就逐步发展起来。然而，由于缺乏风险意识，四个月后，他们对接客户的账号被相应平台管控，导致基本丧失了所有客户，再加上业务没有多少利润，团队成员陆续选择了离开。作为团队的负责人，程伟东也低迷了三个多月，但他还是靠着对创业的渴望和提升社会价值的信念，重新调整心态，继续学习和探索，并坚持创新。最后，经过小半年时间，他们采用了新的模式——独立站+海外社媒短视频及直播，重新回到了发展正轨上。程伟东表示，未来的路还很漫长，仍有很多未知困难在等着他们，但他们绝不轻言放弃，定会坚持到底。

（资料来源：笔者根据网络资料整理）

【本章小结】

本章包含三节，分别是企业家精神的内涵与特征、新时代中国企业家精神与大学生企业家精神培育。第一节具体介绍了企业家的含义、企业家精神的内涵、两大特征及创新本质；第二节着重介绍了中国企业家精神的演进历程、新时代中国企业家精神的内在基础及构成要素；第三节主要介绍了大学生企业家精神培育的必要性及路径。

【回顾与思考】

1. 企业家精神的内涵和特征是什么？
2. 企业家精神的内核或本质是什么？
3. 新时代中国企业家精神的构成要素及其特点是什么？
4. 当代大学生如何培养自身的企业家精神？

【课后训练】

1. 收集中国优秀企业家的创新创业案例，并运用所学知识分析企业家所具备的新时代中国企业家精神。
2. 尝试制定一份在大学期间系统培养自身创新创业能力与企业家精神的规划。

第三章

创 新 思 维

【学习目标】

1. 了解创新思维的基本原理；
2. 掌握创新思维的常见方法；
3. 认识创新思维的主要障碍并学会克服方法。

导入案例

SpaceX 的创新思维：减少太空发射成本

SpaceX（Space Exploration Technologies Corp.）是一家美国太空探索技术公司，由特斯拉（Tesla）创始人埃隆·马斯克（Elon Musk）于 2002 年创办。该公司以其创新思维和技术突破而闻名，特别是在减少太空发射成本方面。

在过去，太空发射任务通常是昂贵的，主要由政府机构资助和运营。SpaceX 的创新思维在这一领域引发了革命性的变革。以下是该公司采取的一些创新措施。

（1）可重复使用火箭：SpaceX 开发了可重复使用的火箭，其中最著名的是猎鹰 9 号（Falcon 9）。这些火箭可以在发射后返回地球并再次使用，大幅降低了每次发射的成本。这一技术突破改变了太空发射的经济学。

（2）减少发射成本：SpaceX 采用了垂直一体化生产流程，大部分火箭和发动机组件都在公司内部制造，减少了外包成本。此外，公司使用了高级材料和工程技术，以提高火箭的性能和耐用性，进一步降低了发射成本。

（3）商业合同和太空旅游：SpaceX 打破了传统，与商业公司和国际太空机构签订了一系列合同，为太空发射提供服务。此外，他们还计划进行太空旅游，允许私人乘客前往国际空间站。

这些创新思维和措施使 SpaceX 能够以前所未有的低成本进行太空发射，吸引了大量商业客户和政府合同。该公司的成功不仅改变了太空产业，还为太空探索带来了新的可能性，如未来的火星殖民计划。通过这些努力，SpaceX 成为创新思维的杰出代表，改变了人类进入太空的方式和成本。

（资料来源：该案例来源于多家新闻机构和 SpaceX 公司的官方资料，包括《华尔街日报》《科学美国人》、SpaceX 官方网站等。）

<h1 style="text-align:center">第一节 创新思维基本原理</h1>

一、创新思维的定义和特点

创新思维也称创造性思维，英文是 creative thinking 或 innovative thinking，是一种以不同寻常、新颖、独特和创造性方式看待问题、挑战和机会的思考方式，旨在生成新的观点、解决方案和价值。

创新思维是一种特定的思维方式，它强调了以创造性和非传统的方式来思考和解决问题。它涉及跳出传统思维模式，积极寻找新的、不同寻常的方法来解决问题或利用机会。创新思维强调以下关键特点：开放性和多样性、重新定义问题、实验和冒险、关注用户需求、跨学科合作。

二、创新思维的表现形式

创新思维的关键在于如何具体开展这种思维形式。创新思维的重点在于多角度、全方位、在不同侧面认真细致地看待和处理事物、问题和过程。其表现形式主要有：理论思维、联系思维、形象思维、抽象思维、倾向思维、逆向思维。

（一）理论思维

理论思维强调理论、抽象概念、原则和模型的运用，以分析问题、推断结论、预测结果或制定理论框架。理论思维通常基于已有知识和理论，以推理和逻辑为基础，具有以下原则：①建立清晰的理论框架。理论思维的第一步是建立一个清晰的理论框架，其中包括关键概念、原则和关系。②依赖于证据和数据。理论思维需要依赖于现有的证据和数据，以支持理论的建立和验证。③考虑多种可能性。它要求考虑多种可能性，并通过逻辑推理排除或确认各种假设。④更新和修正。理论思维强调理论的不断更新和修正，以反映新的发现和知识。

（二）联系思维

联系思维的核心目标是识别、理解和利用不同概念、事物或现象之间的关联和联系，以增强知识的综合性和问题的全面性理解。它强调寻找各种元素之间的共同点、相互作用和影响，以推动综合思考和创新解决方案的产生，具有以下原则：①建立关系图。开始联系思维的过程时，可以绘制关系图或概念地图，以可视化不同元素之间的关系。②识别关键联系。确定问题或挑战中最重要的关键联系和影响因素，以便重点关注。③多领域思考。联系思维鼓励从多个领域或学科的角度来看待问题，以获得更多的见解。④整合知识。将不同领域的知识和信息整合在一起，以构建更全面的知识体系。

（三）形象思维

形象思维以形象、图像、感觉和感知为基础，用于理解和解决问题、表达思想或表述概念。它依赖于直观的印象和视觉化的思考，以增强思考的深度和表达的生动性，具有以下原则：①图像化思考。形象思维鼓励将问题或概念可视化，使用图像或表格来表示。②感知体验。它强调感性体验，包括视觉、听觉、触觉等，以丰富思考过程。③创意表达。形象思维可以用于创意表达和艺术创作，以展示抽象概念。④情感连接。它有助于建立情感连接，因为图像和形象能够触发情感共鸣。⑤多感官融合。形象思维可以融合多个感官，使思考更全面。

（四）抽象思维

抽象思维，其表现是人类摆脱对具体事物的直接感知，提取事物的共性或本质特征，并通过概念、符号和逻辑推理对其进行思考的一种认知能力。它强调对普遍性和一般性规律的理解，而不受特定情境或个体的局限，具有以下原则：①概念抽象化。抽象思维的第一步是将具体情境中的概念和特征抽象化，形成一般性概念。②理论构建。它强调构建理论和模型，以解释和预测现象，并形成一般性原则。③一般性规律。抽象思维鼓励寻找一般性规律和模式，以建立更广泛的认知。

（五）倾向思维

倾向思维的主要特点是在思考、分析或决策过程中，个体或群体倾向于偏向特定的观点、信仰或倾向，而忽略或削弱与这种观点相反的证据或观点。它可能是由个人偏见、群体压力或其他因素引起的，导致了主观性和不公平性，具有以下原则：①意识倾向。意识到倾向思维的存在是第一步，以减少其影响。②多样性观点。鼓励考虑多种观点和证据，以建立更全面的理解。③批判性思考。倡导批判性思考，评估不同观点的有效性和合理性。④数据驱动。依赖数据和客观证据，而不是主观偏见。

（六）逆向思维

逆向思维是一种思考方式，其核心特点是采用与传统或常规思维方式相反或非传统的方式来思考问题、解决难题或制定策略。它旨在挑战常规思维定式，以找到创新的解决方案或达成不同寻常的目标，具有以下原则：①反转问题。将问题从不同的角度看待，考虑相反的情况或解决方案。②打破常规。不受传统思维限制，大胆尝试新的方法和思考方式。③创造多样性。鼓励多样化的思维和观点，以促进创新。④实验和尝试。定期进行实验和尝试，以验证新的逆向思维解决方案。

三、创新思维认知和心理过程

创新思维究竟是什么？它如何产生，是不是只能期待灵光一现？有什么办法可以帮助人们在处理问题的过程中获得创新思维？学者们针对上述问题进行了大量的研究工作。下面介绍比较有代表性的几种理论，以助大家了解创新思维的认知和心理过程。

（一）沃拉斯的"四阶段模型"

"四阶段模型"（Four-Stage Model）是描述创新思维和创新过程的经典模型，由英国心理学家格雷厄姆·沃拉斯（Graham Wallas）于1926年提出。四阶段模型描述了创新过程，包括准备、孵化、启发和验收四个连续阶段。在准备阶段，个体或团队收集信息、研究问题，为解决问题或实现创新目标做准备。孵化阶段是潜意识处理信息的时期，通过放松休息促使新的见解产生。启发阶段是创新的突破时刻，个体或团队突然有了新的观点或解决方案。最后，在验收阶段，创新想法经过评估验证，确保其可行性和有效性。这一模型强调了创新过程中的心理活动，如准备、潜意识处理、创新突破和验证想法，成为理解创新思维的经典框架。虽然它是线性模型，但是实际创新过程可能更为复杂和循环。

（二）刘奎林的"序列链"理论

刘奎林是我国系统研究灵感思维的一位学者，他在沃拉斯的"四阶段模型"的基础上，进一步就创新思维中灵感思维的过程进行了研究，提出了"诱发灵感机制-序列链"理论（简称"序列链"理论），包括五个程序：境域、启迪、跃迁、顿悟和验证。境域是创新者进入的创造性思维境界，其中潜意识与显意识交融，展现出创新思维的最高境界。启迪是机遇诱发灵感的偶然信息，能够迅速开启创新思维的通道。跃迁是灵感发生时非逻辑的质变方式，通过潜意识和显意识的互动，实现高级的思维转变。顿悟是灵感在潜意识成熟后与显意识沟通的瞬间表现。验证是对灵感结果进行科学分析和鉴定的过程。这五个程序相互联系、相互制约，构成一个有机系统，以显意识调动潜意识，引发灵感迸发。

（三）韦特海默的"格式塔"理论

马克斯·韦特海默（Max Wertheimer）的"格式塔"理论（Gestalt Theory）强调人们对事物整体结构的知觉和认知，而不只是关注单个元素。该理论包括以下观点：①整体性知觉。人们倾向于将事物视为整体，注重总体结构和关系。②洞察力和洞悉。强调人们对整体性的洞察力，有助于更好地理解和解决问题。③重塑和补全。提出了"重塑"和"补全"的概念，即通过重新组织元素或填充信息来改变感知或构建完整的格局。④洞悉问题解决。认为人们通过识别整体结构来解决问题，这种洞悉性解决方式更有效。⑤形状和背景。将事物元素分为主要形状（前景）和背景，有助于更好地理解事物。

（四）吉尔福特的"发散-辐合"理论

美国心理学家乔伊·保罗·吉尔福特（Joy Paul Guilford）区分了创新思维中的发散思维（divergent thinking）和辐合思维（convergent thinking）。发散思维是从给定信息中产生各种不同输出的能力，着重于产生新颖多样的想法，不止一个正确答案，评分基于新颖性和多样性。辐合思维则是在发散思维基础上，通过分析比较得出一个可能正确的答案，经过检验修改最终得出有效结论。在解决问题过程中，先通过辐合思维调集知识经验，再通过发散思维寻求多角度解决方案，最终从众多想法中选择最佳答案。这种发散到辐合的转变需要反复分析、比较、整理材料，得出最佳解决方案。

（五）斯佩里的"左右脑分工理论"

罗杰·斯佩里（Roger Sperry）的"左右脑分工理论"是一种关于大脑两个半球不同功能的理论。根据这一理论，左脑和右脑在处理信息和控制行为时具有不同的特点：左脑更倾向于逻辑思维、语言处理、数学计算和分析能力；右脑更倾向于情感表达、创意思维、图像处理和空间感知。这一理论强调了两个半球在认知和思维过程中的协同作用，以及它们在不同类型的任务中的优势。通过在创新过程中交替使用左脑和右脑，个人和团队能够更全面地应对创新挑战，从问题识别到创意生成、策略制定到实施，以及反馈迭代。这种综合性的思维方式有助于创造出更具创新性和实际意义的解决方案。

（六）斯滕伯格的"创造力三维模型理论"

1988 年，美国耶鲁大学教授罗伯特·斯滕伯格（Robert Sternberg）在运用创造力内隐理论分析法的基础上，提出了一种在国际上有较大影响的"创造力三维模型理论"。在《创造力的性质》一书中，斯滕伯格认为，以往创造力通常是根据产品是否有价值来确认的，这种定义显然不能囊括创造力究竟由哪些心理特征构成，而许多研究已经表明，创造力与智力、认知方式、人格等一些心理特征密切相关。"创造力三维模型理论"中模型的第一维是指与创造力有关的"智力"（智力维），第二维是指与创造力有关的认知方式（方式维），第三维是指与创造力有关的人格特质（人格维）。

 拓展阅读 3-1

苹果公司的 iPhone

在过去，手机通常是简单的通信工具，但苹果公司的团队重新定义了问题，并思考如何将多个功能融合到一个设备中，以满足用户的多样化需求。

重新定义问题：苹果公司的团队重新思考了手机的角色，更多地将其视为一台便携式计算机，而不仅仅是一个通信工具。这一新的问题定义推动了他们探索在一个设备中集成手机、互联网浏览、音乐播放、照相、GPS 导航等功能的可能性。

用户需求：苹果公司始终强调用户体验，并投入大量精力来理解用户的需求。他们的研究和设计过程专注于创建一个直观、易于使用和具有吸引力的界面，以满足广大用户的期望。

跨学科合作：iPhone 的开发需要多个领域的合作，包括硬件工程师、软件开发人员、设计师、用户界面专家等。这些跨学科团队一起工作，以创造一款集成多种功能的设备。

实验和冒险：在推出 iPhone 之前，苹果公司进行了大胆的实验和研发工作，以确保其性能和可靠性。他们在市场上迎来了激烈竞争，但 iPhone 成为一款革命性的产品，重新定义了智能手机行业。

总之，iPhone 是创新思维的杰作，它重新定义了手机的概念，满足了用户需求，并在跨学科团队的合作下成功推出。这个案例突出了创新思维如何能够改变产业和创造具有深远影响的产品。

（资料来源：笔者根据苹果公司官方资料以及相关报道整理）

第二节　创新思维常见方法

一、团体创新方法

（一）含义及特征

团体创新方法是一种系统性的方法，旨在通过协同工作、创意激发和问题解决来促进创新。这些方法强调了团队合作、多样性和创造性思维，以产生新的概念、解决方案或改进建议。其特征包括：①协同工作。团体创新方法强调团队成员之间的协同工作，通过共同思考和合作来发展创意和解决问题。②多样性。这些方法鼓励来自不同背景、专业领域和视角的团队成员参与，以促进多样性和不同的思考方式。③创造性思维。团体创新方法倡导创造性思维技巧，如头脑风暴、联想思维、逆向思维等，以产生新的创意。④问题导向。这些方法通常涉及解决特定问题或挑战，通过问题定义和分析来指导创新过程。⑤反馈和迭代。团体创新方法鼓励持续的反馈和迭代，以不断改进创意和解决方案。

（二）典型方法

团体创新方法有多种，它们可以帮助团队协作，共同发掘新的创意和解决问题。以下是一些常见的团体创新方法。

1. 头脑风暴

头脑风暴（brainstorming）是一种团队创新方法，旨在通过团队成员自由发表想法和观点，鼓励创造性思维，以产生新的概念、解决方案或策略。它是一种非正式的创新会议，通常在团队中进行，旨在激发创意和开放性讨论，而不受批评或评价的限制。头脑风暴通常用于解决问题、产生新的产品或服务的概念、制订战略计划、改进流程等各种创新活动。它是一种快速生成创意和促进团队合作的方法，有助于解决复杂的挑战和发展创新的解决方案。

2. 设计思维

设计思维（design thinking）是一种以创造性、细致入微的方式来解决问题和创新的方法。它强调通过深入了解用户的需求、观察用户行为和情境，以及不断迭代的过程，来开发创新的解决方案。设计思维将用户体验和用户满意度置于首要位置，以确保最终的产品、服务或解决方案能够满足用户的实际需求和期望。设计思维不仅适用于产品设计，还适用于服务、流程和战略的创新。它是一种有助于团队解决复杂问题和应对不断变化的挑战的方法，强调以用户为中心的方法和创新的思维方式。

3. 萃智

萃智（TRIZ）是一种系统性的创新方法，旨在帮助团队解决复杂问题、发展新的产品和改进现有产品或流程。TRIZ 最初由苏联发明家研发，并在全球范围内得到广泛应用。它提供了一套工具和原则，以识别创新的机会，克服技术障碍，以及发现新的解决方案。TRIZ 及其工具可以帮助团队克服技术和创新挑战，通过系统性的方法来发现新的解决方案。它适用于各种行业和领域，包括工程、产品设计、制造、项目管理等，是一种有助于推动创新和解决复杂问题的方法。

4. 共同创新会话

共同创新会话（co-creation session）是一种结构化的、协作性的创新方法，旨在汇集团队成员、利益相关方或专家，一起思考和解决特定问题，发展新的概念或制定创新战略。这种方法通过创造性的思维、互动和多样化的视角，促进创新和问题解决。共同创新会话可在各种情境下使用，包括企业创新、新产品开发、社会问题解决等。它有助于团队充分发挥创意潜力，应对挑战，推动创新，并找到创新性的解决方案。这种方法鼓励协作和多样性，有助于加速创新过程。

二、设问型创新方法

（一）含义及特征

设问型创新方法是一种以问题为核心的创新方法，它将问题提出、定义和解决作为创新的驱动力。这种方法强调通过提出深刻和具有挑战性的问题来激发创新思维，以发现新的解决方案、改进现有产品或服务，或推动新的商业模式。其特征包括：①问题导向。设问型创新方法的核心特点是将问题置于创新过程的前沿。它鼓励创新团队提出富有洞察力和启发性的问题，以引导创新的方向。②追求答案。这种方法强调不仅提出问题，还要积极寻找和发展答案。问题不仅是创新的起点，也是创新的催化剂。③创新思维。设问型创新方法鼓励创新团队采用创造性思维、跨学科思考和思考模式的转变，以解决复杂的问题。④多样性。这种方法通常吸引来自不同领域和背景的人员，以便提出多样化的问题和观点。⑤迭代和学习。设问型创新方法鼓励团队不断迭代和学习，根据问题的反馈和结果来改进创新过程。

（二）典型方法

1. 六顶思考帽

六顶思考帽（six thinking hats）是由爱德华·德·博诺（Edward de Bono）提出的创新思维工具，旨在帮助个体或团队以不同的思考角度来审视和解决问题。每顶思考帽代表一种思考方式或角度，创新者可以根据需要佩戴不同的帽子，以便更全面地思考问题。六顶思考帽方法可以应用于团队会议、创新工作坊、问题解决会议等情境中。通过不同的思考帽，团队能够全面考虑问题，从不同的角度思考，防止思维陷入一种固定的模式。这有助于产生更多的创意、更好的解决方案和更全面的决策。例如，在一个产品设计会议中，团队可以轮流戴不同颜色的思考帽，以讨论产品的现实数据（白帽）、个人情感和喜好（红帽）、潜在问题和风险（黑帽）、产品的优势和价值（黄帽）、创新思路（绿帽）以及会议进程和组织（蓝帽）。这种方法可以帮助团队更全面地评估和改进产品设计。

2. 关键问题法

关键问题法（key questioning）是一种创新思维方法，旨在促使个体或团队提出深刻和关键性的问题，以探索问题、挖掘信息、寻找解决方案并推动创新。这个方法强调提出开放性和具有挑战性的问题，有助于打破思维的常规模式，促进创意思维。关键问题法可以应用于各个领域，包括创新管理、问题解决、产品设计、战略规划等。在创新管理中，团队可以使用关键问题法来激发创新思维，解决复杂问题，推动新产品或服务的开发。例如，在产品设计过程中，团队可以使用关键问题法来提出与产品功能、用户需求或市场趋势相关的关键问题。这些问题可以包括"如何提升用户体验""如何满足未来市场的需求""有哪些潜在的技术挑战"等。通过提出这些问题，团队可以更全面地考虑设计问题，寻找创新的解决方案。

三、类比型创新方法

（一）含义及特征

类比型创新方法是一种创新思维方法，通过将问题与不同领域、情境或概念的相似之处进行比较和类比，以获取新的见解、解决方案或创新思路。这种方法依赖于发现不同领域之间的相似性，并将这些相似性应用于新的问题或挑战。其特征包括：①跨领域思维。类比型创新方法要求思考者涉足不同领域，寻找与问题相关或相似的领域，以找到有用的类比。②创造性比较。这种方法鼓励寻找非传统或意想不到的类比，以产生创新的见解。③知识转移。类比型创新方法涉及将知识、理念或方法从一个领域转移到另一个领域，以解决新问题。④启发式思考。类比型创新方法可以启发创新思维，帮助发现潜在的解决方案。

（二）典型方法

1. 生物学类比

生物学类比是一种类比型创新方法，它通过比较和应用生物学领域的原理、模式和生物体结构，来启发创新思维、解决问题和改进解决方案。这种方法依赖于将生物学领域的知识和概念应用于其他领域，以寻找新的见解、灵感和创新。

2. 自然界类比

自然界类比是一种类比型创新方法，它通过比较和应用自然界中的原理、模式和现象，以启发创新思维、解决问题和改进解决方案。这种方法依赖于将自然界中的观察和发现应用于其他领域，以获得新的见解、灵感和创新。

3. 历史类比

历史类比是一种类比型创新方法，它通过比较和应用历史事件、情境或经验，以启发创新思维、解决问题和指导决策。这种方法依赖于将过去的经验和教训应用于当前或未来的情境，以获得新的见解、灵感和创新。历史类比可以在多个领域得到应用，包括决策制定、战略规划、政策制定和创新等。

4. 艺术类比

艺术类比是一种类比型创新方法，它通过比较和应用艺术、美学和创意表达的原理、技巧和思维方式，以启发创新思维、解决问题和改进解决方案。这种方法依赖于将艺术领域的美学、创造性和表现力应用于其他领域，以获得新的见解、灵感和创新。

5. 科学类比

科学类比是一种类比型创新方法，它通过比较和应用科学原理、法则和方法，以启发创新思维、解决问题和改进解决方案。这种方法依赖于将科学领域的知识、理论和实验应用于其他领域，以获得新的见解、灵感和创新。科学类比可以在多个领域得到应用，包括工程、技术、医学、环境科学和物理学研究等。

四、列举型创新方法

（一）含义及特征

列举型创新方法是一种通过列出和探索多种可能性来激发创新思维的方法。它鼓励创造者或团队不断生成和评估各种解决方案、观点或想法，以找到最佳的创新解决方案。其特征包括：①多样性。列举型创新方法强调产生多样性的观点和解决方案，以丰富思维过程。②灵活性。列举型创新方法注重灵活性，允许创意的自由流动，不受束缚。③开放性。列举型创新方法鼓励开放性的思考，不排除任何可能性。④创造性。列举型创新方法鼓励创造性思维，以产生独特的解决方案。

（二）典型方法

头脑风暴、六顶思考帽、TRIZ，都被认为是常见的列举型创新方法。思维导图、SWOT分析法和5W2H分析法也被认为是常见的列举型分析工具。

1. 思维导图

思维导图是一种图形化的工具，用于可视化和组织思维过程、想法、信息和关系。它的主要目的是将复杂的信息或概念以清晰、结构化的方式呈现，以便更容易理解、记忆和共享。思维导图通常用于探索问题解决方案、规划项目、整理知识、做笔记等。它的结构化和图形化特点使得复杂的概念和信息更易于理解和记忆，同时也促进了创新思维和跨学科思考。思维导图工具通常提供电子版和手绘版，可以根据需求选择使用。

2. SWOT 分析法

SWOT 是一种用于分析组织、项目或个人的内部和外部情况的工具，它代表着 strength（优势）、weakness（劣势）、opportunity（机会）和 threat（威胁）四个关键方面。SWOT 分析法是一个有助于识别创新机会、解决问题和制定创新战略的强大工具。通过综合考虑内部和外部因素，创新者可以更好地理解当前情况，并更有针对性地推动创新。

3. 5W2H 分析法

5W2H 是一个问题分析工具，通常用于梳理问题、情境或计划的关键要素。它代表了七个关键问题，这些问题都以字母 W 或 H 开头，具体如下：①what（什么）。这个问题用于确定事件或情境的核心内容，即涉及的具体事物是什么。②why（为什么）。这个问题用于了解事件或情境发生的原因，即为什么会发生这个问题或情况。③where（在哪里）。这个问题用于确定事件或情境发生的地点或位置。④when（何时）。这个问题用于确定事件或情境发生的时间，包括具体的日期、时间段或时间顺序等。⑤who（谁）。这个问题用于确定与事件或情境相关的人或角色，即谁参与其中。⑥how（如何）。这个问题用于了解事件或情境发生的方式、方法或过程。⑦how much（多少）。这个问题用于确定数量、程度或规模等方面的信息。

五、组合型创新方法

（一）含义及特征

组合型创新方法是一种将不同的创新方法、思维方式、工具和技术组合在一起，以解决复杂问题和推动创新的方法。它的特点包括：①综合性。组合型创新方法综合了多种创新方法和工具，可以从多个角度和维度来解决问题。②灵活性。组合型创新方法具有灵活性，允许创新者根据问题的性质和要求选择适当的方法和工具。③综合思考。组合型创新方法鼓励创新者涉足不同领域，从不同的视角思考问题，以寻找更全面的解决方案。④问题导向。组合型创新方法通常是问题导向的，旨在解决特定问题或挑战。⑤创新性。通过组合不同的创新方法，它有助于产生更具创新性和独特的解决方案。

（二）典型方法

具体的组合型创新方法，可以是：①设计思维和头脑风暴的组合。将设计思维的方法与头脑风暴等创新工具相结合，以促进创新和解决问题。②跨学科团队协作。将不同学科和领域的专家组合在一起，共同解决复杂问题，促进跨学科创新。③数字技术和设计。利用数字技术和计算机辅助设计工具，将数字化创新与设计过程相结合。④创新生态系统。建立创新生态系统，将创新方法、工具、资源和创新者连接起来，促进合作和创新。

拓展阅读 3-2

运用设计思维方法改善城市交通拥堵问题

引言：在现代城市生活中，交通拥堵问题日益突出，需要运用创新的思维方法来寻找解决之道。本文将探讨设计思维的成功应用，以解决某个特定城市面临的交通拥堵问题。案例研究的相关信息来源于设计思维领域的专业文献，包括 IDEO 的 CEO 蒂姆·布朗（Tim Brown）的研究成果和 Idea Couture 的 CEO 伊卓里斯·穆提（Idris Mootee）的著作《战略创新之设计思维》（*Design Thinking for Strategic Innovation*）。

背景：这座城市的交通拥堵问题不断加剧，当地政府迫切需要采取创新的方法来提升交通流畅度。设计思维作为一种以人为中心的问题解决方法，强调共情、协作和迭代原型设计，因此成为解决这一复杂问题的理想框架。

共情于市民：设计思维的首个阶段涉及对最终用户的共情。研究人员通过深度访谈、观察市民的出行过程和调查收集反馈，全面了解市民在交通拥堵问题上所面临的挑战。案例研究中的灵感来源于蒂姆·布朗的工作，他强调了在问题解决中共情的重要性，因此团队深入挖掘了市民在交通拥堵问题上的情感和生理需求。

痛点识别：共情阶段收集的数据揭示了市民在出行过程中的多个痛点，包括长时间等待、导航混乱和缺乏个性化的沟通等。这些见解与伊卓里斯·穆提在《战略创新之设计思维》中强调的原则相一致，即需要识别和优先考虑最重要的痛点以推动有意义的改变。

创意构思和原型设计：在深刻理解市民需求的基础上，跨学科团队展开了协作的创意构思过程。他们运用 IDEO 的创新实践等头脑风暴技术，生成了大量潜在解决方案。随后，通过快速原型设计，团队能够快速测试和完善各种创意，贯彻了设计思维的迭代原则。

实施和成果：最具前景的解决方案被整合到一项全面改善城市交通的计划中，其中包括数字化导航系统、实时沟通工具和简化的预约流程。通过市民满意度调查、运行效率指标和反馈循环，团队衡量了这些改变的影响。

结论：本案例研究证明了设计思维在解决城市复杂问题方面的有效性。通过采用共情的研究方法、识别关键痛点并采用迭代原型设计，成功改善了市民的交通体验。来自蒂姆·布朗和伊卓里斯·穆提等行业领军人物的理论启示为实际运用设计思维提供了坚实的理论基础，展示了它在不同领域作为强大问题解决工具的潜力。

（资料来源：笔者根据网络资料整理）

第三节　克服创新思维的障碍

一、创新思维障碍

许多常见的思维模式可能会影响创新思维，限制人们的创造性和创新能力。以下是一些常见的思维模式，它们可能成为创新的障碍。

（一）固有思维

固有思维（inherent thinking）是指对特定概念或观念形成的刻板印象，它限制了人们对新思想的接受能力，从而对创新产生负面影响。这种思维模式可能导致以下问题：①限制思维范围。固有思维使人坚持旧观念，不愿探索新思想，导致思维狭窄。②阻碍创新意识。对变革和新观点的抵制减少了创新意识，倾向于维持现状。③抵制新方法。固有思维导致人们拒绝新方法，认为传统方法已足够有效。④忽视新机会。专注于已知解决方案，可能错过创新带来的新商机。⑤抵制变革。担心新方式破坏旧秩序，使得适应变化和创新变得困难。

（二）习惯思维

习惯思维（habitual thinking），即依赖过往经验和常规方法解决问题的倾向。可能对创新产生以下负面影响：①创新受限。习惯思维导致人们沉溺于传统思考模式，抑制了对新思想和创新方法的探索。②创新激情减弱。过于依赖习惯导致对创新的渴望和冒险精神下降。③适应性降低。习惯思维使个体难以适应新挑战和变化，偏好使用已知方法。④决策困难。习惯思维下，人们可能因担心破坏现状而难以做出创新决策。⑤错失机会。坚持习惯做法可能使人错过探索新机遇的可能性。

（三）局部思维

局部思维（local thinking），即关注问题局部而忽略整体的思考方式。对创新有以下负面影响：①缺乏全局视野。导致忽视潜在的创新机会，因为创新需要全面思考。②解决表面问题。倾向于处理问题表面，而非根本原因，难以实现真正的创新。③限制创新思维。减少创新思维的广度和深度，限制探索更广泛的可能性。④错失跨学科创新的契机。可能错过跨领域结合思想和概念创造新解决方案的机会。⑤阻碍创新合作。导致团队成员过分专注自身领域，不愿共享和融合不同观点。

（四）群体思维

群体思维（group thinking），即个体在群体中过分依赖集体意见。可能对创新产生以下负面影响：①创新受限。群体思维倾向于维护共识，抵制新思想，限制创新观点的产生。②创新抑制。可能导致有创新想法的个体不敢发声，从而抑制创新思维的涌现。③思维僵化。遵循集体共识，不愿挑战传统，减少思维的灵活性和创新性。④错失创新机会。过分追求主流，忽视非传统思考方式，可能错失探索新领域的创新机会。⑤创新决策困难。在追求共识的环境中，因为对风险和批评的担忧，导致创新决策变得困难。

（五）即时满足思维

即时满足思维（instant gratification thinking）是指人们追求立即的解决方案，而不愿意投入时间和努力来寻找更创新的解决方案。可能对创新产生以下负面影响：①缺乏长期视野。过分关注短期需求，忽视长期创新目标和过程。②抵制风险。避免不确定性和风险，不愿尝试新的创新机会。③限制创造性思维。只关注已知快速回报的解决方案，不愿投入时间探索创新。④忽视持续改进。追求一次性成就，忽略创新需要的持续迭代和改进。⑤降低创新耐力。在遇到挑战时容易放弃，缺乏持之以恒的创新精神。

（六）悲观思维

悲观思维（pessimistic thinking），即倾向于关注问题和障碍而忽略机会和解决方案的思考方式。对创新有以下负面影响：①限制创意产生。强调问题和困难，抑制创新初期的尝试和探索。②削弱创新动力。担忧失败导致缺乏投入，减缓创新进程。③影响决策和风险承受力。偏向保守决策，回避可能失败的风险，阻碍新方法尝试。④限制团队合作。负面情绪和指责破坏团队合作，影响创新能力。⑤错失创新机会。过分关注困难，未能识别背后的潜在机会。

（七）确定性思维

确定性思维（certainty thinking）是指人们追求确定性和可预测性，而不愿意应对不确定性和风险。可能对创新产生以下负面影响：①抑制创新想法。偏好已知解决方案，不愿尝试新的、不确定的想法。②限制新方法尝试。坚持熟悉方法，不愿探索未经验证的新方法，错失创新机会。③降低适应变化能力。维持现状，不愿应对变化，错失适应新环境的机会。④影响决策灵活性。面临变化时缺乏灵活性，倾向于坚持原决策。⑤缺乏创新文化。难以建立鼓励创新和尝试新方法的组织文化。

（八）偏见思维

偏见思维（bias thinking）是指人们受到个人偏见和成见的影响，从而偏向于某种观点或决策。对创新有以下负面影响：①限制视野。只关注已有观点，忽视其他可能的解决方案，限制创新广度。②抵制多样性。排斥不同文化和背景，减少多样性想法，阻碍创新。③抑制团队合作。因价值观分歧导致冲突，影响团队协作和创新。④阻碍新思维模式。固守旧思维，不愿接受新思维方式，限制创新想法产生。⑤削弱创新文化。传播不开放文化，不鼓励提出不同观点和创新。

（九）定式思维

定式思维（stereotyped thinking）是指人们坚守特定的思维模式和观念，不愿意接受新的观点或方法。对创新产生以下负面影响：①限制创新空间。固守特定模式，减少探索新想法的能力。②抵制变化。抵触新方法，妨碍创新尝试和发展。③缺乏灵活性。对新观点的抵制，难以适应环境变化。④削弱问题解决能力。只看到问题的单一解决方式，忽视其他潜在方法。⑤阻碍创新文化。阻碍创新文化形成，减少新尝试。

（十）害怕失败思维

害怕失败思维（fear of failure thinking）是指个体在面对可能的失败时产生的一种消极心理状态，这种状态可能导致个体避免挑战、犹豫不决、缺乏自信，甚至在面对困难时轻易放弃。对失败的恐惧可能会阻止人们尝试新的创新方法，因为他们担心失败会带来负面后果。对创新的负面影响包括：①抑制创造力。恐惧心理导致人们避免尝试新想法，抑制创新。②避免冒险。倾向于选择安全方法，错失创新机会。③减少学习机会。害怕失败使人失去从错误中学习的机会。④创新停滞。员工避免提出新想法，导致创新缺乏活力。⑤影响组织文化。普遍的失败恐惧威胁创新文化，导致保守的态度。

（十一）避免冲突

避免冲突思维（avoidance of conflict thinking）是指人们不愿意挑战他人的观点或引起争议，害怕不和谐的局面。对创新的负面影响包括：①创意受限。害怕挑战现状，抑制新想法的产生。②过度追求团队一致性。过度追求一致导致缺乏深入辩论和多样性观点。③问题潜伏。问题被忽视，可能后期引发更大问题。④创新抑制。担心冲突使员工不愿提出新想法或挑战旧做法。⑤组织盲点。缺乏辩论可能导致组织忽视关键问题，错失创新机会。

（十二）过度分析

过度分析思维（overanalyzing thinking）是指人们倾向于无休止地分析问题，而不愿意采取行动或实施解决方案。它对创新的负面影响包括：①延迟决策。反复分析导致决策和行动迟缓，错失时机。②创意受抑制。过度分析限制新想法的产生，拘泥于旧框架。③资源浪费。不必要的分析耗费宝贵资源，分散创新投入。④失去灵活性。过度分析使组织刻板，降低市场适应性。⑤错失市场机会。追求完美方案时，竞争对手可能已占先机。⑥创新文化受抑制。因害怕新想法受批判，员工不愿提出创新点子。

二、克服策略与方法

在创新思维遇到障碍时，可以采取以下克服策略和方法。

（一）认识并接受障碍

首先要认识到遇到障碍是正常的，不要感到沮丧。接受障碍存在，将有助于更好地面对和解决它们。

下面是一个真实案例，展示了认识并接受创新障碍的情况以及如何克服它的过程：

奈飞（Netflix）创立初期提供 DVD 租赁服务，但随着数字化时代，流媒体兴起，挑战日益严峻。管理层起初难以接受变革，但最终认识到需转向流媒体。通过内部创新、改变业务模式、全球扩张和原创内容投资，Netflix 成功转型为主要流媒体提供商之一，成为全球最大公司之一。这展示了认识并接受创新障碍，将挑战转为机遇，实现企业创新和成长的过程。Netflix 领导团队的灵活性和决心是关键。

（二）培养开放心态

保持开放心态是创新思维的关键。开放心态，需要接受新思想，愿意尝试新方法，不拘泥于既有的思维模式。

以下是一个真实案例，展示了如何培养开放心态来克服创新障碍：

20 世纪 70 年代，3M 公司的科学家斯宾塞·希尔弗（Spencer Silver）在研究胶水时，意外发现了一种特殊的胶水，黏性适中且不残留，却未被直接运用。他抱着开放心态，将这一发现看作潜在机会，并在公司内部宣传。另一位科学家阿特·弗莱（Art Fry）在遇到书签掉落问题时，基于斯宾塞·希尔弗特殊胶水的启发，创造出了 Post-it 笔记。3M 将这一发现推向市场，取得巨大成功，Post-it 成为广受欢迎的办公用品。

该案例强调开放心态的重要性，展示了如何从意外中获得灵感，体现了创新思维的非线性过程。

（三）培养创造性思维

学会发散思考，尝试从不同的角度看问题，寻找不同的解决方案。可以使用思维导图、头脑风暴等方法来培养创造性思维。

以下是一个真实案例，展示了如何培养创造性思维来克服创新障碍：

皮克斯动画工作室（Pixar Animation Studio）在 20 世纪 90 年代初陷入创作危机，面临破产风险，缺乏新创意。创始人之一埃德温·埃勒·卡特穆尔（Edwin Earl Catmull）提出了创新方法：Braintrust 小组由公司内创作者和决策者组成，为创作者提供诚实、有建设性的反馈，鼓励尝试新想法。在《玩具总动员》制作中，Braintrust 帮助改进剧本和角色，提出各种创意建议，使电影大获成功。这一实践使 Braintrust 成为皮克斯的创意引擎，推动了一系列经典动画电影的创作。

案例强调了培养创造性思维的重要性，通过创意团队和开放环境，皮克斯克服创新障碍，不断产生新创意，取得巨大成功。创造性思维通过协作和反馈得以培养和发展，促进创新实践。

（四）鼓励团队合作

通过与他人合作，可以汇聚更多的想法和资源，共同解决难题。

以下是一个真实案例，展示了如何鼓励团队合作来克服创新障碍：

阿波罗 13 号任务是美国国家航空航天局（National Aeronautics and Space Administration，NASA）的一次载人登月任务，但在执行过程中发生了爆炸事故，导致航天器资源严重受限。宇航员和地面控制团队展现了卓越的团队合作精神，制订了创新的临时修复方案，确保了宇航员的生存和任务完成。这次任务的成功实践凸显了团队合作在创新思维中的关键作用，尤其在极端情况下，团队合作和创新思维对克服挑战至关重要，为创新实践提供了重要启示。

（五）克服恐惧和担忧

面对可能的失败或困难时，不要害怕，要勇敢地迎接挑战。同时，要学会从失败中吸取教训。

以下是一个真实案例，展示了如何克服恐惧和担忧来促进创新思维：

特斯拉成立于 2003 年，面临着电动汽车行业的诸多挑战，如电池技术不成熟、充电基础设施有限以及消费者的担忧等。埃隆·马斯克（Elon Musk）及团队克服了恐惧和担忧，坚信电动汽车的未来，投入资金改进电池技术，推动充电基础设施建设，并努力改变人们对电动汽车的看法。最终，特斯拉成功推出高性能电动汽车，包括 Model S、Model 3、Model X 和 Model Y 等，并建立了强大品牌。他们的创新包括高效电池技术、自动驾驶功能和出色性能，改变了整个汽车行业，推动了电动汽车的普及。

这个案例凸显了克服恐惧和担忧在创新思维中的关键作用，埃隆·马斯克及特斯拉团队的决心和信念为他们应对行业不确定性、追求创新提供了动力。

（六）寻找灵感来源

多接触不同领域的知识和信息，寻找灵感的来源，可以激发创新思维。

以下是一个真实案例，展示了如何寻找灵感来源来克服创新障碍：

诺基亚公司（Nokia Corporation）是一家芬兰通信和信息技术公司，曾是全球最大的移动电话制造商之一。然而，随着智能手机竞争的加剧，诺基亚市场份额下降，陷入困境。为重新崛起，诺基亚采取了积极措施：①开放式创新。与初创公司和技术企业合作，获取新创意和技术。②用户洞察。与用户互动，深入了解需求和期望，指导未来产品和服务方向。③技术转型。投入 5G、物联网和数字健康等新领域，寻求增长机会。通过这些举措，诺基亚保持了竞争力，并在新领域取得成功，推出了 5G 基站设备、数字健康产品和物联网解决方案。

这个案例凸显了积极寻找灵感来源对克服创新障碍的关键作用，以及在创新思维中积极主动寻找灵感和合作的重要性。

（七）设定明确目标和时间表

确定清晰的目标和时间表，有助于集中精力，避免在无关紧要的事情上浪费过多时间。

以下是一个真实案例，展示了如何通过设定明确目标和时间表来克服创新障碍：

亚马逊面临提供更多创新和价值的挑战，特别是在 Prime 会员服务方面。为此，他们设定了明确目标：通过增加附加值改进 Prime 服务，提高会员忠诚度和购物频率。他们制定了详细的时间表，包括市场研究、概念开发、测试反馈和完善扩展等阶段。最终，亚马逊成功推出了一系列新服务，如 Prime Video、Prime Music、Prime Reading 等，实现了目标，增加了会员数量和忠诚度。

这个案例突出了设定明确目标和时间表的重要性，帮助公司克服创新障碍，转化想法为实际服务，取得持续增长和竞争优势。

（八）定期反思和反馈

定期回顾工作和想法，接受反馈，可以帮助发现问题并及时调整。

当遇到创新障碍时，定期反思和反馈仍然是一种有效的策略，以下是一个医疗保健领域相关的案例：

梅奥诊所通过定期举办医疗创新工作坊，鼓励医务人员和管理层参与创新。这些工作坊由医疗创新专家组织，持续几天或数周，其间医务人员分享问题并提出改进建议。参与者分组讨论不同医疗保健方案，并评估提出的创新点子的影响和可行性，制订行动计划并在实践中测试。这一过程帮助梅奥诊所改进了医疗服务和流程，开发了新工具、改进了手术流程，提高了患者满意度，取得了显著进展。

这个案例展示了医疗领域如何通过反思和反馈激发创新思维，满足不断变化的需求，提供更高质量的医疗保健。

（九）保持持久耐心

创新往往需要时间，不要急功近利，要保持持久的耐心和坚持。

当涉及保持持久耐心以克服创新障碍时，以下是一个真实案例：

詹姆斯·戴森（James Dyson）对传统吸尘器的性能不满，决心重新设计。经过多年试验和原型制作，他采用了永不堵塞的气旋分离技术，解决了吸尘袋阻塞问题。1993年推出的第一款无尘袋吸尘器取得了成功，改变了整个市场。

这个案例强调了在创新过程中持久耐心的重要性，戴森的坚持最终取得了巨大成功，并对行业产生了深远影响。

（十）学习和成长

不断学习新知识，提升自己的能力和素质，有助于拓展思维，应对更多的挑战。

当涉及学习和成长以克服创新障碍时，以下是一个不同领域的案例：

Netflix 采用数据分析、与创作者合作和国际扩展等策略来保持内容创新和成长。通过分析用户偏好、与创作者合作并拓展国际业务，他们创造了多样化的原创节目，如《纸牌屋》《怪奇物语》《权力的游戏》，使 Netflix 成为领先的流媒体平台。这个案例强调了学习和成长对克服创新障碍的关键作用。

三、创新思维培养及训练

（一）保持好奇心

保持好奇心是培养创新思维的有效方法，它能激发对新事物的兴趣，推动不断探索和寻找新解决方案。以下是如何通过保持好奇心培养创新思维的要点：①提出问题。面对情境或问题时，积极提出"为什么""如何""有没有更好的方法"等问题，激发思考。②跨学科学习。通过探索不同领域，获取多元化知识和观点，以此拓宽创新视角。③实际体验。参与各类活动，通过实际体验，深入理解问题。④持续学习。保持好奇心是持续学习的动力，保持好奇心能不断积累新知识，深化理解。⑤记录和整理。记录好奇心驱动下的发现，整理思维，汲取经验。⑥与他人分享。分享好奇心，与他人探讨问题，共同寻找答案，丰富思维。⑦接受不确定性。将未知领域的不确定性视为学习和创新的机会。⑧寻找灵感来源。从书籍、艺术、自然等中寻找灵感，刺激创新思维。⑨设定目标和时间表。设定具体学习和探索目标，制定时间表，有组织地进行探索。⑩保持耐心。培养好奇心和创新思维是长期过程，需要坚持不懈。

（二）换个角度看世界

"换个角度看世界"是培养创新思维的有效策略，它能打破思维定式，激发创造力。以下是实现这一目标的方法：①善于观察和探索。保持警觉，留意周围环境，不断观察和探索新鲜事物。②改变视角。尝试从他人角度或设想自己是他人，以看到问题的不同侧面。③善于提问和质疑。不断提出问题，挑战现状，探索新可能性。④尝试不同方法。在解决问题时，灵活尝试多种方法和策略。⑤习惯跨学科思考。结合不同领域的知识和思维方式，如艺术、科学和工程。⑥借鉴外部灵感。从其他行业获取灵感，应用到自己的领域中。⑦使用思维工具。使用头脑风暴、思维导图等工具系统地探索问题。⑧与多样性的人交往。与不同背景的人交流，接触不同的思维方式。⑨接受失败和反馈。将失败视为学习机会，接受反馈以改进思维。⑩持之以恒。培养创新思维是长期过程，需要持续努力。

（三）探索艺术和创意

探索艺术和创意是培养创新思维的启发性方法，有助于开拓思维和激发创造力。以下是实现这一目标的途径：①参观艺术展览。定期参与艺术和文化活动，欣赏不同艺术形式，培养审美和感性思维。②学习创意过程。研究创意从业者的工作方法，了解从概念到作品的创作过程。③尝试创意项目。参与绘画、写作、音乐等活动，锻炼创造性思维。④学习多种艺术形式。尝试绘画、雕塑、摄影等艺术表达形式。⑤参与创意工作坊。与其他创意人士交流，获取新灵感。⑥阅读创意资料。深入研究创意、创新和艺术的原理和方法。⑦观察日常生活。注意日常细节，从中汲取创意。⑧接受多元文化。研究不同文化的艺术，融入创意思维。⑨寻找交叉点。结合艺术创意与个人工作或兴趣，开发独特创新方法。⑩与创意社群互动。加入社群，分享想法，促进思维碰撞。

 拓展阅读 3-3

突破创新思维障碍

引言：在创新的旅程中，我们常常面临各种思维障碍，限制了创新的发展。本文将详细探讨在解决特定问题时，团队面临的创新思维障碍，以及通过一系列具体策略和方法成功克服这些障碍的实例。本文参考了《创新者的窘境》（*The Innovator's Dilemma*）一书中的思想，作者克莱顿·克里斯坦森（Clayton M. Christensen）强调了在面对新技术和市场变革时，创新者所面临的困境。

背景：一支跨学科团队致力于开发一种智能家居系统，以提高家庭生活的便捷性。然而，在项目初期，团队陷入了创新思维的僵局，难以突破传统思维框架，限制了对创新解决方案的探索。

创新思维障碍：最初的困境在于团队过度依赖传统的解决方案，难以跳出传统智能家居系统的设计范式。这种"路径依赖"思维是克里斯坦森所提到的创新者常遇到的问题，即过度关注过去成功的模式，忽视了新兴技术和市场趋势。

策略和方法：

（1）打破固有思维。团队采用了"逆向思考"方法，从用户需求出发重新审视问题。参考《设计思维》（*Change by Design*）一书中的理念，作者强调通过逆向思考来突破思维定式，发现新的设计空间。

（2）跨学科合作。鉴于项目的跨学科性质，团队引入了不同领域的专业人才。这一策略源于《交叉创新》（英文原名：*The Medici Effect: What Elephants and Epidemics Can Teach Us About Innovation*）一书中的观点，作者强调了跨学科合作在推动创新中的关键作用。

（3）用户参与式设计。为了更好地理解用户需求，团队采用了用户参与式设计的方法。这一方法来自《通过网站分析理解用户-网站交互》（英文原名：*Understanding User-Web Interactions Through Web Analytics*），作者提到通过用户的直接参与来优化产品设计。

克服障碍的过程：通过逆向思考，团队打破了对传统解决方案的依赖，并从用户的真实需求出发重新定义了问题。跨学科合作使得来自不同专业领域的观点汇聚，为创新提供了新的思路。用户参与式设计则确保了最终产品更贴近用户期望，增加了项目的成功可能性。

成果：最终，团队成功开发出一款创新的智能家居系统，融合了新兴技术和用户需求。这一成功的经验表明，通过灵活运用多种创新思维策略和方法，可以有效克服创新思维的障碍，为解决实际问题提供了有力的指导。

（资料来源：笔者根据网络资料整理）

【本章小结】

本章主要涵盖了创新思维的基本原理、常见方法以及克服创新思维障碍的内容。在第一节中，我们首先了解了创新思维的定义和特点，懂得了创新思维的表现形式，并深入研究了创新思维的认知和心理过程。在第二节中，我们介绍了创新思维的常见方法，包括团体创新方法、设问型创新方法、类比型创新方法、列举型创新方法和组合型创新方法。这些方法为创新提供了多样化的工具和技巧，有助于激发创新思维。在第三节中，我们讨论了克服创新思维的障碍的重要性，包括了各种创新思维障碍以及相应的克服策略和方法。同时，我们也探讨了创新思维的培养和训练，提供了一系列方法和建议，帮助个体不断发展创新思维的能力。

本章提供了一个全面的创新思维框架，涵盖了理论基础、方法工具以及克服障碍的实用指导，有助于读者更好地理解和应用创新思维，提升创新能力。

【回顾与思考】

1. 创新思维的基本原理是什么？
2. 有哪些常见的创新思维方法，分别有什么优缺点？
3. 创新思维的主要障碍有哪些，如何克服？

【课后训练】

练习一

以小组为单位，讨论以下案例并分析案例后的思考题。

苹果公司的 iPhone 创新

苹果公司的 iPhone 是一款革命性的产品，它展示了创新思维的基本原理。在 2007 年首次推出 iPhone 之前，智能手机市场主要由功能单一的手机主导。然而，苹果公司的创新思维改变了游戏规则。以下是关于 iPhone 创新的细节。

（1）多功能融合：iPhone 将手机、MP3 播放器和个人数字助理（personal digital assistant，PDA）等多个设备融合到一个便携式设备中。这一创新思维突破了传统设备之间的界限，提供了更多的便利性和功能。

（2）触摸屏技术：iPhone 首次引入了多点触摸屏幕技术，这种创新思维改变了用户与设备的互动方式。用户可以通过手指滑动和触摸来进行操作，这一创新大大提升了用户体验。

（3）生态系统建设：苹果公司通过 App Store 创建了一个庞大的应用生态系统，这为开发者提供了机会，也提供了各种各样的应用程序供用户选择。这一创新思维不仅推动了应用开发的繁荣，还为公司创造了巨大的收入。

思考题：

1. 除了手机，还有哪些设备可以通过融合多功能来实现创新？
2. iPhone 成功的背后是哪些创新思维原则在起作用？如何将这些原则应用到其他行业或产品中？
3. App Store 的成功如何影响了数字内容分发的模式？有哪些其他行业可以从这一模式中汲取灵感？

练习二

以小组为单位，讨论以下案例并分析案例后的思考题。

Airbnb 的共享经济模式

爱彼迎（Airbnb）是一家成功的共享经济平台，它改变了旅行和住宿方式。Airbnb 于 2008 年成立，通过在线平台允许人们出租他们的住所，或者租住他人住所。这一模式创造了一个更加个性化、贴近当地文化的住宿体验，同时也为房主提供了额外的收入来源。

思考题：

1. Airbnb 的共享经济模式如何改变了传统酒店行业？它给旅游业带来了哪些挑战和机遇？

2. 除了住宿，还有哪些其他领域可以通过共享经济模式进行创新？这种模式如何平衡便利性和安全性？

3. Airbnb 的成功有何启示？是否可以应用于其他行业或创新思维领域？如何处理共享经济中的法律和道德问题？

练习三

以小组为单位，讨论以下案例并分析案例后的问题。

LEGO 的危机与创新

乐高（LEGO）是一家丹麦的玩具制造公司，成立于 1932 年，总部位于丹麦比隆（Billund）。LEGO 以其独特的塑料积木玩具而闻名于世界。这些积木具有相互兼容的设计，允许孩子们构建各种形状和结构的模型。LEGO 的名称来源于丹麦语 LEg GOdt，意为"玩得开心"。

21 世纪初，LEGO 陷入了财务危机，几乎濒临破产。公司的传统玩具销售下滑，管理层面临着挑战，需要找到创新的途径来挽救公司。LEGO 采取了一系列创新举措，包括推出新的产品线、与电影公司合作、建立在线社交平台等。

思考题：

1. LEGO 通过推出新的产品线来应对销售下滑。请思考和讨论：企业在面临市场需求变化时，如何通过产品创新来保持竞争力和市场份额？

2. LEGO 与电影公司合作推出电影系列，取得了巨大的成功。请思考跨界合作在企业创新中的作用。如何通过跨界合作来开拓新市场、增强品牌影响力？

3. LEGO 通过建立在线社交平台，与用户互动并收集反馈。请探讨数字化转型和用户参与在企业创新中的作用。如何通过数字化工具提升用户体验和满意度？

第四章

创 新 设 计

【学习目标】

1. 懂得创新战略的重要性并掌握如何制定合适的创新战略；
2. 分析并明确创新设计的需求，掌握需求分析的流程及步骤；
3. 懂得利用设计思维进行创新设计。

导入案例

Oculus Rift 虚拟现实头戴式显示器的创新设计

Oculus Rift 是一款虚拟现实（virtual reality，VR）头戴式显示器，于 2016 年由 Oculus 公司推出，后被脸书（Facebook）收购。这款头戴式显示器引领了虚拟现实技术的发展，并在游戏、娱乐和教育领域取得了巨大成功。

创新设计的关键要素：

（1）高分辨率显示屏：Oculus Rift 采用了高分辨率有机发光二极管（organic light emitting diode，OLED）显示屏，提供清晰、逼真的虚拟现实体验。这种高分辨率的显示屏提高了图像质量，减少了晕动病（motion sickness）。晕动病是指由于视觉与内耳感知的运动不一致引起的症状，如头晕、恶心等。

（2）低延迟追踪技术：Oculus Rift 集成了低延迟的头部追踪技术，可实时跟踪用户头部运动，使用户能够更自然地与虚拟环境互动。这种技术提高了虚拟现实的沉浸感。

（3）舒适设计：设计师考虑了佩戴者的舒适度，采用了轻量化的材料和可调节的头带，以确保用户长时间佩戴时的舒适性。

（4）手势控制器：Oculus Rift 引入了触手手势控制器，允许用户用手势进行虚拟世界中的互动。这种控制器改变了传统游戏控制的方式，使用户能够更自然地操控虚拟环境。

（5）开放式平台：Oculus Rift 采用了开放式平台，鼓励开发者为其创建应用和游戏。这种开放性促进了创新，并吸引了大量的第三方开发者。

（6）价格定位策略：Oculus Rift 采用相对亲民的价格策略，使虚拟现实技术更容易接触。这降低了进入虚拟现实领域的门槛。

Oculus Rift 的创新设计彻底改变了虚拟现实的格局，对多个领域产生了积极影响：

（1）游戏和娱乐：Oculus Rift 在游戏和娱乐领域获得了广泛应用，为用户提供了前所未有的沉浸式体验。用户可以身临其境地探索虚拟世界，与游戏中的角色互动。

（2）教育和培训：虚拟现实可以用于模拟各种场景，包括教育和培训。学生和专业人员可以使用 Oculus Rift 进行实际操作的模拟，提高学习和培训效果。

（3）医疗和疗愈：一些医疗应用程序使用 Oculus Rift 进行康复和疗愈。患者可以通过虚拟现实体验来缓解疼痛或进行康复训练。

（4）社交互动：Oculus Rift 还提供了虚拟社交互动的机会。用户可以在虚拟现实世界中与朋友和家人互动，无论他们身在何处。

（资料来源：笔者根据网络资料整理）

第一节　创　新　战　略

一、创新战略概述和重要性

（一）创新战略概述

创新战略起源于 20 世纪初的工业革命和科技进步，企业意识到创新对长期竞争至关重要。迈克尔·波特（Michael E. Porter）认为，创新战略是企业追求竞争优势的总体框架，强调通过不断创新来塑造竞争地位。克莱顿·克里斯坦森则提出破坏性创新概念，认为创新战略应包括应对破坏性技术和商业模式的策略。波士顿咨询公司（The Boston Consulting Group）将创新战略定义为在全球化、数字化和技术革新等环境中保持竞争优势的战略和行动。《哈佛商业评论》（*Harvard Business Review*）将其描述为通过新产品、服务或商业模式满足市场需求获取竞争优势的战略行动。OECD（Organization for Economic Co-operation and Development，经济合作与发展组织）关注创新对经济增长的重要性，将创新战略定义为促进科技创新、技术转移和创新投资的政策和措施，推动经济和社会进步。总体而言，创新战略是为长期增长和竞争优势而制订的计划和采取的方法，涉及发现、开发和实施新想法、技术、产品或服务，以满足市场需求并保持竞争力。

（二）创新战略的重要性

创新战略在组织和企业的发展中至关重要，具体体现在以下几个方面：①建立市场领导地位。创新战略能帮助企业开发独特的产品或服务，抢占领先市场，获取更多市场份额和利润。②提高竞争力。通过创新，企业能提升产品质量、降低成本，保持在激烈市场竞争中的优势地位。③应对市场变化。创新战略使企业能够灵活应对市场和客户需求的变化，保持市场竞争力。④推动企业发展。创新是企业发展的动力，可以开拓新业务领域，实现业务增长和扩张。⑤提高企业价值。创新能提升企业的价值和市值，获得投资者青睐，带来品牌溢价和良好企业声誉。⑥促进续发展。创新战略有助于企业实现可持续发展，提高资源利用效率，推动社会经济可持续发展。

二、创新战略的制定步骤和常见方法

制定创新战略是一个复杂而关键的过程，需要进行深入的分析，并且有明确的目标。以下是制定创新战略的一般步骤和常见方法。

（一）制定步骤

制定创新战略一般包括如下步骤：①明确目标和愿景。企业需要明确其创新的目标和愿景。这可能包括提高市场份额、开拓新市场、提高产品质量、提高效率等。目标和愿景的明确性有助于指导后续的创新活动和战略制定。②市场分析。对市场进行全面的分析是制定创新战略的重要步骤。企业需要了解市场趋势、竞争对手、客户需求和未来发展方向。这可以通过市场调研、竞争分析和趋势预测来实现。③技术评估。评估现有和新兴的技术，确定其对企业的潜在影响和应用价值。这包括技术的成熟度、可行性、风险和成本等方面的考量。④创新管道的建立。建立有效的创新管道是实施创新战略的关键。企业可以通过内部研发、合作伙伴关系、收购、外部技术转移等方式来获取创新资源和想法。⑤组织文化和能力的培育。培育创新的组织文化和能力是实施创新战略的前提。企业需要建立鼓励创新、尊重失败和持续学习的文化，并培养员工的创新能力和创造力。⑥风险管理。创新伴随着风险，因此风险管理是制定创新战略时必须考虑的重要因素。企业需要评估和管理创新活动可能面临的各种风险，包括技术风险、市场风险和财务风险等。⑦执行和监控。制定创新战略后，企业需要有效地执行和监控其实施过程。这包括制订详细的执行计划、分配资源、设定绩效指标，并定期评估和调整战略的执行效果等。

（二）常见方法

在制定创新战略时，主要用到的方法包括：①设计思维（design thinking）。以用户为中心，通过深入了解用户需求和问题，发现创新的解决方案。②开放创新（open innovation）。通过与外部合作伙伴、供应商、客户和其他利益相关者合作，共同寻找创新的解决方案。③技术路线图（technology roadmap）。通过分析技术趋势和发展方向，制定未来技术发展的路线图，指导企业的创新投资和决策。④创新生态系统（innovation ecosystem）。建立开放、互动的创新生态系统，促进内部和外部资源的共享，推动创新活动的持续发展。

三、主流创新战略

（一）产品创新战略

产品创新战略是指通过引入新的产品设计、功能、性能或外观改进，满足用户需求和市场趋势，从而增强企业竞争力的战略。该战略通常聚焦于用户体验优化、差异化价值创造以及开发具有前瞻性的产品以占领市场先机。产品创新战略旨在改进现有产品或开发新产品，以满足市场需求、提升产品价值、促进销售增长和保持竞争力。

实施步骤：①市场调研和需求分析。深入了解市场和客户需求，分析竞争对手和行业趋势。②制定产品创新策略。根据市场调研结果，制定产品创新的战略目标和路线图。③产品开发和测试。对现有产品进行改进或研发新产品，包括设计、制造、测试等环节。④市场推广。制订营销计划，包括定价策略、促销活动、渠道管理等，推广产品并获取市场份额。⑤持续改进和反馈。持续监测市场反馈和产品表现，根据反馈信息进行产品优化和改进，保持产品竞争力和市场地位。

（二）技术创新战略

技术创新战略是企业为了在技术领域获取竞争优势而制订的一系列计划和采取的一系列方法。技术创新战略是指通过开发、应用或转化新技术，以推动产品或服务质量提升、降低运营成本、提高效率，并为企业创造技术壁垒的战略。该战略强调技术研发的持续投入，并通过技术革新引领行业发展，旨在改进现有技术或引入新技术，以提高生产效率、降低成本、增强产品竞争力和创造新的商业价值。

实施步骤：①技术评估和策略规划。评估现有技术和市场趋势，确定企业技术发展的战略目标和重点领域。②研发和创新投资。加大研发投入，开展技术研究和开发活动，探索新技术和解决技术难题。③技术转移和引进。积极开展技术引进、技术转移和合作研发，获取外部技术资源，加速技术应用和商业化进程。④人才培养和组织建设。培养技术人才，建设创新团队和创新文化，激发员工的创新潜能和创造力。⑤市场应用和商业化。将新技术应用于产品开发和生产过程，推动新技术的商业化和市场应用，获取商业价值和竞争优势。

（三）市场创新战略

市场创新战略是指通过重新定义市场边界、发掘潜在客户需求、开拓市场或优化市场结构，从而扩大企业市场占有率、提升品牌影响力的战略。该战略侧重于市场定位调整和消费者行为深度挖掘。市场创新战略是企业为了在市场竞争中获取优势而制订的一系列计划和采取的一系列方法，旨在发现和满足新的市场需求、开拓新的市场空间、探索新的销售渠道和营销方式，以及建立差异化竞争优势。

实施步骤：①市场调研和需求分析。深入了解市场和客户需求，分析竞争对手和行业趋势。②制定市场创新策略。根据市场调研结果，制定市场创新的战略目标和路线图。③产品创新和差异化。通过产品创新和差异化，提供符合市场需求的独特价值和优势。④开拓新市场和渠道。寻找新的市场空间和增长点，开拓新的地理区域、客户群体、产品类别等，并探索新的销售渠道和营销方式。⑤品牌建设和推广。通过品牌建设和品牌传播，树立企业形象和品牌声誉，提升品牌知名度和市场竞争力。

（四）业务模式创新战略

业务模式创新战略是指通过重新设计企业的价值创造与交付方式，构建具有独特竞争力的商业模式，从而实现收入来源的多样化和企业持续增长的战略。该战略通常涉及对资源整合、客户关系、成本结构等方面的重新构建。业务模式创新战略是企业为了在市场竞争中获取竞争优势而制订的一系列计划和采取的一系列方法，旨在调整企业的商业模式或对其重新设计，以创造新的价值提案、实现更强的盈利能力和持续增长。

实施步骤：①识别商业模式创新的机会。分析市场和行业趋势，识别潜在的商业模式创新机会和市场需求。②制定商业模式创新战略。根据市场分析结果，制定商业模式创新的战略目标和路线图，确定重点改进的方向和目标。③调整或重新设计商业模式。调整或重新设计企业的价值主张、盈利模式、资源配置方式、合作伙伴关系等，以创造新的商业价值和竞争优势。④实施和监控。落实商业模式创新战略，组织实施相关的改变和调整，持续监控和评估实施效果，及时调整策略和行动方案。⑤持续优化和创新。持续优化和创新商业模式，不断寻找新的改进和创新机会，保持竞争力和持续增长。

（五）合作创新战略

合作创新战略是指通过与外部机构或合作伙伴建立战略联盟或协同合作，共同开发新产品、优化业务流程或提升市场表现，从而实现资源共享和创新成果最大化的战略。该战略强调通过合作创造新的竞争优势。合作创新战略是企业为了在市场竞争中获取优势而制订的一系列计划和采取的一系列方法，旨在与外部合作伙伴、供应商、客户和其他利益相关者合作，共同开发创新解决方案，实现资源共享、风险分担和互利共赢。

实施步骤：①确定创新需求和目标。明确企业的创新需求和战略目标，确定需要与合作伙伴合作开展的创新项目。②合作伙伴选择和协商。选择合适的合作伙伴，进行合作协商和合作协议的签订，明确合作范围、目标和责任。③共同研发和创新。与合作伙伴共同开展研发活动，包括技术研究、产品开发、方案设计等，共同探索和实现创新解决方案。④资源共享和风险分担。共享技术、人力、资金和其他资源，分担研发成本和风险，降低创新项目的投入和压力。⑤知识产权管理和保护。建立合适的知识产权管理机制，确保合作双方的知识产权权益和利益受到保护。⑥项目管理和协调。建立有效的项目管理和协调机制，确保合作项目的顺利进行和达成预期目标，及时解决项目中出现的问题。

（六）人才和组织创新战略

人才和组织创新战略是指通过重塑企业组织结构、文化和人力资源管理机制，促进员工创新能力提升、团队协作优化和组织适应能力增强，从而推动企业持续发展的战略。该战略注重构建激励创新的环境和培养多元化人才队伍。人才和组织创新战略是企业为了在人才培养和组织发展方面获取竞争优势而制订的一系列计划和采取的一系列方法，旨在培育创新文化、激发员工的创造力和创新能力，以及构建灵活、高效的组织结构和运作机制。

实施步骤：①制定创新人才战略。明确企业的创新人才培养和发展战略目标和方向，确定重点培养的创新人才类型和数量。②建立创新文化。通过组织文化建设、价值观宣导等方式，营造开放、包容、鼓励创新的企业文化氛围。③实施人才培养计划。建立系统的人才培养和发展机制，包括培训计划、晋升机制、岗位轮岗、导师制度等。④建立激励机制。设计符合员工期望和企业利益的激励机制，包括薪酬激励、绩效考核、项目奖励等。⑤优化组织结构和流程。优化企业组织结构和管理体系，打破部门壁垒、强化协同合作，提高组织的灵活性和适应性。⑥建立创新流程管理机制。建立创新流程和管理机制，包括创新项目管理、知识管理、团队协作等，促进创新活动的顺利进行和成果转化。

（七）可持续创新战略

可持续创新战略是指将可持续发展理念融入企业的创新活动，通过开发环保产品、采用绿色技术或优化业务流程，实现环境、社会和经济效益平衡，从而确保企业长期价值创造和社会责任履行的战略。可持续创新战略是企业为了在持续发展和环境保护的前提下获取竞争优势而制订的一系列计划和采取的一系列方法，旨在推动经济、社会和环境的可持续发展，同时不断创新以满足市场需求。

实施步骤：①制定可持续创新战略。明确企业的可持续发展目标和战略方向，制定可持续创新战略和计划。②引进与应用环保技术。引入环保技术和绿色产品设计理念，降低企业生产过程的资源消耗和环境污染。③履行社会责任与关注公益慈善。积极履行企业社会责任，关注员工福利、社区发展、公益慈善等方面，建立良好的企业社会形象。④创新经济效益与盈利模式。在环保和社会责任的前提下，不断创新业务模式、产品和服务，提升企业的竞争力和盈利能力。⑤建立可持续供应链管理体系。建立可持续的供应链管理体系，确保企业整个价值链的可持续性和稳定性。⑥建立持续创新和改进的机制。建立持续创新和改进的机制，包括质量管理、流程优化、技术创新等，持续提高企业的竞争力和可持续发展能力。

四、探索企业的技术轨迹

（一）技术轨迹含义

技术轨迹是企业技术发展和创新的历史记录和演变路径。它包括技术采用历史、创新方向、创新速度和创新效果等内容。通过技术轨迹，企业可以了解自身技术历程、预测未来发展、制定科技战略，提升竞争力。

（二）基于创新战略探索技术轨迹的意义

探索企业的技术轨迹对于制定和实施创新战略至关重要。首先，了解技术发展历程能够帮助企业全面把握自身的技术实力和基础，为未来创新方向提供参考。其次，分析技术轨迹有助于发现技术优势和劣势，指导企业确定创新重点和发展方向，必要时采取补救措施。再次，预测技术发展趋势可帮助企业及时调整创新战略，把握发展机遇和挑战，保持领先地位。最后，了解技术轨迹还有助于企业更有效地配置创新资源，并制定明确的创新路线图，提高创新活动的规划性和针对性。

（三）探索企业技术轨迹的方法和步骤

探索企业的技术轨迹需要系统性方法：收集技术资料如研究报告、专利；设计调查问卷或面谈提纲，与内部技术人员交流；组织研讨会和座谈会，总结技术发展历程和经验教训；进行案例分析，总结成功要素；制作技术地图展示技术发展时间线；分析专利数据揭示技术趋势；实地考察技术实践；运用数据挖掘技术分析技术文献。

五、开发企业特定能力

（一）企业特定能力含义

企业特定能力指的是企业在特定领域或业务范畴内独特、难以模仿的核心优势，包括资源、技术、知识、经验、组织文化等方面。这些能力与企业战略目标（如产品创新、市场营销、供应链管理、技术研发、品牌建设等）密切相关。它们不仅是内在资源，也反映了组织架构、团队协作、战略规划等方面的优化。发展特定能力需要长期积累和投入，是企业战略执行和竞争优势的基础之一。通过加强这些能力，企业能保持竞争优势、持续创造价值，并实现可持续发展。

（二）识别企业特定能力

识别企业特定能力需要系统分析和评估：①核心业务分析。审视企业的价值链和关键业务流程，确定影响战略目标实现的关键业务。②SWOT 分析。评估企业的优势、劣势、机会和威胁，找出可转化为特定能力的资源。③竞争对手分析。研究竞争对手，发现自身与其不同之处，探索竞争对手的独特之处。④客户需求调查。了解客户需求，发现满足需求的独特能力。⑤内部资源评估。评估人力、技术、品牌等资源，找出与竞争对手不同的优势。⑥市场趋势分析。分析行业趋势，确定可利用的机会和相应能力。⑦技术评估。评估技术水平和创新能力，发现独特技术优势。⑧人力资源评估。了解员工技能和经验，找出独特人力资源优势。⑨管理架构分析。分析组织文化和工作方式，发现独特之处。⑩利益相关者反馈。征求内外部利益相关者反馈，发现企业外界认知的独特之处。

六、获取创新收益

（一）创新收益含义

创新收益是指企业由创新活动所获得的经济和非经济的收益。这些收益可以是直接的经济利益，如增加的销售额、降低的成本、提高的市场份额等，也可以是间接的非经济利益，如员工士气提高、品牌影响力加强等非经济效益。创新收益是创新活动的重要指标，可以评估和衡量企业创新投资的回报程度。

（二）创新收益来源及获取

创新收益来源及获取方式如下：①增加新产品销售额。通过市场调研、产品开发和营销推广，满足市场需求，增加销售额。②降低生产成本。采用工艺改进、自动化和成本管理优化，提高效率，降低成本。③创造新市场。通过市场调研、品牌推广和合作伙伴关系，开发新产品，打造新市场。④提高产品质量和品牌价值。通过质量管理、品牌建设和客户服务提升产品竞争力和市场占有率。⑤节约资源和能源。采用能源管理、资源回收和供应链优化，降低成本，提高利润。⑥提高员工士气和创新能力。通过员工培训、鼓励创新文化和奖励制度，增强员工积极性和促进创新。⑦获得竞争优势。通过产品差异化、研发领先技术和提升品牌声誉，提高市场地位和盈利能力。⑧建立合作伙伴关系。与外部合作伙伴开展联合研发项目、共享资源和知识，开拓新市场和商业机会。

 拓展阅读 4-1

亚马逊公司探索技术轨迹的成就和启发

亚马逊公司（Amazon）在进行探索技术轨迹时，获得的成就主要有：

（1）云计算服务。亚马逊公司通过其云计算服务 AWS（Amazon Web Services）取得了巨大成功。AWS 是全球领先的云计算平台之一，提供包括云存储、计算、数据库、人工智能等各种云服务。截至 2021 年，AWS 占据全球近一半的市场份额，并持续保持高速增长。

（2）人工智能技术。亚马逊公司在人工智能领域也有着重要突破。其旗下的语音助手 Alexa 和智能音箱 Echo 在全球范围内受到广泛欢迎，为用户提供智能家居控制、语音搜索等服务。同时，亚马逊也在人工智能领域进行了大量的研发投入，如在自然语言处理、机器学习等领域取得了一系列重要进展。

（3）物流和配送技术。亚马逊公司在物流和配送技术方面也取得了重要突破。其推出的 Prime 会员服务和快速配送服务为用户提供了极大的便利。同时，亚马逊也不断探索和应用新的物流技术，如无人机配送、自动化仓储等，提高了配送效率和服务质量。

（4）数据分析和个性化推荐。亚马逊公司通过数据分析和个性化推荐技术，为用户提供了个性化的购物体验。其推荐系统根据用户的购买历史、浏览行为和偏好，向用户推荐符合其兴趣的商品和服务，提高了用户购物的满意度和购买转化率。

（5）市场表现和财务业绩。亚马逊公司在市场上的表现和财务业绩也是其技术轨迹成功的重要体现。根据第三方电商数据平台 ECDB 在 2024 年发布的数据，截至 2023 年，亚马逊成为全球最大的电子商务公司之一，其营收和净利润持续增长，市值居全球电子商务企业之首。

通过亚马逊公司的案例，我们可以得到以下启发：

（1）技术创新驱动业务增长。亚马逊通过持续的技术创新，在云计算、人工智能、物流和配送等领域取得了重要突破，并将这些技术应用于业务中，推动了公司的业务增长和市场扩张。这表明企业应该将技术创新置于战略的核心位置，将技术创新作为驱动业务增长和提升竞争力的重要手段。

（2）注重用户体验和个性化服务。亚马逊通过数据分析和个性化推荐技术，为用户提供了个性化的购物体验，提高了用户满意度和购买转化率。这表明企业应该重视用户需求，注重提升用户体验，通过数据分析和个性化服务满足用户的个性化需求，提升用户忠诚度和品牌价值。

（3）不断探索和应用新技术。亚马逊不断探索和应用新的技术，如无人机配送、自动化仓储等，提高了物流和配送效率，降低了成本，提升了服务质量。这表明企业应该保持开放的创新思维，不断尝试和应用新技术，提升企业的竞争力和市场地位。

（4）市场领先和持续创新。亚马逊在市场上持续保持领先地位，不断推出新的产品和服务，持续创新是其成功的关键。这表明企业应该注重市场的变化和竞争对手的动态，不断调整战略，推出新的产品和服务，保持市场竞争力和业务增长。

（5）投资于未来发展。亚马逊公司在技术研发和基础设施建设方面持续投入，尤其是在云计算和人工智能领域，这为公司未来的发展奠定了坚实的基础。这表明企业应该注重长远发展，持续投入研发和创新，为未来的业务增长和市场扩张做好准备。

从亚马逊公司的案例中我们可以看到，技术创新、用户体验、市场领先和持续创新等因素对企业的成功至关重要，这些都为其他企业提供了宝贵的启示。

（资料来源：笔者根据网络资料整理）

第二节 需求分析

一、需求分析概述和重要性

（一）需求分析概述

需求分析在软件开发、产品设计和项目管理等领域扮演关键角色，旨在确定项目或产品的需求、目标和功能。从不同角度来看，包括以下几个方面：①软件开发角度。需求分析是软件生命周期的第一步，涉及与客户和利益相关者沟通，明确功能、性能、可靠性和安全需求，为软件系统设计提供指导。②产品设计角度。研究市场、客户和竞争环境，确定产品功能、特性和用户体验，考虑用户需求、市场趋势、人机交互设计等。③项目管理角度。确定项目范围和目标，制订计划、分配资源、识别风险，保证项目在预算内按时交付高质量成果。④用户体验设计角度。理解用户需求、期望和行为，提供易用、令人满意的产品或界面，包括用户研究、用户故事编写、原型设计等。⑤需求工程角度。研究有效管理和开发需求的学科，关注需求的收集、分析、验证和管理，确保项目或产品成功交付。

不同专家、学者对需求分析的定义和方法论有所不同，但总体来说，它是一个综合性过程，目的是理解和明确项目或产品的需求，为后续工作提供指导，包括需求收集、分析、优先级管理、验证、文档化和追踪等活动。高质量和高准确性的需求分析对项目和产品的成功至关重要。

（二）需求分析的重要性

需求分析具有以下重要作用：①明确项目或产品目标。通过需求分析与客户和利益相关者沟通，确保团队全面理解项目的预期结果，为项目的成功提供清晰方向。②降低开发成本。在需求分析阶段识别并解决问题、需求冲突或不明确的需求，减少后续开发阶段的变更和修复成本，提高开发效率。③提高用户满意度。深入理解用户需求和期望，确保产品或系统设计与用户期望相符，提供更好的用户体验，增强用户满意度。④减少项目风险。识别项目中的潜在风险和挑战，提前解决问题，降低项目失败或超出预算的风险。⑤支持合理的范围管理。帮助项目团队明确项目范围，防止功能蔓延和范围膨胀，确保项目按时交付并在预算内完成。⑥改进沟通和协作。促进团队成员、客户和利益相关者之间的有效沟通，减少误解，改善协作，确保各方需求能够得到满足。⑦支持决策制定。提供基础数据，帮助管理层和决策者制定战略决策，为投资决策、资源分配和市场定位提供支持。⑧提高产品质量。仔细分析需求，确保产品或系统具有高质量的设计和功能，减少缺陷和问题，提高产品的可靠性和性能。

 拓展阅读 4-2

新医院信息系统项目的需求分析失败

在过去的几年里，一家医院决定升级医院信息系统（hospital information system，HIS），以提高照顾患者和医疗记录的效率。他们聘请了一家专业的软件开发公司来开发新的 HIS。然而，该项目最终以失败告终，主要原因是没有做好需求分析。

背景情况：医院规模庞大，拥有多个科室和数百名医护人员。原系统陈旧且难以维护，导致工作效率低下和患者信息管理困难。

项目启动：医院与软件开发公司签订了合同，项目启动后，团队开始了系统开发的工作。然而，需求分析过程被忽略，团队直接进入了设计和开发阶段，以尽早交付新系统。

问题和失败原因：

（1）未明确需求定义。最大的问题是缺乏对需求的明确定义。医院管理层没有清晰地传达他们的期望，也没有明确的需求文档。开发团队没有得到足够的指导，因此缺乏关于系统应该如何工作的明确指导。

（2）变更请求激增。由于需求缺乏明确性，医院管理层和医护人员在项目进行期间提出了大量的变更请求。这导致了频繁的系统更改和迭代，使项目进度受到了严重影响。

（3）与最终用户沟通不足。需要医院内部的医护人员积极参与需求分析和系统测试，以确保新系统能够满足他们的需求。然而，他们的参与度很低，导致系统在实际使用中出现了许多问题。

（4）成本和时间超支。由于频繁的变更和系统问题，项目超过了预算，也延迟了交付时间。医院不得不支付额外的费用来纠正问题，同时旧系统仍然在使用，导致了资源的双重浪费。

（5）用户满意度低下。当新系统终于上线时，医护人员发现它难以使用，而且不符合他们的工作流程。这导致了低的系统使用率和低的用户满意度。

教训：这个案例突出了需求分析的关键性。在项目启动之前，必须进行仔细的需求分析，确保所有相关方都理解项目的目标和需求，并明确记录。没有充分的需求分析往往导致项目超预算、延期交付以及用户不满意。这个案例也强调了与最终用户的积极沟通和用户参与的重要性，以确保系统满足他们的实际需求。需求分析是项目成功的基础，忽视它可能会导致沉重的后果。

（资料来源：笔者根据网络资料整理）

二、需求收集和识别

在这一阶段，团队与项目的利益相关者（包括客户、用户和其他利益相关者）合作，收集和识别项目或产品的需求。这可以通过面谈、问卷调查、观察、文档分析等方式进行。

以下是进行需求收集和分析的一般步骤和具体方法。

（一）确定利益相关者

首先，要明确定义项目或产品的利益相关者，包括客户、最终用户、管理层、技术团队等。不同的利益相关者可能具有不同的需求和利益。

（二）建立有效的沟通渠道

建立有效的沟通渠道是确保需求收集成功的关键。这包括明确的沟通计划、会议安排、电子邮件通信以及合适的沟通工具。

（三）选择需求收集方法

根据项目的性质和利益相关者的位置，选择合适的需求收集方法。以下是一些常见的需求收集方法：①面谈和访谈。与利益相关者面对面交流，直接了解他们的需求和期望。这种方法可以深入了解问题，并分析出不明确的需求。②问卷调查。通过向广大利益相关者分发问卷来收集信息。问卷可以包含开放性或封闭性问题，便于定性和定量分析。③观察。观察用户的工作流程、行为和环境，以发现隐藏的需求。这对于理解实际使用情境非常有用。④工作坊和焦点小组。组织工作坊或焦点小组，与多个利益相关者共同探讨需求和问题。这有助于团队协作和达成需求共识。⑤文档分析。审查相关文档，如报告、用户手册、市场研究等，以了解已有的需求信息。这有助于收集已有的知识。⑥原型和模型。创建原型或模型，以便利益相关者更好地理解产品或系统的潜在外观和功能。这可以激发更多的需求想法。⑦用户故事和用例分析。使用用户故事或用例来描述用户的需求和系统交互。这有助于建立清晰的需求描述。

（四）需求整理和分类

整理和分类收集到的需求，以确保它们清晰、可管理。将相似的需求归类在一起，以便后续分析和优先级设置。

（五）需求验证

与利益相关者进一步验证需求，确保它们真正反映了他们的期望。这可以通过会议、讨论、原型演示或用户验收测试来实现。

（六）需求文档化

将收集到的需求记录在需求文档中。这些文档通常包括需求的描述、来源、优先级和任何相关的上下文信息等。

（七）持续的反馈和迭代

与利益相关者保持开放的沟通，以接受他们的反馈和建议。如果需要，迭代需求收集过程，以确保不遗漏重要的需求。

需求收集和识别是一个持续的过程，需要不断与利益相关者合作，确保项目或产品能够满足他们的需求和期望。通过采用多种方法和持续的沟通，可以最大限度地提高需求的准确性和完整性。

三、需求分析和规约

一旦需求被识别和收集，团队需要对其进行分析，以确保它们具有一定的可行性和一致性。在这个阶段，使用用例图、用户故事、流程图等常见技术，需求可以被详细地描述、组织和规范。

以下是进行需求分析和规约的一般步骤和具体方法。

（一）收集需求

在进行需求分析和规约之前，必须首先收集所有相关的需求。这些需求可能是通过需求识别和收集过程获取的，包括来自客户、最终用户和其他利益相关者的信息。

（二）需求分析

需求分析的目标是理解需求的本质，确定其特性、功能和优先级。以下是一些具体方法和步骤：①需求梳理。将收集到的需求进行整理、分类和梳理，以确保它们清晰明了。②需求建模。使用建模技术（如用例图、数据流图、类图等）来可视化需求，以便更好地理解它们之间的关系。③需求分解。将大型需求分解为更小的、可管理的子需求。这有助于更好地组织和管理需求。④需求优先级划分。为需求分配优先级，以确保在资源有限的情况下首先满足最重要的需求。⑤需求验证。与利益相关者一起验证需求，以确保它们准确地反映了他们的期望。这可以通过原型演示、模型演示或用户验收测试来完成。

（三）需求规约

需求规约是将需求详细地描述、规范化和文档化的过程。以下是一些具体方法和步骤：①使用用例或用户故事。用例和用户故事是描述需求的常见方法，它们包括需求的描述、前置条件、触发事件、主要场景和备选场景等信息。②使用需求文档模板。创建标准化的需求文档模板，以确保每个需求都包括所需的信息，如需求的唯一标识、描述、来源、优先级等。③可追踪性。为每个需求分配唯一的标识符，以确保它们在整个项目生命周期中可追踪和管理。④明确性和一致性。需求应该尽可能具体、明确，并与其他需求保持一致，避免模糊或冲突的需求描述。⑤性能和质量要求。确保需求包括性能、质量和安全性方面的要求，以满足项目或产品的标准。⑥文档审查。进行需求文档的审查，以确保其准确性和完整性。可以邀请利益相关者参与审查过程。

（四）需求文档化和管理

将规约的需求记录在需求文档中，并进行文档管理。这包括版本控制、变更管理和跟踪需求的状态和进展。

（五）沟通和确认

与利益相关者共享需求文档，并与他们一起沟通和确认需求。这有助于确保需求的准确性和满足利益相关者的期望。

需求分析和规约是确保项目或产品能够满足利益相关者需求的关键步骤。通过仔细执行这些步骤，可以提高需求的质量、可追踪性和管理，从而为项目的成功提供坚实的基础。

四、需求优先级和冲突管理

在需求分析后，需要确定需求的优先级，以确保在有限的资源下首先满足最重要的需求。此外，可能会涉及需求之间的冲突管理，解决不一致或相互冲突的需求。

以下是进行需求优先级和冲突管理的一般步骤和具体方法。

（一）需求审查

在确定需求的优先级和管理冲突之前，首先需要对所有已收集和规约的需求进行审查。这包括与利益相关者一起审查需求文档，以确保其准确性和完整性。

（二）需求分类

将需求按照其性质和功能进行分类。通常，需求可以分为以下几类：①核心需求。项目或产品的基本功能，对项目成功至关重要。②次要需求。不是项目的关键功能，但对项目或产品的完整性有贡献。③愿望需求。不是项目的基本需求，但可能会提升用户体验或增加额外价值。

（三）需求优先级设置

为每个需求分配优先级。以下是一些常见的方法来确定优先级：①价值评估。评估每个需求的价值，包括其对客户和用户的重要性以及对项目成功的贡献。②紧急性。考虑需求的紧急性，例如，其是否需要立即被满足，以确定其优先级。③资源可用性。考虑项目或产品的资源可用性，包括时间、预算和人力资源，以确定哪些需求可以在可用资源内被满足。④风险管理。考虑需求对项目风险的影响，以确定哪些需求可能需要被优先考虑以减轻风险。

（四）需求冲突管理

需求之间可能存在冲突，例如，不同利益相关者之间的需求相互冲突，或者资源有限，无法同时满足所有需求。以下是一些管理需求冲突的方法：①需求协商。与存在需求冲突的利益相关者进行协商，寻找妥协或共识，以解决冲突。这可能需要谈判和讨论。②优先级调整。根据冲突的性质，可能需要调整需求的优先级，以确保最重要的需求得到满足。③资源分配。评估项目或产品的资源可用性，并分配资源以满足最关键的需求。这可能需要重新分配预算、人力资源或时间。④需求剔除。如果冲突无法解决，可能需要剔除一些需求，将其推迟到后续的项目阶段或版本中。

（五）文档化和沟通

将需求的优先级和解决冲突的决策文档化，并与项目团队和利益相关者共享。确保所有相关方都清楚了解需求的优先级和冲突解决方案。

需求优先级和冲突管理是确保项目或产品交付按计划进行的关键过程。通过明确需求的优先级和有效地解决冲突，团队可以更好地规划和管理项目资源，以满足最关键的需求。

五、需求验证和确认

在需求被规约后，团队需要与利益相关者一起验证需求，确保它们准确地反映了利益相关者的期望。这可以通过原型演示、模型演示或用户验收测试来完成。

以下是进行需求验证和确认的一般步骤和具体方法。

（一）准备验证和确认计划

在进行需求验证和确认之前，制订详细的计划，包括时间表、资源分配和验证方法。将计划与利益相关者沟通，协调相关行动方案。

（二）验证需求

需求验证的目标是确保需求的准确性和一致性。以下是一些验证需求的具体方法：①原型和模型。创建原型或模型，以演示系统或产品的预期功能。与利益相关者一起评审原型或模型，以验证需求。②用户验收测试。与最终用户一起进行用户验收测试，以确保他们能够使用系统或产品，并验证需求是否满足他们的需求。③演示和展示。定期组织演示或展示，展示已完成的功能，以供利益相关者检查和验证。④功能性测试。进行功能性测试，以验证系统或产品是否按照需求规定的方式工作。⑤比较分析。将需求与实际系统或产品进行比较，以确保一致性。这可以通过检查需求文档和系统功能来完成。

（三）确认需求

需求确认的目标是获得利益相关者的正式确认，确定需求已经满足了他们的期望。以下是一些确认需求的具体方法：①书面确认。要求利益相关者书面确认需求，签署确认文档。这是以一种正式的方式来确保一致性。②会议和讨论。召开会议或讨论，与利益相关者一起讨论需求，获得他们的口头确认。③用户验收测试。最终用户可以测试系统或产品，并提供他们的反馈和确认。④电子签名。利用电子签名工具，要求利益相关者在线签署需求确认文件。

（四）文档化和跟踪

将需求验证和确认的结果记录在需求文档中，并确保文档能够在整个项目生命周期内被跟踪和管理。这有助于确保需求的准确性和可追踪性。

（五）反馈和迭代

如果在需求验证和确认的过程中发现问题或存在不一致，需要及时处理和解决。可能需要迭代需求，进行修改和再次验证。

需求验证和确认是项目或产品交付过程中的关键步骤，确保项目满足利益相关者的期望并减少后续的问题。通过有效的验证和确认，可以提高项目成功的概率，同时确保需求的一致性和可信度。

六、需求文档化和追踪

需求文档是对需求的详细描述，包括功能、性能、安全性等方面的要求。需求文档应该被记录和维护，以供开发团队参考。此外，需求的变更和追踪也是重要的，以确保在项目的演变过程中能够跟踪和管理需求的变更。

以下是进行需求文档化和追踪的一般步骤和具体方法。

（一）需求文档

需求文档是对需求进行详细描述和文档化的关键工具。以下是创建需求文档的具体方法和步骤：①制定文档模板。创建一个标准化的需求文档模板，以确保包含了每个需求所需的信息。模板通常包括需求的唯一标识、描述、来源、优先级、状态和其他相关信息。②确保需求描述的明确性和一致性。确保需求文档中的需求具有明确的描述，避免模糊或冲突的需求描述。文档应该一致，以避免混淆。③确保需求的可追踪性。为每个需求分配唯一的标识符，以确保它们在整个项目生命周期中可追踪和管理。④版本控制。使用版本控制工具来管理需求文档的不同版本，以便跟踪变更和保存历史记录。⑤需求审查。定期组织需求审查会议，邀请利益相关者参与，以确保需求文档的准确性和完整性。

（二）需求追踪

需求追踪是确保需求在整个项目生命周期中得到跟踪和管理的过程。以下是一些追踪需求的具体方法和步骤：①建立需求追踪矩阵。创建一个需求追踪矩阵，将每个需求与项目工作任务、设计文档、测试用例等相关联。这有助于确保每个需求都得到满足。②跟踪。使用需求跟踪工具或软件来记录和管理需求。这些工具可以实现跟踪需求的状态和进展的自动化。③变更管理。建立一个需求变更管理流程，以处理在项目进展中出现的需求变更请求。确保变更被妥善管理，不会对项目产生不利影响。④审查和确认。与利益相关者共享需求追踪信息，让他们参与审查和确认，以确保需求满足他们的期望。⑤定期更新。应定期更新需求追踪信息，以反映项目进展和变更。这有助于保持需求的准确性和可追踪性。

（三）文档化和报告

将需求文档和追踪信息记录在项目文档中，并定期生成需求报告。这些报告可以与项目团队和利益相关者共享，以提供关于需求状态和进展的清晰视图。

（四）持续沟通

保持开放的沟通渠道，与项目团队和利益相关者共享需求文档和追踪信息。沟通有助于解决问题，防止需求被误解或不一致。

需求文档化和追踪是确保项目或产品需求得到有效管理和跟踪的关键过程。通过明确的文档化和追踪方法，可以提高需求的准确性和可追踪性，从而为项目的成功提供坚实的基础。

第三节　设计思维

一、设计思维概述

（一）产生背景

设计思维起源于 20 世纪初的设计领域，后演化为解决问题和创新的方法。产生背景及原因包括：①工业革命和产品复杂性增加。工业进步导致产品和系统复杂化，需要系统性解决问题。②人机界面问题。强调用户体验，保证产品人性化。③用户需求重要性。关注产品是否满足需求，避免技术性能过度导致忽视用户体验。④跨学科合作。解决复杂问题需要多领域专业知识。⑤创新竞争优势。创新是为企业获取竞争优势的关键。⑥解决复杂问题。强调循环迭代方法应对现实世界复杂问题。⑦提高问题理解程度。深入理解问题本质有助于更好地定义问题，找到创新解决方案。⑧适用广泛。不仅用于产品设计，也解决业务战略、社会问题等。

设计思维应对复杂不确定的现代环境，强调创新、用户导向和跨学科合作，促进成功和社会进步。

（二）设计思维的定义

设计思维是一种以人为中心的创新方法，旨在解决复杂问题和创造有价值的解决方案。它强调对用户需求和体验的深入理解，并倡导跨学科合作，以促进创新和创造力。不同专家和学者对设计思维的定义可能会有略微不同，以下是一些关于设计思维的定义：①蒂姆·布朗（IDEO 的 CEO）对设计思维的定义。蒂姆·布朗将设计思维定义为一种以人为中心的方法，通过探索人们的需求、挑战现状和创建可行解决方案来解决问题。他将其视为一种融合创造性和实用性的方法，强调迭代和跨学科合作的重要性。②珍妮·丽迪卡（Jeanne Liedtka）（弗吉尼亚大学达顿商学院教授）对设计思维的定义。珍妮·丽迪卡将设计思维描述为一种解决问题的方法，强调了对问题的深入理解和多样性的思考。她强调了人们在解决问题时不仅仅是在运用创造性，还需要系统性地思考。③IDEO 对设计思维的定义。IDEO 是一家著名的创新咨询公司，他们将设计思维定义为一种以人为中心的方法，结合了洞察力、冒险和灵活性，以满足用户需求并解决复杂的问题。④斯坦福大学设计学院（Stanford University School of Design）对设计思维的定义。斯坦福大学设计学院将设计思维视为一种以人为中心的方法，通过了解用户、定义问题、创造解决方案、原型制作和测试来解决复杂问题。

二、设计思维的核心原则和特征

（一）核心原则

设计思维的核心原则包括：①以人为中心。强调用户需求和体验。②跨学科合作。鼓励不同领域合作，促进创新。③迭代和试验。循环学习和改进。④多样性思维。发散和收敛结合。⑤问题定义。深入理解问题本质。⑥原型建立和可视化。具体化概念，便于理解和验证。⑦灵活和开放。适应不确定性和变化。⑧可行、实施、接受性。全面考虑解决方案。

这些原则促使人们关注用户需求、合作创新、反馈迭代，并灵活适应变化。设计思维有助于解决问题、创新，并在竞争激烈的环境中成功。

（二）设计思维有别于其他创新方法的特征

除了前面提到的核心特征之外，相比于其他创新方法，设计思维的特点还包括：①解决复杂、模糊问题。设计思维特别适用于解决复杂、模糊、开放性的问题，这些问题难以用传统的线性方法来定义和解决。它强调了在不确定性和模糊性的环境中工作的能力。②注重情感和情感连接。与一些其他创新方法相比，设计思维更加注重用户情感和情感连接。它强调创造性的解决方案不仅仅是功能性的，还需要与用户建立情感联系。③强调创造性和想象力。设计思维鼓励创造性和想象力的发挥。在解决问题和生成解决方案时，它鼓励寻找新的、非传统的方法和思维方式。④用户参与和反馈。设计思维鼓励用户参与和反馈。用户通常被视为创新的合作伙伴，他们的见解和反馈对于问题的理解和解决方案的改进至关重要。⑤适用于多个领域。设计思维不仅仅适用于产品设计，还可以用于解决各种问题，包括业务战略、社会问题、组织发展等。它的方法和原则具有通用性。

三、设计思维的过程和方法

设计思维的过程通常包括一系列迭代的步骤，以下对常见的设计思维过程和方法进行了详细解释和示例（以设计一个新型的智能手表为例）。

（一）理解（empathize）

其他常见的翻译为：同理心、共情。在这一阶段，团队努力理解最终用户的需求、期望和体验。这包括与用户互动、观察和倾听他们的故事。这个阶段的目标是深入了解用户的痛点和需求，以确保后续的解决方案能够满足他们的期望。团队可以通过采用用户访谈、调查、观察和编写用户故事等方法来获得洞察。在理解阶段，团队会与潜在用户进行面对面访谈，了解他们对手表的期望、使用情况和痛点。通过听取用户的反馈，团队可能会发现用户希望手表具有轻量、长续航时间和易于操作的特性。

（二）定义（define）

其他常见的翻译为：需求定义。在这一阶段，团队将从理解阶段获得的洞察转化为明确定义的问题陈述。这有助于明确要解决的挑战。定义阶段的目标是精确定义问题，确保团队在解决方案开发过程中有清晰的方向。问题陈述应该明确、具体且以用户为导向。基于前一阶段的理解，团队可能如此定义问题陈述："如何设计一款智能手表，以便用户可以轻松地查看健康数据，并保持长时间的续航能力和佩戴的舒适性？"

（三）思考（ideate）

其他常见的翻译为：创意动脑、创意构思。这一阶段旨在生成各种可能的解决方案，鼓励创造性的思考。团队成员提出各种创意想法，不加批判地收集和记录。思考阶段的目标是汇集多样性的思维方式，以激发创新。这是一个发散性思考的过程，鼓励放松限制，不考虑可行性。团队可以举行头脑风暴会议，收集各种关于智能手表设计的创意想法。这可能包括添加生物传感器、改善用户界面、设计可定制的表带等。

（四）原型（prototype）

在这一阶段，团队将一些最有前景的创意转化为初步原型或模型，以便测试和验证概念。原型是一个初步的、简化的版本，用于测试和改进概念。它可以是物理模型、数字原型或简单的草图。团队可能会创建一个物理模型的智能手表原型，以演示新功能和用户界面的工作原理。这个原型不需要是最终的产品，但足以用于演示核心概念。

（五）测试（test）

在这一阶段，团队将原型提交给用户或利益相关者，以获取反馈和意见。这有助于评估概念的有效性和可行性。测试阶段的目标是了解用户对概念的反应，以便调整和改进。反馈是关键，可以指导下一轮迭代。团队可以邀请一组用户来测试智能手表原型。用户将被要求尝试不同的功能、提供反馈并回答问卷调查。根据用户的反馈，团队可以决定调整设计或进一步改进原型。

（六）实施（implement）

在这一阶段，团队将根据反馈和测试结果，进一步改进和完善原型，准备进行实际的开发和制造。实施阶段是将最终的设计方案转化为可实施的解决方案。这可能涉及更详细的设计、工程开发和生产准备。基于测试阶段的反馈，团队可能会对智能手表的功能进行调整，并进一步开发用户界面和外观设计。此阶段通常涉及工程团队的深度参与，以确保最终的产品是可行的。

 拓展阅读 4-3

利用设计思维解决如何在大学校园推广某品牌水壶这一问题

以下是一个利用设计思维解决如何在大学校园推广某品牌水壶的问题的案例，包括每个设计思维步骤的示例。

一、理解

理解目标：在这个阶段，团队需要深入了解大学生的需求和偏好，以及他们在使用水壶时遇到的一些问题。

示例：团队进行了一系列访谈和问卷调查，与大学生交流，了解他们在校园生活中的日常需求。他们发现大多数学生希望拥有一款便携、环保、易于清洗的水壶，并关心水壶的价格和外观。

二、定义

定义目标：在定义阶段，团队将从理解阶段获得的信息转化为明确的问题陈述，以指导后续工作。

示例：团队定义了问题陈述——"如何设计和推广一款环保的、便携式水壶，吸引大学生购买，并提高他们对品牌的认知"。

三、思考

思考解决方案：在思考阶段，团队鼓励发散性思考，生成各种可能的解决方案。

示例：团队举行了一场头脑风暴会议，提出了多种潜在解决方案，包括与校园活动合作推广、设计特别定制的水壶、推出回收计划等。

四、原型

创建原型：在原型阶段，团队选择了一个最有前景的解决方案，并创建了一个初步的原型，以便测试和验证。

示例：团队决定制作一个 3D 打印的样品水壶，该水壶符合大学生的需求，包括环保材料、可定制的外观和易于携带的设计等。

五、测试

测试原型：团队将原型交给一些大学生，以获得他们的反馈和意见。

示例：团队邀请了一组大学生来测试新的水壶原型。学生们试用水壶，反馈了各方面的意见，包括外观、便携性、是否易于清洗、价格和是否愿意购买等方面的意见。

六、实施

实施：基于测试阶段的反馈，团队进一步改进了水壶设计，并准备投入生产并进行市场推广。

示例：团队优化了水壶的外观设计，降低了价格，并与大学校园内的食品服务部门合作，将水壶放置在食堂和咖啡厅供学生购买。

（资料来源：笔者根据网络资料整理）

在这个案例中，设计思维的每个步骤都得到了示范。从深入理解用户需求、定义问题、发散性思考、原型制作、测试，再到最终实施，设计思维方法帮助团队创造了一个满足大学生需求的水壶，并成功在校园内推广。这个过程强调了用户导向、创造性思考和迭代改进，是解决实际问题和创新的有力工具。

四、培养和运用设计思维的能力

培养个体或组织的设计思维、让个体或组织灵活运用设计思维，是一项重要的任务，可以帮助他们更好地解决问题、创新和提高创造力。以下是培养和运用设计思维的一些建议。

（一）对于个体

1. 学习和培训

个体可以通过参加设计思维的培训课程、工作坊或在线教育资源来学习基本的设计思维原则和方法。

2. 实践

实践是培养设计思维的关键。个体可以积极参与项目、挑战和解决问题，尝试应用设计思维方法。

3. 观察和倾听

培养观察和倾听的能力，深入了解用户需求和痛点。这可以通过与他人互动、观察用户行为以及收集反馈来实现。

4. 多样性思考

鼓励多样性思考方式，不害怕提出创意想法。尝试不同的解决方案，从不同的角度看待问题。

5. 原型制作和实验

培养制作原型和实验的能力，以便快速测试概念并从中学习。

6. 接受反馈

愿意接受他人的反馈和建议，以不断改进自己的设计思维技能。

7. 持续学习

设计思维是一个不断发展的领域，个体应保持学习的动力，跟踪最新趋势和方法。

（二）对于组织

1. 培训和教育

组织可以为员工提供设计思维培训和教育机会，确保他们掌握相关的技能和知识。

2. 建立创新文化

创造一种鼓励创新和实验的文化，让员工在设计思维活动中有安全感，可以提出新想法，并将其付诸实践。

3. 跨学科合作

促进不同领域和部门之间的合作，鼓励跨学科团队共同解决问题。

4. 提供资源

提供员工所需的工具、技术和资源，以便他们能够有效地应用设计思维方法。

5. 设立创新实验室

创建一个创新实验室或团队，专注于解决复杂问题和推动创新。

6. 激励奖励

奖励员工提出创新想法和解决方案，以鼓励他们积极参与设计思维过程。

7. 监测和评估

设计思维的应用应该受到监测和评估，以确保取得成果并不断改进。

8. 分享成功案例

分享组织内部和外部的成功案例，激发更多员工参与到设计思维活动中。

9. 领导示范

高层领导应该示范设计思维的实践，以激励员工效仿。

10. 支持创新项目

支持和投资具有潜力的创新项目，以鼓励员工尝试新方法和创新解决方案。

【本章小结】

本章主要涵盖了创新设计的关键概念和方法，分为三个主要部分：创新战略、需求分析和设计思维。

第一节主要讨论了创新战略概述和重要性、创新战略的制定步骤和常见方法、主流创新战略、探索企业的技术轨迹、开发企业特定能力和获取创新收益。强调制定创新战略的重要性，并给出了参考战略和制定步骤的方法。

第二节介绍了需求分析的重要性和内容，包括需求收集和识别、分析和规约、优先级和冲突管理、验证和确认、文档化和追踪。其中，需求分析是创新设计过程中的第一步，它确保设计团队了解客户和用户的需求，并为后续的设计和创新工作提供了基础。

最后一节探讨了设计思维的核心原则、特征、过程和方法。设计思维是一种创新方法，强调以用户为中心、跨学科合作、快速原型制作和持续改进。它可以应用于解决问题和推动创新，培养和运用设计思维能力对有效的创新至关重要。

本章总结的方法和原则可以帮助组织更好地理解客户需求、推动创新和应对市场变化。

【回顾与思考】

1. 为什么需要创新战略？

2. 需求分析的流程及步骤是什么？

3. 为什么要用设计思维进行创新设计？

【课后训练】

练习一

Kodak 公司没有采用创新战略之痛

伊士曼柯达公司（Eastman Kodak Company）曾是世界上最知名的摄影和相机制造商之一，但未能及时采用创新战略，导致其在数字摄影领域的失败。

具体情况：Kodak 公司在 1975 年发明了第一台数字相机原型，但当时公司高层认为数字摄影不会对传统胶片业务构成威胁，因此未将其视为重要战略方向。20 世纪 90 年代，数字摄影技术迅速发展，Kodak 公司虽然推出了一些数字相机产品，但未能及时跟进市场变化，错失了先机。Kodak 公司长期依赖传统的胶片业务，直到 2012 年 1 月提交破产保护申请。

失败原因：

（1）缺乏创新意识：Kodak 公司高层未能意识到数字摄影的潜在威胁，未能及时调整战略方向。

（2）投资不足：虽然 Kodak 公司在数字摄影领域有早期布局，但其投入和研发力度远不及竞争对手，影响了产品创新和市场竞争力。

（3）企业文化固化：Kodak 公司长期以来的胶片业务带来的稳定收益，使得企业内部形成了保守和固化的文化，难以接受新兴技术和适应市场变化。

思考题：

1. Kodak 公司的失败经验对其他企业有何启示？他们如何避免重蹈覆辙？

2. 在数字化和科技创新的时代，企业应如何调整战略，提高创新能力？

3. 传统行业如何平衡传统业务和新兴技术的发展，实现持续竞争力？

练习二

Edsel 汽车的需求分析失败

Edsel 汽车是 20 世纪 50 年代美国汽车工业的一个失败案例，其背后是一次因未能做好需求分析而导致的重大商业失败。

20 世纪 50 年代，福特汽车公司决定推出一款新的汽车品牌，名为 Edsel，以填补其产品线中的空白。福特在市场研究方面投入了大量资源，但却未能正确分析消费者的需求和汽车发展趋势。

公司在设计和制造 Edsel 汽车的过程中侧重于与其他汽车品牌不同，如独特的外观和装饰。然而，他们未能准确预测市场需求，忽略了更关键的因素，如燃油效率和性能。相比于外观，消费者更关心经济性和可靠性。

对 Edsel 汽车的市场定位也出现问题。他们试图在高档市场竞争，但没有提供足够优秀的性能或独特性来吸引那些关注高端品牌的消费者。与竞争对手相比，Edsel 汽车的价格相对较高，但性能却不够出色。

对 Edsel 汽车的市场推广活动也没有成功。他们进行了大规模的广告宣传，但没有传达出产品的真正价值，也没有成功建立品牌认知度。消费者对 Edsel 汽车的期望与实际产品不符。

Edsel 汽车的失败主要归因于未能做好需求分析。他们忽略了消费者的实际需求和市场趋势，导致产品在市场上不受欢迎，销售不佳，最终使品牌被撤回。

思考题：

1. 为什么 Edsel 汽车未能正确预测市场需求和趋势？有哪些因素导致了他们的需求分析失败？

2. 你认为在做好需求分析的情况下，Edsel 汽车是否有可能成功？他们应该采取哪些措施来改进需求分析？

3. 这个失败案例为其他企业提供了什么教训？在产品开发和市场推广中，做好需求分析的重要性是什么？

练习三

苹果公司的设计思维之成功

苹果公司是一个成功采用设计思维的典范，其重新塑造了多个行业，其推出的最知名产品是 iPhone。

2007 年，苹果公司推出了第一代 iPhone，这一产品彻底颠覆了智能手机市场。这个案例突出了设计思维的成功应用。

（1）用户中心的设计：苹果公司始终将用户体验放在设计的核心位置。他们通过深入了解用户需求和痛点，为用户提供了直观、简单和易用的产品。iPhone 的触摸屏界面、无缝的应用生态系统和精美的外观设计都反映了这种用户中心的设计。

（2）快速原型和迭代：苹果公司采用了快速原型制作和迭代的方法，允许团队快速测试新功能和设计。他们在迭代过程中不断改进产品，确保它们满足用户需求。

（3）跨学科团队合作：设计思维强调跨学科团队的合作，苹果公司将工程师、设计师和市场营销人员聚集在一起，以共同推动产品的创新和成功。

成功原因总结：苹果公司的成功部分归功于其坚持采用设计思维方法。他们通过将用户需求置于设计的中心位置，采用快速原型制作和迭代，以及跨学科团队的协作，成功创造了革命性的产品，推动了整个智能手机市场的发展。

思考题：

1. 为什么苹果公司在智能手机市场上的成功与其采用设计思维方法有关？哪些设计思维原则在这个案例中起到了关键作用？

2. 设计思维如何帮助苹果公司创造了有影响力的用户体验？它们如何帮助苹果公司深入了解用户需求并满足其期望？

3. 这个成功案例如何影响了其他行业和企业？如何应用设计思维原则来改进其他产品或服务？

第五章

创新与创业的关系

【学习目标】

1. 掌握创新驱动创业的内涵；
2. 明确创新驱动创业的阶段及特征；
3. 了解创业的价值；
4. 理解创业深化创新的过程和产出；
5. 了解创新创业的不确定性及风险。

■ ■ ■ 导入案例 ○

推动创新创业，抓住新工业革命的机遇

  世界经济史上已经发生了三次工业革命，每一次工业革命都带来了社会生产力水平的巨大跃升，也都离不开一批批伟大的创新型企业和具有创新精神的企业家。第一次工业革命中的理查德·阿克莱特（Richard Arkwright）、约书亚·韦奇伍德（Josiah Wedgwood）、马修·博尔顿（Matthew Boulton），第二次工业革命中的托马斯·阿尔瓦·爱迪生（Thomas Alva Edison）、维尔纳·冯·西门子（Werner von Siemens）、约翰·戴维森·洛克菲勒（John Davison Rockefeller）、安德鲁·卡内基（Andrew Carnegie）、亨利·福特（Henry Ford）、奥古斯特·蒂森（August Thyssen），第三次工业革命中的小托马斯·沃森（Thomas J. Watson Jr.）、安迪·葛洛夫（Andy Grove）、罗伯特·诺伊斯（Robert Noyce）、比尔·盖茨（Bill Gates）、史蒂夫·乔布斯（Steve Jobs），都曾在创新创业和推动新兴产业发展中发挥着先锋作用。如今，我们正在经历着一场更大范围、更深层次的新工业革命。大数据、人工智能、量子信息和生物技术等前沿技术不断取得突破，新技术、新业态、新产业层出不穷。与过去几百年屡屡错过工业革命不同，如今我国当前已基本具备了深度参与甚至引领新工业革命的基础。在新一轮工业革命中，我国仍将继续发挥企业家及其创新型企业的重要作用。这些创新型企业是新工业革命中参与创造和释放生产力的重要主体，企业家精神则决定了创新型企业的成长与发展。可以说，在未来全球竞争中谁能更有效地发挥企业家和创新型企业的作用，谁就可能在新一轮工业革命中取得领先地位。我国必须有效发挥企业家和创新型企业的作用，不断激发其创新创业活力，最大限度地释放全社会创新创业动能，才能实现中华民族伟大复兴的中国梦。

（资料来源：笔者根据网络资料整理）

创新是时代发展的核心动力，也是驱动创业的第一动力。因此，有必要学习与认识创新与创业的关系，包括掌握"创新驱动创业"这一新时期创新创业研究的核心学术构念，明确创新驱动创业的阶段划分及特征，了解创业的价值及其是如何促进创新的，理解创新创业的不确定性及风险。

第一节　创新驱动创业

一、创新驱动创业的缘起及界定

创新驱动创业构念的提出源于对创业实践的观察和总结。从理论角度来看，熊彼特（Schumpeter，1912）率先把创新和创业融为一体，提出创业者是实施创新的人，创业者的职能就是利用全新的发明或者未经试验的技术，通过生产要素和生产条件的新组合生产出"全新的商品"或者用新的方法生产"老商品"，并将创新成果推广到市场上实现价值创造/转化为商业价值。后来还有少部分学者阐述了创新和创业的关系，其中，彼得·德鲁克（2007）认为创新是展现创业精神的特定工具，创业者借助创新赋予资源一种新的能力，使之有开创不同事业的机会，成为能够创造财富的活动。Schmitz 等（2017）认为创新和创业可以被视为一个持续的过程，创新是创业的源泉，有了创新的创业才能长久地、不断地扩大、发展并保持生命力，创业会促进创新蓬勃发展并实现其经济价值和社会价值。但整体来看，学术界在理论研究时主要还是将创新与创业割裂开来，对创新和创业的关系阐述以及二者有机融合的研究寥寥可数，使得创新和创业逐渐分化为两个相对独立却又相互影响的研究领域。随着全球创新与创业活动的深度交融，创新驱动创业呈现出新范式，特别是从我国进入新发展阶段的现实需求出发，这要求我们努力实现习近平总书记所提出的"创新和创业相连一体、共生共存"[①]的形态，创新与创业的紧密联系再次引起人们的高度重视。创新创业研究领域较有代表性的国内学者指出，有必要基于中国情境重新审视创新与创业的关系，明晰创新创业的内在逻辑，凝练新兴的创新创业活动特征及需要解决的相关问题，这不仅对切实指导我国创新驱动创业实践、推动经济高质量发展有着重要的实践价值，同时还突破了现有创业构念的局限性，对从过程视角完善创新和创业理论具有重要的学术意义。

由吉林大学、北京大学、浙江大学、南开大学和中南大学五所高校共同承担，蔡莉教授主持的国家自然科学基金创业领域首个重大项目"创新驱动创业的重大理论与实践问题研究"（项目批准号：72091310）中，创新驱动创业作为核心的学术构念，成为

---

① 习近平在广西考察时强调：扎实推动经济社会持续健康发展. https://www.xinhuanet.com/politics/2017-04/21/c_1120853744.htm.2017-04-21.

该项目研究的重要内容。该项目研究团队通过对管理类国际顶级期刊等有关创新和创业研究文献的系统梳理、分析以及广泛深入的企业调研，论证性提出创新驱动创业的构念、创新驱动创业的阶段及其特征等，并开展了探索创新驱动创业内在机理、构建创新驱动创业相关理论树等原创性研究，课题研究已取得重要阶段性成果。

创新驱动创业是指在技术创新、制度创新、商业模式创新等的触发下，通过多要素迭代互动，实现多主体共同开发机会、创造价值的过程（蔡莉等，2021）。该定义的提出遵循了"分解—综合"的研究逻辑。其中，创新驱动创业中的"创新"涵盖了两个方面的内容：一方面，创新指的是与创业活动密切相关的技术创新、制度创新和商业模式创新；另一方面，则从创新属性的角度反映出创新的过程及产出，即创新是一个过程，创新的过程与创业过程相互嵌套、迭代，共同促进价值的创造，并为创业活动提供新的机会，带来新的创业产出。该构念中的"创业"不仅是指单一主体机会开发的过程，更多体现的则是以多主体为核心的机会共创过程。"驱动"作为将创新和创业融为一体的关键所在，也是创新驱动创业内在机制的核心，其含义为创新在驱动创业过程中始终起主导作用。即创业以创新作为第一动力，是创新驱动创业的本质。创新驱动创业过程中，创新能够触发要素发生改变，并促进要素新组合的出现，从而不断释放新机会，促进价值创造。并且，创新驱动创业并非简单的线性过程，而是不同阶段不断迭代互动的过程。在这一过程中某一阶段内部要素之间互动的结果在影响后续阶段发展的同时，也会对前一个或多个阶段形成反馈，进而引发新一轮的驱动效应，通过不断迭代互动最终实现价值创造。

二、创新驱动创业的阶段划分

基于过程研究的思想，创新驱动创业的过程被划分为触发、催化和聚变三个阶段，如图 5-1 所示。

图 5-1　创新驱动创业过程的三个阶段及其关键要素

（一）触发阶段

触发阶段，也称启动阶段，指的是技术创新、商业模式创新或制度创新等作用于某一要素，进而带来开发创业机会的可能性。该要素包括创业者/团队、资源和机会等；相较于其他要素，创业者/团队要素在实现创新驱动创业的高质量发展中的作用更为重要。

（二）催化阶段

催化阶段意味着创业机会潜能的释放，是创新驱动创业内在机制的核心。在这一阶段，被创新作用的某一要素将进一步激发单个或多个要素并迭代互动，带来创业机会频次、数量和范围的增加。其中创业者/创业团队、资源和机会是推动创新驱动创业高质量发展的核心要素。

（三）聚变阶段

聚变阶段是指多主体集聚和互动下创业机会的实现及价值创造过程，即创业主体基于催化过程形成的机会与多主体互动，并反作用于创新，提升多主体系统能力进而实现机会利用的过程，最终带来高质量的产出。因而在这一阶段，机会集的构建、共生关系的形成、价值的传递与转化是创新驱动创业助力实现高质量发展的关键。

所谓"机会集"指的是由横向关联和纵向关联形成机会的有机集合。其中，横向关联的机会是指同一技术在不同市场应用的机会，如互联网技术在医疗、金融、民生、教育等领域诞生新的创业机会；纵向关联的机会是指属于产业链上下游关系的机会，例如，以百度、阿里、腾讯等为代表的互联网企业，他们正利用各自优势并建立这一优势与医疗行业的适配性，通过不同途径构建大健康产业布局网。像百度借助其原有技术优势，创立 AI 新药研发公司百图生科，通过与答魔数据、领星生物、普瑞基准等企业的合作实现双向赋能，利用自身强大算力和算法开发能力赋能给药企，同时将药企的数据积累和专业技术能力赋能给自己，通过相互赋能快速实现发展。百度还通过"内容+服务"双生态的战略定位，大规模布局健康医疗业务，联合固生堂中医等国内顶级医疗资源共建权威医学内容生态，依托网络平台以视频、直播、问答等形式，从在线问诊、预约送药、预约挂号、心理咨询、健康保险等方面为群众提供多元化的医疗服务功能，在一定程度上完成了健康内容生态和医疗服务链条的整合，形成基本完整的商业闭环。百度通过整合多主体所提供的共享资源，提高了自身开发新产品或新服务的能力。从经济效益角度来看，百度实现了显著的营收增长。在社会效益方面，百度健康每日为大量用户提供服务，充分满足了他们对健康内容的检索需求。此外，百度健康还收录了大量的权威科普内容，并吸引了众多专业医生入驻，提供高效的在线医疗咨询服务。

机会集的构建有利于吸引更多主体加入创新驱动创业活动中，促进共生关系的形成（the symbiotic relationship），继而各企业内部价值创造活动开始延伸到产业层面，逐渐演变为由不同的专业化组织单独从事特定业务并通过组织间合作来实现能力的共演及利益的共享，实现价值共创（value co-creation）；同时，共生关系的形成也有利于主体间传递价值理念，促进全价值链合作伙伴共同推进经济价值与社会价值的转化，最终实现高质量的发展。

三、创新驱动创业的特征

（一）跨层面

创新驱动创业的特点之一就是跨层面特征。创新驱动创业不仅包括单一层面的活动，还涉及个体向组织层面、单一组织向多主体层面的跨越。例如，在触发阶段涉及由个体层面认知向组织层面认知跨越的过程，在聚变阶段多主体共同围绕创业机会进行开发，生态内相互协助赋能从而实现系统层面的高质量产出。

（二）多主体

创新驱动创业的主体不仅涉及来自相同以及不同行业的多个企业，也涉及其他类型的主体，包括但不限于政府、高等院校、科研机构、客户、孵化器。多主体的集聚多是因遵循追求机会开发背后所带来的潜在价值的商业逻辑，从而集聚共创价值并最终构建生态系统。具体而言，创新驱动创业首先会触发到原有价值网络中的某一环节，该环节内机会的开发能够将变革引入整个价值网络，进一步在该环节周围催生出新的机会，从而吸引网络内的其他主体以新的方式集聚起来共同开发机会，伴随机会在价值网络内的不断传递及多主体对多个机会的共同开发，进而实现价值共创并最终构建生态系统。

（三）迭代性

创新驱动创业是一个复杂动态过程，在创新驱动创业的发展过程中存在多种迭代关系，主要体现在以下几个方面。

一是从过程视角看，创新驱动创业带来高质量产出，与此同时创业又将反作用于创新进一步产生新的机会，从而促进机会开发。即创新与创业之间不是一个单向的过程，而是一个"创新驱动创业，创业也驱动创新"反复的过程。

二是从发展阶段看，创新驱动创业的触发、催化和聚变三个阶段并非简单的线性串联关系，而是彼此间不断相互作用、迭代的过程。例如，催化阶段机会、资源、网络等要素之间的相互作用能够对触发阶段形成反馈，促进原始创新的进一步修正与改进；聚变阶段外部多主体加入机会开发过程，不同主体间的互动能够对触发阶段和催化阶段形成反馈，进而孕育出新的机会或是释放更大的机会潜能等，这一阶段产生的创新能够进一步激发新一轮触发阶段的开始。

三是从行为视角看，多主体通过创新驱动在机会开发行为上也体现出迭代性。在互动过程中，创新驱动创业主体不断修正和完善自身行为并找到提升能力的路径，这些新能力的聚合促进了多主体构成的小生态的跃迁，以及价值共创的实现。而且，在不断迭代下，创新驱动创业主体能够在适应环境与塑造环境中不断创造可持续价值，进而实现高质量发展（蔡莉等，2023）。

第二节   创业深化创新

一、认识创业的价值

创业活动所产生的结果是具有多元性的，不仅体现在微观层面的个人或团队成败得失，而且在宏观层面上产生了许多对经济社会重要而突出的影响。20 世纪 70 年代末期，正是因为创业宏观研究发现了创业影响经济社会发展这才引起人们关注创业微观研究。创业对经济增长的贡献通常包括但不局限于：①开发新的市场，形成新的行业；②创造新的工作，促进就业增长；③打破在位企业的市场权力，推动企业提高效率；④促进经济的结构性改革，淘汰不适应新环境的旧产业和企业，创造新的产业，重新配置释放的资源[①]。在创业的前期研究中，创业活动已经展现出了对经济社会的积极或消极影响力。随着时代的发展和科技的进步，近年来涌现的消除不平等、乡村振兴、社区复兴、共同富裕等热点问题则将创业逐渐引入社会领域，其社会价值备受学者们的关注，这些研究进一步凸显创业在应对人类社会重大挑战中扮演的主体作用。

（一）消除经济社会不平等

创业意味着创造财富。在过去数十年里，创业在带动经济发展的同时，也造成了贫富差距的拉大，社会不平等现象也愈发突出。创业活动往往更容易在机会更丰富的区域聚集，聚集显然有利于区域经济增长，再加之国家政策倾斜，从全局上看，随着时间的累积，区域发展差异会显著拉大，带来突出的经济社会发展不均衡问题。不同地区之间经济发展的速度存在的差距，使居民收入分配差距也逐渐拉大。

中国的改革开放使一些人在这种社会历史背景下实现了最初的财富积累，并通过持续不断地创造价值实现了个人财富的跃迁。近几年，中国的经济发展迅猛，为个人创造了更多的财富机会，中国富裕家庭及其财富明显快速增长。据统计，我国的富裕家庭数量已有显著增加。更令人瞩目的是，资产超过千万元的家庭以及资产过亿的家庭数量也有所增长。但在社会居民收入水平提高的背后，经济不平衡也被放大，少数成功创业者掌握的巨额财富与员工收入形成了巨大的反差。

我国的财富分化不平等程度仍然较高[②]，但贫富差距不仅是我国独有的问题，全球性的贫富差距已成为一个基本事实。瑞士瑞信银行研究院的研究显示，全球最富有的一小部分人口拥有了全球近一半的财富。国际慈善组织乐施会的报告也指出，新冠疫情以来，全球极少数超级富豪占据了全球新增财富的大部分，远超过剩余人口的财富总和，全球财富分配的不平等程度正在日益加剧。此外，有报告显示，企业高层与普通员工之间的收入差距正在逐渐扩大，例如，标准普尔 500 指数成分股公司的 CEO 们的平均薪酬与普通员工平均薪酬的差距可能达到数百倍甚至更高。

缩小和消除以财富来获取财富的"马太效应"，大力推进创业，是改善民生、实现共同富裕的重要途径。通过鼓励创业和支持中小企业发展，重新平衡资本和劳动之间的分配结构，从而惠及区域或城镇中的低收入人群，特别是没有长期固定工作的流动人群，让创业活动在重视效率和创新的同时能更好或更有效地兼顾公平和平衡等经济社会问题。创业者不仅肩负着消除经济不平衡的重任，同时也承担着消

---

① 沈睿, 朱沆, 杨俊. 2022-05-13. 创业产生了什么影响? [EB/OL]. http://mp.weixin.qq.com/s?__biz=MzUxNTk3MjYzOA==&mid=2247494675&idx=1&sn=0411b37c07569ca6b90b97d3aeaab70e&chksm=f9ac2762cedbae74f9f33c2ae1ca9dd5737c1689621fc3dcae1e7cf517fbcfc4fc8303559992&mpshare=1&scene=23&srcid=0705KTXWtHO3Dkik6YjlDb1z&sharer_shareinfo=c138c2bcebd5544ca325d4986966aecf&sharer_shareinfo_first=c138c2bcebd5544ca325d4986966aecf#rd [2023-07-22].

② 国家统计局发布的最新数据显示，2023 年我国的基尼系数为 0.47，高于 0.4 的警戒线。发达国家的基尼系数基本在 0.24 到 0.36 之间。

除社会不平等现象的责任，这一双重使命已然成为新时代创业者所追求的一项重要经济社会活动。

（二）助力社区复兴与乡村振兴

近年来创业在社区复兴和乡村振兴方面的社会价值受到越来越多的关注，学者们正试图用创业的思路来探讨并解决衰落社区的重塑与复兴这一问题，唤醒乡村"沉睡"的资源。无论是社区创业还是乡村创业都面临着一个共同的问题，那就是如何解决本地资源的不足，如何实现资源的优化配置与利用，为创业者建立有利的情境与舞台。

1. 社区复兴

以社区为主导的创业有利于重塑社区精神，提升社区建设水平，还有利于培育社区居民创新创业精神，发挥其推动社区经济发展的重要作用。社区作为城市社会最基础的单元，汇聚了丰富的人力资源和旺盛的民生需求，为各类人员创业就业提供了一定的商机和土壤。社区的服务内容主要以满足居民的需要为目的的，居民需要什么服务就提供什么服务，因此小微企业提供的服务不限于养老、托育、家政、物业、健康等社会服务，还包括一些公益服务，如帮助智力、精神和重度肢体残疾人更好地融入社会，实现主动收入和自身价值。社区不仅是最贴近群众的第一线，而且是最了解居民的就业意愿和创业技能，提供精准创业就业服务的第一站。社区也因此成为高校毕业生"家门口"就业创业的"大舞台"。未来各地人社部门和各街镇会把更多资源下沉到社区，通过多措并举来促进高校毕业生在社区实现就业创业。诸如，社区面向高校毕业生开放社区工作者岗位和公益性岗位①，优先安置未能就业的大学毕业生；针对毕业年度高校毕业生等群体提供就业见习岗位和职业技能培训，为其就业保驾护航；通过与企业、服务机构联合或直接引入企业入驻等方式，建设社区微工厂，为高校毕业生提供更多就业岗位；吸引高校毕业生在城乡社区服务领域创业，通过创业政策大力扶持和培育社区、校区创业项目，支持高校毕业生自主创业和灵活就业。可见，社区在促创业带就业方面有着很大的潜力，使创业服务工作从原来的以社区为主转变为以社区为基础，通过优化社区创业生态环境，激发社区创业激情，实现特色创业型社区的创建。

2. 乡村振兴

在乡村振兴方面，我们面临的首要问题是如何重新配置乡村现有的资源，唤醒闲置资源来促进乡村经济发展。与城市相比，农村的优势在于其良好的生态与人居环境；而劣势则在于生产要素不如城市齐全且集中，经济效率相对较低，同时还面临着制度不完善等方面的约束。针对城乡区域发展不平衡这一短板，引导产业在城乡间错位发展，促进发展要素在城乡之间双向流动，尤其是推进发展要素从城市向乡村

---

① 公益性岗位是指城市公共管理和涉及居民利益的非营利性的服务岗位，包括各级政府投资开发的城市公共管理中的公共设施维护、社区保安、保洁、保绿、停车看管等。

流动——这是增强农村发展活力的关键。农村土地是农民赖以生存的根本，因而乡村振兴的根本首先就是要把土地整治好。通过全域土地综合整治①，把当地土地"化零为整"推进农业生产向规模化、智能化和机械化发展。通过建立宅基地有偿使用与流转机制、有序推进闲置低效土地流转、盘活闲置宅基地与农房等方式再次激发乡村活力，打破原有空间布局无序、土地利用低效和耕地布局破碎等农村土地问题。在此基础上发展农旅融合项目，通过将农业农村的发展与旅游产业相结合，进一步优化开发利用农业农村和土地资源，并把独特的乡村文化和优质的乡土风貌融入吃、住、行、文、商、娱、育、养、动等旅游新业态，从而形成"以农促旅、以旅兴农"的乡村新模式。这种模式的实施可以实现推动农业现代化、促进农村产业升级与拓宽农民增收致富渠道，同时也满足了城市居民对休闲旅游的需求，有利于促进城乡一体化的发展。

乡村振兴战略的推进面临庞大的资金缺口，仅仅依靠财政、村集体和个人较难实现，因此引导社会资本投资乡村、吸引农村创业者返乡参与和投入产业发展就变得格外重要了。长期以来形成的制度壁垒、文化壁垒和投资壁垒导致社会资本在向农村流动过程中需要承担较大的成本和风险，甚至部分地区的要素流动成本要远高于跨国出境的成本，需要基层政府通过税收优惠、政策补贴、普惠金融，引导社会资本投资参与到城乡循环发展之中。另外，本地创业者通常缺少与外部网络的连接，往往较难引入发展所需的外部资源。返乡的本地创业者则可以很好地充当联系当地社会与外部资源的中介，对改善当地的资源供应发挥着重要的桥接功能。因此，乡村全面振兴需要大量的劳动力回流，既需要吸引善经营的"农创客"②，也需要吸引爱农村的"新农人"③返乡投身乡村创业。他们对家乡的资源、环境有着深入的了解，更能够因地制宜地开展创业活动，为传统农业转型注入新的活力。同时，他们也为家乡带来新技术和新理念，凭借敏锐的互联网思维和市场化眼光，可以带动更多的村民家门口就业创业、农户增收致富、周边村集体经济壮大，形成农村创业引领乡村共富的新发展模式。

（三）重振老工业城市和资源枯竭城市

创新创业是老工业城市和资源型城市转型升级的高质量发展之路。许多曾经推动我国经济齿轮飞速运转的重工业城市，凭借着良好的基础和资源禀赋成为国家早期重工业布局的重点。在产业升级的浪潮中，因产业结构偏重、产能过剩、基础设施滞后、生态承压等现实问题，老工业城市一步步走向衰落。在产业空心化影响之下，这些城市也

---

① 全域土地综合整治是在一定的区域内，按照土地利用总体规划确定的目标和用途，以土地整理、复垦、开发和城乡建设用地增减挂钩为平台，推动田、水、路、林、村综合整治，推进城乡一体化进程的一项系统工程。

② 农创客是指年龄在 45 周岁以下，拥有高校大专及以上学历，在农业领域创业创新，担任农民专业合作社、农业企业、家庭农场等农业生产经营主体负责人或拥有股权的人员。

③ 新农人是指具备一定新理念、新技术、新业态、新生产组织方式，以从事农业生产、加工、销售、服务等各环节为主要收入来源，且收入高于所在地区传统农业从业人员收入水平，有农业情怀、有适度规模、有持续发展性、有防风险能力的现代农业经营者。

面临着人口大量流失、财政岌岌可危的困境。与众多老工业城市相类似，那些曾经高度依赖矿产资源、因煤而兴的城市，如今也从昔日的支柱产业地位滑落至资源枯竭型城市的行列，其发展面临着迫切的转型需求。

为了重塑老工业基地新辉煌，加快资源枯竭城市负重转型，国家发展和改革委员会同科技部等有关部门于 2021 年发布了《"十四五"支持老工业城市和资源型城市产业转型升级示范区高质量发展实施方案》，经过几年的创新探索，目前这些示范区城市已总结形成了一些对全国老工业城市和资源型城市振兴发展可复制、可推广的经验。从现有示范经验来看，创新是引领推动老工业基地与资源枯竭城区提高活力和竞争力的关键。通过打造和促进各类创新创业，构建创新网络，依靠技术创新、延伸拓展优势产业链和大力培育发展新技术、新产业、新模式、新业态等方式加速转型，运用以绿色低碳新技术创新驱动新旧动能转换，加快高质量发展的实现。

二、创业如何促进创新

创新与创业二者相互促进又相互制约，是紧密联系在一起的辩证统一体。创新为创业提供新的机会，创业则为创新激发新的机会提供可能。创新的意义只有作用于创业实践活动才能有所体现，才有可能最终促使创业成功。同时，创业也会反过来促进创新创业主体在技术、商业模式和制度上的进一步创新。

（一）基于创业过程的角度

创业与创新活动的推进是相辅相成的，创新是解读创业活动发展过程的另一个抓手。

1. 创业是开展创新的支撑

在决定创业阶段，此时的创新还停留在创意阶段，具有较高的不确定性。从技术开发的进程来看，此时大多处于概念开发阶段，包括设想的产生、初步筛选与分析、初步设计与开发或是原型试验。

在这一阶段，创业者的主要任务是通过集思广益或各渠道信息和知识的广泛搜集确定一些关于产品的基本假设，并通过统计市场研究和用户评论，推动问题评估和商业规划（主要包括市场规模、竞争优势和财务分析等）。当创业者完成了充分的创业机会识别与评估后，创新活动的准备工作也就完成了。创业者开始付诸正式的创业行动，包括寻找合适的创业伙伴和获取创业所需的资源，这些都是创新活动实施过程中所不可缺少的。对创新来说，创业为创新活动的开展提供了保障。

2. 创业成长促进创新

接下来，创业者面临的就是企业的成长问题，即企业在市场中的生存、发展和壮大的问题。

无论是何种创新，最终都需要转化为实际的产品、技术或服务，才能真正为人们所用。企业的创新从原型技术走向市场的过程中要面对许多的不确定性，其中包括创新成果（如全新的产品设计）能否被企业经济地、规模化地生产制造出来，市场是否会接受这一产品，等等。所以，在产品实现与发布这一阶段，企业把商业化作为创新的首要目标。如果能够获得市场的正面回应，这些创新成果将为企业收获超额利润，并获得可支持企业生存的商业价值。

在实现企业快速成长的过程中，创新将作为企业发展的首要战略，通过持续地投入创新来赢得竞争优势。企业往往会从自身实际出发结合市场需求进行技术创新、商业模式创新和制度创新，从而获得竞争对手难以复制的优势。这些持续的创新可以让企业有机会在竞争中一直处于领先地位。企业如果没有持续的创新，就很难提高生产效率和产品质量，容易出现客户流失和市场份额缩减的问题，甚至被其他更具有创新能力的企业所取代。因此，在创业过程中企业会不断优化和整合资源，实现创新升级。

而新的创新成果又会通过产品创新、商业模式创新等为客户创造更大的新价值，为企业带来经济收益、获得更大的回报和更多的竞争优势。在源源不断的资金支持下，企业才有可能对创新活动持续投入。创业者只有通过创新，才能使所开拓的事业生存、发展并保持持久，让创新驱动型企业步入良性发展通道。

（二）基于产出和结果的角度

创业活动的开展必然会带来企业的技术创新、商业模式创新和制度创新；并且，技术创新、商业模式创新与制度创新之间是相互关联、密不可分的，如图 5-2 所示。倘若没有好的商业模式，技术创新的价值就无法兑现；没有先进的技术支撑，商业模式也很难为企业带来收入和利润，成功的商业模式也很难持续；技术和商业模式将激发和推动宏观层面或微观层面的制度创新，制度也会反作用于技术创新和商业模式创新的发生，保障技术创新的功能得以发挥与实现，形成鼓励和保护商业模式创新的制度环境。总之，创业促进技术创新、商业模式创新和制度创新，并且"技术—商业模式—制度"之间是一种协同演化关系，它们彼此相互影响，共同促进发展，并在这种协同作用下驱动创业高质量成长。

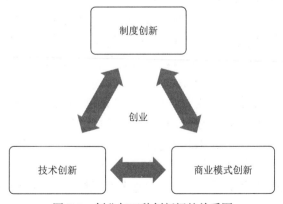

图 5-2　创业与三种创新间的关系图

1. 技术创新

技术创新是一个从产生新的技术思想或是新产品、新工艺的设想提出到市场应用，并实现市场价值的完整过程。技术创新深刻影响着不同层面的创新创业活动的开展。例如，大数据、云技术和人工智能等数字技术的开放性可以提高创业者开发机会的可能性；数字技术的关联性可以促进创业者网络的建立及深化，有助于提升创业企业对机会的识别；数字技术的可扩展性为创业企业提供了灵活应对不断变化的市场条件、客户需求及新兴机遇的能力，使他们能够迅速评估并利用这些机会。同时，这种可扩展性也促进了创业企业通过价值共创来构建强大的市场竞争优势。企业核心竞争力的形成需要革命性的技术，然而技术上的创新成功并不能保证企业在商业上或经济上取得成功，这一过程更需要商业模式创新和制度创新的协同演化。

2. 商业模式创新

学术界虽然对商业模式没有统一的定义，但普遍认可商业模式是企业为实现战略发展而构建起来的商业系统这一说法，它体现了一个企业创造价值和实现价值的逻辑。没有一种商业模式适合于所有企业，也没有一种商业模式永不过时，创业企业需要阶段性地持续创新商业模式来提高创业成功率。商业模式创新以价值主张作为创业企业的起点，为客户实现价值创造是创业企业立足于市场的基础，通过构建特有的资源组合满足客户价值来为企业带来持续盈利和竞争优势，并有可能衍生新的机会以及带来对传统行业的挑战。

3. 制度创新

制度创新是指改进现有制度安排或引入一种全新制度以提高制度效率及其合理性的一种创新活动。企业层面的制度创新包括对运行程序、管理制度和组织结构等方面进行制度创新；宏观层面的制度创新包括国家制度的调整、完善、改革和更替等。所有创新活动都有赖于制度创新的积淀和持续激励，通过制度创新得以固化，并以制度化的方式持续发挥着影响作用。

根据新制度经济学的观点，宏观层面的制度变迁将决定企业的技术创新，即好的制度选择会正向引导和促进技术创新，不理想的制度选择往往会使技术创新背离经济发展的轨道或遏制技术创新。从企业层面来看，技术的创新导向需要在高质量、高效率的创新运行机制以及支持性公司政策的推动下诱导发生与持续，反过来，这些创新活动也会对其制度本身形成某种影响力。同时，制度也会束缚或限制企业内部技术的改进，或将决定某种技术可以得以保留并扩散。

此外，宏观层面的制度创新为企业商业模式的创新提供了保障，对建立健全创业企业管理与运行机制给出了参考指引，对业务运营规范化给出了标准，而全新的商业模式也可能会激发和推动政府及相关部门进行制度创新。从企业层面看，商业模式创新的实现，需要创业企业进行经营理念、经营策略乃至组织架构的创新。企业管理制度的规范与创新是组织得以持续性发展的基础，创业企业只有具有与时俱进的制度体系、完善的企业创新机制，才能保证组织内部的技术创新、商业模式创新和管理创新能够有效进行，并在优化和创新的过程中不断发展。

拓展阅读 5-1

"美腾科技"的创新创业一体化发展

天津美腾科技股份有限公司（简称美腾科技）是一家以提供工矿业智能装备与系统为主体业务的专精特新企业。该公司创始人李太友是我国煤炭业选煤领域的专家，在创办美腾科技之前，曾担任相关企业的选煤设计负责人、主管选煤设计的总工程师等职务。在他担任大地工程开发（集团）有限公司（简称大地公司）副总裁及选煤设计院院长期间，他深刻地认识到："过去的十五年，选煤行业一直没有大的技术上的进步和革新，没有新技术，没有新变化。随着中国劳动力成本的增加，创新的方向是有的。任何商业模式在技术面前都是纸老虎，我们要拥有自己的核心技术，要降低新技术成本，服务于煤炭行业的发展。"在行业背景和时代背景的驱使下，不仅为企业"呼唤"出创新，也为企业的创新提出更高的要求，即要对当前主流工艺进行改良，开辟全新的技术路线。2014～2015 年，大地公司在整个煤炭行业发展的周期性低谷期出现管理和财务压力，为了更好地实现创新研究方面的设想，大地公司最终以参股的方式支持李太友离职创业，成立新公司——美腾科技。

当时我国煤炭的洗选普遍采用湿法洗煤工艺，占比高达 95.76%。该工艺原理是采用水、重悬浮液或其他液态流体为介质，利用物质的密度差异进行分选，去除煤炭中的杂质和非煤物质，提高煤炭的质量和利用率。该工艺方法存在水资源消耗、介质消耗、药剂消耗、高能耗等问题，还会产生煤泥等低价值副产品。干法洗煤工艺可以解决这一系列问题，但限于缺乏关键技术上的突破而难以在分选精度和可靠性等关键技术指标上达到大规模生产的要求。在干法洗煤工艺技术的探索研究过程中，为了解决公司创业初期的现金流问题，有足够的资金支持技术研究与开发，2015 年美腾科技应客户需求开发了新产品"智能粗煤泥分选机"（telligent coarse separator，TCS）。经过技术改造的TCS 产品相比传统的粗煤泥分选机，即干扰床分选机（teeter bed separator，TBS），可以更好地实现高密度分选，并有效解决了 TBS 尾矿因灰分较低且排弃至矸石山易于自燃的问题。随后，美腾科技研制成功真正适合煤矿生产使用的干法选煤装备"智能干选机"（telligent dry separator，TDS），突破了行业多年未变的水洗技术。

TDS 的创新技术不是基于通用技术的简单集成，而是对大量交叉学科的前沿技术与多学科工程化的综合运用。它主要通过物理方式分离矿石中的杂质，其工作原理是利用 X 射线、电荷耦合器件（charge-coupled device，CCD）等设备对煤和非煤类物质进行识别，结合算法，控制高压气体喷嘴"吹起"目标物块，实现煤与非煤物质的分拣。该工艺技术具有全程无需水、无污染，设备紧凑占用空间小，分选效率高，分选精度高等特点，可以说是煤炭分拣领域具有突破性创新价值的新产品。这项创新技术的问世为美腾科技带来了较高的毛利，在行业中获得一席之地，甚至在某种意义上重构了我国煤炭行业整个工作流程和成本结构，提高了国内煤炭行业选煤技术水平。2017 年国家发展和改革委员会发布的《战略性新兴产业重点产品和服务指导目录（2016 版）》中，把高效干法选煤技术列为第一类重点研发项目，即干法选煤在今后一段时期将成为我国选煤行业的主要技术路径。同时，伴随煤炭开采和洗选业市场趋于稳定，以及过往八至十年的煤炭机械设备更新改造周期到来，存量众多的湿法选煤设备将迎来更新改造的高峰期，这给智能干选设备市场提供了分选装备存量替代的市场空间。在此背景下，美腾科技展现出了强劲的成长性①。

创业初期的技术创新与突破，成就了公司，也改变了选煤这个行业，但美腾科技并没有止步于此。由于 TDS 产品每一个零部件的背后对应的都是专业技术，需要专门的企业进行研发和生产，李太友很快意识到美腾科技最大的潜在危机将来自供应链。为了做到供应链自主可控，公司一方面增加核心部件的备货，另一方面开始着手自主研发和生产某些关键核心部件，以进一步保证公司产品的核心技术和供应链的安全。同时，他发现在复杂的竞争环境下，很多企业即便不掌握核心技术，拼凑起来的设备也凑合能用，国内煤矿业要从湿法选煤转变到干法选煤不会一蹴而就，甚至是一个相对缓慢的过程。所以对于创业公司而言，在这个过程中最需要的就是持续地做大资产确保企业生存，以"熬过"时间的涤荡。继而，美腾科技果断开发出第二曲线"智能化仪表和系统"，推出包括以智能干选设备（TDS+TGS）为代表的智能装备产品线，各类仪器仪表以及洗选工艺智能化、视频 AI 识别、AI 算法等在内的各式产品、技术、系统、平台。这为后面公司上市带来 1/3 的订单收入。截至 2022 年 8 月 31 日，公司及下属子公司拥有专利共计 243 项，其中国内发明专利 76 项、实用新型专利 140 项、外观设计专利 26 项、国际专利 1 项；拥有软件著作权共计 88 项。公司产品大范围覆盖了头部煤矿企业，积累了较为优质丰富的客户资源，包括国家能源投资集团有限责任公司、山东能源集团、陕西煤业化工集团有限责任公司、山西焦煤集团有限责任公司等国有大中型煤炭集团及其下属企业。公司也是《工业应用软件（工业 App）质量要求》国家标准、《X 射线智能分选机》行业标准、《智能化选煤厂建设通用技术规范》和《干法选煤技术规范》两项团体标准的参与编制单位。

从创立以来，美腾科技一直以技术研发为驱动力，凭借着对行业技术路线的深入理解，不断创新识别、喷吹等核心算法和技术，不断突破沫煤和块煤分选的指标瓶颈，着力打造中国的干选梦工厂，同时这些新的科技创新也为传统行业赋能时焕发出了强大的生命力。在当前新一轮技术革命推动下，煤炭行业未来一个时期的发展趋势必然是煤炭开采绿色化、数字化、智能化协同发展，这对煤炭企业的科技创新提出新的要求。2022 年 12 月 9 日科创板 IPO 是美腾科技发展过程中的重要里程碑，也是其开启下一步跨越式发展的起点。该公司通过分析目前选煤领域科技创新存在的问题以及自身在整个产业链中的位置和价值贡献，已向以下几个方面进行发展布局。

（1）向工矿业绿色转型。"富煤、贫油、少气"是我国能源结构的基本特征，以煤炭为主的资源禀赋是我国的基本国情。李太友认为，"未来在很长一段时间内煤炭仍旧是我国的主体能源。同时，随着我国碳达峰与碳中和目标逐步推进，做好煤炭的高效清洁利用非常重要"。公司在煤炭行业的产品与服务，特别是全粒级的干选梦工厂，正

---

① 公司年报中显示，2019～2021 年美腾科技分别实现营业收入 2.41 亿元、3.21 亿元、3.84 亿元，同比增长 81.44%、33.14%、19.3%；净利润 6328.41 万元、9174.69 万元、8594.48 万元，同比变动 314.84%、44.98%、–6.32%。

是煤炭清洁高效利用的起点。该创业活动的开展对于我国实现煤炭清洁高效利用和实现"双碳"目标具有重要意义。此外，公司从 2022 年开始在再生资源方向进行了塑料分选、金属分选以及固废回收等再生资源领域的预研工作。

（2）向工矿业智能化方向发展。公司研发了浓缩、压滤、重介、煤质检测、视频监控、自动化升级等相应设备和系统，并建立了生产、煤质、调度、监控、机电等八个子系统。成功开发了全套的智能浮选智能化系统，主要包括浮选智能化系统平台、浮选智能加药站、矿浆灰分在线检测仪、辅助仪器仪表及管道系统。在具体应用方案方面，成功部署了"大运销配煤解决方案""工矿业信息化数字化解决方案"和涉及矿业生产过程中的各类"无人化模块"。在智能系统与仪器领域，公司智能化系统四大中心，TE4 设备智能化管理四大件［智工之芯、智工之眼、可视机械隔离器（visible mechanical isolator，VMI）、智能设备管理系统（Intelligent Equipment Asset Management System，iEAM）］，无人化装车、汽车运销系统等系统可逐步推广到石油、电力、建材、机械制造、环保、化工、运输等其他流程化工业应用领域。

（3）进行产业链延伸，拓展新产品和新服务。除了对现有产品进行持续升级外，基于在煤炭领域的技术积累，美腾科技还制定了"精耕煤炭、进入矿业、打通工业"的发展战略。针对不同矿物和其他分选物质特点，不断开发新的识别技术，包括彩色图像、荧光、红外、激光、紫外线等光电识别技术，计划在适用于更小尺寸煤炭分选的"浮选"技术领域进行更多探索，并且向有色、非金属等矿业及其他基础工业开拓发展。目前公司研发推出的矿物智能干选设备 XRT（X-ray diffraction topography，X 射线衍射形貌术）智能光电分选机，可对磷矿、铁矿、钒矿、铅锌矿、铝土矿进行分选，同时在铜、萤石、锰、钨等其他矿种也实现了技术突破。

（资料来源：长江商学院案例中心，笔者根据网络资料整理）

在中国创新创业的浪潮中，专精特新领域的创业更引人注目。专精特新本质上是科技创新创业，意味着更多的前沿科技成果会从实验室走出来进行转移转化。随着科技成果不断地转化和迭代创新，大量高水平技术创业会产生大量专精特新企业，这些专精特新企业是我国创新创业一体化发展的生动实践。

通过美腾科技这一专精特新创业案例，我们可以看到：技术的创新推动了创业的开启，随后企业的稳步经营为其进一步的技术创新奠定了基础，而这些新的技术创新也给企业带来新的机会，使得企业的经济效益和技术创新能力得到积累与提升，推动企业形成独具特色的竞争优势，为进一步的技术创新奠定了基础。企业在其快速成长与发展的过程中，离不开持续的创新，创新驱动创业高质量地成长。并且，每一项技术的优化与创新都可能发生价值层面的迭代创新。企业在推动技术跨界融合创新、产品与用户需求协同发展的过程中，也是在经历一次又一次的创业孵化过程。技术商业化的成功在于企业一直以为客户实现价值创造为核心立足于市场，通过构建特有的资源组合来满足客户价值，并在技术突围后持续创新加快商业化落地应用。这不仅为创业企业带来持续盈利和竞争优势，也为企业生成新的机会和挑战传统行业提供了可能。在细分领域产生的被市场充分认可的、革命性的创新成果让企业获得了该行业标准的制定权，由被动者成为行业的引领者，为企业未来赢得了更高的发展平台。同时，创新创业主体在组织内在动力和外界环境（例如国家政策的出台、科学技术的进步和自然环境的变化等）的影响下，又会正向促进或反向倒逼企业自身进行新一轮的技术创新，并构建出与其技术产品相匹配的商业模式和管理制度，从而推进企业在一次次创新中不断成长并实现其经济价值和社会价值。

第三节　创新创业的不确定性及风险

一、不确定性与创新创业

创业是基于创新的创建行动，但它不完全等同于创新或一般意义上的创建活动[①]。创业被看作是一种在资源高度约束、高度不确定性情景下的假设验证性、试错性、创新性的快速行动机制（张玉利等，2020）。这种机制需要创业者不断适时地做出改变，迎接挑战并超越自我。因此，持续创新，特别是那些被验证的创新，成为创业者克服资源约束和应对不确定性的关键。

创业的核心是创新，创新意味着不确定性。对于创新的不确定性，张维迎教授将其总结为四个方面，分别是：技术可行性的不确定性、商业价值的不确定性、相关技术的不确定性，以及体制、文化和政策的不确定性[②]。

（一）技术可行性的不确定性

许多创新技术的提出都表现出了其可行性不确定的特性。例如，一百多年前，美国莱特兄弟提出要造飞机。但在当时的知识背景下，比空气重的东西要飘在空中，是具有技术可行性的不确定性的，所以他们试验当中反对的声音远远多于支持的声音，主要是科技界人士对他们的研究与试验持怀疑态度。1903 年 12 月 17 日莱特兄弟设计制造的"飞行者 1 号"试飞成功，在 12 秒的持续飞行中完成了历史上第一次成功的、有人驾驶的、受控的动力飞行，从此揭开现代航空的历史篇章。

（二）商业价值的不确定性

技术的成功并不意味着就能够有商业成功。某种产品在技术上是先进的和可实现的，但它未来会不会赢得消费者的青睐和市场的高度认可，我们事先不知道，也不好预测。因此，商业价值的不确定，是大部分创新落地时面临的关键问题。

---

① 刘志阳，黄毅承. 2018-08-11. 图解创业课堂 1：今天让我们来谈谈创新创业[EB/OL]. https://mp.weixin.qq.com/s/aFKr3zQREJCkAgdAu4rJ3g [2023-08-11].

② 中关村杂志. 2019-03-15. 张维迎：创新的不确定性和对体制的挑战[EB/OL]. https://mp.weixin.qq.com/s/1TIEP0nd1o17mGSFSeRAcQ [2023-08-11]；商汤科技. 2020-07-12. 著名经济学家张维迎：创新不可预测，只能由企业家自己判断[EB/OL]. https://baijiahao.baidu.com/s?id=1671992927508806657&wfr=spider&for=pc [2023-08-11].

拓展阅读 5-2

苹果：技术领先不等于商业成功，商业价值具有不确定性

以电脑的操作系统为例，在 20 世纪六七十年代，绝大部分的电脑还是基于字符串实现的人机交互，对用户很不友好，需要经过专门培训才能正确编程或操作。20 世纪 70 年代初，施乐公司旗下的帕洛阿尔托研究中心（Palo Alto Research Center, Inc., PARC）开始试验一种新的图形方法，最终在 1973 年施乐 PARC 革命性地开发完成了全球首个图形界面计算机。该计算机的 Alto 操作系统具有使用三键鼠标、位图显示器、图形窗口的特点。为了将 Alto 商业化为可交付产品，施乐又于 1981 年发布了 Star 来替代 Alto。但遗憾的是，这台计算机虽然拥有了具备所有现代图形用户界面（graphical user interface, GUI）的基本元素特征的操作系统，却因为体型庞大、价格昂贵、运行缓慢，并没有得到市场的认可。1979 年乔布斯和他的技术团队拜访了施乐，当中包括 Macintosh 电脑操作系统开发主力比尔·阿特金森（Bill Atkinson），以及曾在施乐 PARC 工作过的苹果程序员布鲁斯·霍恩（Bruce Horn）。访问中，出于某种目的，施乐向其展示了尚未对外公开演示过的 PARC 内部预研的全部成果，这些新技术让乔布斯和他的技术团队眼前一亮，认为这将是引领时代的技术。获得灵感后的苹果公司集中全部力量以对方没有想到的方式对此做了大量的改进和完善。例如，Apple Lisa 从 Star 中借用了基于图标的桌面比喻，把结构复杂、造价 300 美元的施乐三键鼠标重新设计，简化成仅需 15 美元且易用性更好的单键鼠标；鼠标可以实现拖拽图标和窗口，打开、拖拽和移动文件等功能。同时也创新性地增添了垃圾桶菜单栏、下拉菜单、控制面板、重叠窗口等新功能。继而推出了第一台拥有鼠标、图形化操作界面的个人电脑"Macintosh"，这成为苹果历史上最成功的个人电脑之一。苹果公司在施乐的技术"指引"下成功地让这项先进技术更好地实现了商业化。

相较于 Macintosh 项目取得了巨大的成功，从 1984 年到 1995 年售出了数百万件，与其设计相似的 Apple Lisa 却在短短三年内就停产了，仅售出十万台机器，被广泛认为是苹果最大的商业失败之一。这种不同的命运有很多商业原因。Lisa 不是真正意义上的个人计算机，它的售价接近 1 万美元，这是个人几乎不会购买使用的东西；Lisa 也不是研发、科学和软件开发部门的工作站，虽然它的 GUI 极具革命性，但对于当时的硬件来说太耗费资源，这使得 Lisa 成为性能不足而运行缓慢的机器。虽然 Lisa 的概念在技术上是开创性的，在某种程度上远远领先于它的时代，但在商业上已经过时，是一个没有明确确定的商业目标的混合体。可见，一个东西即便证明在技术上是可行的，但在商业上成功与否仍然是不确定的。

（资料来源：笔者根据网络资料整理）

创新的成功并不仅仅取决于技术的先进性，还取决于技术商业化的程度。一项技术即使很出色甚至非常先进，如果不能解决客户的问题或满足他们的需求，则无法实现技术的商业价值。商业上的成功需要以技术为支撑，而技术的创新必须立足于市场需求，不能被市场接受的技术是没有商业价值的。

（三）相关技术的不确定性

一个应用了前沿技术的新生事物，在商业上能否取得成功，往往依赖于其是否做出后续的改进。例如，激光技术的发展历程是一个持续创新的过程。20 世纪 60 年代初，激光技术被美国贝尔电话实验室（AT&T Bell Laboratories）发明出来后，由于相关协同技术并未达到相应的发展程度，尤其是玻璃材料、材料加工等技术并不足以支撑激光技术的进一步发展和应用拓展，因此长时间被"束之高阁"，仅仅在军事领域有少量应用。但随着玻璃材料技术的突飞猛进，以及相应的材料加工技术的创新发展，激光拥有了稳定、可靠且具备量产能力的传输介质，这为激光技术的高速发展提供了重要条件，在生物医疗、信息传输、环境感知、材料加工等众多领域有着非常广泛的应用。不仅如此，激光及其相关技术领域保持着持续的协同发展，技术相互促进，涌现了面向材料的先进激光加工、基于先进材料的激光传感技术等细分技术领域，推动了诸如高精度平板显示、多点触控技术、大气环境感知等多个外延领域的创新发展。

（四）体制、文化和政策的不确定性

如熊彼特所言，创新本身是一种创造性破坏。历史上每一次新技术、新产品的出现都会损害一部分人的利益，这部分人通常是以往的既得利益者。这些利益受损者反对创新是自然的，因为大多数人往往习惯于沿袭既有事物，而对颠覆性创新事物采取旁观甚至抵制的态度，尤其是当创新事物损害自身的利益时，这种抵制就更为明显。利益受损者会尽一切努力来阻止创新出现，采取各种办法试图维护自己的利益。可是，利益是无法普遍保护的，因为这与市场竞争的本质相违背，倘若要保护利益受损方，必然会妨碍创新的进程。

在创新进程中，体制制度、政府出台的法规和政策都可能会对某些技术进行限制、管制或禁止，影响技术的商业应用；某些行业标准和认证要求可能会要求创新者使用特定的技术或做法，从而限制其他技术的市场份额；受地域文化的影响，很多杰出的创新成果可能难以跨越地域界限，难以拓展至全国乃至全球市场，这不仅限制了创新者经营地域与经营范围的进一步拓展，还可能导致为了维护特定区域内的市场份额而采取的保守措施，阻碍新成果的进入与普及。

 拓展阅读 5-3

网约车发展中的不确定性

依托于互联网平台的分享经济作为一种新兴经济形态近年来高速发展。分享经济在给我们带来更高的经济效率和社会效益的同时，自始至终都面临着来自多方力量的抵制。例如，网约车现已经成为我国城市交通体系中不可或缺的一部分，通过合理利用车辆资源提高了民众出行效率和道路利用率，在创造就业机会等方面也发挥着积极作用。

研究显示，无论是在时间上还是在里程上，网约车的产能利用率都远高于出租车（Cramer and Krueger，2016）。自网约车进入市场后，酒驾死亡人数显著下降（Greenwood and Wattal，2015），共享出行司机服务中实施犯罪的万人案发率是传统出租车的约 1/13[①]，网约车解决近 20%灵活就业人员的就业率。网约车对出租车、公共交通等传统出行方式造成强烈冲击，尤其是出租车的生意一落千丈，损害了出租车司机和公司的利益。一些地区的出租车司机通过罢运等方式抵制网约车，甚至抱团打压和围堵网约车，威胁和挑衅的情况更是不计其数。一些专家借助媒体表示应该抑制网约车的发展，认为网约车每天长时间行驶，不仅占用了城市道路，是交通拥堵的"罪魁祸首"，也不同程度地造成了环境污染。还有专家提出"跑网约车就是在浪费生命"。接连发生的各类网约车事件则再度让网约车处于舆论的风口浪尖，网约车出行的安全性备受质疑。北京、上海等地政府纷纷对各网约车平台发出禁令和罚单。涉事网约车公司应对案件多次进行安全整改，严格筛查车主和车辆背景，增添一键报警、全程录音、人脸识别、黑名单等多项安全功能，成立"警方调证对接工作组"等等。在平台各项安全措施落地的综合影响下，网约车车内冲突率较以往明显下降。加之与出租车相比，其出行更具有确定性、透明度、个性化，定价更具优势，网约车成为越来越多乘客出行的选择，逐渐得到大众的广泛认可。

如今出租车行业逐渐变得消沉的局面，其实很大程度上是出租车自身导致的。出租车作为一座城市的名片，是展示城市文明的流动窗口，所以出租车相比较网约车可以说享受到了各种政策的红利及支持，除了减免租金，部分城市还发放燃油补贴等。但是即便是在这样的支持下，部分出租车司机绕路、拒载、宰客的形象让许多乘客惴惴不安。后诞生的网约车在早期发展阶段几乎没有享受到政策红利，其快速发展更多的是市场选择的结果。而且，不同地区的监管政策不统一，导致网约车企业在开拓市场时面临很大的不确定性。直到高速发展时期，我国相继出台《网络预约出租汽车经营服务管理暂行办法》《关于加强网络预约出租汽车行业事中事后联合监管有关工作的通知》等规定，对网约车平台公司、驾驶员和车辆制定了明确的条件和标准，以及出台各地方实施细则，对平台的经营许可和数据安全提出了更高的要求。为了进一步规范网约车的发展，2023 年 8 月多地多部门密集约谈网约车平台，就平台间竞争、定价不透明、平台抽成比例过高等问题进行整治，并非"坊间传言"的打压创新。已有文件明确要求各地要大力发展网约车、共享单车、无人驾驶等新型交通出行模式，支持网约车平台公司进行多元化经营、推进绿色出行和探索智能化服务，在不过度干预、不损害平台正当权益的情况下引导出行服务规范发展。这意味着网约车行业在未来的发展中，将会在良好的政策环境下有更多的创新和进步，为城市居民更好地提供多样化和个性化出行服务。

（资料来源：笔者根据网络资料整理）

[①] 中国司法大数据研究院的统计数据显示，从案件数量对比上看，2017 年网约车司机的犯罪数量约为传统出租车司机犯罪数量的 1/10，万人发案率只是后者的 1/13。2017 年，全国各级人民法院一审审结的被告人为网络约车司机且在提供服务过程中实施犯罪的案件量不足 20 件，网络约车司机每万人案发率为 0.048，其中 77.78%的案件侵害对象为乘客。2017 年，全国各级人民法院一审审结的被告人为传统出租车司机且在提供服务过程中实施犯罪的案件量为 170 余件，传统出租车司机每万人案发率为 0.627，其中 46.26%的案件侵害对象为乘客。

创新是一个持续的动态的过程，创业者面对不确定性不可能做到事事创新、时时创新，也不能把创新固定于一时一事，创业中创业者则更多的是在利用不确定性，利用不确定性所孕育的机会和带来的各种可能性。以奈特为代表的经济学家认为有两种性质的不确定，即风险（risk）与不确定性（uncertainty），并基于概率分布的可知性，将风险定义为可计量的不确定性，不确定性专指不可计量的不确定性。风险和不确定性的区别就在于风险是可知结果概率分布的事件，不确定性是结果概率不可预知的事件。由于不确定性是无法被预见的，人们很难通过已知来推测未来，也就难以去计划。并且不确定性本身也并不足以创造利润，而是取决于创业者是如何利用不确定性的。不确定性的存在，使得少数愿意承担不确定性的人成为创业者，他们能够从不确定性中发现机会，并通过一系列的创业行动将机会转化为价值，获得超额利润。随着创业者的认知能力和认知条件（主要是所拥有的信息量）的提升或增加，其越能够凭借信息、经验、专业知识及能力等应对和化解部分环境不确定性。因而，创业者对不确定性的理解和应对能力常常决定创业是成功还是失败。同时，创业活动中蕴含的不确定性也为创业者增加了创业决策的诱惑力。缺少不确定性的创业，即便获得商业上的巨大成功，也往往会被创业者视为缺乏挑战性而使创业者感到枯燥和成就感不足的。

总之，因为不确定性同时蕴含着机会和风险，使得创业者与环境的互动关系变得复杂而有趣。不同时代创业的主体、目标、场景和模式都在发生变化，创业情境的不确定性可能也因此而有着不同内涵（杨俊等，2022）。尽管不确定性作为创业情境的关键维度，在很多研究中都会被提及，但人们对其的认识仍十分有限。一些创业研究指出未来研究不应将不确定性视为一个笼统而恒定不变的概念，而是需要进一步去探索不同时代新情境下不确定性的内涵、创业者应对不确定性的策略，以及创业者是如何将不确定性转化为可控的风险等问题，从而深化和丰富对不同创业情境下不确定性的识别与管理。

二、数字技术与不确定性

国际货币基金组织（International Monetary Fund，IMF）在 2023 年第二季度更新的世界不确定性指数显示，全球不确定性已达到自新冠疫情以来的最高水平。不确定难预料因素增多的时期，各种"黑天鹅"与"灰犀牛"事件随时可能发生，企业如果无法抵御这些环境变化导致的结果，很可能面临组织停滞或瘫痪的风险。当不确定性变为常态，如何运用数字技术应对不确定性便成为人们普遍关注的一个问题。

近些年数字技术已经向世人展示出其在应对不确定性方面的一些作用。例如，面对新冠疫情的不确定性时，全国各省区市与阿里合作搭建"数字防疫系统"，运用的正是大数据、云计算等数字技术；针对新冠疫情期间大中小学的学习问题，钉钉、优酷、腾讯等打造在线课堂，通过云技术为学生提供在家上课服务。这些例子说明人们可以利用数字技术来抵御突发性风险，消除不确定性带来的一些影响，这为未来人们应对因高度全球化所带来的不确定性提供了某种想象的可能性。

随着数字技术被广泛地应用在各个领域，不少人认为这在一定程度上可以帮助创业者管理不确定性，即创业者可以通过数字化方式获得信息，通过海量的数据预测和趋势分析可以将不确定性转化为可预计的风险。对于创业者而言，大数据和人工智能能够提高信息的完整性，极大地消除各种信息不对称，增强在面临不确定性时的弹性，对创业决策具有一定的积极作用。事实上，真正的创业者在创业决策时一定是超越大数据的，更多是依靠直觉、想象力、警觉性和视野等去发现还未被发现的数据，想象有可能的未来，创造尚不存在的东西。也就是说，创业者自身的软知识将更多决定了其能否从不确定性中发现机会和利用机会。

不确定性虽是一种客观状态，但也具有明显的主观色彩。Milliken（1987）从创业者个体感知视角提出了状态不确定性（state uncertainty）、效果不确定性（effect uncertainty）和反应不确定性（response uncertainty）三类不确定性，从主观上反映出了创业者个体感知不确定性的差异，以及个体间异质性对不确定性下创业行为和决策的差异化影响。其中，状态不确定性指的是个体感知的环境的不可预测性；效果不确定性是指环境变化对组织产生的影响的不可预测性；反应不确定性指缺乏反应方案或无法预测反应结果带来的不可预测的影响（表5-1）。Sarasvathy（2001）指出，当创业者经历不同类型的不确定性时，他们往往会根据环境的变化趋势重新配置或组合所拥有的资源，以应对这些挑战。然而，这些不确定性也可能消极影响创业者参与创业行动的意愿。目前来看，虽然数字技术可以在一定程度上降低这三个方面的不可预测性，但其产生的影响未必都是正向的。诸如，大数据可使人们更易于理解和认识环境、识别与预测潜在风险等，可是过量的大数据也会削弱我们的批判性思维，从而得出错误的决策；大数据可以帮助创业者提高企业内部的管理效率、优化资源配置、提升客户体验，提高应对产业链和供应链急剧变化的敏捷性，但是一旦创业者过于依赖共享性信息，信息的质量和对信息的处理及把控意识将影响个体对外界环境分析与判断的实时性，在适应变化时容易出现行动时滞；大数据可能为创业者带来信息精确度，却未必能确保准确度，因此制订的反应方案亦非全然无误。

表 5-1　Milliken 的环境不确定性划分

不确定性类型	描述
状态不确定性	对当前环境或情境的具体状态缺乏了解或认识不清。例如，某企业可能不确定其市场竞争对手的当前策略或资源状况
效果不确定性	对采取某项行动或决策后可能产生的结果或影响的不确定。例如，某科技企业可能不确定新产品的研发是否会成功，或者新产品的市场接受度如何
反应不确定性	对其他实体（如竞争对手、顾客或合作伙伴）对自己行动或决策的反应的不确定。例如，一家企业可能不确定竞争对手是否会对其新的营销策略作出反应，以及会以何种方式作出反应

整体上看，数字经济时代，不确定性的情境依赖特征更为明显：一方面，不确定性正在"选择"创业者，塑造着创业者的认知、决策和行动；另一方面，创业者也在积极应对新形势下不确定性带来的挑战，在与外部环境的互动中数字技术正被创业者不断更新和发展。因此，在实现数字化赋能过程中创业者的创业思维和行为才是创造价值和获取价值的原动力。创业者需要正确运用数字技术，具备一定的创新思维和数据分析能力，尤为需要培养自身的批判性思维，更加谨慎和敏锐地理解与运用这些数据、信息，

做好数据保护和数据安全，避免损害大数据实践产生的价值。并且，创业者也需要保持灵活性，以及学会通过反思和复盘不断探究不确定性情境下支撑企业创新创业活动的底层逻辑，以识别、创造和利用其中蕴藏的机会。

三、风险与创新创业

（一）创业风险

任何形式的创新创业都会涉及风险，创业者面临的主要风险可以划分为四种基本类型（张玉利等，2020）。

1. 财务风险

创业中的财务风险主要指的是公司因财务结构不合理、没有对资金做合理的市场预估、融资渠道不畅、融资不当等资金问题，可能丧失偿债能力，出现预期收益下降以及创业者个人负债等情况。创业者常会遇到的财务风险包括但不限于以下几种情况。

（1）在创业初期，创业者往往会将自有资金作为前期搭建的启动资金，甚至将能够抵押、变现的资产倾囊而出。一旦最终创业失败，创业者的资产风险无疑是巨大的。

（2）创业者在公司注册时如果没有合理设置注册资本，当初认缴的高额注册资本可能都将最终转化为创业者对公司的债务，承担额外的亏损风险。

（3）缺乏对票据的正确认识，缺乏税务风险意识和税务合规方案。

（4）几乎大部分的创业项目都需要追加资本才能高速扩张，因而创业融资过程中创业者还要面临对赌风险和违约风险。业绩对赌是最常出现的对赌形式，当公司各项业绩指标没有达到预设的目标时，创业者通常需要以一定的现金进行补偿或者以较低的价格将股权转让给投资人等形式达到利益平衡，其中暗藏着很大的创业者个人财产风险。

2. 职业风险

创业者一旦创业失败，就面临着重新择业的问题。如何返回职场？还能否重新回归到原来的岗位，或是再找到一份心仪的新工作？重新获得认可是他们的职业风险。

3. 家庭与社交风险

创业过程中来自家庭和社交上的压力是创业者面临的另一项重大挑战。创业是一项高时间压力的活动，需要创业者投入大量的时间和精力，这意味着在有限的时间下他们将缩减在家庭生活与社交活动上的投入，长时间的缺席和角色的缺失可能会令他们失去家人和好友。

4. 心理风险

创业者在充满创业激情、憧憬创业所带来的巨大价值而为之奋斗的同时，也接受着现实的洗礼和敲打。极端的不确定性在创业者群体中唤醒了强烈的焦虑感和压力感，使得创业焦虑、压力成为他们不得不面对的集体常态。盖洛普幸福指数曾显示，有34%的创业者感觉自己很焦虑，45%的创业者感到很有压力，相比其他类型工作者，创业者负面情绪的占比更高。若这些情绪得不到合理的疏导、调节和控制，创业者的身心将受到严重影响，这些精神上的折磨对于创业者来说才是最致命的。有研究指出，创业者身上的某些先天特质，如精力充沛的、积极乐观的、富有创造性的这些"激昂情绪"虽能驱使创业者在冒险中迈向成功，却也有可能使他们易于陷入像抑郁、悲痛感、焦虑感和无价值感等情绪不稳定的精神状态之中。Thompson 等（2020）通过访谈 77 位创业者发现，这种焦虑情绪伴随着整个创业过程，表现为对不确定结果的紧张、担忧和不安，但正是这种情绪鞭策着创业者更加努力地解决问题，能够凭借"情绪智能"更聪明地理解与解锁自身的情绪，从而在日益复杂的环境下更好地应对压力。与此同时，他们还能将内在的孤独、不满足和焦虑等情绪转化为对创业成功强烈的渴望和持续前进的动力。可见，创业过程中心理风险如影随形，适度的心理状态可以化为努力和动力，过度或不当的心理状态便会阻碍创业坚持和努力。

（二）创新风险

创业者在创业过程中还要面临政策风险、技术风险、市场风险、生产与管理风险等创新风险。

1. 政策风险

政策风险是指一项创新创业活动由于所处社会环境的政策、法律法规变化而造成创新失败的可能性。从积极的角度看，政府提供的研发补贴、奖励计划、税收优惠及补贴政策等产业政策可以减少企业的创新风险损失，进一步扶持企业进行创新活动的研发。从消极的角度来看，政府政策的调整可能会给企业创新带来一定的限制和阻碍，一些法律法规的出台可能会限制企业的研发自由度，增加创新的成本和风险。

2. 技术风险

技术风险指的是创新创业主体在创新过程中因技术方面不成熟或失效而导致创新失败的可能性，包括技术本身的难度与复杂性、关键技术预料不足、存在的技术障碍和技术壁垒、创新者自身能力的有限性、基础设施和设备工具的缺乏等。这些技术因素都会导致创新活动达不到预期目标。

3. 市场风险

创新创业活动的主体所面临的市场风险是由于市场需求变化、市场竞争环境变化、消费者购买行为变化等因素导致的创新失败。具体而言，主要体现在两个方面：一是市场接受能力的风险，是指企业对新产品或新服务的价格和市场定位可能不够准确，产品性能和品质尚缺乏稳定性，或者教育和培育消费者时间不够等原因，导致企业对市场能否接受以及接受的程度有多大难以准确估计；二是市场接受时间的风险，主要是指企业对创新性技术和产品诱导出有效需求的时间不好掌控，被市场认可的速度是不确定的。

4. 生产与管理风险

生产风险是指企业在新产品生产过程中由于原材料、生产工艺、生产成本、生产管理等各方面问题导致生产存在风险。管理风险主要是因为管理不当，如组织结构不合理、管理制度不健全、人员配置不当、领导力不足、管理者决策错误等导致创新失败的不确定性。

在商业实践中，创新创业活动的主体会遇到各种风险，这些风险因素可能单独或共同作用，影响不同主体的行为过程和结果。不同体量的企业和平台对风险的承受力和管控力是不一样的，对于任何的创新创业主体而言都无法保证做到百分之百成功。然而，创业想实现持续发展就必须要鼓励创新，宽容失败，同时加强创新创业主体的风险意识，才能使创新创业活动取得更加辉煌的成果。

【本章小结】

本章包含了三个模块，分别是创新驱动创业、创业深化创新和创新创业的不确定性及风险。创新驱动创业模块分别介绍了创新驱动创业的缘起及界定、创新驱动创业的阶段划分，以及创新驱动创业的特征；创业深化创新模块则重点介绍了创业的价值，并基于创业过程的角度与产出和结果的角度介绍了创业是如何促进创新的；创新创业的不确定性及风险模块介绍了不确定性与创新创业、数字技术与不确定性，以及风险与创新创业有关内容。

【回顾与思考】

1. 什么是创新驱动创业？
2. 基于过程视角来看创新驱动创业包括哪些阶段？
3. 创新驱动创业具有哪些特征？
4. 创业在推动创新、深化创新的过程中产生的产出或结果是什么？
5. 如何理解创新创业中的不确定性及风险？你有应对的好办法吗？

【课后训练】

◇ 案例分析

练习 1　选择几个成功的创业案例，分析其创业过程及社会价值创造方式，并探讨这些案例的创业对社会带来哪些方面的影响。

练习 2　试着以一家企业为例，分析它在创业的不同阶段，创新的重要性是否发生变化，以及体现在哪些方面。

◇ 小组讨论

练习 3　以小组为单位，分组讨论创业在不同领域的社会价值（如科技、教育等），分享各组讨论结果，并总结创业在不同领域的价值体现。

◇ 实践训练

练习 4　设计一个创业项目提案，明确项目目标、社会价值和实施方案，并分析项目提案的可行性和潜在社会价值。

第六章

创业机会识别

【学习目标】

1. 了解创业机会的来源和类型；
2. 理解创业机会的概念、创业机会的评估过程与方法；
3. 掌握识别创业机会的方法。

■■■■ 导入案例 ●━━━━━

案例：李维斯

提到李维斯（Levi's），许多人会想到经典的牛仔裤造型。其实，这个世界知名品牌的创始人叫作李维·施特劳斯（Levi Strauss）。

19 世纪中叶，美国西部淘金热来临，大批冒险者涌向西部寻找金矿和财富，这导致日用品供应严重短缺。当时 24 岁的德国移民李维·施特劳斯敏锐地捕捉到商机，他来到旧金山，准备开一家小纺织品店。施特劳斯发现，本地矿工需要一种质地坚固耐磨的工作裤，可以应对矿井中艰苦的劳动。于是他使用咖啡色帆布制作了一批裤子出售给矿工。

这种帆布工装裤深受矿工欢迎，但有个缺点——不够耐磨。施特劳斯灵机一动，改用来自法国的斜纹棉布再次制作裤子，这种面料更厚实、耐磨。果然新款裤子再次大受矿工青睐。1873 年，内华达州一位裁缝雅各布·戴维斯（Jacob Davis）向施特劳斯建议，在口袋角落打上铜铆钉，以改善口袋的牢固程度和外观。施特劳斯接受了这一建议，并申请了专利，这就是经典的蓝色牛仔裤的由来。

至 20 世纪 20 年代，李维斯牛仔裤已经成为美国男性标准的工作和日常装束，其舒适耐穿的特点深受各阶层喜爱。在施特劳斯的曾侄孙沃尔特·哈斯（Walter A. Haas）先进的销售和营销手段推广下，李维斯牛仔裤风靡全球，成功晋级国际知名品牌。2000 年，美国《时代》杂志甚至将其评为"20 世纪的最佳流行"。

李维斯牛仔裤的成功启示我们，发现市场需求并持续创新改进，是企业走向成功的关键。它也彰显了美国创新的活力和包容开放的文化氛围。这种创业和创新精神值得我们学习和发扬光大。

（资料来源：笔者根据网络资料整理）

第一节　创业机会的概述

一、创业机会的定义与特征

（一）创业机会的定义

创业需要建立在识别和抓住机会的基础之上。企业创立初期，发现真正的商业契机比获得团队的能力或资源更为重要。创业机会是推动创业的核心要素，整个创业过程都围绕着对创业机会的识别、开发和利用展开。创业的本质在于具有创业精神和决心的企业家与具有价值的市场机会相结合。正是这种结合促成了创业过程的产生和商业模式的形成。

关于机会的内涵，我们可以从语义层面进行探讨。在汉语词汇系统中，"机会"一词与"时机""契机"等词义相近，通常被解释为"具有时间性的、对某事有利的情况"。《辞海》对机会的定义也强调了其情境性特征。由此可以看出，机会具有时间限制性，需要当事人准确把握时机并及时抓住，否则轻易就会流失。

创业机会则通常可以理解为一种市场机会，是指客观存在于市场交易过程，并能给创业者带来盈利可能性的市场需求。国内外学者研究表明，创业过程是由机会驱动的。美国学者蒂蒙斯就指出，创业机会是推动创业的核心因素。谢恩和文卡塔拉曼（S. Venkataraman）定义创业机会为一系列可以满足市场需求的创意、信念和行动的可能性。他们认为，研究创业机会的关键在于分析其存在的原因、识别和利用的过程及影响因素。德鲁克提出了三种常见的创业机会来源：新技术推动的创新、市场失灵导致的信息不对称、政策和环境变化导致的资源再配置。因此，我们可以看出，创业机会具有时效性和重要性。它来源于市场变化和技术创新，但需要企业家准确判断和及时利用，才能成为实际的盈利契机。正确理解创业机会的内涵和规律，是创业获得成功的重要前提。

创业机会为创业者提供了实现创业目标、获得回报的可能性，是具有吸引力且相对持久的商业活动空间。从创业实践来看，抓住正确的创业机会是推动创业活动产生的关键。创业机会源自未满足的市场需求，是市场需求和企业家精神碰撞、交汇的结果。它常常起源于打破市场均衡的种种因素，如环境变迁、市场供需失调、信息不对称等。

创业机会是一种未来盈利的可能性，需要企业通过具体行动实现。它不同于直接的商业机会，其价值在于发现和创造新的市场需求，实现产品、服务、流程等方面的革新。许多成功创业都是因为抓住了商机，如蒙牛看中乳品市场，好利来打开蛋糕市场。优秀的创业者不仅满足市场需求，还能改变人们的生活方式，甚至开创新产业。例如阿里巴巴、当当网等利用互联网创业，极大地改变了传统商业模式。创业机会需要企业家进行发现、判断和开发，才能转化为实际收益。与传统商机不同，它更依赖企业家的创新与颠覆能力。正确把握创业机会是创业成功的关键。

综上所述，创业机会属于市场经济条件下出现的一种有利的外部因素。它为企业的成功经营提供了契机，并含有一定的偶然性，需要创业者发现和加以利用。

（二）创业机会的特征

创业机会具有如下重要特征。

首先，创业机会需要具备潜在的盈利空间。这一特征应当是创业机会的最核心特征。盈利前景是创业机会得以成立的基础，也是吸引创业者进行商业探索的原动力。如果不存在盈利可能，某种新奇想法很难成为实质性的创业契机。但创业机会的盈利性通常是隐性的，需要创业者在当下市场条件下进行判断，不能简单套用成规。

其次，创业机会必须通过企业经营或商业模式的创新实现价值转换，否则难以实现盈利。考虑到创业机会的时效性强，创业者需要做好充分准备，一旦发现真正的创业契机，就要迅速采取行动，组建团队，制订经营方案，否则就可能错失良机。

最后，创业机会的潜在价值需要创业者不断开发和优化才能实现商业化。创业机会的最初状态可能只是一些看似零散的信息或概念，必须通过创业者和相关利益方共同探索，其盈利模式和经营规律才会逐步明朗化。因此，创业机会的价值具有不确定性，依靠创业者的经营策略才能确定。如果能够充分利用机会的特点进行创业规划，那么创业效果会更好。

综上所述，正确判断和利用创业机会是创业成功的关键，需要创业者对市场与资源进行审慎评估，并制定与之匹配的经营策略。这需要创业者具备敏锐的商业直觉与丰富的管理经验。

二、创业机会的来源

创业机会往往隐藏在各类变化之中。这些变化来自多方面，例如产业结构调整、科技进步、通信方式革新、政策放松、经济服务化、价值观转变、人口结构变动等。举例来说，当前我们已经步入"互联网+"时代，这为许多企业带来了重要机遇。创业者可以充分利用互联网手段，更好地满足用户需求，创造社会效益和经济效益。

创业机会的来源是创业者高度关注的问题，也是创业教育的关键所在。根据全球创业观察的分类，创业可以分为机会型和生存型。机会型创业主要源自创新和创意，是对资源的重新组合，相当于开发新的蓝海市场。而生存型创业更多是对现有模式的模仿，属于在红海市场上的竞争。由此可见，创业机会主要来源于创业者的原创思维或对已有模式的学习借鉴。

具体来看，创业机会主要有以下几大来源：一是从市场端发现需求变化；二是从供给端发现创新成果的应用价值；三是从群众需求端发现痛点问题的解决方案；四是从个人技能端发现专长的商业化运用。

（一）发现或创造市场机会

创业者能够发现或创造不同类型的市场机会。首先，可以发现尚未被企业占领的全新蓝海市场，这属于真正的新增机会。其次，也可以找到已有市场中用户需求未被满足的空间，这是既有市场的扩容机会。最后，即使在竞争激烈的红海市场，创业者也可以凭借独特资源找到细分领域，实现差异化竞争。根据目前已有的相关研究，这类创业机会的来源可以分为以下几类。

1. 发现利基市场

发现利基市场是市场创新的重要方式。利基市场指被主流企业忽视的细分市场，需要创业者通过创新意识和专业知识进行发掘。利基市场的本质是大市场中的一个隐性领域，需要分割用户群体，明确不同需求。它不是一目了然的，而需要创业者洞察潜在需求。成功发现利基市场往往依靠创业者对行业的深入理解和对用户诉求的细致洞察。通过提供差异化的产品或服务，满足利基用户的特殊需求。可以说，许多细分领域的出现都源自利基市场的开发。这体现了创业者在市场细分与定位上的创新能力。

2. 发现空白市场

发现全新的空白市场也是创业者的市场创新方式。比如一个鞋厂分别派出两名业务员考察一个海岛市场，一名业务员看到当地人赤脚行走，认为销售不出一双鞋；而另一名业务员看到业务机会，因为当地完全没有穿鞋的习惯，每人每年购买两双鞋就能打开一个大市场。这个例子显示出创新意识会带来完全不同的市场判断。空白市场往往被主流企业忽视，需要创业者进行创新发现。具体来看，空白市场的发现需要创业者拥有开阔的视野，不被既定经验所限，并且善于从客户角度进行思考。主流企业可能因见树不见林，而忽视某些领域的基础性需求。创业者如果能打破传统思维，发现这些原本被忽视的空白，就可能打开一个崭新的蓝海市场。

3. 感知和响应市场变化

敏锐地感知和响应市场变化也是发现机会的重要方式。大多数情况下，创业者通过搜集市场信息，洞察需求变化，及时抓住商机。优秀的创业者需要对行业与市场有深刻理解，建立良好的信息渠道，快速捕捉客户需求的转变。一旦判断出新机会，就要迅速行动，调整供应链等运营体系，把握先机优势。

4. 利用社会网络资源

利用社会网络资源也是一种发现创业机会的方式。在现实中，有部分创业者没有发现新的市场或敏锐捕捉变化，但依靠特殊的人际关系网获得了商机，实现了创业目标。这类情况下，创业者并没有创造新的市场需求，而是通过各种方式抢占既有市场份额，在竞争激烈的行业获得一席之地。这种创业高度依赖创业者的生活环境和社会关系网络，不太容易被复制或推广。

5. 模仿其他商业行为

还有一类创业是通过模仿周围环境中的成功商业模式而取得成功的。创业者并不一定洞察到市场机会所在，而是从身边案例中看到某业务运营效果不错，便模仿跟进，从而进入该领域获得收入。这种模仿性的创业同样缺乏原创要素，多是在既有市场进行零和博弈。

利用社会网络和模仿成功案例都是比较被动的创业方式。这些路径较易实现盈利，但可持续性和发展潜力较弱。原因在于缺乏对市场本质需求的洞察，没有形成核心竞争力。长期来看，需要以创新意识为先导，不断进行商业模式优化。

当创业者发现市场机会后，通常会选择商贸或服务类的创业模式，较少考虑生产制造业。因为大多数市场机会较为短暂且瞬息万变，创业者可以通过商业手段快速获取相关产品，以抢占先机。相比之下，生产制造业需要较长周期建设，产能达到时市场可能已变化。所以对于短暂机会，商贸和服务类创业更具优势，有利于抓住机遇。但是，如果创业者发现的是稳定的利基市场或全新领域，现有产品难以满足需求，这就需要按创新思路自主生产。因为该类机会较为持久，创业者有必要投入生产，以掌控产品质量和供应链。

（二）创新成果商业化

创新成果的商业化是机会型创业的核心内容，是"大众创业、万众创新"的关键所在，也是创新型国家和创新驱动经济的显著特征。创新成果的转化应用是创业机会最丰富、最重要的来源。创业与创新有着不可分割的内在联系，成功的创业几乎都源自对创新成果的利用和运用。

创新成果的商业化，核心在创新成果，关键在商业化过程。只有将创新成果转化为实际生产力，才能实现科技与经济的有机结合。创新成果的来源可以分为两类：一是高校和科研院所的基础研究成果；二是企业和研发机构的应用研究成果。无论哪种创新成果都蕴含商业化潜力，只是应用研究相对更贴近市场需求。本质上，创新成果商业化是将创新转化为具有经济价值的商品和服务。从商业化作用看，可以将创新成果的转化类型分为下面几种类型。

1. 原创性产品

原创性产品指的是，对于市场而言，它是完全创新的或者说是首次出现的产品或服务，这个是创新成果的最高价值转化形式。如果一个创新成果能够孕育出原创性产品，说明其价值巨大，具有革命性的创新力量。原创性产品的问世往往能引发社会变革，创造新的市场需求。商业化原创性产品的创业者可以选择多种创业形式，但核心是要掌握该项创新的知识产权。无论采取何种商业模式，创业者都必须牢牢把控知识产权这一战略资源，否则很难从原创创新的价值中获利。

2. 改进性产品

改进性产品指的是，创新成果可以通过商业化改进现有产品，使之更好地满足用户需求。这类产品相比原有产品进行了优化和升级，提升了功能、质量和用户体验，能不断改进和更新产品的创新，这些都来源于对技术和市场的深入理解与积累。这类创新需要对产品有透彻的洞察，同时也需要对用户需求变化进行敏锐捕捉，以及对行业前沿技术发展进行深入追踪。在这个基础上，通过对产品的迭代升级，使其功能更丰富，品质更稳定，并带来更好的用户体验。这种持续的积累与沉淀蕴含了丰富的知识价值。

3. 过程创新

过程创新指的是，创新成果可以实现生产过程中的创新，优化提升产品的制造流程。这类创新专注于改进生产的某个环节或工艺，应用新的技术、材料、设备等手段提高效率、降低成本。过程创新的价值在于简化流程、节约资源，从而整体降低产品成本。这赋予产品较强的成本优势，使企业获得长期竞争力。过程创新需要创业者对行业生产环节有透彻的理解，找到制约效率的关键所在，通过引入新工艺等手段进行突破。

综上所述，创新成果的商业化可以分为原创性产品、改进性产品和过程创新三大类型。这些创新成果为创业提供了极为丰富的机会，是创业机会的优质来源。无论是具有突破意义的原创性创新还是对现有产品的改进升级，无论是终端产品还是生产过程的优化，都可以通过商业化实现创新价值，推动经济发展。因此，应该积极鼓励各类创新，并支持创业者将创新成果转化应用，使之成为创业的源头活水。这些来源于创新成果的创业，可通过自主生产、知识产权转让、知识服务等不同模式实现商业化。创业者要善于识别创新契机，选择合适的商业化路径，让创业之花遍地开放。

（三）社会痛点问题的解决

当今社会存在着各种各样的痛点问题，这些问题严重影响和困扰着人们的生活。解决这些社会痛点已成为相关利益群体迫切的需求。因此，针对社会痛点提供解决方案，也成为一种重要的创业机会。社会痛点问题往往体现为人们在生活、工作或信息交流中的某些不便、困扰或需求。这可能源自环境缺陷、资源短缺、制度不完善等因素。创业者若能深入了解痛点的本质，提供切实可行的解决方案，就可能抓住巨大的市场机会。

方便面是基于社会需求而生的产品创新，它的诞生充分说明了解决社会痛点的重要性。第二次世界大战后，日本物资短缺，安藤百福经过拉面店，看到人们在严寒中排长队等待，想到开发速食面以解燃眉之急。1958 年春，他在自家住宅后院建小屋作为实验室，配备炒锅和擀面机等设备，开始研发方便面。他设想一种加热水即可食用的快餐面条，并定下五大目标：美味可口、保质期长、简便方便、价格低廉、卫生安全。有一天，安藤夫人准备做饭时，厨房的鸡忽然惊起，吓坏了儿子宏基，使他不再吃鸡肉。但有一次宏基品尝到了鸡汤面，这让他爱上鸡汤的美味，安藤遂决定用鸡汤调味方便面。1958 年，首款鸡肉味方便面问世。1971 年，安藤百福创立的日清食品株式会社推出杯装方便面，方便面迅速风靡全球。方便面充分展现了基于社会需求和痛点而进行产品创新的重要性，也说明解决民生问题的产品会获得巨大市场。

与方便面相似，共享单车的产生也源自社会痛点。在城市出行中，地铁站到家中的"最后一公里"一直是难点。为解决这个痛点，共享单车应运而生，通过提供租赁服务，很好地满足了市民灵活出行的需求。成功抓住痛点和需求的几家共享单车创业者，在实现了自己的商业价值的同时，也创造了社会效益。这再次表明，解决民生痛点是创业的重要途径和机遇。

综上所述，发现和解决社会痛点是创业的重要机会。基于痛点的创业，往往需要进行系统性的集成创新，投入较大，且可能催生全新的行业。这类创业可能采取大型的组织形式，以专有的解决方案为核心，进行跨行业、跨领域的融合创新，提供系统性的集成服务。创业者需要洞察潜在需求，设计系统解决方案，整合产业资源，形成新的业态。

（四）专业技能商业化

在实际创业中，一种非常普遍的机会来源是创业者自身的专业技能。比如厨师开餐馆，音乐教师创办培训机构，设计师开广告公司，美发师开美容院，会计开代账公司等。这类创业广泛存在，本质上都是源自创业者的专业特长。这种创业模式的共同特点是规模较小，多属于生存型企业。由于创业者专业范围有限，这类企业通常难以做大做强。需要通过引导扶持，促进企业专精特新，提升核心竞争力。专业技能驱动的创业在实践中非常普遍，反映了创业的多样性。但这需要创业者不断学习新知识，拓展更广阔的视野，使企业由生存型向成长型转型。只有不断做优做强核心能力，才能在市场中立足。专业技能是创业的重要来源，但不能局限创业者的发展视野。需要在维护传统优势的同时，积极吸收新知识，提升核心竞争力，实现企业持续成长。

三、创业机会的类型

（一）环境创业机会

人类生存的环境不断变化，这些变化引起消费需求的改变，从而孕育新的创业机会，这就是所谓的环境创业机会。环境变化主要包括人口、自然、政治、法律、技术、社会等方面的变化。这些变化必然提供丰富的创业契机。20世纪60年代起，世界范围内出现了一次技术革命浪潮，也称为第四次工业革命。在知识爆炸的背景下，人类的新发明、新发现不断涌现，许多可以转化为新的产品和技术，为创业提供机遇。例如，英国细菌学家亚历山大·弗莱明（Alexander Fleming）于1928年发现了盘尼西林（俗称青霉素），10年以后，英国病理学家霍华德·沃尔特·弗洛里（Howard Walter Florey）和从德国逃来的犹太生物化学家恩斯特·鲍里斯·钱恩（Ernst Boris Chain）才开始对其进行研究，用人体实验证明了青霉素的疗效，并研究其生产方法。但是，他们始终未实现开发这项发明所必需的发酵技术，而美国一家名叫辉瑞的小公司发展了发酵技术，由此成为全世界最重要的制造青霉素的厂家。因此，环境变化孕育机会，是创业的重要来源。创业者要洞察环境需求变化，抓住机遇进行技术和商业创新，将创意转化为现实，创造社会效益。

（二）行业创业机会

每一个行业都有其经营范围，行业范围内出现的市场机会称为行业创业机会。创业者可以依靠自身经验和资源去发现这类机会。但这类机会较易被发现，新的进入者也容易受到现有企业的排斥。另一类重要的创业机会出现在不同行业的交叉与结合处，称为边缘市场机会。这类机会比较隐蔽，市场进入壁垒较低，但带来的效益可能较大。创业者需要抓住这类时机。例如，某创业团队将互联网技术与教育行业结合，提供在线教育课程，抢占了边缘市场，获得了优势。因此，行业内部和不同行业边缘都存在创业机会，关键是洞察市场需求变化，立足资源优势，抓住机遇而行动。既要看到潜在竞争，也要看到隐藏的可能。

（三）潜在创业机会

一部分未被满足的需求藏匿于某些市场需求之中，这就是潜在需求。这类需求多隐蔽在消费者日常生活中，不显眼，辨识难度较大。但竞争对手稀少，成功概率颇高，利用价值也很高。创业者若发掘并利用潜在创业机遇，就能在市场上保持相对持久的竞争优势，获得较高的机会效益。

 拓展阅读 6-1

"西少爷"创始人兼 CEO 孟兵和他的肉夹馍

1989 年 6 月，孟兵出生于陕西兴平，是当地一名理科状元。大学期间，他取得了几项电子及传感器相关的发明专利。像许多理科生一样，孟兵梦想在知名互联网公司工作。毕业后，他先后在腾讯、百度担任网络工程师。然而，孟兵虽辛勤编写了一年多的代码，但毫无升职迹象，与此同时，房价如火箭般飙升。现实压力促使他萌发创业想法。在西安交通大学校友会上，他遇到了未来的合伙人罗高景和宋鑫。2013 年 7 月，孟兵等人离职，共同出资 12 万元注册"奇点兄弟"，主营信息技术（information technology，IT）外包业务，该业务主要是为一些大公司处理一些他们不愿意做的杂活。

由于房租太贵，孟兵几人只能在石景山租一间 30 平方米的房子：白天办公，晚上睡觉。作为只有 3 个人的小公司，许多大客户根本看不上他们。所以，孟兵只能在小微企业中间转悠。为了拉客户，孟兵的鞋底都磨破了数次。

经济窘迫的他们，每天每人的伙食费标准是 20 元，孟兵回忆说在长达半年的时间里，所有人都吃不饱，自己更是经常半夜两点从梦中饿醒。

2013 年年底，他们开始意识到餐饮互联网化的机会。于是，3 个人决定从熟悉的陕西小吃开始做起。可陕西小吃多了去了，米粉、凉粉、羊肉泡馍等达 10 多种。最后，经过 5 轮筛选，3 人最终决定做肉夹馍。既然说好了用互联网思维做肉夹馍，那就要贯彻到底。孟兵开始用计算机编程做内测：放多少盐，切肉的碎度，馍的厚度，馍的直径。孟兵找了 10 多个同学来帮忙，主要品尝馍的味道。有同学说肉夹馍太软，一碰渣渣到处都是，孟兵就赶忙把肉夹馍每层的厚度从 0.6 毫米降到了 0.5 毫米。接着，孟兵去周边找来 30 个大学生品尝。不过，一个大小伙子仅仅吃了一个，就撑得不行，肉夹馍太大了！后来，经过反复调试，最终才把馍的直径确定为 12 厘米。折腾了小半年，内测了 5 次，用去了 25 000 千克面粉和 1000 千克猪肉后，肉夹馍总算成了型。不过，孟兵还是不放心，所以在肉夹馍推出之前，他又在清华大学找了 100 个同学进行测试，结果大伙都对肉夹馍的味道很满意："肥而不腻，酥而不软。"

自此，"西少爷肉夹馍"正式出世。

2014 年 4 月 8 日，西少爷第一家店在北京五道口开业。开业半月，孟兵与朋友策划了一篇《我为什么要辞职去卖肉夹馍》。繁华都市的高房价、物质的爱情、枯燥的工作以及光芒万丈的理想情怀，从 IT 圈扩展到创业圈，很多意见领袖转发，半个月后中央电视台、《人民日报》也开始关注。就这样，"西少爷肉夹馍"火了！不仅如此，他还特意想出了三大免费活动。

优惠一：前1000位免费。是的，没有任何门槛，只要早到就可以。

优惠二：用免费方式向互联网人致敬。凡是持网易、搜狐、谷歌、百度、腾讯、阿里工牌的顾客，均可免费享受一份肉夹馍。

优惠三：点赞免费送。将文章分享到朋友圈并有一个"赞"，凭截图就可以领取一份肉夹馍。

2014年4月8日，西少爷首店开业当天，那家不足10平方米、比报刊亭大不了多少的小亭子很快就被人群掀翻了。从制作馍到压馍以及摆盘，西少爷都有自己的机器，并且会根据口味的变化不断迭代。西少爷每家店每月都会收到一千余条点评信息，所以，孟兵的微调步伐永不停止。在后端管理上，西少爷对于店长的关键绩效指标（key performance indicator，KPI）考核标准也并不是营业额，而是产品质量与服务质量。西少爷内部有专门的品质控制团队，会有"神秘顾客"对门店进行不定期的抽查。检查指标非常细致，包括卫生情况、食物热度、馅料湿度以及出餐速度等。对于西少爷来说，收入高还得益于"外带策略"的制定。由于肉夹馍这个品类本身就方便外带，同时西少爷将餐具、纸巾设计得"让用户的外带体验更好"，所以外带收入占西少爷总收入的30%。

如此这般，西少爷肉夹馍想不火都不行了！

（资料来源：笔者根据网络资料整理）

第二节 创业机会识别的方法与过程

在创业过程中，如果创业者不认真识别创业机会，创业成功就无从谈起。因此，创业企业必须先对市场机会进行研究、调查，才有机会创业，如果没有合适的创业机遇，盲目跟风，那么创业成功的可能性微乎其微。科学完整的创业机会识别可以大幅降低创业成本。创业成功者往往在创业前就进行机会识别，根据对机遇的理解进行深入的调查研究和策略规划。有了深入的研究之后，就可以在创业之初避免许多错误行为，从而可以大大降低成本，提高创业企业的存活率，否则产品没销路，结果只能是失败。

一、创业机会识别的方法

（一）趋势观察法

具备观察趋势能力的创业者，与其他创业者相比，更容易抓住市场机遇。通常来说，经济、环境、社会、技术和政策法规等外部因素最能反映趋势。创业者如果利用自身积累的行业经验、敏锐的洞察力或广泛的社会资源，从这些外部因素的变化中发现规律并进行合理的预测，就能抓住机遇。创业者也可以从专业的市场调研机构购买所需的行业预测分析，相比而言，这类资料价值较高。例如，阅读某业界的出版物，实际上是进行调查；利用互联网搜索相关信息也属于调查。通过不断获取信息，创业者可以锻炼自身观察趋势的能力。

（二）解决问题法

在生活中，消费者会遇到许多问题，某些问题的解决过程或方式本身就是机遇的来源。例如上门理发服务。几名大学生在 IT 公司实习时，发现不少员工头发过长。调查后了解到，员工较忙，没时间外出理发。IT 公司员工通常晚上下班较晚，错过理发店营业时间。这些学生想：是否可以提供上门理发服务？于是他们创建了互联网平台，开发了 APP，半年内就有数千名理发师在平台注册。白领可以通过该平台发布理发需求，理发师通过 APP 抢单，按约定时间上门服务。这种服务模式因满足了用户便利性需求，价格相对较高。平台通过从服务费用中提成实现盈利。这就是典型的从解决问题出发识别创业机会的案例。

有时，解决方案本身不太合适，但它可能成为另一种市场机遇的源头，这类机遇具有很强的偶然性。晶体管的发明完全是一个偶然的机遇。1947 年 12 月 23 日，美国贝尔电话实验室完成了一项重大研究，并公开进行了试验，这就是晶体管，它的发明者是威廉·肖克利（William Shockley）等人。原来，肖克利、约翰·巴顿（John Bardeen）和沃特·布拉顿（Walter Brattain）在研究锗表面时，做过一个试验：他们在锗片上插一根细针，通电流，同时另一根细针尽量靠近第一根，通过微电流，这时通过锗片的电流突然增大，出现放大现象。贝尔电话实验室根据这种放大现象，制成了"点接触晶体管"。随后，肖克利等从理论上探究这种现象，提出"空穴"这个崭新概念。技术上接触点极近的晶体管极难被制作出来，点接触晶体管不仅制作困难，次品也很多。之后，肖克利等又发明了"PN 结型晶体管"，利用了晶体中电子和空穴的作用原理，这是现代晶体管的雏形。晶体管的发明对电子技术的发展具有划时代的意义。1956年，肖克利等因此获得诺贝尔物理学奖。发明晶体管后不久，肖克利离开贝尔电话实验室，建立了自己的半导体公司，后来又发明了集成电路和微处理器。一个偶然的发明，现已在全球开发应用，不仅革新了技术，也改变了人类生活。

（三）市场研究法

市场研究法包括市场信息的收集和相关环境分析。通过信息收集，可以为创业者的具体创业计划提供有效的数据和资料。信息收集可以采用访谈法、问卷调查、网络搜索等方法，运用这些方法时要综合运用第一手和第二手的信息资料。这是创业者识别机会的基础工作。通过二手信息对行业、顾客、供应商和竞争对手有了基本了解后，就可以开始第一手的市场调查。与人交谈时，不要强加自己的意识，而要学会提问。例如，向消费者询问本地音像店应销售什么产品，是否会选择网购，每个月在快餐上的花费；向销售商和供应商询问我们这类业务需要什么样的广告，哪些产品较畅销；向小企业主询问往来银行是哪家，第一笔融资从何而来，广告费占销售额的比例。

创业者对技术环境、市场环境、政策环境等方面的分析也是识别机会的关键。创业者通过分析得出创业机会。但如果没有进行充分的市场调查，那些看似不错的创意很可能陷入失败。

二、创业机会识别的过程

创业机会的识别过程大致可以分为三个阶段。

（一）机会寻找阶段

创业者在这一阶段要对整个社会中的各种可能创意进行搜集，如果意识到某一创意或方法可能蕴含商业机遇、具备潜在的发展价值，就可以进入机会识别的下一阶段。创业者在这一阶段的工作是收集所有可能的创业想法，而不作评判。

（二）机会识别阶段

本阶段的工作是从创意中筛选出合适的机会，通常包括两个步骤：第一，通过对市场环境的整体分析以及行业的概括性分析，判断该机会在广义上是否属于有利的商业机遇；第二，考察对特定创业者和投资者来说，该机会是否与创业者的资源和能力相匹配，是否与投资者的兴趣点和价值预期一致，即个性化的机会识别阶段。由此，创业者从以下几个方面可以进行创业机会的识别：①现有的市场机会和潜在的市场机会。现有市场中的明显未被满足的需求和隐藏在需求背后的未被满足的需求，都蕴含巨大商机。②行业市场机会与边缘市场机会。某一行业内的市场机会，以及不同行业交叉融合而产生的市场机会，都是创业者关注的焦点。③当前市场机会和未来市场机会。当前市场变化中的机会，以及通过研究预测得出的未来机会，如果能提前掌握，就可提前做准备，获得先机。④全面市场机会与局部市场机会。大范围市场的未被满足的需求，以及大市场中的局部或细分机会，都需要创业者谨慎抓捕，以集中资源，减少盲目，提高成功率。

（三）机会评价阶段

这一阶段是较为正式的，通过评估，创业者决定是否正式成立企业和吸引投资。在机会开发的后期，这种评估变得较为规范，主要集中考察特定资源组合是否能创造出足够的商业价值。

三、影响创业机会识别的因素

创业机会识别的主要影响因素分为三类，分别是先前经验、认知因素、社会关系网络。

（一）先前经验

特定行业经验可以帮助创业者识别机会。比如，"三只松鼠"创始人章燎原就凭借在安徽詹氏食品股份有限公司的工作经验，于 2011 年元旦开始尝试淘宝，开创线上渠道。他筹备四个月之久的"壳壳果"淘宝店上线后，策划了一场"万人免费试吃"活动，瞬间引爆了后台，2011 年销售额达 2000 万元。章燎原意识到电商可以建立全国性的坚果品牌，于 2011 年下半年决定创业，创立了"三只松鼠"。同时，创业经验也非常关键，一旦有过创业经验，创业者就更易发现新的创业机会，这就是"走廊原理"。可以把创业过程比喻成一段旅程，创业者一旦创建企业，开始这段旅程，创业机会的"走廊"就变得清晰。在创业实践中，投身某产业的人比外界观察者更容易看到行业内的新机会，很少会出现"不识庐山真面目，只缘身在此山中"的情况。

（二）认知因素

机会识别常体现出对先机的敏锐洞察。因此，也有人将创业成功者的这种天赋称为"第六感"。很多平常人熟视无睹的现象，在他们眼中却是千载难逢的机遇。多数创业者认为自己比他人更警觉敏锐。警觉性在很大程度上是一种习得技能，掌握某领域更多知识的人，常比其他人对该领域机会更敏感。比如，上海舜宇海逸光电技术有限公司创始人韩小逸和袁海骏，本就是世界级光电通信材料专家。当其他人见光电通信泡沫破裂纷纷避之不及时，他们却洞悉了光电通信技术与电力传输技术融合的契机。

（三）社会关系网络

个人的社会关系网络广度和深度会影响机会识别。搭建了大量社会与专家人脉联系的人，比关系网络薄弱的人更容易获取更多机遇和创意。社会关系网可依亲疏远近分为强关系网和弱关系网。强关系网建立在亲戚、密友和伴侣等频繁互动基础上；弱关系网存在于同事、同学和普通朋友等不频繁互动关系中。实践证明，创业者通过弱关系网获取新的商业创意可能性更大，因为强关系网主要在意识相似个体间形成，倾向于增强个人已有见解，而弱关系网个体间存在较大意识差异，他人某些观点可能激发全新创意。

第三节　创业机会评估

一、有价值的创业机会的基本特征

有价值的创业机会一般说来会具有以下特征：①在未来五年内前景市场中的市场需求稳步快速增长；②创业者能取得实施创业所需的关键资源；③创业者可调整创业"技术路线"，不会被"僵化道路"束缚；④创业者可能开创新的市场需求；⑤特定机会的商业风险较明确，至少部分创业者有承担相应风险的能力。

面对有价值的创业机会，创业者需要回答四个问题：首先，自己能否获得他人拥有而自己欠缺的资源；其次，在遇到竞争时是否有实力应对；再次，是否存在可开拓的新增市场；最后，是否有承受利用该机会带来的风险的能力。

二、创业机会评估内容

在创业激情的鼓舞下，寻找创业机会只是"长征路上的第一步"，如何评估创业机会以及如何理性地从众多机会中选择最佳机会才是更为关键的问题。创业机会可以从可盈利性、用户问题、产品（服务）创新、市场需求、行业趋势和行业竞争等六个方面进行评估。

（一）可盈利性

评估创业机会最重要的一点是可盈利性，无论商业计划书中描绘的愿景多么美好，无法获利的创业机会终究难以为继。因此，拟创企业是否能盈利是衡量创业机会成败的关键指标，在创业之初对盈利潜力进行评估极为必要。具备持续较高毛利率的前景对初创企业尤为重要，这意味着企业可以较早达到收支平衡。达到收支平衡是创业企业发展的重要里程碑。大数据显示，有潜力的创业企业通常在两年内实现收支平衡并获得正现金流，如果超过三年才达到这一目标，则企业发展潜力较弱。因此，初创企业想要成功必须具备清晰的盈利模式，即明确企业如何获利。盈利模式的标准表述是：根据创业企业利益相关方划分企业的成本结构、收入结构和目标利润。盈利模式是企业在市场竞争中逐步形成的生存之道。通俗地说，企业赚钱的渠道就是盈利模式。

（二）用户问题

评估创业机会的第二个方面是用户问题。用户问题是创业机会的源头，也是创业机会后续所有指标的基础和前提。一个创业机会能否持续发展很大程度上取决于它为客户解决了哪些问题，用户的需求是否得到满足，即产品（服务）为用户创造了怎样的价值。判断商业计划是否解决用户问题是创业机会评估的第二步。调研用户问题最直接的方式是访谈或调查具有代表性的用户。

（三）产品（服务）创新

没有创新的创业只是制造竞争，唯有基于创新的创业才是可持续的。因此，对产品（服务）创新性的评估是必不可少的，评估创业机会的第三方面是产品（服务）创新。创新是一个往复循环的过程，需要注意的是，创新分为不同层级——核心级创新、延伸级创新、颠覆式创新，其中核心级和延伸级创新属于连续性创新的范围。新发明和新发现，如火车取代马车、引领智能手机时代的苹果手机等都属于颠覆式创新，其结果是使原有市场重新洗牌，产生颠覆效应，市场占有率快速提高，创新企业获得巨额利润。在巨额利润的吸引下，许多后来者要么模仿，要么通过发现现有产品缺陷进行核心创新。随着这两种行为日益增多，巨额利润被逐渐摊平，此时又有创业者开始通过改变产品边界进行延伸级创新，此类创新虽不若颠覆式激烈，但也会对既有企业造成重大冲击。随着核心级和延伸级创新不断涌现，市场连续性创新越来越接近极限，从而引发新一轮颠覆式创新，经济社会就是在这样的创新替代中不断向前发展的。评估创业机会时，首先判断其是否具备创新性，然后具体判断创新所属层级。

（四）市场需求

评估创业机会的第四个方面是对产品（服务）市场需求的研判。创业公司最糟糕的状况莫过于在投入大量时间和资金打造产品（服务）后发现投放市场时无人需求、无人响应。为避免这种情况，必须在研发投入前进行充分的市场需求调研。可以从三个角度对市场需求进行研判：目标用户是谁？用户是否对产品有需求？产品的市场规模可以达到多大？具有高潜力的创业机会对应的产品（服务）能直击用户痛点、真正解决用户问题。

创业企业都渴望发现高潜力的创业机会。高潜力的创业机会通常面向增长性强、规模空间大的市场。在规模空间广阔的市场中，即使获得的市场份额很小，但由于基数巨大也能获得可持续的高利润。例如，在一个 100 亿美元需求的市场中，仅抓住 1%的市场份额也能获得 1 亿美元销售额，而且不会引起竞争对手注意。除考虑市场规模，判断创业机会是否具有高潜力时还需考量市场类型。建议创业企业进入增长型市场而非成熟型市场，因为成熟型市场过于稳定，想在成熟市场获得份额意味着与世界 500 强正面竞争，这对创业企业而言风险极大。

（五）行业趋势

评估创业机会的第五个方面是行业趋势。行业发展存在生命周期，一般要经历萌芽、成长、成熟、衰退过程。在创业前要理性评估行业所处的生命周期阶段。有些行业规模空间广阔但已进入成熟期，内部竞争白热化。创业者进入这样的行业需特别谨慎，因为这类行业已形成高进入壁垒，对初始资本要求高，竞争激烈，创业潜力较弱。相反，处于萌芽和成长阶段的行业更适合创业进入，因为这两个阶段还未出现行业巨头，也无统一行业标准，创业企业在相对混乱的状态下反而更有发展机会和空间，更易找到立足点。

需要注意的是，行业生命周期是动态变化的，并非一成不变。因为社会发展趋势会影响用户消费偏好，用户会随着社会发展趋势的变化而改变，从而导致相关行业生命周期发生变化。社会进步会刺激用户的潜在需求或催生新需求，因而孕育着创业新机会，创业者将机会实现商业化，从而在市场中衍生出新产品（服务）。与此同时，极细分的利基市场也常是创业机会的诞生地，这些细分市场中常出现"小趋势"，这些"小趋势"往往能引爆"大趋势"，催生新兴市场。如此，新的行业生命周期启动，行业发展再次进入萌芽、成长、成熟、衰退的循环。

（六）行业竞争

评估创业机会的第六个方面是行业竞争。在商业计划中，我们时常看到"该项目所在行业目前还无竞争对手"这样的表述。自信和乐观固然是创业者应有的品质，但过度自信和乐观则不可取，因为几乎不存在真正没有竞争的创业机会。创业者之所以初期有此想法，是因为定义竞争对手过于狭隘。竞争对手不仅包括行业中现有的已知竞争对手，还应考虑行业内的潜在竞争对手（如替代产品）。放宽对竞争对手的定义范围，就会发现竞争对手非常多，许多创业者就是因强大的竞争壁垒无法进入该市场。因此，合理界定竞争对手极为重要。

比定义竞争对手更重要的是思考如何保持竞争优势。如果一个企业无法将行业内竞争对手拒之门外，那么这个创业机会就缺乏吸引力。首先，基于专利、代理权（渠道排他权）、特许经营权等的创业机会极具吸引力，因为能避开许多竞争对手。其次，在核心技术、优秀产品、市场规模、资源等方面领先的创业项目发展潜力大，因为相比竞争对手具有先天优势。此外，品牌是一种无形资产，能快速在行业内建立知名度和美誉度的创业企业会积聚巨大优势，这种品牌优势也难以被竞争对手模仿。创业企业一旦建立品牌优势，即使在其他方面优势较弱，也能在该行业获得一席之地。

 拓展阅读 6-2

两种创业机会的评价模型

一、蒂蒙斯创业机会的评价框架

目前国际公认较为权威、科学的创业机会评价框架是蒂蒙斯提出的全面模型。蒂蒙斯的创业机会评价模型是当今国际上较为流行的且为风险投资家和创业者广泛使用的方法。蒂蒙斯结合机会自身特点和创业者特质对创业机会进行综合考量。他总结了一个评价创业机会的框架（表 6-1），包含八大类 53 项指标，对不同指标进行权衡并打分。这些量化指标，使创业者可以对行业市场问题、竞争优势问题、经济收益问题、管理团队问题、致命缺陷问题等进行判断，并综合这些要素确定商机是否足够有吸引力。可以说，蒂蒙斯的框架是目前包含评估指标最全面的体系。

表 6-1　蒂蒙斯机会评价框架

类别	具体指标
行业与市场	1. 市场容易识别，可以带来持续收入。
	2. 顾客可以接受产品或服务，愿意为此付费。
	3. 产品的附加值高。
	4. 产品对市场的影响力大。
	5. 将要开发的产品生命力长久。
	6. 项目所在的行业是新兴行业，竞争不激烈。
	7. 市场规模大，销售潜力达到 1000 万到 10 亿元。
	8. 市场成长率为 30%～50%，甚至更高。
	9. 现有厂商的生产能力几乎完全饱和。
	10. 在 5 年内能占据市场的领导地位，市场份额达到 20% 以上。
	11. 拥有低成本的供货商，具有成本优势。
经济因素	1. 达到盈亏平衡点所需要的时间在 1.5～2 年。
	2. 盈亏平衡点不会逐渐提高。
	3. 投资回报率在 25% 以上。

续表

类别	具体指标
经济因素	4. 项目对资金的要求不是很高，能够获得融资。 5. 销售额的年增长率高于 15%。 6. 有良好的现金流量，能占销售额的 20%～30%。 7. 能获得持久的毛利，毛利率要达到 40% 以上。 8. 能获得持久的税后利润，税后利润率要超过 10%。 9. 资产集中程度低。 10. 运营资金不多，需求量是逐渐增加的。 11. 研究开发工作对资金的要求不高。
收获条件	1. 项目带来附加价值，具有较高的战略意义。 2. 存在现有的或可预料的退出方式。 3. 资本市场环境有利，可以实现资本的流动。
竞争优势	1. 固定成本和可变成本低。 2. 对成本、价格和销售的控制较高。 3. 已经获得或可以获得对专利所有权的保护。 4. 竞争对手尚未觉醒，竞争较弱。 5. 拥有专利或具有某种独占性。 6. 拥有发展良好的网络关系，容易获得合同。 7. 拥有杰出的关键人员和管理团队。
管理团队	1. 创业者团队是一个优秀管理者的组合。 2. 行业和技术经验达到了本行业内的最高水平。 3. 管理团队的正直廉洁程度达到最高水平。 4. 管理团队知道自己缺乏哪方面的知识。
致命缺陷	是否存在致命缺陷。
创业者的个人标准	1. 个人目标与创业活动相符合。 2. 创业者可以做到在有限的风险下实现成功。 3. 创业者能接受薪水减少等损失。 4. 创业者渴望进行创业这种生活方式，而不只是为了挣大钱。 5. 创业者可以承受适当的风险。 6. 创业者在压力下状态依然良好。
理想与现实的战略性差异	1. 理想与现实情况相吻合。 2. 管理团队已经是最好的。

续表

类别	具体指标
理想与现实的战略性差异	3. 在客户服务管理方面有更好的服务理念。
	4. 所创办的事业顺应时代潮流。
	5. 所采取的技术具有突破性，不存在许多替代品或竞争对手。
	6. 具备灵活的适应能力，能快速地进行取舍。
	7. 始终在寻找新的机会。
	8. 定价与市场领先者几乎持平。
	9. 能够获得销售渠道，或已经拥有现成的网络。
	10. 能够允许失败。

该评价体系的说明如下：

（1）主要适用于具备行业经验的投资人或资深创业者对创业者的整体评价。

（2）该指标体系必须运用定性和定量方法，才能得出创业可行性及不同创业机会的优劣排序。

（3）该指标体系涉及项目较多，实际运用中可作为参考选项库，根据使用对象、创业机会所属行业特征及机会自身属性等进行分类简化，提高使用效果。

（4）该指标体系及项目内容较专业，创业导师在运用时需积累创业行业、企业管理和团队等方面的丰富经验，并掌握这50多项指标的具体含义和评估技巧。

二、米歇尔的创业机会评估法

罗纳德·K. 米歇尔（Ronald K. Mitchell）认为，判断一个创业机会是否能引领创业成功的关键在于六大要素：创新性、价值性、持久性、稀缺性、专有性和灵活性。前三项要素用于判断该创业是否能发展成一项事业；后三项要素则用于判断该创业是否能长远发展。

下面尝试用数量化方法对创业机会进行评估，以期得到较为客观的判断。当然，仅仅依靠几个问题是无法准确评估各种不同创业机会的。

1）创新性

问题1：评估一个组合是否为创新组合的方法如表6-2所示。

表6-2 创新组合评分

权重	评估标准
低（1～3分）	对创业者而言是新发现，但对其他公司而言不是新发现
中（4～6分）	新发现明确改进了现有的供给或需求
高（7～9分）	前所未有的发现

问题 2：评估产品与市场关联度的方法如表 6-3 所示。

表 6-3 产品与市场关联度评分

权重	评估标准
低（1～3分）	没有订单
中（4～6分）	对已经存在的订单或销售提供附加特征
高（7～9分）	存在大额订单

2）价值性

问题 3：评估是否有净顾客收益的方法如表 6-4 所示。

表 6-4 净顾客收益评分

权重	评估标准
低（1～3分）	有降价打折的压力
中（4～6分）	价格稳定
高（7～9分）	存货售完，价格上升

问题 4：评估毛利率多少的方法如表 6-5 所示。

表 6-5 毛利率评分

权重	评估标准
低（1～3分）	预计毛利率远低于行业平均水平或期望水平（一般低于15%）
中（4～6分）	预计毛利率接近行业平均水平或期望水平（一般为16%～30%）
高（7～9分）	预计毛利率高于行业平均水平

问题 5：评价一个组织的销售量是否足够的方法如表 6-6 所示。

表 6-6 销售量评分

权重	评估标准
低（1～3分）	预计销售量不足以实现销售目标
中（4～6分）	销售量足以实现销售目标
高（7～9分）	销售量超过销售目标

3）持久性

问题 6：评价购买过程是否重复的方法如表 6-7 所示。

表 6-7 过程重复度评分

权重	评估标准
低（1~3分）	一次购买，或极零散，不可预计
中（4~6分）	常规购买
高（7~9分）	频繁购买，较可预见

问题 7：评价产品是否具有长期需求性的方法如表 6-8 所示。

表 6-8 长期需求性评分

权重	评估标准
低（1~3分）	产品属时尚类，发展前景有限
中（4~6分）	产品在短期内有发展前途
高（7~9分）	可预见的长期需求

问题 8：评价组织是否具有充足的资源（财务、管理、知识、时间）的方法如表 6-9 所示。

表 6-9 资源充足度评分

权重	评估标准
低（1~3分）	资源不充足或很有限
中（4~6分）	资源略有余，但超过增长计划后，面临不足的危险
高（7~9分）	资源充足，将来可预见，能随时调用

4）稀缺性

问题 9：评价组织是否容易被模仿的方法如表 6-10 所示。

表 6-10 模仿容易程度评分

权重	评估标准
低（1~3分）	容易被模仿，没有阻隔机制
中（4~6分）	部分保护阻隔机制，不能量化
高（7~9分）	阻隔机制足够强，只能被部分模仿或不能模仿

问题 10：评价组织产品是否具有可替代性的方法如表 6-11 所示。

表 6-11　可替代性评分

权重	评估标准
低（1～3分）	存在替代品，直接减少对该产品的需求
中（4～6分）	替代品间接减少对该产品的需求量
高（7～9分）	没有替代品

5）专有性

问题11：评价组织低效率和浪费程度的方法如表6-12所示。

表 6-12　低效率和浪费程度评分

权重	评估标准
低（1～3分）	有很多低效率和浪费
中（4～6分）	有一些低效率和浪费
高（7～9分）	较少，或没有

问题12：评价组织价值掠夺度的方法如表6-13所示。

表 6-13　组织价值掠夺度评分

权重	评估标准
低（1～3分）	供应商和购买者有很多砍价的机会
中（4～6分）	有一些砍价的机会
高（7～9分）	几乎没有对公司砍价的机会

6）灵活性

问题13：评价组织不确定程度是否最小的方法如表6-14所示。

表 6-14　不可确定度最小化的评分

权重	评估标准
低（1～3分）	没有预算，没有节税计划，没有发展计划等
中（4～6分）	对公司将来有某种程度的间接风险管理
高（7～9分）	未来风险较低，计划、保险、统计防范都有

问题14：评价组织运作模糊性是否减少的方法如表6-15所示。

表 6-15　模糊性减少评分

权重	评估标准
低（1～3分）	缺乏长期计划与适应性过程指导下的异质成分

续表

权重	评估标准
中（4~6分）	做了一些计划和适应性准备工作
高（7~9分）	有高级智囊团的直接运作

创业类型评估结果如下：

根据 B 项（问题 1~8）得分与 K 项（问题 9~14）得分的平均数，可以划分出 14 种不同的企业和创业类型。B、K 各问题得分的平均数最低为 1 分，最高为 9 分。X（B、K）值如表 6-16 所示。

表 6-16　创业类型评估 X（B、K）值

企业的创业类型	B 值（问题 1~8 得分的平均数）	K 值（问题 9~14 得分的平均数）
研究项目	1	1
低能型企业	2	2
抵押型企业	5	2
时尚	9	2
提供工作型小企业	3	3
慈善机构	1	5
生活方式型小企业	5	5
技术成功型企业	9	5
高潜力型企业	7	7
能力成功型企业	9	7
爱好	1	9
业主奋斗型	5	9
能力危机型	5	7
典型创业企业	9	9

资料来源：王卫东和黄丽萍（2015）。

拓展阅读 6-3

木 木 科 技

在广东外语外贸大学，一个由林大彬领衔的创业团队——木木科技，凭借对市场需求的敏锐洞察和对创业机会的精准识别，成功开辟了一条属于自己的创业之路。木木科技的故事，不仅是一段创业历程的记录，更是一次关于如何识别并抓住创业机会的生动演练。

林大彬，一个出身寒门的大学生，凭借着对未来的憧憬和对生活的执着，将个人

命运与创新创业紧密相连。在大学期间，林大彬通过勤工俭学，积极探索学习与工作之间的平衡，这段经历不仅锻炼了他的意志，更让他对市场有了初步的认识和理解。正是在这样的背景下，他发现了身边同学在购买、使用以及维修数码产品时所遇到的诸多困扰。这些困扰成为创业的种子，在林大彬的心中悄悄发芽。

2018 年，林大彬的创业想法得到了进一步的明晰和升华。他认识到，与其在已饱和的市场中苦苦挣扎，不如寻找和创造新的市场需求。因此，他决定依托自己的专业优势，创办木木科技，旨在为大学生提供一站式的数码产品选购、使用和维修服务，特别是聚焦于解决大学生在这一过程中的"三怕"问题：怕买错、怕安装和怕维修。

木木科技成立之初，林大彬和团队通过精准的市场定位和独到的服务模式，迅速占领了校园市场的一席之地。他们创立的木木选购系统，不仅帮助学生精准选购适合自己学习和研究需要的数码产品，更为重要的是，木木科技还为困难学生提供了就业和创业的机会，通过"服务+社群+电商"的模式，让这些学生在获得经济支持的同时，也能够提升自己的能力和技能。

随着人工智能技术的迅速发展，林大彬再次展现了他对市场趋势的敏锐洞察力。他认识到，AI 算力服务成为推动行业进步的重要驱动力，而当前市场上针对院校需求的专业服务相对较少，无法满足教育行业的实际需求。因此，木木科技开始加强产品研发，提供专业的 AI 算力服务，满足院校对人工智能技术的需求，致力于打造院校 AI 算力服务第一品牌。

木木科技的成功不仅仅在于林大彬个人的坚韧不拔和团队的辛勤付出，还在于他对创业机会的精准识别和果断把握。

（资料来源：笔者根据网络资料整理）

【本章小结】

机会识别是创业的开端，也是创业的前提。在创业过程中，如果创业者没有认真进行创业机会识别，创业成功就无从谈起。在识别创业机会后，需要对创业机会进行开发，对创业机会进行相应的评估。

【回顾与思考】

1. 何谓创业机会？
2. 为何某些人能看到创业机会，而另一些人却看不到？
3. 如何评估创业机会？

【课后训练】

练习

请以小组为单位，从网络或手机搜索近一周的资讯。根据这些资料进行讨论。
（1）体会如何从毫无头绪到发现可能的创业机会。
（2）学会从变化中发现创业机会，因为世界在不断变化，所以可能的创业机会是无限的。具体讨论可通过表 6-17 进行。

表 6-17　学会发现创业机会

第 1 步：发现了什么变化	第 2 步：解决方案有哪些	第 3 步：可能的创业机会

第七章
创业者与创业团队

【学习目标】

1. 了解创业者的素质与能力；
2. 了解如何组建创业团队；
3. 掌握创业团队管理的要点。

■■■ 导入案例 ○

"一路童行"团队：一个也不能掉队

2018 年，"一路童行"团队的创始人在参加大学生暑期三下乡活动的过程中，遇到了一名小女孩。下课后小女孩向三下乡队伍中的一位队员求助，讲述了她的遭遇。小女孩的无措与恐惧牵动着他们的心，但当时的他们只能让小女孩好好保护自己，却不知道应该如何去跟她普及防性侵知识。这个小女孩的无助和恐惧深深触动了团队成员的心。这个瞬间成为他们创业的起点，也是他们创业活动的精神内核——"一个也不能掉队"。

2018 年全国两会上有委员提出了《关于把性教育纳入我国义务教育课程体系的提案》，防性侵教育叩开未成年人保护之门。在此机遇下，冯婷婷等同学决心担起青年责任，运用青年之智慧与活力为防性侵教育注入活水源泉，直击教育痛点，通过大学生的力量去促进中国儿童防性侵教育的发展，为城乡儿童的健康成长保驾护航。"一路童行"志愿服务队应运而生。

至此，"一路童行"团队开始扎根基层，进行深入的实地调研。在这个过程中，他们迎难而上，一个个打电话给社区挖掘需求，一次次上门寻访倾听心声。在实践中他们愈发意识到边远地区仍存在防性侵教育匮乏、课程不够专业、授课形式单一等问题，孩子们懵懂的眼神愈发坚定了他们普及防性侵教育的决心。

在学校的大力支持、校团委老师的资源对接帮助下，经历半年多的不懈探索后，团队以志愿服务的"大关爱"为理念，汇聚专家志愿者、大学生志愿者、乡村山区志愿者合作创新，打造集"教具开发、课程设计、师资培养"一体化全流程防性侵教育课程体系。团队设计出了一套全新的教育产品，主张寓教于乐。针对部分家长和孩子谈起"防性侵教育"话题仍比较抗拒的现状，团队选择与在家长群体中公信力较高的组织达成合作，例如当地学校，再通过这些组织去推广儿童防性侵教育。团队在课程板块的设置上也做了拓展，包括生命教育、身体教育、性别教育及安全教育。

六年的时间里，"一路童行"团队的合作精神和不懈努力取得了显著的成果，正是因为团队成员既彼此相互信任，又形成了资源和能力方面的互补，其团队才能在面临各种创业困境和挑战的过程中携手同行、共渡难关。

（资料来源：笔者根据校友创业案例资料整理）

第一节　创　业　者

创业是一种充满挑战和机遇的活动，要成为成功的创业者，不仅需要有创业的想法和动力，还需要具备一些特定的能力与素质，以应对创业过程中的各种困难和变化。具体而言，创业者不仅要具备发现和开发创业机会、整合资源、团队管理的能力，还需要了解所处环境中的商业伦理规范，履行社会责任。

一、创业素质和能力

创业素质和能力是影响创业者实现创业目标的重要因素。创业者特质理论认为，创业者具有一些与众不同的心理和行为特质，这些特质影响了他们对创业机会的发现、评估和利用，以及对创业过程的管理和控制。基于创业者特质理论的研究发现，创业警觉、资源整合能力、团队管理能力和创业学习是创业成功的重要影响因素。

（一）创业警觉

创业警觉是指创业者发现并利用商业机会的能力。这包括对市场趋势和需求的洞察力、创造性地解决问题的能力以及敏锐的市场观察力。创业者需要能够发现新的商业机会，并快速对机会进行评估且采取行动，以实现商业成功。

创业者需要对外部环境保持高度关注，在中国转型经济背景下尤其对政策环境和市场变化保持敏感，对环境变化做出快速反应。创业警觉包括敏锐的市场洞察力、灵活的战略调整能力和持续的创新能力。

 拓展阅读 7-1

连续创业者王兴

美团 CEO 王兴是一位备受尊重的连续创业者。他先后创办了校内网、饭否网以及海内网等多个互联网项目，展现出了非凡的创业精神和领导才能。在 2010 年创立了美团，美团在团购市场中脱颖而出，成为中国最大的本地生活服务平台。

（1）敏锐地发现并抓住市场机会。王兴在 2005 年回国创业时，正值社交网络兴起，他准确地把握了大学生群体的需求和特点，开发出了校内网，迅速吸引了数百万名用户。在 2010 年，当团购模式从美国传入中国时，王兴又敏锐地发现了本地生活服务市场的巨大潜力和用户痛点，决定创办美团，专注于提供高品质、低价格的本地生活服务。

（2）灵活地调整战略和方向。王兴在创业过程中，遇到过各种挑战和困难，但他没有固执己见，而是根据市场变化和用户反馈，灵活地调整战略和方向。例如，在 2006 年，当校内网面临资金危机和竞争压力时，王兴选择了将其卖给千橡互动集团。在 2007 年，当饭否网因为政策原因被关闭时，王兴选择了转型做海内网。在 2015 年，当美团面临与大众点评的激烈竞争时，王兴选择了与其合并。

（3）持续地进行产品和服务创新。王兴在创业过程中，不断地进行产品和服务创新，以满足用户不断变化的需求和期望。例如，2012 年，当团购市场出现饱和和同质化的现象时，王兴率先推出了美团支付、美团外卖等新产品。在 2014 年，当移动互联网成为主流趋势时，王兴大力发展移动端业务，并推出了美团打车等新功能。在 2016 年，当线上线下商务（online to offline，O2O）市场进入深水区时，王兴提出了"T 形战略"，即在横向平台上不断拓展垂直领域，并推出了猫眼电影、美团酒店、美团旅行等新品类。

（资料来源：笔者根据网络资料整理）

在环境复杂多变的情况下，创业者是如何做到对机会的创业警觉的呢？为了回答这个问题，迈克尔·海尼（Michael Haynie）和迪安·A. 谢泼德（Dean A. Shepherd）提出了一个概念，叫作认知适应性（cognitive adaptability）。这个概念与元认知理论有很强的关联。他们指出，创业者的认知过程是与环境动态互动的，并且创业者能够根据不同环境的反馈，调整自己的认知框架，以实现对环境的同步适应。这种能力在不同创业者之间是存在差异的。认知适应性反映了创业者为了实现目标而主动应对环境变化的能力。

那么，创业者应该如何提升认知适应性，增强创业警觉呢？首先，创业者需要密切关注外部环境，包括经济、政治、社会和科技等领域的变化。在中国的转型经济背景下，政策环境对创业者的影响尤为重要。创业者需要对政策的变化保持关注，以便及时调整和优化自己的创业策略和计划。此外，了解行业动向、市场需求以及竞争情况对创业者做出战略决策和抓住商机至关重要。创业者可以通过持续学习、与行业专家和同行交流、参加行业展览和会议等方式来增强自己的创业警觉性。其次，创业者需要具备快速反应的能力，能够及时识别变化和机遇，并灵活调整自己的战略和行动。灵活性和敏捷性是创业者在变化不断的市场中取得成功的关键因素。创业者需要与合作伙伴和团队成员保持沟通和分享信息，共同关注外部环境的变化。这样可以形成一个敏锐的创业团队，共同应对市场变化和风险。创业者的创业警觉对在不稳定的市场环境中做出正确的决策和行动至关重要。保持对外部环境的关注并快速反应变化，使得创业者能够抓住机遇，应对挑战。

（二）资源整合能力

资源整合能力是指创业者能够有效地整合和利用各种资源来支持创业项目的能

力。创业者需要具备有效的网络建立和维护能力，在社会、企业和个人层面上寻找和利用资源，同时优化资源配置，以实现项目目标。

资源是创业项目的基础和保障。资源整合能力是指创业者在有限的条件下，能够有效地利用自身和外部的各种资源，以实现创业目标的能力。资源整合能力是创业成功的关键因素之一，它可以帮助创业者降低创业成本，提高创业效率，增强创业竞争力，创造更多的价值。创业者需要与各种资源的拥有者持续连接，深入理解潜在合作对象的利益，争取实现双赢合作。在实践中，要想提高资源整合能力，可以从以下三个方面着手。

1. 扩大资源网络

创业者需要通过各种渠道和方式，结识各种资源的拥有者并与其保持联系，建立良好的关系。这些资源的拥有者可能包括潜在的客户、合作伙伴、投资人、供应商、媒体、政府等。创业者可以通过参加行业活动、综合性展会、竞赛、培训等，拓展自己的人脉和影响力。

2. 深入理解利益相关者

创业者需要深入了解各种利益相关者的需求、期望、痛点和价值观，以便为他们提供有吸引力的价值主张。创业者还需要与利益相关者保持良好的沟通和信任，及时反馈和解决问题。

3. 争取实现双赢合作

创业者需要寻找和利益相关者之间的共同利益点，制定合理的合作协议和分配方案，实现双赢或多赢的局面。创业者还需要尊重和保护利益相关者的权益，遵守合作规则、信守承诺，维护长期的合作关系。

 拓展阅读 7-2

Airbnb 公司如何整合资源

Airbnb 是一家在线短租平台，它通过整合房东的空闲房源和房客的住宿需求，为用户提供了一种新颖、便捷、经济的旅行住宿方式。Airbnb 的创始人是三个年轻的设计师，他们在 2007 年面临着租金支付困难的问题。为了解决这个问题，他们决定把自己家里多余的空气床垫出租给参加当地会议的人员，并为他们提供早餐服务。他们在网上建立了一个简单的网站，发布了自己的出租信息，并很快就收到了三个预订请求。他们发现这是一个有潜力的商机，于是开始了创业之路。

创业过程中三人展现了强大的资源整合能力。首先，他们利用了自己的专业技能和网络资源，设计并开发了一个用户友好、安全可靠的平台，为房东和房客提供方便的信息交流和支付方式。其次，他们利用了市场上存在的空闲房源和住宿需求，通过平台将双方进行匹配，从而实现了资源的最大化利用。再次，他们利用社交媒体和口碑营销等方式，扩大了平台的知名度和影响力，并建立了一个忠诚、活跃、多元的用户群体。最后，他们利用了各种合作伙伴和投资者的支持，获取了资金、技术、人才、政策等资源，促进了平台的持续发展和创新。

通过有效地整合各种资源，Airbnb 从一个小规模的个人项目发展成为一个全球性的短租巨头，截至 2024 年 7 月，Airbnb 拥有超过 600 万个活跃房源，市值达到 910.8 亿美元。Airbnb 不仅改变了人们的旅行住宿方式，为房东创造了更多的收入，也为房客提供了更丰富的体验，还为社会带来了更多的就业机会和文化交流机会。

（资料来源：笔者根据网络资料整理）

资源整合能力帮助创业者克服创业过程中遇到的各种困难，发挥自身优势，实现价值创造。在数字技术发展如火如荼的背景下，创业者还有什么思路可以进一步提升自己的资源整合能力呢？我们再来看看名创优品的案例。

名创优品从 3900 万名企微私域粉丝中，挑选了 5 万名关键意见消费者（key opinion consumer，KOC），并给他们提供了分级激励：只要发布内容，就能加入 KOC 组织；坚持创作，就能升级为中级 KOC，享受官方福利（这些福利不是一般的纪念品和优惠券，而是新品试用）。比如 2023 年火爆的公仔露比（Loopy），就是先给私域 KOC 发放的，分级奖励激起了他们的创作热情。如果笔记点赞数过千，就能晋升为高阶 KOC，进入高阶 KOC 群，和高手学习交流。这些爆款笔记、视频，官方也会在企微私域的群和朋友圈推广，让 3900 万名粉丝都看到，达到双赢的效果。

KOC 的内容虽然越来越多，但真正传播效果好的"爆款"并不多，如何创造更多爆款内容呢？名创优品鼓励 KOC 相互启发，邀请有爆款笔记经验的 5 万名 KOC 当"带教老师"，在群里分享心得，甚至互相做"创作后援团"。这 5 万名 KOC 虽然人数不多，但传播力很强，背后的商业价值也不容小觑，KOC 的内容营销为品牌带来了显著的商品交易总额（gross merchandise volume，GMV）增长。品牌通过对高质量客户的运营和激励，让优质内容源源不断，让名创优品的好产品被更多人发现，成为粉丝追捧的爆品。

（三）团队管理能力

团队管理的能力是指创业者在创业过程中，能够有效地组织、协调、激励、培养和发展自己的团队成员，以实现创业目标和愿景的能力。这种能力对创业成功至关重要，因为它涉及如何构建一个高绩效、高凝聚力的团队，以及如何通过团队合作来应对市场变化、风险挑战。创业者必须具备团队管理能力，如此才能确保团队成员充分发挥潜能，共同推动创业项目向前发展。创业者建立起高绩效、高凝聚力的团队，有助于提高团队的竞争优势，应对市场变化和风险挑战，创造更多的价值。

 拓展阅读 7-3

张一鸣与字节跳动公司

作为一家专注于移动互联网内容平台的科技公司，字节跳动旗下拥有今日头条、抖音、西瓜视频等多个知名产品，目前已经成为全球最大的内容平台之一。字节跳动的创始人兼原CEO是张一鸣，他在创业过程中展现了卓越的团队管理能力。

（1）重视人才选拔和培养。张一鸣不仅在人才选拔方面要求严格，对于人才培养也极为重视。他认为人才是企业最重要的资产，招募了优秀的人才之后，更要为他们提供广阔的发展空间和激励机制。字节跳动提供多种培训方式，包括内部分享、周末大讲堂、技术博客月刊、部门新人系统培训和公司新员工培训等。公司还设立了长期跟踪访谈机制和新人导师制，全方位助力"90后""95后"校招新员工成长。

（2）强调团队文化和价值观。张一鸣提出字节跳动不是一个普通的公司，而应该成为一家有灵魂、有温度、有情怀、有理想、有使命感的公司。受创始人的影响，字节跳动公司的组织文化深刻影响了组织内各个项目团队的价值观和行为准则。

（3）倡导团队协作和创新。张一鸣深知团队合作与创新是企业持续发展的根本保障和动力源泉，他积极倡导和支持团队间的合作与创新。他曾经表示，字节跳动要打造一个灵活、开放、进取的企业，而不是一个僵化、封闭、保守的企业。

通过有效地管理自己的团队，张一鸣带领字节跳动从一个小型的新闻聚合平台发展成为一个拥有数十亿活跃用户和数百亿美元估值的全球化的内容巨头。字节跳动不仅改变了人们的信息获取和娱乐方式，也为团队成员提供了成长和发展机会，为社会带来了更多的就业岗位，并促进了文化多样性。

（资料来源：笔者根据网络资料整理）

一方面，团队管理的能力可以帮助创业者充分发挥团队成员的潜能和优势，促进团队成员之间的协作和创新，增强团队成员的满意度和归属感。另一方面，团队管理的能力可以帮助创业者培养和留住优秀的人才，为团队提供稳定的人力资源支持，为团队的持续发展和创新提供保障。因此，创业者应该不断提高自己的团队管理能力，并学习借鉴成功案例中的经验和方法。

在创业初期，创业者可能得事必躬亲才能在激烈的市场竞争中活下来。但是在企业发展规模逐渐扩大的过程中，创业者需要学会逐步放手，激励他人，辅导他人取得业绩。具体而言，创业者可以从以下三个方面着力，逐步打造高绩效创业团队。

第一，建立共同愿景。创业者需要与团队成员沟通创业的愿景、使命和价值观，让他们明白自己的工作为什么重要，以及如何为创业的成功作出贡献。创业者还需要根据市场和客户的需求，制定清晰的战略和目标，并与团队成员分享和讨论。

第二，招募和培养人才。创业者需要根据创业项目的需求，招募合适的人才，形成一个多元化、互补的团队。创业者还需要关注团队成员的个人发展，提供适当的培训、指导和反馈，激发他们的潜能和创造力。

第三，激励和认可团队。创业者需要建立一个积极、开放、信任的团队文化，鼓励团队成员提出建议、分享经验、互相学习。创业者还需要定期评估团队的绩效，给予适当的奖励和认可，增强团队成员的自信和归属感。

（四）创业学习

创业学习能力是指创业者在创业过程中，通过不断学习新知识、技能和经验，提高决策能力、适应环境变化和解决问题的能力。这种能力涉及创业者对外部环境的敏感性，包括对市场趋势、技术发展、政策变化等方面的洞察力。创业者需要能够从自己的经验中学习，从失败中吸取教训，并能够根据这些学习来优化自己的创业策略和行动计划。创业学习能力是创业者成功的关键因素之一，它不仅有助于创业者在不确定的市场环境中做出正确的决策，还能帮助他们在面对挑战时保持韧性和创新精神。

米尼提和威廉·拜格雷夫（William Bygrave）认为，创业学习是通过学习新的知识提高决策能力的过程（Minniti and Bygrave，2001）。在创业学习中，创业者会根据自己以前的经验，更新自己的知识。他们选择那些看起来最有可能成功的方案，而放弃那些可能失败的方案。

失败在创业过程中是难以避免的，但失败也是一种宝贵的经验，失败也能够给创业者提供有价值的信息，帮助创业者改进自己的产品、服务、战略和管理。对于失败，有以下三个方面需要注意。

第一，尽可能从他人的失败中学习。创业者可以从他人的失败中学习，避开前人踩过的坑，避免高代价的试错。

第二，从失败中总结教训。创业者应该在失败后及时反思自己的错误，分析失败的原因和影响，找出可以改进的地方，制订相应的行动计划。创业者在做完决策后，要及时复盘和评估决策结果，总结经验教训，找出可以改进的地方，为下一次决策提供参考，不要浪费每一次失败。例如，Fab（美国著名闪购网站）曾经被称为"世界上发展最快的创业公司"，在最终倒闭前，其估值超过 10 亿美元。接受采访时，Fab 的联合创始人兼 CEO 杰森·戈德伯格（Jason Goldberg）反思了 Fab 的失败原因，包括盲目扩张、缺乏可持续的商业模式以及执行力不足。他承认在扩张过程中犯下了错误，并表示这些经历是宝贵的学习机会。在后续的创业中戈德伯格坚持自己的核心业务，不再追求高速扩张，随后取得了不错的创业成绩。

第三，从失败中恢复信心。创业者在面对失败时，可能会感到沮丧、失望、自责或绝望，这些负面情绪会影响他们的决策和执行能力。在这样的时刻，创业者需要调整自己的心态，从失败中恢复信心，重新振作起来。

 拓展阅读 7-4

新东方的东山再起

新东方教育科技集团有限公司在发展的早期阶段是一家致力于英语培训和留学辅导的机构，也是中国教育行业的领军企业，它的创始人俞敏洪是中国最知名的企业家之一。他的成功之路充满了坎坷，遭遇过多次失败和挫折，但他从中汲取了宝贵的管理经验，尤其是如何保留足量的现金流以应对企业风险。

俞敏洪在 1993 年正式注册了新东方学校，并邀请了海外的老师和同学加入创业团队。新东方迅速崛起，成为中国最大的英语培训机构之一。然而，在发展过程中，新东方遭遇了多次危机。

在这些困难面前，俞敏洪没有放弃，而是采取了有效的应对措施。一方面，他改革了内部管理体制，建立了规范化和专业化的运营模式。另一方面，他与 ETS（Educational Testing Service，美国教育考试服务中心）达成了和解协议，并推出了网络课堂等创新业务。他还制定了一个重要的财务标准：如果哪一天新东方倒闭或突然不做了，储备的资金必须足够退还所有学生费用和支付员工的离职工资以及其他补偿。这个标准让新东方在 2003 年 SARS 期间能够全额退款给学生，并在 2021 年"双减"政策出台导致业务量急剧萎缩后能够为客户全额退款，甚至在当时外部环境极为不利的情况下还为贫困山区捐出 8 万套课桌椅。

有了这样的财务储备，新东方就能够在危机中保持冷静和信心，也能够在变革中探索新的业务方向。2006 年，新东方在美国上市，成为中国第一家在美国上市的教育公司。新东方教育科技集团于 2020 年 11 月 9 日在中国香港交易所上市，成为首家在港二次上市的中国教育公司。2021 年，面对"双减"政策的巨大挑战，新东方及时调整了业务结构，转向农产品直播、文旅等领域。

（资料来源：笔者根据网络资料整理）

俞敏洪是一个不惧失败的连续创业者，他的经历给我们很多启示，比如：要有清晰的目标和坚定的信念；要有灵活的策略和创新的能力；要有规范的管理和专业的团队；要有充足的资金和稳健的财务；要有社会责任意识和良好的口碑。具备了这些要素，企业家才能够更好地应对企业经营中的各种风险和暂时的失利，实现可持续发展。

二、创业者的商业伦理与社会责任

创业者的商业伦理在当今社会的发展中变得越发重要。商业伦理是指在商业活动中，企业或个人遵循道德准则和规范的行为和决策。这种伦理观念旨在确保商业交易中的公平、诚信和公正，以维护消费者、合作伙伴和整个社会的利益。商业伦理不仅涉及商业交易的各个方面，如产品或服务的品质、价格、促销和分销等，还涉及企业的组织结构、治理机制、企业文化和员工行为等方面。

创业者在商业伦理方面应考虑以下问题。

（1）社会责任：创业者应意识到他们的企业对社会和环境可能造成的影响，并积极努力履行社会责任。这可以包括关注环境可持续性、采取公平的就业和劳动标准、支持社区和慈善事业等。

（2）透明度和诚信：创业者应该以透明和诚信的方式与所有利益相关者交互。这包括与供应商、客户、员工和投资者之间的关系。透明度是建立信任的重要因素，而诚信是企业可持续发展的基础。

（3）尊重和多样性：创业者应尊重并重视每个人的尊严和权利。他们应该建立一个包容和多样化的工作环境，确保所有员工和利益相关者都受到公平对待，并能够充分展示自己的能力和才华。

（4）反腐败和合规性：创业者应坚决反对任何形式的腐败行为，并遵守所有适用的法律和法规。他们应确保企业的运作符合商业道德和合规要求，不进行欺诈、贿赂或其他不正当的行为。

创业者可以通过建立良好的企业文化、设立明确的道德准则和监督机制等方式来确保创业团队的决策符合商业伦理。同时，与行业组织和其他创业者分享经验和最佳实践也是提升商业伦理意识的途径。值得注意的是，在以 AI、数字化为代表的快速变化的技术环境下，企业对利益相关者的履责内容和履责方式都面临着变革和挑战，需要不断学习以应对新技术带来的方方面面的挑战。

（一）创业企业需要承担社会责任

众多学术研究指出，企业社会责任表现与财务绩效之间存在相互因果关系。积极履行社会责任的企业往往能获得客户和投资者的青睐，而忽视企业社会责任的行为则更容易引起利益相关者的抵制。如今，"企业公民"（corporate citizen）的理念已被广泛接受，成为衡量企业竞争力的重要指标。为了在激烈的竞争中立足并成长为合格的"企业公民"，创业企业必须积极承担相应的社会责任，回应客观环境的要求，积极履行自己对社会、环境和利益相关者的责任，在追求经济利益的同时也要关注社会利益，在实现自身发展的同时也要促进社会发展。这样才能赢得社会、市场、员工、投资者等各方面的信赖和支持，实现可持续发展。

另外，良好的社会责任表现可通过直接或间接的方式为创业企业带来各种重要资源，如品牌知名度、顾客忠诚度、员工忠诚度。同时，这也有助于企业提升形象和声誉，从而扩大市场影响力，提高资源获取能力。因此，企业的社会责任行为被视为一种"开明的自利"，是对企业形象的长期投资，有利于提高创业企业的合法性。

那么，创业企业应当履行哪些社会责任？具体可见图 7-1。

（1）经济责任：创业者应努力实现盈利，并为股东提供投资回报。同时，创业者应为员工创造就业机会并提供合理的报酬，推动经济增长和社会发展。此外，创业者也应积极进行技术创新，扩大市场销售和提供优质产品或服务。

（2）法律责任：创业者应遵守相关法律法规，尊重他人的权益，包括员工、合作伙伴和消费者。创业者应避免从事欺诈、侵权或违法行为，保护环境、节约资源，并引领企业实现可持续发展。

（3）伦理责任：创业者应秉持正确的价值观和道德标准，避免夸大宣传、言过其实以吸引员工或消费者。建立开放透明、诚实守信的企业文化，以建立信任关系，降低交易成本和风险。

（4）自由裁量责任：创业者可以自主选择参与社会公益、慈善捐助等活动。尽管社会对企业没有在这方面的明确要求，但自愿履行这种责任可以提升企业形象，树立良好的社会形象，同时对社会产生积极的影响。

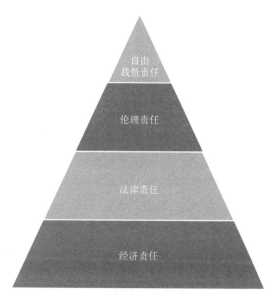

图 7-1 创业企业社会责任阶梯

遵循商业伦理和社会责任不仅有助于创业者经营一家可持续的企业，也有助于提升企业的声誉、吸引优秀的人才和获取长期成功。创业者应在商业行为中考虑经济、法律、伦理和社会的各个方面，以创建一个与社会和谐共存的企业。

而如果创业者视社会责任为负担，不承担社会责任，可能会导致一些负面后果。

第一，企业合法性受到质疑。创业企业如果不承担社会责任，损害公共利益，则可能引起社会的不满和抗议。例如，创业企业为了降低成本，使用劣质的原材料或不合格的工艺，就可能危害消费者的健康和安全，造成严重的社会问题。这样的创业企业不仅会面临法律的制裁和惩罚，而且会失去社会的认可和信任，被市场所抛弃。

第二，更低的员工组织承诺和更高的员工流失率。创业企业不承担社会责任，忽视员工的权益和福利，剥夺员工的发展空间，会导致员工的不满和抵触。例如，有些创业企业为了提高效率，强制员工加班加点，这不仅损害员工的身心健康，而且会降低员工的工作积极性和工作效率。这样的创业企业不仅会失去员工的忠诚和信赖，而且会增加员工的流失率和招聘成本。

第三，更高的融资成本。创业企业不承担社会责任，可能会影响其财务状况和信用评级，降低其融资能力。例如，一些创业企业为了追求短期利润，忽视环境保护和资源节约，造成污染或浪费，遭到政府的处罚或制约，如此一来反而增加其运营成本和风险。这样的创业企业不仅会失去投资者和合作伙伴的信心和支持，而且会增大其融资成本和难度。

（二）创业企业如何承担社会责任

创业企业需要培养履行社会责任的意识与能力。创业企业一方面通过履行最基本的经济责任和法律责任得到利益相关者的认可，另一方面可以有选择地履行自由裁量的企业社会责任行为，如参与社会公益、进行慈善捐赠等，积极主动地积累声誉以加速企业成长。具体而言，以下两点做法可供创业者参考。

1. 强化意识

创业团队核心合伙人之间形成价值观共识，明确将承诺和履行社会责任写进公司章程，成为指导创始人和创业企业员工行动的基本准则。

2. 提升能力与寻求支持

许多小微企业在面临外部冲击、遭遇经营困境时不得不降低履行社会责任的标准，甚至铤而走险，发生违法违规事件。新冠疫情期间，很多初创企业面临经营困境，频频出现拒不支付劳动报酬、拖欠员工工资、虚假宣传等社会责任缺失行为。但在此期间也有初创企业积极地履行社会责任，如中山大学科技园的在孵企业捐款和提供物资累计近 300 万元；山东清科智能科技有限公司免费为山东省菏泽市 50 多个村庄进行无人机消毒喷洒作业。导致这些社会责任行为差异的原因不仅仅是企业家的意愿，更关键的是企业的能力。如果企业的能力不足以履行基本社会责任，则需要求助外部力量，以度过危机。

对初创企业而言，创业团队成员单单在履行社会责任方面形成共识还不够，在发展过程中还需要对危机时期如何寻求支持、提升可持续发展能力进行深入思考，提前做出规划。

 拓展阅读 7-5

创新模式践行社会责任

Toms 是一家总部位于美国的休闲鞋品牌，由布雷克·麦考斯基（Blake Mycoskie）于 2006 年创立。麦考斯基在旅行中发现，很多贫困地区的孩子因为没有鞋子而无法上学。于是他推出了"买一捐一"的商业模式，即每卖出一双鞋，就给贫困地区的孩子捐赠一双新鞋。

麦考斯基认为，这种模式不仅可以帮助需要帮助的人，还可以吸引热爱公益的消费者，增加公司的销售额和知名度。因此，他在创立 Toms 时，就将这种模式作为公司的核心价值观和业务模式。

Toms 的"买一捐一"模式对所有利益相关方都产生了积极的影响。首先，对于贫困地区的孩子来说，他们得到了免费的鞋子，可以更好地保护自己的双脚，避免受伤和感染疾病，同时也可以顺利地上学和参与社交活动。其次，对于消费者来说，他们购买 Toms 的产品，不仅可以获得高质量的休闲鞋，还可以为慈善事业作出贡献，帮助有需要的人。这种购物体验让一部分消费者感到满意和自豪，增加了品牌的忠诚度和口碑。再次，对于 Toms 来说，他们通过"买一捐一"模式吸引了大量的消费者和媒体的关注，增加了品牌的知名度和美誉度。同时，该模式还促进了公司的销售增长和市场份额扩大，为公司的业务发展提供了强有力的支持。最后，对于整个社会来说，"买一捐一"模式也起到了积极的推动作用，鼓励更多的人关注慈善事业并参与到公益活动中来。这种模式的成功也为其他企业提供了新的思路和启示，促进了社会责任和商业利益的有机结合。

（资料来源：笔者根据网络资料整理）

第二节　创业团队

一、创业团队的组建

创业团队是指在企业初创阶段（包括企业成立前和成立早期），由一群具备互补技能、共同承担责任并愿意为共同的目标而努力奋斗的人组成的特殊组织。广义的创业团队包括以下三种人。

（一）初始合伙人

初始合伙人团队由在创业初期就投资并积极参与创业行动的个体组成。这些人通常具备高教育程度、前期创业经验、相关产业经验以及丰富的社会网络关系等。初始合伙人团队在创业过程中扮演关键角色，他们带来了资金、行业洞察力和资源支持，共同承担创业的风险和挑战。

（二）董事会

董事会是由企业的股东或其他高层人员组成的机构，提供指导与增加企业的信誉和信任度。董事会的成员通常具备丰富的经验和广泛的知识背景，在企业的管理和决策层面发挥关键作用，推动企业的发展和成长。

（三）专业顾问

专业顾问包括顾问委员会、贷款方和投资者、咨询师等。顾问委员会由具备相关行业知识和经验的专家组成，为企业提供战略建议和专业指导。贷款方和投资者可以为创业企业提供资金支持和战略合作。咨询师通常是在特定领域具备深入专业知识的专家，通过提供专业咨询服务来帮助创业企业解决问题和提升绩效。

二、团队成员的匹配

创业团队的构成需要遵循相似性和互补性的原则。

（1）相似性。相似性指创业者选择与自己在创业动机和价值观方面相似的人作为合作伙伴。选择相似的合作伙伴可以建立共同的理念、目标和价值观，使合作更加顺利。这种相似性有助于创业团队在创业过程中形成共识和共同追求，减少了合作伙伴之间的争议和分歧。

（2）互补性。互补性指创业者选择那些在知识、技术和能力方面与自己有所不同的人作为合作伙伴。互补的合作伙伴可以提供核心创始人所缺乏的技能和资源，互相补位。这种互补性可以提高团队的整体能力和创新能力，使创业者能够更好地应对不同的挑战和需求。

在选择创业伙伴时，创业者应权衡相似性和互补性，根据自己的需求和团队的需要做出明智的决策。相似性可以帮助创业合伙人在基本的价值观层面达成共识，减少意见分歧和冲突。他们可能有共同的目标和追求，有相似的工作方式和做事习惯，更容易就事论事地协商和解决问题。互补性可以为创业企业提供更全面的资源支持。团队成员的不同技能和个性特征可以互相补充，使得团队能够更好地应对多样化的任务和挑战。不同的观点和经验可以带来更创新和更有效的解决方案。

表 7-1 为创业团队匹配度量表。阅读表中的问题与选项，并为每个选项打分（1～5分，分别表示"非常不赞同、不太赞同、不确定、比较赞同、非常赞同"的程度变化）。每位创业团队成员独立完成问卷，将他们的得分记录在记分表上，求出均值和方差，以了解其在各个维度上的一致性与互补性。

表 7-1　创业团队匹配度量表

维度	题项
创业目的	加入创业团队，我最希望得到的是丰厚的物质报酬。
	创业的价值在于可以有一份事业，为之忙碌，充实生活。
	创业者不必为他人打工，可以得到更高的社会地位。
	创业是一个施展抱负的舞台，可以展现自己的能力，也是兴趣所在。
	创业是对社会的一份责任，不仅仅是个人的事情。
价值观念	企业的责任在于为顾客提供优质的产品与服务。
	企业应该重视员工的福利和发展。
	企业应该具有一定的社会责任感。
	企业的本质在于盈利，只有盈利的企业才是成功的。
知识与技能	我在专业技术方面是专家，研究能力强且拥有相当深厚的行业背景。
	我比较擅长统筹规划，领导经验丰富。
	我拥有出色的市场敏锐度，善于把握商机。
	我喜欢与人打交道，沟通能力强。
个性	我认为人可以控制自己的命运，并愿意接受任何挑战。
	我是个自信的人，倾向于说服别人同意自己的观点。
	我不太善于控制自己的情绪，喜欢随心所欲。
	我喜欢新鲜的事物与热闹的地方，讨厌一成不变。
	我不喜欢与人争辩，宁可为此放弃某些利益。
	我倾向于沉浸在自己的世界中，不愿被人打扰。
	我擅长深入的思考与分析，并以此为乐。
	我通常保持平静而良好的心境，能理智地处理大部分事宜。

值得提醒的是，创业过程充满了不确定性，创业团队的成员并非一成不变，生产、管理、运营等环节是动态连续的过程。团队中可能因为能力、观念等多种原因不断

有人离开，同时也有人要求加入。因此，在组建创业团队时，应注意保持团队的动态性与开放性，同时给予团队成员最大的自由，使其在创业中能自由地表达内心的真实想法，并根据团队发展需求不断调整以吸引更加匹配的专业人才加入团队，推动创业团队向更全面、和谐的方向发展。

三、创业团队的管理

（一）日常管理

创业团队日常管理的注意事项如下。

（1）目标明确合理：制定明确的目标和标准，确保团队成员对自己的工作任务有清楚的认识和理解。目标应该是具体、可衡量和合理的，有助于激发团队成员的动力和承诺，并提供明确的方向和指导。

（2）职责分工明晰：明确划分团队成员之间的责任和职能，确保每个人清楚自己的任务和贡献。职责分工明晰可以提高团队协作效率，避免任务重叠或遗漏。

（3）人员互补匹配：根据各自的专长、技能和经验，将团队成员分配到最适合他们的岗位上。通过人员互补匹配，团队可以发挥每个成员的优势，提高工作效率和质量。

（4）计划实际可行：制订实际可行的计划，包括明确的时间表和资源分配。计划应考虑到现实情况和可用资源，避免不切实际的承诺和过度压缩时间。实际可行的计划有助于避免延误和资源浪费。

综上所述，创业团队高效运行的原则包括目标明确合理、职责分工明晰、人员互补匹配以及计划实际可行，如图 7-2 所示。这些原则有助于提高团队的协作效率、工作质量和成果实现，推动创业项目的成功。

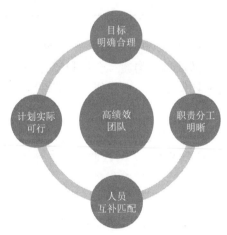

图 7-2　高绩效团队特征

（二）冲突管理

创始人和权力中心的稳定非常关键。有研究发现，创业团队内的冲突并非总是坏的，存在"最优冲突"（optimal conflict）观点。当创业团队经历适度冲突时，会激励创业团队成员发现更多合理的和具有创造性的解决办法，提升创造力，有助于组织成长。但是，当冲突水平达到一定程度时，组织效率将会下降。因此，我们应该更加辩证和全面地理解创业团队中的冲突问题。

1. 冲突类型

创业团队频频面临决策情境，因此冲突在创业团队中是非常普遍的。基于冲突的性质，团队冲突可以分为认知冲突和情感冲突两种类型，二者的差异如表7-2所示。

认知冲突是基于对问题、目标或方法的不同看法和理解而产生的冲突。认知冲突可以促进团队创新和高效决策。通过不同观点和思维的碰撞，团队成员可以共同探讨问题，挑战现有的假设和观念，提出多样化的解决方案。这种冲突通常可通过讨论、辩论和协商来解决，以达成更好的决策和结果。

情感冲突是基于团队成员之间的人际关系、个人偏好和情绪的冲突。情感冲突可能包括意见不合、个人间的摩擦、角色冲突等。情感冲突往往会导致气氛紧张、信任破裂、沟通障碍以及团队协作和绩效的下降。这种冲突需要团队成员之间的互动、沟通和冲突管理技巧来解决，以缓解紧张情绪，恢复团队合作和效果。

表 7-2　认知冲突与情感冲突

类型	特点	举例	语言信号	可能的结果
认知冲突	对事物的认知和判断不同而导致	创始人 A 希望 80% 的推广费用用在抖音平台，而 B 觉得在小红书和微信视频号做推广更适合本产品，会有更好的投资回报	对此，我有不同的看法	充分吸收异质性信息，决策质量提高
情感冲突	态度和情感不一致	王总可能对我有意见；研发部是故意要为难我们	你/你们总是/从来都是/从不……	不愉快的工作氛围，团队成员丧失工作热情

创业团队需要意识到不同类型的冲突对团队有效性的不同影响，并采取适当的措施来处理和解决冲突。培养团队成员的沟通、合作和解决冲突的耐心，营造开放、尊重和支持的工作环境，可以提高团队处理冲突的能力，促进团队绩效的提升。

2. 冲突原因

为什么会产生创业团队冲突一直是学界和业界关注的重点问题。综合以往观点，关于创业团队冲突的产生原因（图 7-3）可以归纳为三个方面：利益不一致、不公平感、团队异质性。

1）利益不一致

利益不一致是创业团队产生冲突甚至分裂的最主要原因之一。根据动态性原理，在企业初创期，创业团队成员往往对创业怀有美好愿景，但随着企业的发展，在利益分配上，由于涉及每位成员的切身利益（例如名誉、地位、权力以及收益等），为了实现作为一名"经济人"的效用最大化目标，成员之间的矛盾开始产生，从而导致团队冲突。

2）不公平感

某创业团队成员一方面渴望与其他成员合作，另一方面又担心在合作过程中遭到不公平对待。因此，在利益分配过程中，创业团队成员时常在寻找相关的公平信息，并对其进行公平性判断，进而导致团队矛盾与冲突。

3）团队异质性

团队异质性指的是团队成员在人口特征、教育背景、技能、经验、认知观念、价值观等方面存在的差异。这种异质性往往会导致团队冲突的发生，因为具有不同背景的团队成员可能会因为对任务的理解和看法不尽相同而产生分歧，从而引发任务冲突。

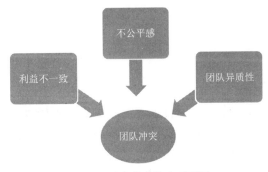

图 7-3 团队冲突的主要原因

3. 冲突应对策略

策略一：竞争是一种常见的冲突应对策略。这种策略通常在存在明确目标、有限资源或需要做出决策的情况时使用。竞争策略的主要目标是通过争取资源或竞争优势来满足个人或团队的利益。需要注意的是，竞争策略应谨慎使用，特别是在需要合作和建立信任的情况下。过度的竞争可能会破坏团队合作和凝聚力，因此需要根据具体情况和团队文化进行权衡和决策。

策略二：合作是一种理想的解决冲突的方法。双方彼此尊重对方意愿，同时不放弃自己的利益，通过创造性的设计尽可能实现双赢的结果。合作是最该提倡的方式，合作包括团队合作、上下级合作、与客户合作等。

策略三：迁就指的是为了满足对方的利益或遵循对方的意愿，压制或放弃自身的利益及意愿。

策略四：妥协指的是暂时解决冲突或解决部分冲突，寻找各方均可获得一定满意的方案，但通常只能部分满足双方的观点。

策略五：逃避指的是既不合作又不坚持己见，既不满足自己利益又不满足对方利益的冲突应对策略。采取这种策略通常意味着成员对团队有疏离感，并有强烈的离职倾向（图 7-4）。

创业团队妥善地应对内部冲突，利用最优冲突提高决策质量，对创业企业的成长至关重要。如果在创业过程中不能很好地应对冲突，可能导致创业失败。

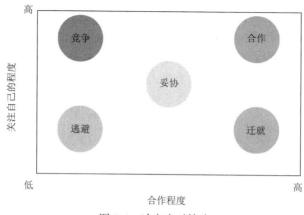

图 7-4 冲突应对策略

（三）所有权分配

1. 股权分配的重要性

在创业团队的运行过程中，如何合理分配股权是一项极其重要且常见的任务。股权是股东基于其股东资格而享有的权利，它涵盖了从公司获得经济利益并参与公司经营管理的四种主要权利：提案权、投票权、表决权和分红权。具体而言，提案权是指股东向公司提出经营管理议案的权利；投票权是指股东在股东会或股东大会就相关事项进行投票的权利；表决权通常与投票权联合使用，是指对相关事项投票后进行表决的权利；分红权则是分享公司所获利润的权利。

股权分配不仅是对创业利益分配方式的约定，更是维系创业团队凝聚力的基础，有助于长期维持团队的稳定和促进新企业的成长。同时，企业如何处理股权分配问题也会成为投资者和其他人对企业可信度的判断依据。因此，创业团队的关键成员应致力于寻找最佳解决方案，以使股权分配尽可能公平地反映每位创业团队成员的责任、风险和相对贡献。

2. 股权分配的基本原则

总的原则是股份比例应反映出未来创业合伙人对公司利润贡献的大小。谁贡献大，谁就占较多股份。创业人投入的资源对公司成长重要程度也应当在股权分配中反映出来。如果公司是产品驱动型企业，工程师、产品经理对企业成长最为关键，因此应该拿最多股份；而业务型创业企业，销售合伙人拿最多股份；平台型企业发展早期需要投入大量资金吸引参与者，因此投资者拿相对多的股份。

一般来说，创业团队成员的股权份额应按照其实际贡献来定，而创业团队成员的贡献在性质、程度和发展阶段上因人而异。在制订股权分配方案时，通常应该考虑五个方面的因素：创业思路、商业计划准备、技能或经验、业绩记录、社会关系。

创业团队股权分配是一项关键和敏感的决策，以下基本原则（图 7-5）可以用来指导股权分配。

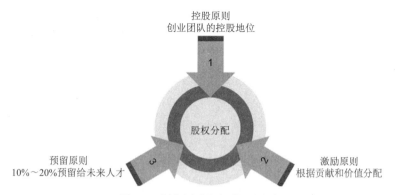

图 7-5 创业团队股权分配原则

（1）控股原则：创始人应当有控股地位。这意味着创始人必须拥有足够的股份来掌控公司的决策和运营。必要时可以参考阿里巴巴的表决权与分红权分开的制度安排，确保公司的战略方向和发展方向不受太多股东意见的干扰。

（2）激励原则：根据每个人的贡献和价值来分配股份。激励创业团队的每位成员为公司作出贡献并分享公司的成果，这也可以帮助公司留住优秀的人才。

（3）预留原则：预留 10%~20%给未来人才，确保新鲜血液进入。这意味着公司应该为未来的发展留出空间，以便吸引更多的人才加入并为公司作出贡献。此外，这种安排也可以帮助公司更好地应对未来的挑战。

值得注意的是，股权分配应该基于共识和协商，以确保团队成员之间的合作和共同发展。最好在创立初期就明确股权分配和股权回购的规则，并采取合理的机制进行调整和激励，以适应企业发展的需求。

3. 创业合伙人之间股权分配的雷区

均分股权是一种常见的股权分配的雷区，许多缺乏经验的创业团队出于各种原因采取了这种安排。均分股权可能产生以下几种不利的影响：①忽视不同贡献和价值。均分股权可能忽视了创业合伙人之间在创业过程中的不同贡献和价值。不同的合伙人可能具备不同的技能、经验和资源，有不同程度的投入和风险承担。均分股权可能没有充分考虑到这些差异，导致不公平的分配。②缺乏激励和动力。如果每个合伙人都获得相同的股权份额，那么对于那些付出更多努力、贡献更多资源的合伙人来说，他们可能感受到激励不公平。这可能导致合伙人之间动机不一致，影响团队的合作和发展。③不利于未来筹资。均分股权可能会对未来的融资活动产生负面影响。投资者通常会评估创业团队的组成和股权结构，以确定创业团队的动力和利益匹配。如果投资者认为股权分配不合理或不公平，可能会影响他们对企业的投资意愿。

为避免这些雷区，创业团队在进行股权分配时应综合考虑以下因素：①贡献和价值。考虑每个合伙人在创业过程中的具体贡献和价值，包括技能、资源、经验和时间投入等。这可以通过制定详细的创业合伙人协议或股权补偿计划来确保合理的分配。②风险和回报。考虑每个合伙人承担的风险和预期回报。那些投入更多资金或背负更大风险的合伙人应该获得相应的股权回报。③未来承诺和激励。为确保合伙人之间的动机和利益一致，可以采用激励措施，如股权期权计划或阶段性股权释放，以鼓励和奖励合伙人在未来业绩中的贡献。

总之，均分股权可能会导致不公平，不利于团队的发展。创业团队应综合考虑每个合伙人的贡献、价值和风险，制订公平合理的股权分配方案。最好在开始阶段明确股权分配的原则，并根据企业发展的变化进行适时调整。

例如，2014 年底，一所知名大学总裁班里的 31 名同学共同创办了一家餐厅，每个人投资 20 万元，各占约 3.23%的股份。这家餐厅 3 年多就倒闭了。

许多平均分配股权的安排之所以带来这么多矛盾一方面是因为平均分配股权的公司里创业合伙人之间缺乏有效的决策机制，导致决策僵化。另一方面，对公司利润贡献大的合伙人心理会逐渐不平衡，觉得自己付出这么多努力和精力，却和其他合伙人拿一样多的钱，创业动力受到打击。其结果很可能是贡献大的合伙人通过其他方式，比如转移资产、私下做生意、隐瞒财务情况等手段来达到心理上的平衡，而其他股东发现后感到失望和愤怒，最终导致团队分裂，甚至可能导致公司破产倒闭。因此，创业合伙人需要正视利益分配的问题。

第二个雷区是过早分配股权。过早分配股权对企业发展过程中吸引关键资源不利。对于成长性好的公司，股权是非常重要的战略资源，因此需要谨慎授予股权。有一种分批成熟（vesting）的分配机制可供创始人借鉴。比如要引入技术骨干或高级管理人才，许诺给 30%的股权，但实际操作中可以用 3 年分批次授予，干满一年发放 10%。

在创业实践中，分阶段兑现的机制除了可以依据时间进度进行成熟，还可以根据项目进展来进行成熟。例如，对于负责研发的合伙人，若其承诺设计出三个符合要求的产品，那么每完成一个产品，便可以授予一部分股权，只有全部完成才可获得约定的股权。另外，对于那些承诺将引入重要资源的合伙人，可以根据他们引入资源的节奏来授予相应比例的股权。这样一来，便可以有效避免前期给予股权后，最终却无法实现预期目标的情况出现。

创业企业在发展过程中会面临多种不确定的情况，比如有些股东可能前期投入的精力较多，但是中途离职了，或者后期不再参与企业经营，等着坐享其成，此时如果还让他们按照初始确定的股权比例参与企业利润分配，对其他股东而言是不公平的。因此，为了保障股权的公平合理分配，在设计股权架构时还应当设置股权调整和退出机制，譬如股权回购策略。

股权回购常用的四种方式包括：①溢价回购。以高于股东购买时的价格回购股份，通常基于股东原始购买价格的一定比例。这种方式可以确保股东在退出时能够获得一定的回报。②参照企业净资产。对于重资产型企业，股权回购可以参考企业的净资产价值。根据企业的净资产评估来确定回购股权的价格，以反映出企业的实际价值。③参照最近融资估值的折扣价。对于轻资产型互联网企业等高增长型企业，股权回购可以参考最近一轮融资的估值，并给予一定折扣。这样可以反映出企业目前的市场价值，并为回购提供一个合理的价格基准。④设定高额违约金条款。为了防止合伙人退出企业但不同意企业回购股权，可以在股权协议中设定高额违约金条款。这样一方面可以增加其退出的成本，另一方面也可以鼓励合伙人与企业保持长期的合作关系。

选择适合的股权回购策略需要考虑企业的特点、行业情况和股东的权益。在制定股权回购策略时，应与各股东充分沟通和协商，确保各方对回购机制的认可和理解。

【本章小结】

本章包含了两个模块，分别是创业者与创业团队。创业者模块分别介绍了创业素质与能力准备，以及创业过程中创业者需要了解的商业伦理与社会责任；创业团队模块重点介绍了创业团队的组建、团队成员的匹配以及创业团队的管理。

【回顾与思考】

1. 组建创业团队应该注意什么？
2. 如何建设一个稳定高效的创业团队？
3. 创业团队应该依据什么来分配股权？
4. 创业团队内的冲突都是有害的吗？如何管理创业团队的内部冲突？

【课后训练】

练习

请以小组为单位，从网络搜索近一周的资讯。根据这些资料进行讨论。

（1）根据各组选择的创业项目（可以是一个新产品、服务或解决方案），讨论如何组建团队和进行股权分配。

（2）角色扮演：每个成员根据分配的角色，探讨各自对职责和股权分配的合理性的想法和满意度。

（3）汇报：每个小组向全班汇报自己的讨论结果，包括团队组建的理由和预期的股权结构等。

第八章

资源整合与创业融资

【学习目标】

1. 了解创业企业获取资源的困难与解决思路；
2. 理解资源整合的逻辑和资源拼凑的利弊；
3. 掌握获取创业融资的途径，以及不同类型资金的区别。

导入案例

牛根生的资源整合之路

内蒙古蒙牛乳业（集团）股份有限公司是中国乳业的领军企业之一，其创始人牛根生是一位传奇般的企业家和慈善家。他于 1999 年创立蒙牛集团，用 8 年时间，就让蒙牛成为中国乃至全球最大的液态奶生产商。牛根生在创业早期就展现了出色的资源整合能力，主要体现在以下几个方面。

（1）人力资源。牛根生在 1983 年进入呼和浩特回民奶食品厂（今伊利集团）工作，后升至负责生产的副总裁。在此期间，他积累了丰富的乳制品行业的知识和经验，并结识了一批优秀的同事和合作伙伴。1998 年辞职后，他带着伊利的部分骨干员工，并邀请了一些有志之士加入他的创业团队。他还通过招聘、培训、激励等方式，不断扩充和提升蒙牛的人才队伍，形成了一支高效、专业、忠诚的核心团队。

（2）物质资源。牛根生在创立蒙牛时，并没有自己的奶源基地和生产设备，而是采用了租赁、合作、外包等方式，利用现有的奶源供应商和加工厂，降低了初始投入和运营成本。同时，他也不断寻求新的奶源渠道和技术合作伙伴，提高产品的质量和扩充产品品种。牛根生还通过建立冷链物流系统和销售网络，保证了产品的新鲜度和市场覆盖率。

（3）信息资源。牛根生在创业过程中，充分利用了各种信息渠道，如媒体、网络、展会、论坛等，及时了解了市场的动态和消费者的需求，并据此制定了相应的产品策略和营销策略。他还与政府、行业协会、科研机构等建立良好的沟通和合作关系，获取了有利于蒙牛发展的政策支持和技术指导。

（4）技术资源。牛根生在创业初期就注重技术创新和研发投入，引进了国际先进的生产设备和工艺，开发了一系列符合中国消费者口味和健康需求的乳制品，如纯牛奶、酸奶、奶酪、牛奶饮料等。他还与国内外的科研机构和专家进行合作，不断提升蒙牛的技术水平和产品质量，赢得了市场的认可和信赖。

（5）社会资源。牛根生在创业过程中，积极参与和支持各种社会公益活动，如帮助贫困地区的农民增收、捐赠奶制品给灾区人民、资助教育事业等。他还与各界名人、社会团体、媒体等建立友好的关系，提高了蒙牛的社会影响力和声誉。他还成立了老牛基金会，致力于推动中国乳业的可持续发展和社会公益事业。

（资料来源：笔者根据网络资料整理）

第一节　创业资源类型

创业资源是指创业者在创业过程中所投入和运用的各种生产要素和支撑条件的总和。蒂蒙斯创业过程模型把机会、资源与创业团队视为创业的三要素。创业者的关键任务不仅包括识别机会，还包括整合关键资源。创业企业发展过程中的资源需求主要包括资金、人力资源、技术资源、组织资源、数据资源等。

一、资金

创业团队首先需要结合创业计划合理估算资金需求，规划资本结构和筹集资金，才能投入下一步的运营。融资方式的选择会决定创始人的控制权和创业收益。

资金是创业过程中至关重要的资源之一。创业者需要合理规划资本结构和资金需求，选择适当的融资方式，并在融资过程中谨慎考虑股权出让、高管激励与收益分配的问题，以便为企业的发展提供稳定的支持。在创业过程中，资金的获取主要有以下三步。

（一）估算资金需求和规划资本结构

创业团队需要根据创业计划和业务模式，合理估算资金需求，并规划资本结构。这包括计算起始资金、运营成本、市场推广费用、人员费用等，并进行财务规划和预测。

（二）资金筹集

一旦确定资金需求，创业者就需要考虑如何筹集资金。这可能包括使用个人储蓄、获取家人和朋友的支持，吸引天使投资人、风险投资机构的投资，获得政策性贷款，或进行网络众筹等方式。

（三）选择融资方式

选择合适的融资方式非常重要，因为它会影响创始人的控制权和创业收益。不同的融资方式包括自有资金、债务融资、股权融资、风险投资等。创业者需要评估各种选择的优缺点，并与潜在的投资者谈判和协商。例如，股权融资可能稀释创业者持有的股份和控制权，但能够获得资金支持和智力资源。

二、人力资源

在创业过程中，人力资源是非常宝贵的资产。它包括创业者和创业团队的知识与经验，以及组织成员的专业智慧、判断力、视野和愿景，以及创业者的人际关系网络。

创业者是新创企业中最重要的人力资源之一。他们通过敏锐的洞察力和创新思维，能够从繁杂的市场信息中识别出商机。创业者的领导能力和决策能力对企业的成功至关重要。早期创业中，创业者在吸引合作伙伴或核心员工的过程中尤其要注意以下三个方面的因素：①知识与经验。创业者和团队成员的知识和经验是创业过程中的宝贵资源。他们的专业技能和行业知识能够为企业的产品和服务提供竞争优势，并在面对挑战时提供解决方案。②专长与技能。创业团队中的每个成员都具备自己的专业智慧。他们的专业技能和经验对企业的不同方面如市场营销、技术开发、运营管理等都至关重要。团队成员之间的协作和互补对创业企业的成功也至关重要。③价值观和信念。创业者的价值观和信念是新创企业的基石。创业者的追求和决心是他们坚持不懈、克服挑战的动力。他们的愿景和使命感能够激励整个团队，推动企业朝着设定的目标前进。

知识经济时代，人才是企业创新持续发展的基础，也是企业获得并保持竞争力的坚强后盾。高素质专业人才是新创企业可持续发展的关键。投资人在选择创业项目时十分看重创业团队的人员构成以及核心创始人的领导力。

创业者的人力资本包括健康、教育水平、社会资本、心理资本等。其中社会资本是指创业者的社会网络关系，社会资本对创业活动特别重要。因为创业者的社会资本能撬动信息、商机、市场、客户、资金等重要创业资源，弥补创业初期资源的匮乏。因此，社会资本有助于创业者接触到大量的外部资源，提升自身运营的合法性，通过网络关系降低潜在风险。

充分发挥和管理人力资源是创业过程中的关键之一。拥有富有经验和才能的创业者和团队成员，以及秉持正确价值观和信念的团队，能够对创业企业的生存和发展产生重要影响。同时，团队之间的良好合作和沟通也是实现企业目标的重要保障。

 拓展阅读 8-1

小红书创业初期的人才团队

小红书是由毛文超和瞿芳于 2013 年在上海创建的一个面向年轻人的生活方式平台。该平台最初的产品形式是一份名为"小红书出境购物攻略"的 PDF 文件，专门提供海外购物信息。随着时间的推移，小红书推出了一个专注于海外购物信息分享的用户生成内容（user generated content，UGC）移动端社区 App，并逐渐演变成一个涵盖美食、旅行、学习、育儿、健身等各种生活方式分享的社区。此外，小红书还提供了跨境电商和综合电商服务。如今，小红书已成为国内极具影响力的种草社区。

小红书在创业初期是如何构建人才团队的呢？

（1）选择合适的合伙人。小红书的两位创始人毛文超和瞿芳都是"80后"，分别毕业于上海交通大学和北京外国语大学，有着海外留学和工作经历，对海外购物有着深刻的理解和需求。他们在创业前就已经是好友，有着良好的默契和信任。他们分工明确，毛文超负责产品和技术，瞿芳负责运营和市场。

（2）招募优秀的核心团队。小红书在创业初期就注重招募优秀的核心团队成员，包括产品经理、技术开发、设计师、运营专员等。他们不仅要求这些人才有着专业的技能和经验，还要求他们有着对海外购物和生活方式分享的热情和理解。他们通过各种渠道寻找这些人才，比如在清华大学等高校招聘、在互联网行业内推荐、在社区内发展优秀的用户等。

（3）培养忠诚的社区用户。小红书在创业初期就重视培养忠诚的社区用户，让他们成为小红书的内容生产者、传播者和消费者。他们通过提供优质的内容、激励机制、互动活动等方式，让用户感受到小红书的价值和温度。他们还通过邀请文艺界人士、关键意见领袖（key opinion leader，KOL）、品牌商等入驻社区，提升社区的影响力和吸引力。他们甚至从社区用户中挖掘出一些优秀的人才，加入小红书的团队中。

（4）保持灵活的组织结构。小红书在创业初期就保持了灵活的组织结构，让团队成员能够快速响应市场变化和用户需求。他们采用扁平化管理模式，减少层级和沟通成本，赋予团队成员更多的自主权和创造力。他们还根据不同的业务阶段和目标，调整团队的分工和协作方式，实现高效的执行和创新。

（资料来源：笔者根据网络资料整理）

三、技术资源

技术资源是指关键技术、制造流程、作业系统、专用生产设备等方面的资源。技术资源与人力资源不同的地方在于，人力资源主要依赖于个人，随着人员的流动会流失。而技术资源往往与物质资源相结合，可以通过法律手段予以保护，成为组织的无形资产。在数字时代，数字技术的运用尤为重要，因为这类技术能够有效促进各类资源要素快速流动、各类市场主体高效融合。从特征来看，数字技术和人工智能等不仅本身是创新创业技术，而且改变了创新创业活动的主体、方式和边界。

从数字技术对创业管理的影响来看，数字技术的发展挑战了创业学的基本假设。这些基本假设通常基于传统的创业模式和理论，认为创业是一个有明确的开始和结束点、有固定的主体和目标、有稳定的产品和市场的活动。然而，随着数字技术的普及和创新，这些假设已经不再适用于当今的创业环境。具体来说，数字技术给创业管理带来了以下两个方面的重要变化。

（1）创业结果与过程无边界。这是因为数字技术的运用使得产品或服务的范围、特征和价值在其应用或上市后依然会不断演化，创业的结果和过程越来越动态和无边界。例如，一些数字平台如优步（Uber）、爱彼迎（Airbnb）等，通过连接供需双方，提供了新的交易方式和价值创造模式，但同时也需要不断地适应不同地区和国家的法律、文化、社会等因素，以及接受用户和竞争者的反馈。因此，这些平台的产品或服务并不是一次性地设计和交付，而是持续地更新和改进，创业的过程和结果也随之变化。

（2）创业主体无预设。这是因为随着数字技术的运用，创业主体变得不确定或更加分散，一群有着不同目标和动机的参与者可能会以动态的和出乎意料的方式聚集在一起，共同参与创业活动。例如，一些开源软件平台如 GitHub 等，通过网络平台和社区协作，吸引了大量的志愿者、专家、用户等参与者，共同贡献代码、内容、知识等资源，孕育了新的创业组织和价值网络。因此，这些项目的创业主体并不是事先确定或固定的，而是随着项目的发展和参与者的互动而变化的。

 拓展阅读 8-2

瑞幸咖啡：数字技术驱动的咖啡品牌

瑞幸咖啡是一家成立于 2017 年的中国咖啡品牌，以"让咖啡回归生活方式"的理念，通过数字化技术和创新模式，快速拓展市场和提升用户体验。瑞幸咖啡主要在以下几个方面应用数字技术高效地运营。

（1）产品创新。瑞幸咖啡通过大数据分析用户需求和口味偏好，持续推出符合年轻人喜好的新品，如生椰拿铁、椰云拿铁、生酪拿铁等，打造了一系列的爆款产品。瑞幸咖啡还通过数字化系统和标准化流程，保证了新品的快速研发、测试、优化和上线。

（2）门店扩张。瑞幸咖啡通过智能化选址系统，根据外卖订单数据和用户分布情况，精准定位潜在用户的密集区域，并在该区域内开设便捷的快取店或悠享店。瑞幸咖啡还通过数字化设备和管理系统，实现了门店运营的标准化和效率化。

（3）用户运营。瑞幸咖啡通过建立私域流量池，利用 App、微信小程序、企业微信等多个渠道触达用户，并通过个性化推荐、优惠券、裂变营销等方式激励用户下单和复购。瑞幸咖啡还通过数字化技术进行精细化运营，比如根据天气、节日等因素自动更换推送文案，向不同地区和用户推送适合的产品。

瑞幸的技术资源是在创始人陆正耀的高度重视和推动下，逐步构建和发展起来的。陆正耀在创立瑞幸之前是神州租车的创始人和 CEO，有着丰富的互联网经验。他在瑞幸成立之初就非常重视数字化建设，并从神州团队中引入了一批优秀的技术人才，负责建设瑞幸的 App、数据平台、算法系统等核心技术。

（资料来源：笔者根据网络资料整理）

通过运用技术资源，瑞幸咖啡开辟了新的商业模式。他们不断地在技术研发和创新上加大投入，提升用户体验，并推动了行业的进步。

四、组织资源

组织资源是指组织内部的管理系统，包括信息沟通、决策系统以及组织内部正式与非正式的计划活动。组织资源包括组织结构、作业流程、工作规范、质量系统等。组织资源是组织实现目标和战略的重要保障，也是提高组织效率和效果的关键因素。

组织结构是指组织内部各个部门或岗位之间的分工、协作和控制关系。组织结构应该根据组织的目标、环境和战略进行设计，以适应组织的发展变化。一个合理的组织结构能够提高组织的灵活性、协调性和创新性。作业流程是指组织内部完成各项任务或活动的步骤、顺序和方式。作业流程应该根据组织的特点和需求进行优化，以提高组织的效率和质量。有效的作业流程能够减少浪费、降低成本和提高客户满意度。工作规范是指组织内部规定的各项工作标准、程序和要求。工作规范应该根据组织的目标和文化来制定，以保证组织的一致性和稳定性。明确的工作规范能够规范员工的行为、提高员工的责任感和职业素养。质量系统是指组织内部建立的质量管理体系，包括质量方针、质量目标、质量计划、质量控制、质量保证和质量改进等。质量系统应该根据组织的特征和客户的需求进行建立，以提高组织的竞争力和信誉。完善的质量系统能够保证产品或服务的质量、满足客户的期望和需求。

 拓展阅读 8-3

小米的组织资源

小米科技有限责任公司是一家总部位于北京的科技企业，由雷军创立。小米公司在创业之初就充分发挥了组织资源的作用，为其目标和战略的实现提供了支持。小米公司的组织资源主要涵盖以下两个方面。

（1）组织结构。小米公司实行了扁平化的组织结构，建立了一个高效的决策系统。他们倡导开放的沟通和信息共享，通过有效的内部沟通和协作来增强团队合作和创新。小米公司的组织架构基本上分为三级：合伙人一层，工程师一层，基层员工一层。小米公司以工程师为主导，这些人都非常有经验，他们的简历和能力超过了许多创业公司的副总裁和首席技术官（chief technology officer，CTO），实力都非常强。所以小米公司很多的决策都由工程师做出。在这样的情况下，工程师和合伙人主要是监督的角色。小米公司不会让团队太大，稍微大一点就拆分成小团队。从小米公司的办公布局就能看出这种组织结构——一层产品、一层营销、一层硬件、一层电商，每一层都有一位创始人负责，确保能够深入参与并直接推动各项决策和执行。

（2）作业流程和工作规范。小米公司建立了高效的作业流程和专业的工作规范。他们重视细节和执行力，通过精细化的工作流程和标准化的工作规范来保证高效的运营。小米公司采用了敏捷开发模式，每周发布新版本的 MIUI 系统，并根据用户反馈进行不断改进。小米公司还运用了互联网思维来经营自己的产品和服务，通过线上线下结合、社区互动、口碑传播等方式来提升用户黏性和品牌影响力。

通过充分利用组织资源，小米公司在中国市场取得了巨大的成功。他们的组织结构、作业流程和工作规范的有效管理，为公司提供了稳定的运作基础，保障了产品质量和用户满意度。

（资料来源：笔者根据网络资料整理）

五、数据资源

数据作为一种资源要素在数字时代的作用日益突出。狭义的数据资源是指数据本身，即企业在运营中积累下来的各种各样的数据记录，如客户记录、销售记录、人事记录、采购记录、财务数据和库存数据等。广义的数据资源涉及数据的产生、处理、传播、交换的整个过程，包括数据本身、数据管理工具（计算机与通信技术）和数据管理专业人员等。广义的数据资源概念更能反映现代数据资源开发利用的要求。作为管理资源的数据资源不仅包括数据本身，还包括产生、加工、存储和使用数据的资源。

在数字时代，数据作为一种重要的资源要素，其作用日益突出。以下是对利用数据资源的进一步说明。

（一）数据的收集与聚合

在当今的商业环境中，数据不仅仅是数字的简单堆砌，更是洞察市场趋势、理解消费者行为、优化产品服务和提高运营效率的关键。有效的数据收集策略能够确保企业获取到高质量、多样化的数据源，这些数据源可能来自客户反馈、市场调研、社交媒体互动、交易记录等多个渠道。聚合这些数据也同样重要。通过先进的数据分析工具和技术，企业可以将分散的数据点整合起来，为决策者提供更为深入的洞察。

（二）数据的加工与分析

数据本身并不具备价值，只有经过加工和分析才能转化为有用的信息。数据管理工具，如计算机和通信技术，为数据的加工和分析提供了高效的手段。企业可以利用数据管理工具对大量的数据进行整理、汇总、计算和模型分析，从中发现隐藏的关联、趋势和规律，从而得出有助于决策和运营的结论。

（三）数据的传播与交换

现代技术的发展使得数据的传播和交换更加便捷和快速。通过互联网和其他通信技术，企业可以与供应商、合作伙伴和客户进行数据的传递和共享。这促进了合作伙伴之间的信息交流和协同工作，提高了业务效率和灵活性。

综上所述，广义的数据资源概念更加全面地反映了现代数据资源的开发和利用的要求。作为一种管理资源，数据资源不仅包括数据本身，还涉及产生、处理、传播和交换数据的整个过程，以及数据管理工具和专业人员。充分利用数据资源可以帮助企业发现商机、提升效率、优化决策，并在数字时代取得竞争优势。

 拓展阅读 8-4

阿里巴巴的数据资源

作为一家电子商务公司，阿里巴巴成功地运用了数据资源来支持商业模式创新、商业生态构建和商业价值提升。

（1）数据驱动的商业模式创新。阿里巴巴在商业模式创新中充分利用数据资源进行市场洞察和用户画像。他们通过大数据分析技术，深入了解用户的消费行为和需求，从而创造出符合市场需求的商业模式。例如，他们通过分析用户的购物偏好、支付习惯、信用评级等数据，推出了"花呗""借呗"等金融服务产品，为用户提供了便捷的消费信贷服务。

（2）数据驱动的商业生态构建。阿里巴巴在商业生态构建中充分利用数据资源进行平台协同和生态赋能。他们通过数据共享和开放，实现了平台内外的数据互联互通，促进了平台间的协同效应。例如，他们将淘宝网、天猫、支付宝等平台的数据整合起来，搭建了一个完整的电子商务生态系统，为用户提供了一站式的购物体验。他们还通过将自身的数据分析服务"生意参谋"开放给合作伙伴和第三方机构，为他们提供了数据赋能服务，帮助他们提升运营效率和竞争力。

（3）数据驱动的商业价值提升。阿里巴巴在商业价值提升中充分利用数据资源进行精准营销和智能服务。他们通过大数据分析技术，能够根据用户的消费行为和需求，进行个性化推荐和精准营销。例如，他们通过分析用户的搜索记录、浏览历史、收藏夹等数据，为用户推送最适合他们的商品信息和优惠活动。他们还通过人工智能技术，为用户提供智能服务。例如，他们通过利用自然语言处理技术，开发了"阿里小蜜"等智能客服机器人，为用户提供快速、准确、友好的咨询服务。

（资料来源：笔者根据网络资料整理）

阿里巴巴的成功案例体现了数据资源在公司创业过程中的重要性和价值，为其他创业者提供了有益的借鉴和启示。

第二节　资源获取方法

在创业过程中，创业者往往面临着资源的匮乏和不确定性，需要采取有效的资源获取方式来实现创业目标。一种资源获取方式是资源拼凑，即创业者利用自己手边已有的资源，或者通过低成本、非正式的方式获取资源，来满足创业的需求。另一种资源获取方式是从创业者社会网络中获取资源，即创业者利用自己的社会关系，如亲属、朋友、同事、同学、合作伙伴等，来获取资源。还有一种资源获取方式是通过取得高地位的主体联盟的信任进而获取资源。例如，创业者可以与政府、行业协会、知名企业、媒体等高地位的主体建立合作关系，获得政策支持、市场准入、品牌认可、媒体宣传等资源。

一、资源拼凑

创业者面临资源束缚时，需要突破传统思维，以全新的视角审视现有资源的价值，充分挖掘社会网络中的可利用资源，通过"将就"与重新整合把握创业机会。

资源拼凑是创业者面临资源约束时的一种行动战略，通过现有资源的将就利用，从而实现新的创业机会或应对挑战。资源拼凑的主要特征是脱离传统的资源环境分析范式，不拘泥于资源属性。

拼凑（bricolage）除了修补术、修修补补的意思外，还包含了以下几层意思：一是通过加入一些新元素，实现有效组合，结构会因此改变；二是新加入的元素往往是手边已有的东西，也许不是最好的，但可以通过一些技巧或窍门组合在一起；三是这种行为是一种创新行为，会带来意想不到的惊喜。

创造性拼凑可以从以下三个方面切入以思考可行路径（表8-1）。

表8-1 资源拼凑的方式

拼凑方式	解释
利用手边的已有资源	善于进行创造性拼凑的人常常拥有一批"零碎"资源，它们可以是物质，也可以是一门技术，甚至是一种理念。利用手边已有的资源，快速应对新情况
整合资源用于新目的	这种整合大多不是事前仔细计划好的，往往是具体情况具体分析、"摸着石头过河"的产物。打开视野，仔细思考现有资源还可以怎样利用
将就使用	拼凑者尝试突破固有观念，这种资源使用的方式也许是不合适的、不完整的、低效率的、不全面的，但是创业者需要行动起来，并在此基础上寻求改进

在创业过程中，拼凑是一种常见的策略，用于获取和整合所需的资源和能力。可以将拼凑分为全面拼凑和选择性拼凑两种类型。

（1）全面拼凑。全面拼凑指在创业过程中，创业者在各个方面持续使用拼凑方法，包括物质资源、人力资源、技术资源、制度规范和顾客市场等。时间维度上的全面拼凑是指企业现金流稳定后，创业者仍继续采用拼凑策略。全面拼凑会造成自我强化循环，损害企业正规化的发展，削弱企业的长期竞争力。

（2）选择性拼凑。选择性拼凑指在明确自己的重点和优势的基础上，创业者采取有选择性的方式在特定的领域内进行拼凑，以避免全面拼凑所带来的自我强化循环。此外，在初创阶段，面对创业资源匮乏创业者会更多地采用拼凑策略，随着企业的发展和营收的增加，创业者逐渐降低资源拼凑的程度，甚至最终放弃此策略。

选择性拼凑可以使创业者更加专注，并集中资源在有限的领域内取得突出的成果。随着企业的成长和资源的积累，创业者可以更加有针对性地进行资源配置和战略选择，以实现更稳定和可持续的发展。

最终，创业者在选择全面拼凑还是选择性拼凑时应根据自身情况、市场需求和资源条件进行权衡和决策。同时，创业者也需要定期评估拼凑策略的效果，并及时调整和适应变化的环境和竞争态势。

 拓展阅读 8-5

善用拼凑，从网红到长红

喜茶的创始人聂云宸是一位"90后"，他并不是茶饮行业的内行，只是想要创业而选择了这个门槛相对较低的领域。和许多新创企业一样，喜茶在刚刚起步时面临着资金、设备和人力不足的困难，没有人相信这家想要给传统茶饮带来新风格的小店。聂云宸曾经经历过一次创业失败，他从中学到了一个教训——要想成功，必须有独特的产品。他凭借不到 10 万元的投资和一杯看起来很奇怪的"茶饮料"，开始了喜茶的扩张之路。2012 年，第一家"皇茶"在广东江门开业，店面只有不到 30 平方米，装修也很简陋，但创业者怀揣着"要做茶饮界的王者"的梦想，用传统的乌龙茶和茉莉绿茶等作为茶底，再加上一层由芝士制成的奶盖，"拼凑"出了一杯喜茶。芝士奶盖产品是喜茶于 2012 年的首创，经过多次试验，选用了咸芝士配合奶盖，赢得了市场的认可。

喜茶看似是茶饮却又不完全是茶饮，它将传统茶饮的品质提升了一个档次，摒弃了大多数奶茶店使用的冲泡方式，改用原泡茶，再加上奶盖、果汁等降低苦涩感。这种新型茶品与市场初次接触会产生什么样的效果，当时没有人能够预测，之后的爆红更是让人惊讶。喜茶所有的饮品都具有定制化特色。产品开发注重消费者参与的共创模式，实现用户自己的专属配方。独家配方是餐饮业发展的核心竞争力，一场舌尖上的盛宴，口味是取胜的关键。喜茶放弃了便宜的奶茶专用碎茶，通过近一年的口味测试，挑选出消费者最喜欢的几款茶叶，并与上游茶园、茶厂合作直接进行炒制拼配，取名为个性化的名称，打造出竞争者无法仿效的独特配方。喜茶另外一款"爆款"饮品——"金凤茶王"就是通过定制化处理成功吸引了消费者。根据顾客反馈和自己理解，喜茶尝试开发了这种市场上并不存在的茶叶，对几款茶进行拼配，并通过烘焙等工艺改良创造出这款"金凤茶"，受到市场追捧。

喜茶门店扩张的过程，经历了"从低到高、从小到大、从市井街头到核心商圈"的一系列变化。第一家门店选在江门市，店铺面积不到 30 平方米。从三线城市起步，虽然需要较长的成长时间，但却有利于降低成本，利用有限的资金优化品质、完善细节。如今，喜茶已经拥有了自己专业的选址团队，为了优化用户体验，店面也由几十平方米扩大到几百平方米。除了选取性价比高的位置，随着喜茶品牌影响力的深入，很多著名商圈都会邀请其加入，由此喜茶成功实现了在一流的位置打造一流的品牌。

［资料来源：段茹，李华晶. 2018. 善用拼凑，从网红到长红：以喜茶创业为例[J]. 清华管理评论，（5）：42-48.］

在创业过程中，拼凑的元素或资源虽然重要，但更为关键的是如何通过创新场景的构建和创造性的资源整合来实现新的目标，以满足甚至引领用户的动态需求。许多初创企业在初期往往不自觉地采用拼凑策略，而选择性拼凑是指创业者在拼凑行为上有一定的选择性，有所为有所不为。随着企业的发展，应逐渐减少使用拼凑策略，直至完全放弃拼凑策略，从而使企业逐步摆脱拼凑型企业的形象，走向正规化。

全面拼凑型企业通常表现出以下特点：过分重视零碎物品的收集和储存，包括各种工具材料和二手旧货等；偏重个人技术能力和经验；不太遵守工艺标准和行业规范；不太注重社会网络中各种角色的边界，例如顾客、供应商、雇员、亲戚朋友等角色都可以互换。

全面拼凑很容易形成一种互动强化模式。如果创业者在每个领域都采用拼凑手段，久而久之就会形成一种低标准、低质量的拼凑型企业形象。一旦这种定位形成，企业很难发展成为正规化企业，无法拓展带来高溢价的用户群体，因而会阻碍企业的进一步成长。

二、创业网络与资源获取

创业网络是指创业者及其所属的新创企业在创业过程中建立和维持的社会关系集合，它包括创业者个体网络和组织网络两部分。创业者个体网络是指创业者与其他个人或机构之间的联系，如亲友、同事、合作伙伴、投资者、顾客等。组织网络是指新创企业与其他组织之间的联系，如供应商、竞争对手、行业协会、政府部门等。创业网络不仅是激发创业动机、获取创业资源和提升创业绩效的重要途径，也是影响新创企业发展的关键因素。

创业网络对新创企业的机会识别与创造、取得合法性等都具有重要作用。通过创业网络，创业者可以获取市场趋势、技术知识、行业动态等关键信息，从而发现和创造有价值的商机。同时，通过创业网络，新创企业可以获得外部利益相关者的认可和支持，从而增强其生存和发展的合法性。

由于"新进入缺陷"，新创企业往往面临着资源匮乏、技术不足、缺乏信誉等问题。创业网络可以弥补企业由"新进入缺陷"导致的资源和技术能力方面的劣势，促进企业快速成长。通过创业网络，新创企业可以借助他人的资源和技术能力，提高自身的竞争力和效率。

此外，创业网络也是新创企业获取商业信用、疏通融资渠道和提升企业融资绩效的有效途径。由于信息不对称和风险较高，新创企业往往难以从正规金融机构获得贷款或投资。通过创业网络，新创企业可以接触到更多的潜在融资方，增加融资机会和选择，并通过创业网络，建立信用关系，降低交易成本和风险。

 拓展阅读 8-6

树根互联的社会网络

树根互联是一家专注于工业互联网和智能制造领域的公司，于 2016 年正式成立。其联合创始人贺东东曾是三一集团有限公司高级副总裁，有着丰富的工程机械设备和数字化转型的经验。树根互联通过母公司网络、合作伙伴网络、客户网络的多重链接实现了快速发展，为工业企业赋能，通过提供数字化转型和智能化升级的解决方案，赋能制造业企业降本增效，增强竞争力。

（1）母公司网络。树根互联借鉴了三一集团在工程机械设备领域的数字化转型经验，并利用其在设备制造、运维、售后等方面的资源和数据，打造了机器关系管理（machine relationship management，MRM）平台。这个平台可以帮助企业实现设备的远程监控、故障预警、维修保养、能耗分析等功能，提高设备的使用效率和寿命。

（2）合作伙伴网络。树根互联与腾讯、华为等互联网科技企业建立合作伙伴关系，提升技术能力和市场影响力。这些合作伙伴不仅为树根互联提供了云计算、大数据、人工智能等技术支持，也为其提供了更广阔的市场渠道和用户基础。2020 年树根互联完成 B 轮 8 亿元融资时，腾讯对树根互联进行了战略投资。

（3）客户网络。树根互联采用 P2P2B 模式，即通过与龙头企业合作，为其提供个性化的解决方案，并借助其在行业内的影响力和资源，进而服务更多的中小企业。例如，树根互联与长城汽车合作，为其提供设备数字化改造和生产优化服务；与海尔合作，为其提供智能制造工厂解决方案；与中国纺织工业联合会合作，为纺织行业提供工业互联网平台。

（资料来源：笔者根据网络资料整理）

创业网络是在中国情境下进行创业活动不可或缺的要素，能够为创业者和新创企业提供关键资源和信息等。创业网络可分为正式网络和非正式网络。正式网络是指与创业者有直接商业往来的关系，主要包括供应商、合作伙伴、客户、竞争对手、政府部门、中介机构、行业协会等。正式网络以商务往来为基础、因组织背景而存在，有明确的利益和义务。正式网络中，与供应商构建良好的商业关系有利于企业获得高质量的原材料，获得优质的服务，并且能够以较少的时间获得原材料和服务；与客户建立良好的关系有利于提高或维持客户忠诚度，并且增加销量，获得可靠的收益；与竞争对手建立良好的关系，则有利于企业与竞争对手进行合作，共同谋划，能够降低竞争带来的不确定性。非正式网络一般由创业者个人的关系构成，包括亲戚、朋友、同学和同事等个体，是早期创业网络的主要表现形式，其特征是以信任为基础，多表现为强关系。

正式网络与非正式网络的区别体现为创业网络中蕴含的信息差异以及新创企业可以从中获取的支持形式的不同。在正式网络中，成员之间的背景存在较大差异，较难形成高度信任的强连接。而非正式网络成员之间的信息共享使创业企业获得更可靠的信息和隐性知识，网络成员之间的紧密联系可促进彼此之间的情感和信任，因而可以为创业者提供较多的情感支持，进而提高新创企业的成长绩效。二者各有其作用，如果创业企业能够注意正式网络和非正式网络在企业经营中的不同作用，悉心经营网络关系，将为创业企业的发展起到互相补充的作用。

三、声誉与资源获取

声誉是企业在公众和利益相关方心中的形象和信誉。一个企业良好的声誉可以带来以下几个方面的资源优势。

（1）融资。企业声誉是吸引投资者和融资机构的重要因素之一。良好的声誉可以增加投资者和投资机构对企业的信任，提高融资的可能性，或获得更好的融资条件。

（2）人才吸引。企业声誉对吸引顶级人才具有重要作用。声誉好的企业在招聘过程中更容易吸引人才，因为人才往往更愿意加入信誉良好的企业，以获得良好的职业发展和稳定的工作环境。良好的声誉可以提高企业在人才市场中的竞争力，从而获取更好的人力资源。

（3）合作伙伴关系。企业声誉对建立和维护良好的合作伙伴关系非常重要。声誉好的企业更容易获得合作伙伴的信任，与其他企业建立战略合作关系。良好的声誉可以为企业提供更多的合作机会，帮助企业获取更多的资源和市场份额。

（4）客户信任和忠诚度。企业声誉直接影响客户对企业的信任和忠诚度。声誉好的企业更容易获得客户的认可和支持，增加销售收入。良好的声誉可以促进客户的品牌认同和口碑传播，帮助企业吸引更多的客户资源。

综上所述，企业声誉对资源获取非常重要。良好的声誉可以帮助企业获得外部资金、吸引人才、建立合作伙伴关系，并获得客户信任和忠诚度。因此，企业应注重塑造和维护良好的声誉，通过积极的企业形象管理、诚信经营和优质服务等方式来提升声誉，从而撬动更多资源。

 拓展阅读 8-7

以环保形象吸引消费者

Allbirds 是一家美国的创新鞋履品牌，以可持续的环保理念赢得了消费者和社会的认可。Allbirds 的产品都是用天然材料制作的，如新西兰的美利奴羊毛、南非的桉树、巴西的甘蔗等，既舒适又时尚，还能减少碳排放。Allbirds 通过履行社会责任，提升了企业形象和竞争力，成为环保鞋的领军品牌。Allbirds 在 2020 年宣布成为首个为全线产品贴上"碳足迹"标签的时尚品牌。碳足迹是指产品从取材到制作完成的整个环节造成的二氧化碳排放量。Allbirds 通过这个标签，让消费者清楚地知道自己的购买选择对地球的影响，从而提高了品牌的透明度和信任度。这也是 Allbirds 的品牌理念：Better things in a better way（用更好的方式做更好的事情）。

Allbirds 在 2021 年与美国商务社会责任国际协会（Business for Social Responsibility，BSR）合作，邀请第三方可持续评级机构审查其产品和业务对社会/环境的影响情况。Allbirds 通过这种方式，展示了自己承诺并践行可持续发展的态度，增强了投资者和利益相关者的信心和支持。这也是 Allbirds 的品牌使命：为地球的可持续发展作出贡献。

通过这种方式，Allbirds 提升了自己的品牌影响力，也传播了环保的理念和价值，引领了社会的变革，体现了 Allbirds 的品牌精神：用行动改变世界。

此外，Allbirds 还有一个值得一提的做法，就是"买一捐一"。Allbirds 在每年的"无鞋日"活动中，会邀请消费者在照片墙（Instagram）上发布光脚照，并在"#没有穿鞋"话题下@Allbirds。Allbirds 会按照光脚照一比一捐赠鞋子给有需要的人。这种做法不仅能够激发消费者的参与感和同情心，也增加了品牌的曝光度和口碑。Allbirds 是一个值得学习和借鉴的环保品牌，它的成功证明了追求可持续声誉的商业模式是有前景和价值的。

（资料来源：笔者根据网络资料整理）

第三节　创　业　融　资

一、创业融资的困境与融资渠道

创业企业普遍面临融资难、融资贵的困境，主要有以下几个方面的原因。

第一，缺乏抵押品或资产。初创企业在起步阶段往往没有足够的固定资产或可用作抵押的资产。在传统的融资渠道中，很多贷款机构要求提供抵押品作为担保。缺乏抵押品会使得创业者难以获得授信，融资难度增加。

第二，缺乏经营记录和可信数据。创业企业没有稳定的经营记录和可信的业绩数据，这使得投资者难以评估企业的潜力和风险。缺乏可信数据和经验对投资者的信任产生影响，从而降低了融资的可能性。

第三，高风险和不确定性。创业企业面临着较高的失败风险和市场不确定性。投资者往往对风险较高的投资持谨慎态度，尤其是在经济不景气或行业不稳定的情况下，这会使得创业企业的融资渠道变得更加狭窄。

第四，银行对创业企业的审查和管理成本高。相比大型企业，创业企业通常融资规模较小，而银行贷款的管理成本往往与融资规模相关。因此，银行更倾向于向规模较大的企业提供贷款，大企业的融资需求大，管理成本相对较低。

第五，缺乏网络和资源。创业企业通常缺乏与投资者、风险投资公司或其他融资渠道建立联系的机会。没有广泛的人脉关系和资源网络，创业企业在融资方面往往会面临困难。

总的来说，初创企业融资难主要是由于缺乏抵押品、缺乏经营记录和可信数据、缺乏网络和资源，面临高风险和不确定性，以及银行对其审查和管理成本高。然而，随着创业生态系统的发展和新兴融资方式的兴起（如风险投资、天使投资、滴灌通等），初创企业融资的机会也在逐渐增加。

（一）创业者资金来源的基本盘

创办新企业被视为实现新商业机会价值的过程，通过投入自有资金，创业者能够在新创企业中持有较多的股份，并在吸引投资者或高端人才时更容易获得信任。自我融资策略是一种有效的承诺，通过投入自己的资金，创业者向其他投资者传达出一种积极信号，表明他们对自己认定的商业机会充满信心，全心全意地致力于新创企业的发展。这种深度投入的态度可以缓解信息不对称的负面影响，增加外部投资人对新创企业投资的可能性。因此，自我融资在新创企业的初期发展阶段具有重要意义。

（二）创业者可拓展的融资渠道

创业融资的渠道可以按照融资对象的不同划分为私人资本融资、机构融资和政府融资支持。

私人资本融资是创业者向个人融资的形式，通过这种方式，创业者可以通过向亲朋好友的融资以及天使投资人等个人投资资金来获得资金支持。

机构融资是创业者向组织机构寻求融资的方式。这包括银行贷款（如抵押贷款、担保贷款、信用贷款）、创业投资资金、中小企业间的互助贷款以及企业之间的信用贷款等。

政府融资支持是指政府针对创业企业推出的各种扶持资金和政策。这包括政府专项基金、税收优惠政策、财政补贴、贷款援助等。政府融资支持旨在为创业企业提供资金支持和促进创业生态系统的发展。

创业者在选择融资渠道时，通常需要综合考虑自身情况、资金需求、风险承担能力、控制权保留、行业特点以及当前资本市场的投资热度等因素。不同的融资渠道都有各自的优缺点，创业者需要根据自身需求选择适合自己的融资方式。

（三）新型筹资方式

众筹（crowdfunding），即大众筹资或群众筹资，由发起人、跟投人、平台构成。众筹具有低门槛、多样性、依靠大众力量、注重创意的特征，是一种向群众募资以支持发起筹资的个人或组织的行为。一般而言，众筹通过网络上的平台联结起了赞助者与提案者。

1. 预售式众筹

预售式众筹是一种融资模式，通常在互联网平台上进行，通过向公众预售产品筹集资金来支持项目的开发和生产。投资者通过向项目捐款或购买产品预售权，以获得未来项目产品或特定回报作为交换。

预售式众筹有以下特征：①一般不设定投资者门槛。相较于传统的融资模式，预售式众筹通常没有特定的投资门槛。无论是个人消费者还是对项目感兴趣的潜在投资者，任何人都可以参与。②多种投资项目。预售式众筹覆盖各个领域，可以用于支持创新产品、艺术项目、电影制作、科技研发等多种类型的项目。这为创业者和项目发起人提供了一个相对灵活的融资途径，并能够与广大公众建立更紧密的互动和合作关系。③通过引入社交媒体和网络营销等策略，帮助项目在更大的受众中推广和募集资金。

预售式众筹是一种创新的融资模式，通过为投资者提供项目产品作为回报，吸引公众参与并支持创业项目的发展。它对于创业者来说是一个机会，可以获得发展所需的部分资金，同时提升用户的参与感，更有效地进行产品研发和改进。

2. 股权式众筹

股权式众筹（如 AngelList、天使汇）是指参与者通过购买项目的股权或分享项目的资产收益来获得回报。在股权式众筹中，投资者成为项目的股东，享有相应的权益和收益。

二、债务融资还是股权融资？

债务融资是指企业或个人向资金提供者借款以获得所需资金，并在约定时间内按照预定利率偿还本金和利息的一种融资方式。在此过程中，资金提供者并不参与企业的日常经营，也不承担企业的经营风险。例如，银行贷款及亲朋好友间的借贷等均属于债务融资的典型例子。

股权融资则具有不同的特征。它主要是由投资者投入资金，从而取得企业的一部分股权，按照其投入资金的比例分享企业的收益，并承担相应的风险。这些投资者通常会参与企业的经营并享有企业的经营成果。典型的股权融资例子包括天使投资基金、风险投资基金及创业板融资等。

（一）债务融资的优缺点

1. 优点

（1）保持控制权。与股权融资相比，债务融资可以帮助创业者保持对企业的有效控制。创业者不需要出售股权，而是借款并按时偿还本息。这意味着创业者仍然可以保持对企业决策和经营的控制，独立制定企业未来发展方向。

（2）享受高额回报率。虽然债务融资需要支付本金和利息，但成功的企业可能获得高额回报，债务融资可以让创业者在偿还贷款后独享剩余收益。

（3）灵活性。债务融资通常提供了更大的灵活性，创业者可以根据自己的需求和风险承受能力选择不同期限、利率和偿还方式。这允许创业者根据自己的经营情况和财务状况来灵活调整还款计划，以适应企业发展的需要。

比如阿里巴巴在美国上市之后，就没有再发行股票融资，而是迅速地发行了 10 亿美金的企业债。发行企业债可以获取大量资金，而创始人和核心管理团队可以保持对企业的控制权。只要按期偿还贷款，债权方一般不干涉企业的经营决策；债权方只要求固定的本息，既不承担企业成长的风险，也不享受企业成长的收益。

2. 缺点

（1）还款压力。债务融资要求企业按时清偿贷款，包括本金和利息。如果企业无法保证经营收益高于资金成本，或者遇到经营困难，则面临较大的还款压力。如果企业遭遇现金流困境，无法按时清偿贷款，会导致违约和信用损失，此时企业可能需要面临诉讼、资产抵押或破产清算。

（2）负债率上升。债务融资会增加企业的负债。如果负债率过高，企业的再次筹资能力和经营能力可能受到限制，因为银行或其他债权方可能会对风险敏感并拒绝提供更多贷款。

（3）限制经营自由度。债务融资可能会限制企业的自由度和灵活性。债权方可能在贷款合同中附加各种条款和限制，如财务报告、资产抵押或其他规定，而这些条款可能限制企业在日常经营中的决策权和自主性。

因此，债务融资虽然可以为企业提供资金支持，但也存在一些风险和限制。创业者应谨慎评估自身经营状况和还款能力，确保能够承担债务融资的风险。

（二）股权融资的优缺点

1. 优点

（1）风险分担。与债务融资不同，股权融资使投资者成为企业的股东，承担企业经营的风险。投资者愿意参与股权融资的主要原因之一是他们相信企业潜力，愿意分享企业的利润和资产处置收益。这样，企业在面临经营困难或亏损时，股权投资者会承担部分损失。

（2）长期资金。股权融资可以为企业提供长期资金，用于扩大规模、研发创新、市场拓展等方面。相比于债务融资，股权融资没有还款负担和利息支出，降低了企业的财务压力，并为企业的长期发展提供了资金支持。

（3）增强信任和声誉。股权融资使企业与投资者建立了紧密的合作关系，增强了相互之间的信任。而且，受到外部投资者的青睐和认可可能有助于企业吸引更多的投资和资源，促进企业的业务增长和发展。

（4）战略合作和专业知识。股权融资可以带来战略合作和专业知识。投资者通常会为企业提供更多的战略指导和专业知识，从而帮助企业优化经营模式、加强市场竞争力，甚至开拓国际市场。这些合作和知识分享可以为企业提供宝贵的资源和支持。

综上所述，股权融资通过风险分担、增加资金支持、增强信任和声誉以及获得战略合作和专业知识等方面的优势，为企业提供了重要的机会和资源支持。然而，股权融资也会导致投资者对企业的决策权和控制权增加，创业者需要权衡这些优点和潜在的限制，确保与投资者达成共识，并维护企业的利益和发展方向。

2. 缺点

（1）控制权丧失。股权融资导致股份稀释，创业者可能失去企业的控制权。随着投资者持有的股份增加，创业者在制定重大战略决策时可能需要考虑投资方的意见，这可能导致决策效率降低，特别是当双方意见存在分歧时。

（2）信息披露的义务。创业者有义务向投资人披露发展规划和企业战略，也包括公开财务和业务信息，而这些信息的披露也可能暴露企业的商业机密和竞争优势。

（3）来自投资人的压力。进行股权融资后，企业可能面临来自投资人的压力和期望，他们希望在短期内获得回报。这可能导致企业在追求长期发展和创新时面临难题，因为一些创新和发展项目可能需要更长的时间和投入才能实现。

有些企业，比如老干妈更倾向于自我融资，依靠自身利润来支持企业的发展。这样可以保持控制权，享有更高的决策自由，同时避免信息披露的义务。但股权融资仍然是一种重要的融资方式，特别是对于追求快速扩张、具有网络效应的公司而言。每个创业企业都需要综合考虑自身情况和目标选择合适的融资方式。

（三）创业融资需求的阶段性特征

1. 初创期

在初创期，创业企业常常面临着高度的不确定性和风险，此时很难从传统的融资渠道中获取资金支持。在这个阶段，企业通常会依靠自身的资金、亲朋好友的支持以及天使投资来进行融资。

（1）自我融资：创业者可能会利用自己的个人储蓄或积累的资金来支持企业的种子期和启动期。这可以包括创业者的个人储蓄、出售个人资产或筹集其他资源来投入企业。

（2）亲朋好友的支持：在种子期和启动期，创业者通常会向亲朋好友借款或寻求财务支持。这种方式建立在血缘和信任关系的基础上，它可以为创业企业提供初始资金。

（3）天使投资：天使投资人是指愿意在早期对创业企业进行投资的个人或团体，他们通常提供资金、经验和行业资源的支持。天使投资人在种子期和启动期的投资是对创业企业潜力的早期赌注。

相比之下，在种子期和启动期从商业银行获得贷款支持可能更加困难，因为商业银行通常更加注重借款人的还款能力和抵押物等因素。而创业的早期阶段，创业者通常无法提供足够的担保或信用背书来获得商业银行的贷款。

在种子期和启动期，创业者通常面临较高的风险和不确定性，建立在亲朋好友关系和天使投资人信任基础上的融资是常见的选择。

2. 成长期

企业在进入成长期后，通常已经有了一定的经营基础，发展潜力逐渐显现，资金需求也相应增加。在成长阶段，创业者可能面临不同的融资挑战和机会。

成长期前期，在企业获得正的现金流之前，债务融资较难获得，即使获得，其资金利息对创业企业也是沉重负担，会影响后续的融资。因此，在这个阶段，创业者更倾向于通过股权融资的方式来筹集资金。股权融资不要求创业者在固定期限内支付利息或本金，而是通过出让股权来获得资金。创业者可以向风险投资者、私募股权基金或其他投资机构出售股权，以获得需要的资金来推动企业的发展。

成长期后期，企业如果表现出良好的成长性，并具有一定的资产规模，创业者可以寻求债务融资方式，如银行贷款、商业信用等。此时，企业可能已经具备了较稳定的现金流和还款能力，可以提供抵押物或其他担保来支持贷款申请。商业银行通常更愿意给予具有较好经营记录和资产基础的企业贷款支持。

3. 成熟期

对于成熟期的企业，资本市场提供了丰富的资金来源和退出策略。以下是一些常见的情况和选择。

（1）债券融资。成熟期的企业可以通过发行债券来筹集资金。债券是企业向投资者发行的一种借款工具，投资者购买债券后，企业需要按照约定的利率和期限偿还债务。

（2）股权融资。企业可以选择发行股票来筹集资金。通过发行股票，企业可以吸引投资者成为股东，股东可以获得股票的价值增长和分红等回报。

（3）公开上市。企业可以选择在股票市场上市，即通过首次公开发行（initial public offering，IPO）将企业的股票向公众投资者销售。公开上市可以为企业带来更多的资金，并提高企业的知名度和透明度。

（4）管理层收购（management buy-out，MBO）。创业者可以选择将企业的控制权转让给企业内部的管理层，管理层使用自己的资金或债务融资来购买企业的股权。这种方式可以让创业者退出企业并获得自己的成果。

创业者选择融资方式时应综合考虑发展阶段以及融资成本等因素。股权融资可以为企业提供灵活的资金来源，但需要考虑股权稀释和投资者对企业控制权的影响。债务融资可以提供较为稳定且相对廉价的资金，但需要确保还款能力和资产负债比等指标的合理性。

（四）创业融资如何准备

创业者需要了解新企业需要多少资金以及如何有效地使用这些资金，以保证当前创业机会从财务上是可行的，能够带来投资回报。具体而言，融资前的准备包括以下重要步骤。

（1）确定企业资金需求。创业者需要估算他们需要多少资金来支持企业的发展，包括初创阶段的种子资金和后续阶段的成长资金。这需要考虑企业的商业模型、市场规模、竞争环境等因素。

（2）确定资金需求的时间点。创业者需要确定何时需要这些资金支持。资金需求的重要节点可能与企业的发展阶段、产品开发里程碑、市场推广计划或团队扩展等相关。

（3）分析筹集资金的渠道。从哪里筹集资金以及向谁筹集资金也是非常关键的。筹集资金的常见方式包括前文介绍的自我融资、亲朋好友借贷、天使投资、风险投资、股权众筹、债务融资等。创业者还可以通过参加创业竞赛等途径来获取资金支持。

（4）制定资金使用预算。包括建立财务体系、制订资金使用计划、建立有效的成本控制和预算管理、与投资者保持沟通等。如果获得外部融资，创业者还需要定期监控和评估资金的使用效果，确保资金产生价值。

了解并充分考虑这些方面，可以帮助创业者更好地规划和执行融资策略，提高融资成功的概率，有效管理获得的资金以支持企业的发展。

（五）融资谈判

无论创业计划书写得有多好，在与资金提供者谈判时表现糟糕的创业者很难达到融资目标。因此，创业者在融资谈判前应做好充分准备，具体而言需要做到以下几点。

第一，准备谈话大纲。在与潜在投资人进行谈判之前，进行全面的准备工作。了解他们可能提出的问题，思考合理的回答并列出谈话大纲。还要进行模拟谈判，以提高自信心。

第二，突出重点。在陈述中，要清晰地传达项目的核心价值和吸引力。要考虑到对方关心的关键问题和风险因素，重点突出解决方案和投资回报。

第三，保持专业和自信。在谈判过程中保持专业、自信和耐心。回答问题要简明扼要，不偏离主题，并注意倾听对方的意见和留意对方的关注点。

第四，预期可能的拒绝。尽管创业者做好充分准备，投资人仍有可能会拒绝或提出苛刻的条件。创业者要有心理准备，不因此而放弃，而是不断改进和调整自己的创业项目。

第五，寻求反馈和修正认知。无论是否成功融资，总结和寻求投资人的反馈是很重要的。从反馈中吸取经验教训，创业者能够更好地调整和完善自己的创业项目。

即使做了充分的准备，项目也可能得不到投资人的认可，这样的结果既受到投资人自身代表性偏差的影响，也有创投项目本身具有高不确定性、高风险性的因素。因此，惨遭投资人的拒绝或被投资人提出苛刻的投资条件都是常态，创业者需要对此有所预期，不要因为投资遭到拒绝就对创业项目失去信心。

三、股份制还是合伙制？

股份制和合伙制是两种不同的企业组织形式，它们各有优缺点，创业者应该根据自己的创业项目的特点和需求，选择合适的公司形式。

（1）股份制是指将企业的全部资本划分为等额的股份，股东以其认购的股份为限对企业承担责任，企业以其全部财产对债务承担责任的法人组织形式。

股份制的优点在于：第一，股份制可以聚集社会资本，有利于企业扩大规模和提高竞争力；第二，股份制可以实现股权的流动性，方便股东进出和股权转让；第三，股份制可以分散风险，股东只需承担有限责任，其个人财产不受影响。

同时，股份制也有其局限性，比如：股份制需要遵守严格的法律规范和监管要求，设立程序复杂，成本高；股份制需要向社会公开披露财务状况和经营情况，容易泄露商业秘密；股份制催生股东与经理人之间的利益冲突和代理问题，可能影响企业效率。

（2）合伙制是一种以人力资本为基础的经营管理模式，确实在一定程度上可以解决控制权和股权稀释的问题。合伙制将管理权掌握在合伙人手中，通常不会出现丧失控制权的问题。

合伙制适用于依赖人力资本和人脉资源的行业，如律师事务所、会计师事务所等。在这些行业中，合伙人往往具有丰富的专业知识和经验，其参与和决策对企业的成功起着重要作用。合伙制能够充分发挥合伙人的作用，促使各合伙人团结一心共同追求企业的利益。

然而，合伙制也有其弊端。其中一个重要的问题是合伙制意味着无限责任。合伙制下的合伙人对企业的债务承担无限责任，即个人财产也可能承担风险。在面临危机或法律问题时，合伙人可能面临较高的风险和损失。

尽管合伙制在某些情况下可以是一种合适的经营模式，但创始人在选择时需要充分考虑风险和利益的权衡。而且，在合伙制的公司中确保与合伙人的专业关系、责任范围、利润分配和决策权等方面的合同和协议是非常重要的。

【本章小结】

本章包含了三个模块，分别是创业资源类型、资源获取方法与创业融资。创业资源类型主要包括资金、人力、技术、组织以及数据资源；资源获取方法包括资源拼凑、从创业网络中整合资源以及通过构建声誉提升资源获取能力等；创业融资模块重点介绍了创业企业融资难的困境、融资渠道以及不同融资方式的优劣势等。

【回顾与思考】

1. 什么是创业融资？创业融资与传统融资有什么区别？
2. 创业融资难的主要原因是什么？
3. 股权融资和债权融资对创业企业的后续经营有什么影响？
4. 创业者在寻求股权融资时需要考虑哪些因素？做哪些准备？
5. 入驻孵化器能够为创业企业带来什么资源？

【课后训练】

练习

模拟创业融资路演

角色分配：学生分为两组，一组扮演创业者，另一组扮演投资人。

项目准备：创业者小组准备详细的商业计划书，包括资金需求、融资方式、预期回报等。

路演模拟：创业者小组向投资人小组进行项目路演，并回答投资人的问题。

反馈与评估：投资人小组根据创业者的展示和回答，给出反馈和评估，决定是否投资以及投资的条件。

第九章

创业类型主要结构和内容

【学习目标】

1. 了解创业类型的主要结构和内容；
2. 理解数字化背景下的创业模式与要素；
3. 了解国际化创业的发展历程及趋势。

■■■ 导入案例 ●

麦当劳："麦门"的数字化转型创新之路

麦当劳在国内共拥有超过 2 亿的会员，并组建了 4.5 万个社群，社群中超过 90% 的成员都是麦当劳会员。据报道，麦当劳中国数字化点单的比例超过 85%。而这些订单绝大多数来自微信小程序和 App 等私域渠道。显然，麦当劳重回增长快车道，财富密码里一定有"私域"两个字。私域流量是可自由触达的，以"IP 化"方式聚集，具有耐受性的流量。与公域流量通过中心化模式进行分发不同，商家能够在私域直接与用户点对点连接。私域用户简单定义如下：可低成本甚至免费反复触达的人群。近年来，互联网行业用户增长日趋见顶，随之而来的是公域流量价格持续上涨。商家想继续获得增长就要付出更多获客成本，这正是私域运营盛行的原因。

PC 时代，大多数知名餐饮品牌的官网建设在了搜索引擎上。进入移动互联网时代，除了部分有品牌影响力的餐饮品牌自建了 App，大多数餐饮品牌事实上的官网被建设在大众点评，具体表现为大众点评的商家页面不乏商家信息、餐品介绍、团购优惠、用户评价等信息。但是，餐饮品牌建在大众点评的官网当属公域，商家与用户的连接，要么是通过用户主动搜索关键词或平台基于地理位置等信息进行的推荐，要么是通过信息流内容推荐被用户发现。随着商家对私域运营的重视，餐饮商家们的官网正向小程序大规模迁移，比如排队预约、到店扫码点餐、到店取餐/外卖等服务都可以在小程序内完成。

2016 年，麦当劳做过一次创立以来最大规模的顾客调查，以试图厘清为什么麦当劳的客流量不断下降。最终，他们得到的答案是，那些离开麦当劳的顾客去了其他连锁快餐，而不是提供更健康食物的休闲快餐。为吸引年轻人的注意力，麦当劳曾在菜单里加入沙拉和苹果片。但对众多餐饮品牌尤其是快餐品牌来说，效率才是命门。

次年 3 月的投资者日上，麦当劳公布全球增长计划，他们不再整天思考如何成为一个更健康的麦当劳，而是研究如何改善顾客体验，以提高门店客流量。其中的重要策略就是提高效率，即数字化。数字化与私域运营有诸多交集，麦当劳的增长计划是麦当劳数字化的开端，同样是麦当劳私域运营的开始。

2017 年 4 月，麦当劳中国更新 APP 功能，用户可提前在 APP 上点单，到门店完成支付后正式下单。另外，APP 提供麦乐送外卖订餐、附近餐厅以及优惠券等服务。2017 年微信小程序诞生，当年 4 月，"i 麦当劳"小程序上线，成为首批入驻的餐饮商家。不过在初期其服务仅限于用户在柜台使用手机支付时，可通过该小程序进行积分累积及产品兑换。2018 年年初，"i 麦当劳"小程序推出线上点餐服务，上线 10 个月内日活用户突破 20 万，初具私域形态。随后，麦当劳陆续上线了十几款小程序，包括"i 麦当劳甜品站""i 麦乐送""i 麦当劳点餐"等，至 2020 年底，麦当劳的小程序生态已累计有 1.6 亿会员。在麦当劳的私域双线战略中，引导用户下载 APP 的链路更长、成本更高，自有 APP 被定位为服务极度忠实用户，小程序则用来覆盖更广阔的人群。

（资料来源：笔者根据网络资料整理）

第一节　主要创业类型

一、大学生创业

（一）大学生创业的定义

根据皮埃尔·布尔迪厄（Pierre Bourdieu）的观点，不同的"场域"构成了多元的社会，且不同场域均有各自特定的行为规则和竞争机制。本节所提及的"大学生创业"就是产业、教育两大场域融合，对既有规则进行突破并创新。在此情境下，信息技术赋能教育基础，学生的创新创业能力突破了传统创业教育的局限性，更贴近数字时代的创业浪潮。大学生创业的特点如下。

（1）开创性。大学生创业往往基于自己的兴趣、专业或者社会需求，开拓新的领域或者创造新的产品和服务，体现了创新精神和创造力。

（2）自主性。大学生创业是一种自我选择的职业道路，不受传统观念或者社会压力的束缚，追求自己的理想和价值，体现了自主意识和自我实现的欲望。

（3）实践性。大学生创业是一种学以致用的过程，将所学的知识和技能运用到创业实践中，不断积累经验和能力，体现了实践能力和学习能力。

（4）风险性。大学生创业是一种充满不确定性和挑战的活动，需要面对市场竞争、资金困难、管理问题等各种困难和风险，需要有勇气和胆识，体现了冒险精神和应变能力。

（5）求利性。大学生创业是一种以盈利为目的的经营行为，需要有明确的商业模式和市场定位，不断优化产品和服务，提高效率和质量，体现了经济意识和经营能力。

（二）大学生创业的发展历程

自 20 世纪六七十年代开始，美国的大学创业教育已粗具规模。21 世纪初期，伴随着大学与创业教育的发展，一套完整的创业课程体系逐步建立，包括创业课程、创业学位授予、创业学术期刊、创业研究机构以及固定的创业研究中心等。1989 年，联合国教科文组织召开了国际教育会议，将"创新创业教育"列为 21 世纪的"三大教育"之一。邵际珍等学者在 2022 年对中国大学生创新创业研究进行了可视化分析，本书基于可视化分析的结果，将大学生创新创业发展历程归纳为表 9-1。

表 9-1　大学生创新创业发展历程

时间阶段	主题	关键词
2000～2006 年	理论探索	创业能力、创业本质、组织模式创新、创业政策
2007～2010 年	创新创业教育	创业教育、教育改革、教学管理、教育模式、培养模式、专业教育人才培养
2011～2013 年	面向创新创业的实践教育	校企合作、工程实践、产学研合作、大学生创新创业训练计划
2014～2018 年	"双创"	众创时代、创客空间、创客运动

综上，在理论探索阶段，随着创新创业教育的逐步发展，国内针对大学生创新创业的研究重心从"本质能力"渐进式转移到"教育"，在这一时间段，学者将大学生创新创业与其他领域相交叉，进行广泛探索与挖掘。教育部提出"2011 计划"，大学生创新创业实践迎合了"大众创业、万众创新"的口号，走出"象牙塔"，与企业实践、社会环境高度接触。在数字时代，"互联网+创新创业"是最受关注的主流趋势。

（三）影响大学生创业的环境因素

1. 内部因素

（1）个人意愿和性格特点。个人是否有创业的意愿和决心，以及是否具备创业所需的特点，如创新能力、团队合作能力、自我驱动能力等。

（2）教育背景和专业技能。大学生的专业背景和技能对创业起到重要的作用。具备与创业相关的专业知识和技能，能够提高创业的成功率。

（3）资金和资源。创业需要一定的资金和资源支持。大学生在创业过程中可能面临资金紧张、缺乏合适的资源等问题。

（4）社会认可和支持。创业需要得到社会的认可和支持。大学生创业的成功与否，部分取决于社会对创业的接受度和支持程度。

2. 外部因素

（1）政策环境。政府的相关政策对大学生创业起到重要的引导和支持作用。政策的鼓励和扶持程度会影响大学生创业的积极性和成功率。

（2）创业生态环境。创业生态环境包括创业资源、孵化器、投资机构等，对大学生创业起到辅助和支持作用。

（3）社会文化和价值观。社会文化和价值观对创业有一定影响。社会对创业的认可、对风险的接受度，以及对成功的定义等会影响大学生创业的动力和方向选择。

（4）市场需求和竞争状况。市场需求和竞争状况是创业成功与否的重要因素。大学生创业的项目是否满足市场需求，以及竞争对手强弱都会对创业结果产生影响。

 拓展阅读 9-1

校园创业的典范：饿了么

上海交通大学机电工程系硕士一年级学生张旭豪，在 2008 年的一个夜晚，与舍友边玩游戏边聊天，忽然觉得肚子很饿，于是给饭店打了个电话叫了外卖，但要么一直没人接，要么是接了也不送。

他们就在这样一件不起眼的小事里，窥见了商机。张旭豪和康嘉等同学组成了最初的创业小团体，将上海交通大学闵行校区附近的餐馆信息集中搜索并汇总，印成一本外送服务的广告册，取名"饿了么"，在校园内到处宣传分发，并在宿舍接听同学们的订餐电话，就这样，送外卖服务正式开张了。在收到点餐之后，他们首先去餐厅取餐，然后把它们送到客人的手中。这种模式完全依赖人力来运营，扩展空间很小。唯一的优点就是有充足的资金：他们先收取餐费，餐厅每周支付一次。

2008 年 9 月，"饿了么"团队启动了外卖网站的开发过程，张旭豪首先在学校论坛上招募了一些软件专业的学生，他们用"ele.me"（"饿了么"的汉语拼音）作为网址，建立了外卖网站。在订餐方面，能够按照客户需求量身定制，当顾客输入地址定位，平台便能根据大数据+算法推测附近餐厅的位置及可配餐的距离范围，并给出详细的备选餐厅列表和可供选择的菜单。

2010 年 5 月，网站开发了 2.0 进阶版本。"饿了么"推进到华东师范大学和紫竹科学园区，顾客群体涵盖了大学生和白领。一个月后，"饿了么"发布超时赔偿机制，并制定了新的行业标准。同年 9 月，"饿了么"全上海版正式上线。

2010 年 11 月，手机版外卖平台上线，业务覆盖整个上海，并蔓延至杭州、北京等大城市。2011 年 3 月，"饿了么"平台已经有 2 万多名用户，每天的订单量平均达到 3000 份，迅速吸引了美国硅谷的一家顶尖风投公司的注意，经过几次接触，"饿了么"获得了 100 万美元的风投。2011 年 7 月，"饿了么"在北京、杭州分别设立分支机构，风险资本随后跟进；2013 年，它又完成了 B、C 轮融资，最后又获得了 8000 万美元的 D 轮融资。

2014 年，"饿了么"总订单量突破 1.1 亿份，每日最高 200 万份订单，占据了60%的市场份额，覆盖了国内 250 多座城市、20 多万家餐馆、2000 多万名用户，成为中国最大的外卖平台。

（资料来源：笔者根据网络资料整理）

二、公司创业

（一）公司创业的定义

公司创业是指在一个已有的组织内部，通过创新和开拓，寻求和利用新的商业机会的活动。公司创业的目的是提高组织的竞争力和适应性，增强组织的生命力和活力。公司创业的主体可以是组织的员工、管理者或领导者，他们可以利用组织的资源、技术和网络，开发新的产品、服务或市场。

公司创业是一种特殊的创业形式，它与个人创业或初创公司有所不同。公司创业的优势是可以借助组织的规模、声誉和支持，降低创业的风险和成本。公司创业的挑战是要克服组织的惯性、保守和抵制，培养创业的文化和氛围。

企业的成长过程中需要不断试错并识别、挖掘机会。机会的识别不仅仅局限于新企业的初创阶段，在企业的生命周期中，更需要持续地发现以及创造机会。

（二）公司创业的特点

（1）公司创业具有目的性。其目的在于提高组织的竞争力和适应性，增强组织的生命力和活力。

（2）公司创业具有主动性。其是由组织的员工、管理者或领导者发起和推动的，而不是被动地应对外部环境的变化。

（3）公司创业具有风险性。其涉及创新、变革和不确定性，需要承担失败和损失的可能性。

（4）公司创业具有广阔性。其可以涵盖各种领域和方向，如产品、服务、市场、技术、管理、文化等。

（三）公司创业的维度

在公司创业的发展过程中，国内外学者对公司创业维度不断进行新的划分，从单一角度到立体多维。在初期的公司创业研究中，学者仅将公司创业视为企业内部不断丰富发展的多元化过程，在此过程中，企业的能力得到了拓展，同时获得了更多的机会。由于企业创业和企业竞争优势的高度相关，国内外学者对企业创业的维度进行了多维的认识，笔者将不同时期学者对创业维度的划分及内容进行了简单的归纳与整理，见表9-2。

表 9-2　创业维度的划分

公司创业维度划分	主要内容
二维	创新冒险（新事业创造）、战略更新（企业竞争、风险承担能力提升）
	创新（产品、流程、组织）、新事业开发（国际、国内）
三维	创新、公司风投和战略更新
四维	产品创新、组织创新、国内和国外新事业开发
	新事业开发、自我更新、创新性和先动性

（四）公司创业的模式

公司创业的模式可以有多种，根据不同的创新类型、创新程度、创新对象和创新组织等维度，可以分为以下几种。

1. 产品创新模式

指在现有的市场或行业中，开发出新的产品或服务，以满足客户的需求或解决客户的问题。比如苹果的 iPhone、iPad 等。

2. 进程创新模式

指在现有的生产或运营过程中，引入新的技术、方法或理念，以提高效率、降低成本或增加质量。比如丰田的精益生产、亚马逊的云计算等。

3. 模式创新模式

指在现有的商业模式/逻辑中，进行创新性调整或改变，以创造新的价值或获取新的利润。比如星巴克的第三空间、阿里巴巴的平台模式等。

4. 平台创新模式

指在现有的产品或服务的基础上，构建出一个能够连接多方参与者、促进多方交互和协作的平台，以实现网络效应和规模效应。比如 Facebook 的社交网络、Uber 的共享出行等。

5. 生态创新模式

指在现有的行业或领域中，建立起一个由多个相互依赖、相互影响的组织或个体组成的生态系统，以实现共同的目标或愿景。比如特斯拉的电动汽车生态、微软的 Windows 生态等。

 拓展阅读 9-2

lululemon 的商业模式逆袭之路

lululemon 是一家主要定位为中高端的运动休闲服饰品牌，以生产瑜伽裤而闻名。在零售百货受到极大影响的 2020 年和 2021 年，lululemon 股价市值野蛮增长，超过 600 亿美元，成为运动鞋服领域里的第二名，仅次于 Nike，赶超阿迪达斯。这个创立于 1998 年的瑜伽品牌在 2017 年左右通过成功的 DTC 策略完成数字化转型，成为很多品牌学习和借鉴的对象。

在美国瑜伽的黄金时期，靠着瑜伽裤在运动服装市场走红的 lululemon 却经历着曲折的发展，管理层大换血、产品问题被召回、其他影响公司声誉的丑闻被披露，这些都曾让公司股价起起伏伏。好不容易熬过风波，当时市场的瑜伽热潮却开始退去了。lululemon 受累于自己过于狭窄的市场定位，开始流失大量的忠实消费者，而单一的产品战略也让它难以扩大瑜伽圈外的消费群体。失去光环的 lululemon 在重组业务中做了什么，最终力挽狂澜并实现逆袭增长？

　　除了重新进行品牌定位、进行品类创新、开拓国际市场外，lululemon 的一项核心战略是深化推动电商业务发展（公司于 2009 年已建立自营电商平台），采取"以自营为主以直销为辅"的经营模式。为此，lululemon 从 2016 年起就开始打造数字零售生态，其运营方式是以自营的直接面对消费者（direct to consumer，DTC）模式为核心，同时将线下渠道整合起来，形成一个数据闭环。希望在降低线下门店运营的巨大成本的同时，更精准地洞察消费者和市场需求。

　　（1）打通数据闭环。公司在 2016 年与 AgilOne（客户数据平台）合作，打造了一个联通线上线下数据的客户关系管理（customer relationship management，CRM）系统，将不同渠道的数据都汇集于一处。这些数据来源于用户与品牌互动的多种方式，通过提前搭建好的应用程序接口（application programming interface，API），公司整合了门店终端 POS 机、网页访问数据、邮件、客服中心、营销平台上的数据，以及更为广泛的个人社区和第三方平台数据。

　　（2）客户为核心的社群营销。社群是 lululemon 营销的核心，借助品牌大使和线下活动链接消费者。lululemon 的"品牌大使"分为瑜伽大使、跑步大使和精英大使。让自家的粉丝担任"品牌大使"，相对低成本地让粉丝帮忙宣传和推广产品，增加了品牌曝光，同时也加强了用户黏性和关注度。

　　（3）全渠道零售。lululemon 布局线上+线下全渠道 DTC 模式，线上强化自营电商平台，线下注重直营门店扩张。截至 2021 年 10 月 31 日，lululemon 在全球拥有 552 家直营零售门店，较上年同期增加 37 家。通过在每个接触点与用户进行前后连贯的沟通和互动，lululemon 构建了无缝衔接的跨渠道体验。

　　在新冠疫情期间，许多零售企业面临严峻形势时，线上布局这步棋甚至让 lululemon 依然保持盈利，根据 2020 全年财报，lululemon 的 DTC 营收占比达到 52%，DTC 电商销售额的增长让它如今反超曾经的耐克和安德玛（Under Armour）两位死敌。

　　（资料来源：笔者根据网络资料整理）

三、内部创业

（一）内部创业的定义

　　罗伯特·伯格曼（Robert Burgelman）在 1983 年首次提出公司创业过程，将内部创业界定为企业利用组织内现存的资源或员工自行建立新业务。与一般的独立创业不同，内部创业往往需要依托母公司资源支持。

　　内部创业是指企业内部创业者得到企业授权和资源保证后所实施的一系列新业务开发以及创新的过程。作为数字化时代下企业适应性变革的常态活动，内部创业构建以灵活性为特征的网络型组织，并为组织成员提供资源支持，成为一项重要制度设计。

（二）内部创业的步骤

　　企业内部创业的步骤如下。

1. 建立远景

一般认为公司内部创业来源于企业内部员工的创造力与才能，首选那些对公司远景有所认知并有自己的理解的员工们。公司战略能否高效实施，取决于在公司内部达成共识的愿景是否具备足够的吸引力，能否让公司的员工看到未来，并为之不断努力。

2. 鼓励创新

对于创业者来说，创新是一种独一无二的工具。企业要认识并实施创新，必须从战略要素入手。研究发现，企业环境是影响自身创新能力的重要因素。创新类型主要分为突破性创新与渐进性创新两种。

3. 营造内部创业的有利环境

在企业重建过程中，内创氛围是创新驱动机制最重要的一环。例如，大量投资创业活动可以在创新环境中激发出员工的创新潜力，从而产生新的想法并得以发展。此外，公司需要开展更能培养能力、促进信息共享的活动，将员工作为企业创新源头而加以开发。在建立公司创业模式、培育公司内部创业者的同时，也要营造一种环境，让有创造力的员工充分发挥自己的潜力。这不但关系到创新主体的潜能开发，也直接关系到创新项目的成功。

4. 建立创业团队

在 20 世纪 90 年代的美国，企业家团队和他们所具有的创造创新成果的潜力被视为美国生产力快速增长的根本原因。在创业团队中，每个成员的技能都被整合到组合当中，而这种团体创新潜能的总和要大于各部分之和。成员在团队协作中学习互相帮助，以完成团队的目标，同时明确各成员对项目做出的贡献，并利用其他人的知识和经验进行"干中学"（learning by doing）的最佳实践。每个成员不断进行细微的调整优化，促进团队的整体进步，并使得这一过程稳步前进，助力企业发展。

（三）内部创业的特点

企业内部创业的特点包括：①与企业共享成果。内部创业团队与母公司共享成果，获得股份、奖金等激励。②有利于员工成长。内部创业机会让员工在实践中学习新技能，提升个人能力。③提高企业活力。内部创新可以激发员工的积极性和创造力，促进企业发展。

当然，每家企业都有其独特的内部创业机制和政策。例如，一些公司会为内部创新团队提供免费的基础公共资源，如办公室、水电网络、基础数据以及各种设备。此外，还有一些公司会采用红利分配与内部资本的双重奖励制度来激励内部创业行为，并能容忍犯错。

总之，内部创业是一种有效的激励方式，可以帮助员工实现个人目标，并促进企业发展。但是每个企业都有其独特的内部创新机制和政策，因此具体情况可能会有所不同。

拓展阅读 9-3

海尔集团的内部创业

以"人单合一"经营模式为代表的海尔集团是国内倡导内部创业的典型代表。海尔集团于 2014 年由产品制造企业转型为创客孵化平台，从制度与人力资本管理上高度重视员工能力的提升及主观能动性的发挥，强调员工获得自主经营权等系列权利。作为家用电器品牌代表，海尔集团稳居世界品牌 500 强之列。据统计，海尔集团内部已孵化超 4000 家小微企业，其中包括 100 多家年营收过亿元及 16 家估值过亿元的小微企业，包括日日顺、卡奥斯等 5 家独角兽企业以及 38 家专精特新"小巨人"等知名企业。

2005 年 9 月，张瑞敏在海尔集团正式提出"人单合一"双赢管理模式。该管理模式可分作三个不同阶段：①2005～2013 年，自主经营体模式；②2013～2014 年，利益共同体模式；③2014 年至今，创业小微模式。其中"人"是企业员工，"单"则意味着用户资源，"人单合一"这一模式使得用户与员工相连接，创造出更大价值。海尔集团推行"人人都是 CEO"的理念，致力于员工独立经营"小企业"。该模式下的员工从传统的科层制中解放，成立直面市场和用户的小微企业。

为践行该理念，海尔集团开发出以"海尔共享赋能平台"为代表的数字运营平台，即通过"四网合一"的方式使员工、客户、用户与交易相互统一，使得员工可借助平台收集和分析消费者需求、利用智能化的生产工厂及获取组织内部资源，以此达到企业员工始终围绕用户创造个性化产品的目的。基于"人单合一"的战略转型模式，创业小微企业逐渐成为海尔集团商业生态网络的核心经营单位，也是基本的创新创业单元。海尔集团正全面向创业小微企业转变，成立以创业小微企业为主的"链群"体系。在数字化转型背景下，海尔员工的定位发生了极大变化，从岗位任务执行者转变为内部创业者，实际拥有"三权"。"三权"包括决策权、用人权和资源分配权。小微企业间以用户价值契约并联协同，且开放地和外部资源、用户都在一个平台上共创共享，将项目分解到人，每个人都有自己的目标，然后为员工提供一个资源的平台，员工变成了小老板的角色，自己对自己的业绩负责。

自 2005 年伊始，海尔集团探索"人单合一"模式已达近二十年之久，颠覆性组织创新和破坏性重构并未引起员工的冲突。内部创业模式很好地支撑海尔集团未来的战略转型方向，并使其成为世界知名的家电企业，较好地证明了其经营模式变革的有效性。

[资料来源：许庆瑞，李杨，吴画斌. 2019. 全面创新如何驱动组织平台化转型：基于海尔集团三大平台的案例分析[J]. 浙江大学学报(人文社会科学版)，49(6)：78-91.]

四、衍生创业

(一)衍生创业的含义

衍生创业（spin-out/spin-off），即创业者离开原公司，继而创办新企业的创业行为。这类派生式创业通常并非公司战略上的积极安排，更多的是基于机遇的潜在创业者的创业精神的体现。与其他的创业方式不同，衍生创业是指一个人或者一个团队从母组织中脱离出来，自己去创立一个新的企业，并且这样一个新的企业和它的母体组织没有任何的所有权关系。一些学者把这一类型的创业模式称为"创业衍生"，也有人把它简单地界定为"由原企业的前员工创办的公司"。

（二）衍生创业的动因

衍生创业的动因见表 9-3。

表 9-3   衍生创业动因

动因类型	具体说明
外部环境	任何创业模式都受到环境的影响，衍生创业需要考虑到市场特征、行业生命周期、知识产权保护，以及产品和行业成熟程度
母公司政策	当员工发明了一项新技术，或识别了一个新的创业机会，他可能选择透露给他的雇主，或选择隐瞒，这取决于母公司相应的政策
创业文化/知识开发程度	有学者研究发现，创业文化浓厚或知识未被充分开发的公司会产生更多的衍生企业
个体层面	创业相比于在本企业或其他企业工作提供了更高收益，包括高人力资本价值实现、风险态度和独立性等非物质激励

（三）衍生创业实践：资源拼凑优势

1. 知识嵌入

衍生创业者在母体中拥有学习经验，因此能够获取嵌入母体中的隐性知识。衍生创业者可以利用正式与非正式关系从母体获取各种隐性知识，具有一般创业企业所不具有的天然优势。

2. 结构体系

异质的战略资源往往在企业中呈现结构化特征，意味着资源组成了"资源束"，需要相互协调发挥作用。对于战略资源偏重知识资源的企业来说，其表现为知识资源系统关联与影响。这种情况下潜在创业者由于自身局限，无法识别和获取完整的"资源束"，进而影响创业机会。

3. 集中性

集中性意味着母体中某些个体在知识网络中占据中心位置且具有异质信息垄断优势。集中性使个体利用知识资源更为便利，从长期的资源使用经验中能够更容易发掘有价值的机会。

（四）衍生创业的具体模式

1. 产品衍生创业

这种模式是指利用已有的产品或技术，通过改进、升级、定制或拓展等方式，开发出新的产品或服务，满足不同客户的需求。例如，苹果公司就是通过对计算机硬件和软件进行不断创新，推出了 iPhone、iPad、MacBook 等系列产品，形成了强大的品牌影响力和市场竞争力。

2. 服务衍生创业

这种模式是指利用已有的服务或能力，通过提供更高质量、更专业化、更个性化或更便捷化等方式，开发出新的服务或能力，满足不同客户的需求。例如，滴滴出行就是通过对打车行业进行深度改造和优化，提供了移动出行平台和社区服务功能，形成了庞大的用户群和商家网络。

3. 基础衍生创业

这种模式是指利用已有的基础设施或资源，通过建设、扩建、整合或共享等方式，开发出新的基础设施或资源，满足不同客户的需求。例如，"一带一路"倡议就是通过对基础设施建设和资源共享进行全球合作和联动，促进了"一带一路"共建国家和地区之间的经济往来和社会交流。

4. 知识衍生创业

这种模式是指利用已有的知识产权或专利技术，通过转让、许可、授权或合作等方式，开发出新的知识产权或专利技术，并将其应用于其他领域或行业。例如，"互联网+"战略就是对知识产权和专利技术进行有效保护和运用，并与各方进行深度融合和协同创新。

 拓展阅读 9-4

文远知行的衍生创业

随着国内新一轮创业的兴起，许多曾经供职于知名公司的高级管理人员纷纷离开自己的公司，创办新的企业。文远知行（WeRide）就是衍生创业浪潮中的典型企业之一。文远知行是一家智能出行公司，拥有国内领先的 L4 级自动驾驶技术。公司在 2017 年正式成立，其总部坐落于广州，同时在国内（北京和安徽安庆），以及国外（美国硅谷）设立了研发和运营的分支机构。文远知行的核心团队成员具有异质互补性，各自均具有丰富的海内外工作经验。从技术研发、商业模式运作到企业日常运营，文远知行的高管团队成员都曾在知名企业（如谷歌、微软、百度、滴滴、思科和神州等）担任重要职位。

离开大公司进行衍生创业的原因，来源于为母公司创造的价值与自身收益的不匹配感。相较于大公司而言，小公司的激励机制更加直接，某些大公司的弊病在于传统的平均主义（大锅饭），存在搭便车（free riding）行为，导致员工的贡献与其实际收益并不匹配。另一原因是职业发展遇到瓶颈，无法发挥自身价值。大多在行业头部工作过的文远知行成员认为，自身的想法观念受到既有制度环境等限制，无法充分展现自身价值，理念不合也是一方面原因。

衍生创业的显著特点，则是创业者专注于开发本行业或相似领域的创业机会。文远知行创始人表示："无人驾驶车辆不但成本更低廉，商业利润也很高，有着无与伦比的潜力。"自动驾驶可能会最先在中国大规模出现，对西方国家实现"弯道超车"。这得益于来自各个层面的强有力的支持，以及相应的法律法规推进；同时，这也是基于多年工作中自身累积的经验知识，以及对政策认知的感知与判断。

对机会的把握意味着创业者发现了资源的潜在价值。无人驾驶涵盖的范围很广，包括主机厂、激光雷达、GPS、高清摄像头等，这些都是属于无人驾驶的产业链，发展无人驾驶行业，还需要对上下游的资源进行更多的整合。从感知到深度学习，从决策控制到高清地图，文远知行拥有世界级的工程师团队。文远知行的创业团队整合了成员各方面的能力与资源，以满足市场需求。高管创业团队自身的客户资源也相当重要，文远知行的创始人团队前期通过从业积累的社会关系，与原始企业、客户、供应商、政府等多方合作，实现了"无痕对接"，实现了资源的快速整合，更好地满足了市场和客户的需要。

［资料来源：刘方龙，邹立凯，李新春. 2022. 企业高管的衍生创业机制：基于专用性资产的影响研究[J]. 南开管理评论，25（1）：105-117.］

五、连续创业

（一）连续创业的定义

连续创业是指一个创业者在创办一家公司成功后，继续创办新的公司或参与新的创业项目的行为。这种行为通常是由对创业的热情和追求新的机会驱动。连续创业者经验丰富，他们从之前的创业经历中获得了宝贵的经验和知识，并希望将其应用于新的创业项目中。连续创业者通常具有更高的成功率，因为他们能够借鉴之前的经验教训并更好地应对挑战。

创业活动促进了新创企业的诞生，对于那些连续创业者而言，他们在实践中积累了更多获取资本的途径，更有效率地利用现有资源，同时优化资源配置，从而更易于识别创业机会并做出反应与行动，新企业就此诞生。

（二）连续创业的影响因素

创业的成功受多种因素影响，包括个人经验、创业精神、市场资源、投资者信任、行业洞察等。成功的连续创业者需要不断学习、适应并发展自己，才能在竞争激烈的市场中脱颖而出。连续创业的主要影响因素见表9-4。

表 9-4　连续创业的影响因素

影响因素	具体内容
外部环境	政府政策、文化氛围（对失败的宽容度较低的文化氛围增强了创业者耻辱感）
心理和认知	认知偏差中的过度自信可能会增强创业者的自信心，促使他们将失败看作成功的必要门槛，驱动其积极地再次创业
学习	学习有利于提升创业者的自信心和创业能力，从而促进后续创业（包括对自我的认知、关系的学习以及企业的学习等能力，以及了解企业所处的创业环境等）

（三）连续创业的模式

连续创业可以采用不同的模式，以下是几种常见的模式。

1. 直接创业

创业者在成功创办一家公司后，直接创办新的公司。这种模式适用于创业者拥有新的创业想法和机会，希望继续发展新的业务领域。

2. 投资孵化

创业者在成功创办一家公司后，通过投资和孵化新的创业项目来支持其他创业者。他们提供资金、资源和导师指导等支持，帮助其他创业者实现其创业梦想。

3. 并购和整合

创业者通过收购或合并其他公司来扩大自己的业务规模和市场份额。他们可以将不同的创业项目和公司整合在一起，形成一个更大更有影响力的企业集团。

4. 创业生态建设

创业者通过建立创业孵化器、加速器或创业生态系统来支持整个创业社群的发展。他们提供场地、资源、培训和网络支持等，帮助其他创业者在创业过程中取得成功。

这些连续创业的模式并非互相排斥的，创业者可以根据自己的兴趣、能力和市场需求选择适合自己的模式。

（四）连续创业需要注意的问题

在进行连续创业时，有几个问题值得注意。

1. 疲劳和压力管理

连续创业可能需要不间断地投入大量精力和时间，这可能导致疲劳和压力。创业者应该学会管理自己的能量和休息，确保身心健康，并避免过度工作疲劳。

2. 资金和资源管理

连续创业可能需要大量的资金和资源支持。创业者需要谨慎管理资金，并寻找合适的投资者和合作伙伴来支持他们的创业项目。

3. 团队建设和人员管理

每次创业都需要建立一个强大的团队来实现目标。创业者需要关注团队建设、招聘和人员管理，以确保拥有合适的人才和团队文化来支持他们的连续创业计划。

4. 业务多样性和市场风险

每次创业都涉及不同的业务领域和市场风险。创业者需要对新领域进行充分的市场研究和风险评估，以确保他们了解挑战并做出明智的决策。

5. 技术和市场趋势

连续创业需要创业者持续学习和了解最新的技术和市场趋势。创业者应该保持敏感和灵活，及时调整他们的战略和业务模式，以适应变化的环境。

综上所述，连续创业的成功需要创业者全面考虑并妥善管理这些问题，以最大限度地提高成功率。

 拓展阅读 9-5

从携程到如家：连续创业的楷模

尽管名片上的公司换了一次又一次，但他的名字始终没有改变过：founder。季琦就像一只贪婪的豺狼，时刻都在寻找着新的猎物。虽然有些人认为，他可以留在携程、如家，带领公司走向更高的平台；但是对于季琦来说，这就是创业的快乐，因为他要去面对未知的挑战。

1995 年，北京和上海等一些大城市，很多房地产开发商都开始为办公楼安装综合布线系统，作为办公大楼智能化升级的一种手段。那时候，季琦刚从美国回来，被一位朋友邀请，一起做综合布线系统，后来又涉足信息系统计划（information system planning，ISP）和系统集成等行业。季琦于 1997 年 9 月成立上海协成科技有限责任公司，同年，协成被上海市认定为高科技企业。季琦说："如果我对一件事情没有激情，我是绝对不会去做的。"这份热情造就了携程。那时候，季琦事业蒸蒸日上，但他却始终放不下"网络情结"。

1999 年 5 月，季琦与梁建章、沈南鹏、范敏共同创建了携程旅行网。2001 年，一名网民在"携程网"上发了一条投诉，投诉携程上的酒店收费太高。这让季琦很感兴趣，他对携程的预订情况进行了调查，了解到经济型的锦江之星和新亚之星都有很高的入住率，并且出现了供不应求的现象。携程高层在进行了一系列的讨论后，认为借助携程丰富的用户资源，以及无与伦比的技术优势，能够为其构建完善的集中预订及酒店管理体系提供支持。携程管理层在商讨后，终于同意了这一投资方案。携程于 2003 年 12 月 9 日在纳斯达克挂牌，当天涨幅 88.6%，创下纳斯达克历史新高。但是 2002 年季琦却离开了携程，成为如家集团的 CEO。

"如家"继承了携程"基因"：携程凭借其丰富的技术经验，协助"如家"构建完善的中心预订及酒店管理体系；"如家"酒店已经在全国范围内形成了一批忠诚的用户群体，这些群体也都是酒店的潜在顾客；而季琦的优秀创业履历以及"如家"的新型经营模式，更是吸引了众多投资者的目光，为其筹集资金提供了坚实的基础。为了不因为资金紧张而放缓扩张步伐，如家摒弃了传统的自营式经营。为了尽快抢占先机，采取了"直营店""特许经营""管理合约""市场联盟"等多种模式，在全国范围内快速扩张。

此后，如家集团将其发展策略转变为以北京和上海为支撑，以华东、华南、华北、华西为四大运营中心，进行了发展重心的调整。

（资料来源：笔者根据网络资料整理）

六、技术创业

（一）技术创业定义

技术创业是指基于科技和创新的创业活动。技术创业者利用先进的技术和创新的商业模式，开展涉及科技产品、服务或解决方案的商业活动。技术创业涉及以下方面。

1. 技术创新

技术创业者致力于开发和应用新的科技解决方案，包括硬件、软件、人工智能、机器学习、物联网等领域的技术创新。

2. 商业模式创新

技术创业者不仅关注技术方面的创新，还关注商业模式的创新。他们试图通过创新的商业模式来打破传统行业的格局，创造新的商业机会。

3. 风险投资

技术创业通常需要大量的资金支持。创业者通常会与投资者合作，从风险投资机构或天使投资人那里获得资金支持，以支持他们的创新和发展。

4. 市场和用户导向

技术创业者通常会密切关注市场需求和用户反馈，以开发满足市场需求的产品或服务。他们通过市场调研和用户研究，不断优化产品和提升用户体验。

5. 规模化和增长

技术创业往往追求快速增长和规模化。他们希望能够通过技术创新和市场机会，在短时间内实现业务的规模化发展。

技术创业主要依赖于创业者的技术优势进行创业。这类创业者往往拥有某领域的专利技术，利用此类技术发明所研发生产的产品能够获得竞争优势，在市场上攫取超额利润。技术创业对推动社会进步和经济发展具有重要意义。它能够带来新的就业机会、创造新的商业领域、推动产业升级和创新，并为解决社会问题提供新的解决方案。

（二）技术创业类型

数字技术创业是基于大数据、AI、云计算等新兴技术，识别、评估和利用机会以实现资本运作、市场营销、产品服务等数字化的创业活动。这一创业活动主要以两种方式发展。

1. 直接利用数字技术开展创业产生收益

例如支付宝（Alipay）、苹果钱包（Apple Pay）等数字支付业务，和以Facebook、推特（Twitter，现已改名为X）为首的社交网络企业等。

2. 间接利用数字技术开展的创业

例如结合新媒体和网络技术所识别的机会，或是将传统项目数字化，如 Uber、

Airbnb 等。

（三）技术创业的风险因素

1. 技术的发展阶段与生命周期

技术创业往往需要在尚未成熟或新兴的技术领域进行创新。这意味着技术创业者可能面临技术不成熟、技术障碍、技术可行性等方面的风险。技术的失败或无法按计划实施可能导致项目失败。

2. 技术的市场风险

技术产品或服务的市场需求和接受程度是技术创业的重要因素。创业者可能面临市场竞争、产品需求不确定性、市场规模估计错误等风险。如果产品无法满足市场需求或无法赢得足够的市场份额，创业项目可能失败。

3. 技术的法律与合规风险

技术创业需要遵守相关的法律法规和合规要求。创业者可能面临知识产权侵权、数据隐私违规、合同纠纷等风险。违反法律法规可能导致法律纠纷、罚款或企业形象受损。

创业者应该认识到这些风险，并积极采取措施来管理和减少这些风险，例如进行充分的市场调研、建立强大的团队、寻求合适的资金支持、合规运营等。同时，创业者应具备灵活适应能力，及时调整策略和应对变化，以应对风险和挑战。

 拓展阅读 9-6

大疆：无人机帝国的进阶之路

大疆这座无人机"帝国"于 2006 年开始于大学生汪滔的宿舍里。作为大疆的创始人，汪滔一直痴迷于研究无人机。从香港科技大学毕业后，他决心追逐梦想，把当时仍是初创公司的大疆搬到了深圳这个中国制造业的中心，将剩余的大学奖学金全部投注到公司上。事实证明，迁到深圳是大疆未来取得成功的关键。

大疆很早就开始销售 DIY 无人机和控制器。但直到 2013 年，大疆才发布第一款消费级无人机——大疆精灵 Phantom 1 号。大疆自始至终追求创新，专注于设计和技术融合，致力于打造先进又价格亲民的优质产品。从精灵 Phantom 1 号到 2018 年发布的"御" Mavic Air，大疆展示出了其无人机技术在极短时间的极大进步。

大疆最早的成就之一是其先进的 GPS 系统。在 GPS 技术被集成到无人机之前，操作者原本无法确定无人机在空中的方位。这个问题极大地影响了整体的用户体验，并造成了许多潜在用户的流失。随着 GPS 模块和内置罗盘的集成，这项技术更加安全和易用，操作者终于可以完全掌控无人机，让其在特定位置盘旋了。

大疆还有另一个重大技术突破，即他们的 Lightbridge 传输系统（大疆首款 2.4G 全高清数字图像传输系统）。在 Lightbridge 技术出现之前，用户原本是无法实时查看无人机镜头在远处空中拍摄的画面的，这就阻碍了无人机在娱乐和商业领域，尤其是在航拍和摄像领域更广泛的应用。而随着 Lightbridge 的发明，操作者可以直接从智能手机上实时观看无人机拍摄的高清视频，以便第一时间查看和完善自己的航拍照片和视频。

在消费级无人机领域取得成功后，大疆意识到企业市场的巨大增收潜力，继而开始向企业领域进军。在继续主导消费级无人机市场的同时，大疆坚持不懈地投入开发他们的专业级无人机产品线，"悟" Inspire 系列专门为满足电影和电视行业的专业需求而设计，而经纬 Matrice 系列则是为了各个行业部门的商业和工业监测而设计。

大疆专业级无人机的魅力和创新性在于，他们把为消费级无人机开发的关键基础技术，完美整合到了专业级无人机之中，既能保持用户友好的特色，又能执行专业要求较高的企业任务。从对道路、建筑和桥梁进行空中监测和调查，到执行救援任务，大疆利用无人机技术的发展潜力，改善甚至转变了全球各行业运作的效率。

（资料来源：笔者根据网络资料整理）

七、社会创业

（一）社会创业的内涵与外延

社会创业是指组织或个人（团队）以社会使命为核心动力，通过市场机制来解决现有问题，最终愿景是社会现状向人们希冀的理想状态改变。社会创业同时对社会价值和经济价值双重目标进行追求，同时保持组织自身的可持续状态。作为一种相对年轻的创业形式，社会创业于 20 世纪 90 年代在全球范围内逐渐兴起，始于公共服务领域，在发展过程中逐渐脱离了普通民间非营利组织的范畴，成长为一种别具一格的创业模式。不同于传统的商业创业或非营利组织，社会创业被认为是一种社会创新模式，能够有效解决当前的社会问题。

（二）社会创业的特征

1. 以解决社会问题为出发点

社会创业的发展根源是未得到妥善解决的社会问题，或者尚未得到满足的相关需求。社会创业追求问题解决的社会影响最大化效果。

2. 明晰的愿景和使命

社会创业的任务，是指社会创业者或组织为应对社会问题而采用创新性的业务模式，具有前瞻性、可行性与吸引力。

3. 用更创新的方式来解决问题

相较于普通的商业创业情境，社会问题往往更紧急、难以处理，同时具有一定的社会危害性。因此，为解决特定社会问题，社会创业需要更创新的解决途径。

4. 核心社会资本的重要性

社会创业者拥有的社会资本相当重要，如自身的社会关系、合作伙伴关系、志愿服务人力资源、社会援助的人财物支持等。社会资本是社会创业的核心。

（三）社会创业的价值

1. 提升公民的品德修养

通过社会创业活动，引导更多的机构、个人对我们所生活的社会以及我们所面对的各种社会问题进行反思，从而增强人们对社会的责任感和使命感。

2. 建立积极主动的社会保障机制

社会化创业通过调动社会资本来应对社会问题，为建立积极的福利机制、实现"穷人"利益最大化而非"懒人"坐享其成，提供了一种有效的路径。

3. 解决公共服务的短缺问题

目前我国正处于社会转型期，人民群众对公共服务的需求空前高涨。社会创业是解决社会问题如生态环境保护、弱势群体就业、养老服务等的一种新型方式。

4. 促进社会经济的发展

社会化创业具有明显的正向外部效应，但它并不遵循"边际收益递减"的经济学原理，因此它比一般的商业创业能够产生更多的经济价值。

（四）社会创业的模式

1. 非营利组织模式

社会创业者创建非营利组织（non-profit organization，NPO），关注社会问题的解决和社会福利的提升。这些组织通常以公益为导向，依赖捐款、赞助和政府拨款等形式获得资金，通过项目实施、宣传倡导、服务提供等方式来推动社会变革。

2. 社会企业模式

社会创业者创建社会企业，关注商业可持续性，追求社会影响。这些企业可以运用商业模式和商业方法来解决社会问题，追求社会、环境和经济共同受益。社会企业通常采用盈利模式，但将部分利润用于回馈社会或再投资用于社会目标。

3. 利益相关者合作模式

社会创业者通过与各利益相关者合作，共同推动解决社会问题。利益相关者可以包括政府部门、企业、学术机构、社会组织等。建立合作伙伴关系，共享资源和知识，实现协同作用，提高解决社会问题的效果和可持续性。

4. 社会投资模式

社会创业者通过社会投资，为具有社会影响力的企业或项目提供资金支持。社会投资旨在实现社会和经济的双重回报，同时推动社会变革。社会创业者给予其价值观和社会目标相契合的企业或项目投资，通过资金支持帮助它们发展和扩大影响力。

 **拓展阅读 9-7**

千千树：探索规模化社会影响力新途径

教育不公平是当今中国社会不公平最严重、最具长期影响的因素之一。高收入家庭拥有优质的教育资源，而中、低收入家庭却负担不起。在这些问题中，早期教育和学前教育的不平等问题尤其突出，因为它们不包括在义务教育之内。农村地区幼儿园与城市幼儿园的教育质量差距甚大，直接影响了农村地区儿童的发展，对儿童所在家庭和当地的人口素质的提升也产生影响。为了解决这一问题，从 2011 年开始，直到 2013 年 5 月，为了支持学前教育的发展，中央总共投入了 341 亿元。同时为推动中西部地区学前教育的发展，在中央和地方政府制定的学前教育三年行动计划中，重点支持中西部建设乡镇中心幼儿园。随着政策的逐步实施，入园难问题得到有效缓解，一部分农村幼儿园的硬件条件已经超出了很多城市幼儿园。但与此同时，农村学前教育质量问题变得尤为突出，尤其体现在缺乏合格的师资及适合农村地区儿童的教学方案。

2011 年 10 月，经过近两年的项目孵化筹备，北京乐平公益基金会与王甘等社会企业家创立了北京谷雨千千树教育咨询有限责任公司（简称千千树）。千千树作为一家关注儿童公平教育发展的社会企业，其愿景是用创新的方式，提高农村留守儿童及城镇外来务工人员的学前教育质量，推动教育均衡发展。在成立初期，千千树就试图针对农村幼儿教育的根本问题——课程质量和师资，提出专业的解决方案，为农村幼儿园研发一套适用的课程并进行系统性的教师培训，帮助农村地区建设当地培训力量和幼儿教师队伍。

与此同时，在 2011 年，千千树在北京通州建立了"千千树儿童之家"，招收的孩子都来自当地农民或外来打工者家庭。儿童之家的实际定位是千千树这个社会企业的一个实验园和培训中心。千千树通过实验幼儿园——儿童之家，进行课程的测试、示范和培训。儿童之家注重按年龄进行不同活动，激发孩子们的学习积极性，鼓励他们去体验，去参与，去探索，发展他们的表达能力。在千千树儿童之家，很多父母都表示，他们的孩子越来越开心，越来越有信心，也越来越爱与人交流。

作为一家社会企业，千千树从创立伊始就没有将自己仅仅定位在通过提供服务解决个体所面临的教育不公平问题，而是期望通过推广创新的解决方案，促进行业发展，推动政策变革等方式让尽可能多的孩子有平等机会获得优质、可负担的学前教育，进而产生规模化的社会影响力。

（资料来源：笔者根据网络资料整理）

八、绿色创业

（一）绿色创业的内涵与外延

绿色创业是企业为创造经济、心理、社会、环境等多种价值，而进行的一种具有未来导向的创新活动。目前，世界范围内的可持续发展思想与战略取向，为我国开展绿色创业研究与实践带来了机遇。正如绿色创业研究的代表性学者谢泼德在 2015 年《商业创业学刊》（*Journal of Business Venturing*）建刊 30 周年时所指出的，创业活动既可能帮助也可能伤害其他人、社区和自然环境，而创业研究的重要动向之一就是学者们开始关注创业结果如何"利他"，包括生态创业和社会创业在内的、以可持续发展为诉求的绿色创业研究，为理解创业现象开辟了广阔领域。

近十年来，有关创业与可持续发展融合的讨论，已从传统意义上的环境主题延伸到了环境、社会和经济"三位一体"领域，涵盖了"三重底线"（triple bottom line，TBL）——经济繁荣（economic prosperity）、环境友好（environmental integrity）和社会平等（social equality）。根据"三重底线"，将绿色创业与可持续发展相结合的研究，其本质上是将仅注重经济底线转变为兼顾社会底线与环境底线，基于已有的创业的研究成果，新形成了以社会创业、生态创业为代表的不同价值导向的创业实践研究。经典研究成果（如 Shepherd and Patzelt，2011）提出，应当从"什么应具可持续性"和"什么应得到发展"两个层面来探讨创业与可持续发展的融合主题。据此可以梳理出，创业活动的"可持续发展"性质，本质追求的是创造未来服务、产品和过程的契机，同时关注生态环境与日常生活质量的发展和保障，重点在于为社会中的个体与组织谋求"福利"，创造经济与非经济层面的价值。

（二）绿色创业的模式

1. 可再生能源模式

绿色创业者致力于开发和推广可再生能源，如太阳能、风能、水能等。他们通过开发可再生能源发电设备、提供新能源解决方案，为社会提供清洁能源以替代传统化石燃料能源，减少温室气体排放和环境污染。

2. 可持续农业模式

绿色创业者关注可持续农业和食品生产，推动有机农业、农业生态系统保护和可持续耕作。他们开展有机食品生产、农产品供应链的绿色化、农业废弃物资源化利用等活动，致力于提供健康、环保的农产品。

3. 循环经济模式

绿色创业者致力于推动循环经济，通过资源回收、再利用和再生产，减少废弃物的产生和对自然资源的过度损耗。他们开展废物回收和再生利用、建立循环经济产业链等活动，通过循环利用资源和减少浪费，实现经济和环境的双赢。

4. 绿色建筑模式

绿色创业者关注绿色建筑和可持续建筑设计，通过使用环保材料、节能技术和水资源管理等手段，减少建筑对环境的影响。他们提供绿色建筑设计和咨询服务，推动绿色建筑标准的普及和应用。

5. 环境教育与倡导模式

绿色创业者通过教育和倡导，提高公众对环境保护的意识和行动，并促使政府、企业和社会组织采取环保措施。他们开展环境教育项目、组织环保活动、倡导环境法律和政策等，通过引导和激发人们的环保意识，推动环境保护的实践。

需要重视的是，党的十八大后中国生态文明建设的新实践，为中国国情下的"绿色创业生态"研究带来了难得的机遇。习近平总书记在六五环境日国家主场活动的贺信中指出："生态环境是人类生存和发展的根基，保持良好生态环境是各国人民的共同心愿。党的十八大以来，我们把生态文明建设作为关系中华民族永续发展的根本大计，坚持绿水青山就是金山银山的理念，开展了一系列根本性、开创性、长远性的工作，美丽中国建设迈出重要步伐，推动我国生态环境保护发生历史性、转折性、全局性变化。"在国家颁布的一系列有关政策中，还提出了构建双创生态圈、资源共享的平台，主动推动绿色发展，为经济发展和环境保护创造双赢的道路。这一系列重要的思想主张、政策措施，结合党的十九大以来推进经济高质量发展的战略取向等，都呼吁我国的创新创业实践实现转型升级。

 拓展阅读 9-8

和盛育林：让荒漠绿起来

从呼和浩特市中心向南驱车约 40 公里后，便可到达一处地势较低但连绵起伏的山区。透过茂密的野草，可以看到一棵棵翠绿的樟子松，有的已长到 1 米多高。这里是呼和浩特的和林格尔县。眼前的景观让人难以想象这里曾经是荒漠，土地严重退化，几乎没有植被覆盖。如今，随着植被的恢复，野兔、赤狐、赤麻鸭、石鸡、环颈雉、斑翅山鹑等久违的野生动物频繁出现，一个新的生态系统正在恢复。于 2010 年启动的"内蒙古盛乐国际生态示范区项目"计划在内蒙古近 4 万亩的退化土地上，用 30 年的时间来重建并维护一个健康、稳定的近自然生态系统。该项目由内蒙古和盛生态育林有限公司（简称和盛育林）负责工程实施。

和盛育林成立于 2008 年，以生态苗圃、生态修复及园林绿化、生态养殖、生物质能开发为四大支柱，致力于成为"生态修复的先锋公司，生态建设的创新企业"。为了提高在育林和生态建设方面的技术实力，还成立了和盛育林研究院，经过 6 年发展，2013 年收入超过 2 亿元。

该公司面临三大机遇：内蒙古是中国荒漠化第二大区，需求巨大；政策创造有利条件；行业尚处于起步阶段，还没有直接竞争者。区别于其他育林企业，和盛育林坚持"先做生态，再做生意"的经营理念，体现出聚焦生态修复工程、优先考虑环境效益、提倡可持续循环模式、增加农牧民收入等多角度的社会价值。老牛基金会 2010~2013 年对"内蒙古盛乐国际生态示范区项目"投入资金累计超过 1.7 亿元人民币，为和盛育林初创期发展提供了种子基金，用项目招标的方式对社会企业的能力进行间接孵化，这种"公益资本斥巨资启动社会企业的规模化"的"公司+公益组织合作"模式也为今后提供了借鉴的价值。再加上大自然保护协会（The Nature Conservancy，TNC）提供专业的技术指导，以适地适树、适地适草为原则进行植被恢复，专业力量为项目成效提供了有力保障。经过 6 年的发展，和盛育林"设计—规划—施工—养护"的全产业链已经初步形成，在技术和管理上都更加专业，和林格尔县的生态建设也已经初见成效。未来，和盛育林可以在内蒙古甚至内蒙古以外的更多更广大的干旱半干旱地区进行业务拓展。

（资料来源：笔者根据网络资料整理）

第二节　数字化创业

一、数字化与创业机会

（一）创业机会的内涵与外延

创业机会可以定义为一种有利可图的商业或创新的机会，使人们能够开展自己的业务或项目。这种机会可以基于新的市场需求、技术创新、社会趋势、产业发展或其他变化来实现。创业机会通常需要创造独特的价值，解决现有问题，满足人们的需求，并具有可持续发展的潜力。创业机会可以是开设新的企业，开发新产品或服务，也可以是在现有市场中寻找新的商机。

创业机会是创业研究的基础，也是创业者认识与行为交互的关键。由于"创业机会"基本内涵的包容性，学术界对"什么是创业机会"这一概念还没有形成共识，特别是对机遇"发现观"和"创造观"起源的争论，更是贯穿了创业研究的整个过程。"机会"这一概念的模糊定义，一方面，使学者们很难对已有的研究结果进行对比，清晰地勾勒出有关创业机会的研究领域；另一方面，由于概念模糊，研究者们难以检验现有的机遇理论，使实证研究有效性受到更大制约。

（二）创业机会的研究发展历程

在"人与机会关系"（the individual-opportunity nexus）这一范式当中，研究的关键始终聚焦于"人"这一层面，对于"机会"的诠释一直无法在理论与实践上落地。即使学者也对机会的异质性属性做出了讨论，如机会本身的创新性或伴随机会产生的其他必然属性（如不确定性）等，但始终存在不足。其中的主要原因是，在创业的早期萌芽进程中，机遇本身并非可感知存在的实体。

在数字经济时代，新的组织结构不断诞生并逐渐壮大。例如，双边甚至多边平台、在线交流社区、数字生态系统等，对于固有的创新战略理论而言，是一种顺应时代潮流的必然颠覆。针对现有的创业研究，数字化情境挑战了传统的研究范式，即"人与机会的关系"。挖掘数字化创业机遇的新特性，揭示其孵化规则，有助于引导数字化创业企业拓展机遇空间，提升创业机会辨识的质量和实施效率。数字化能够更好地优化生态系统的资源分配，回馈数字生态体系的构建，进而不断地提升创业环境，促进企业的高质量发展。

笔者整理了数字化对创业机会的赋能要素，详见表 9-5。

表 9-5　数字化对创业机会的赋能要素

数字赋能要素	具体阐述
数字基础内驱力	数字基础设施是机会的外部驱动力,将机会的实现过程从展望、开发等阶段清晰划分,且每个阶段都有可控制的关键成功因素
数字系统扩展性	数字创业机会具有高度的可扩展性和网络效应,它们可以利用数字技术的低成本、高速度和广覆盖的特点,快速地扩大规模和影响力
数字要素普适性	依托数字化所建立的沟通渠道,具有高度的开放性和协作程度,生态系统要素可以参与价值链创造的所有环节

相对于单纯的技术创新机遇,"用户价值"和"生态化"创新机遇对数字创业机会在当前环境下提出了全新的需求。创业机会不再是一个模糊的象征,而是通过具有创业信念的行动者,在新的情境要素作用下,共同生成的、可落地的创业思考。由此可见,与传统创业机会不同,数字化生态环境为数字化创业机遇的落地提供了更为具体的孵化氛围。

在数字化背景下,创业机会研究的关键在于创业者如何利用宏观的数字环境(生态系统),对潜在的机会进行识别、优化,继而实现开发的过程。在这一独特的情境下,创业机会内在属性被改变,同时在理论界更挑战了现有的思考与研究范式,"人与机会的关系"在数字化时代被赋予了新的注解。

(三)数字创业机会的性质

1.创业机会的迭代性

传统的创业机会通常来自创业者个人的经验阅历,或者是来自团队对某个特定市场机遇的深入挖掘。但数字创业机会具有碎片化特征,兼具机会识别过程的动态化,因而具有迭代性。数字产品本身开源、易更改编辑,创业者更容易及时检验修正思路,优化商业模式,识别潜在机会。

2.创业机会的交互性

数字创业背景下,在线社区的出现丰富了用户作为群体的集体探索与实验,也为科技与用户信息的研究提供了理想化的平台。创业者通过卷入用户互动,能够改变创业行为,获取社会资本,降低不确定性与差异化,以及获取合法性等。数字创业活动最大的变化在于,创业过程不是某个行动者的单独决定,而是多个行为主体共同创造的结果。

3.创业机会的延展性

与传统产品不同,分层模块化的体系结构决定了数字产品的重要特性,通用性以及基于平台的产品开发成为数字产品发展的主要趋势。对于创业机会来说,数字平台意味着机会集的拓展,甚至是跨界创新的可能性。数字平台的自生长性也为数字创业的机会带来更多不确定性。数字创业背景下的"机会创造观"的主要内容将是创业者如何利用数字平台这一创新生态系统,去创造变化、生成创业机会的具体过程。

4.创业机会的生态性

生态性是机会的迭代性与延展性在数字空间场所的延续,也必然对创业机会的实现过程产生影响。与其他市场环境不同，位于生态系统中的创业企业除了自身的成长需求之外，还需要应对来自生态系统的限制性因素造成的影响。数字生态背景下的创业机会的开发，需要新创企业战略性地利用平台或生态所赋予的资源，基于数字产品/平台特性进行设计，开展创业活动，进行破坏性创新。

二、数字化与创业团队

（一）数字创业团队的定义

最初对创业团队的定义，是两个（或以上）为谋求经济利益而共同建立企业的创业者组成的团队。经过学者持续讨论，其被明确表述为由两个（或以上）一起创立或管理新企业的成员所组成的团队，他们具有共同愿景，且各自拥有一定股权。数字创业最早被看作是一种以数字技术进行创业的过程，现在则主要是指数字创业者在数字经济的发展中，运用数字技术来识别、开发、实施和改善数字创业机会，持续地向用户提供数字产品和数字服务的过程。

具体而言，数字创业团队有狭义和广义之分：狭义上是指，在公司成立之初，便运用数字技术进行创业，并由此创建、发展数字产品和服务的团队；广义上是指，在狭义的数字创业团队定义基础上，同时也包含了在数字化转型过程中，以数字化技术为基础的企业二次创业和商业模式创新所组成的团队。

（二）数字创业团队的特征

我们将数字创业团队的特征归纳为如下方面（表9-6）。

表 9-6   数字创业团队的特征

数字创业团队特征	具体阐述
团队构成开放化	以数字网络为依托，一定程度上跨越了文化差异、时间和地理空间限制，基本要求是团队成员能够在规定时间内完成任务
团队决策趋于最优	高度精确算法下的机器，无须人工监督控制，能够高效、长时间完成基础的数据工作，避免了团队成员精力和时间耗散 数字技术模拟情境，提供多种备选方案，减轻了有限理性和信息不对称的问题，优化现有决策环境
团队管理智能化	数字创业团队可借助软件/机器人，完成简单重复性的管理业务；可以借助人工智能模拟人类的思维模式和行为，实现更加科学的高水平管理
团队运作连通化	获取和处理数据资源的成本骤降，为创业团队内部远程交互提供了极大的便利。数字创业团队在非工作时间和非常规工作场所开展创业活动也更常见

 拓展阅读 9-9

数字化的永辉   背后的团队什么样

2021 年 6 月 22 日，永辉 6·18 战报出炉。数据显示，6 月 18～20 日三天，永辉线上平台 GMV 突破 2.5 亿元，且订单量突破 300 万单，同比去年增长超 100%。永辉线上到家业务增速再提，已成为永辉发展新势能。

以科技助力业务创新为核心，永辉基于覆盖全国的千余家线下门店优势，聚焦"到店+到家"业务协同发展，不断加强高科技到业务效果的转化，打造"科技永辉"。2020 年，永辉线上销售额实现了百亿规模的新突破；截至 2020 年 12 月 31 日，"永辉生活"会员数已突破 4933 万户。线上业务的飞速发展，背后是来自永辉大科技中心千人技术团队的支持。目前，永辉大科技中心已完成千人团队的组建。其中，本科及以上高学历人才占比近九成，在整个商超行业中处于领先地位。这种人才结构和投入规模甚至已经超过了很多互联网公司。

用户在永辉生活 APP 上下单后，拣货员根据订单信息将所需的货物进行分拣和打包。完成后，系统将该订单指派给骑手，确保订单按照预约时间送达用户处。朱小龙需要负责的就是整个环节中的派单算法：为订单匹配最合适的骑手，提升骑手骑行效率、降低用户等待时间、提高订单履约率，从而提升用户购物体验感。据朱小龙介绍，2021 年，永辉的派单系统已覆盖福州等地门店，线上订单履约率达 95% 以上，纵观行业，这也是值得一提的数据。

永辉前 CTO 李松峰此前在采访中表示：2021 年永辉大量招募科研人员、技术人员。现有 1000 个人左右的技术队伍正在搭建永辉的中台。对于永辉来说，线上的团队和线下的团队，包括新业务的团队都是割裂的，中台的建设，就是要将原来的烟囱推倒，取而代之的是一套新的融合体系。永辉超市要搭建的中台，最少也要有七个大的模块，其中有交易类的，也有供应链类的，还有物流类的。他举例，在物流方面，还有大型的中心仓储、常温的仓储、生鲜的仓储，以及末端的送货和配送，还有最后三公里的路线规划等。

数字化中台是以消费者为中心，强调数字驱动、全渠道零售的互联网零售平台。数字中台搭建不易，但却让零售企业快速响应市场的快速变化，实现低成本创新。"不独立自主地打造自己的数字化中台，不可能有真正的转型。"李松峰在采访中强调。

永辉董事长张轩松曾表示，数字化转型是永辉高质量发展的必经之路，永辉超市要努力成为用户更喜爱的科技零售企业。在已经完成大科技供应链中台的关键集成工作的前提下，永辉持续推动线上线下一体化趋势，聚焦"到店+到家"业务协同发展，以数字化驱动业务创新、业绩增长以及降本增效。

（资料来源：笔者根据网络资料整理）

三、数字化与创业资源

（一）创业资源的定义

企业保持长久竞争优势的根本来源，是自身所具备的独特资源与能力。企业资源涵盖了有形资源与无形资源，两类形式资源的结合可转变为独特能力，同时具备"不可流动"和"难以复制"两大特点。根据资源基础观（resource-based view，RBV），资源是企业持续发展的根本基础，是创业机会蜕变为实践"点石成金"的关键要素。创业资源根据用途主要划分为两类：知识型资源、运营型资源。

（1）知识型资源：高度专业性的知识、技能，以及企业的运作信息，难以被竞争对手所复制利用，能够帮助企业培养核心竞争力，具备独特性。

（2）运营型资源：如资金、厂房、设备、技术专利等，在企业的日常运作方面给予支持，具有普遍性。

（二）数字化下的创业资源

在创业要素方面，传统创业需要创业机会、创业资源、创业团队三种关键要素，但数字创业突破了蒂蒙斯经典创业框架。在数字时代，机会、资源和团队的简单拼凑和叠加，已然无法满足数字创业的全面发展。除了最基础的机会、资源和团队要素之外，企业需要数字技术的创业能力和数字商业模式的共同参与，才能实现创业成功。

数字创业机会能够实现的前提是数字创业资源所提供的基础。数字化创业资源是指企业在信息化、智能化背景下，以虚拟和实体化的方式呈现并储存的全部创业资源。数字化创业资源是数字化创业的"能量"，该"能量"贯穿于数字化创业全流程，在各数字化创业流程间持续流动、传递与吸收，并持续转换生成新"能量"。数字化创业机遇与创业资源是数字化新创企业获得成功的必要条件，数字化新创机遇与数字化新创资源开发这两个子过程紧密相连，不可分割。

数字创业应对不确定性的方式发生根本性变化，数字化下的创业资源具有如下特点：能够产生巨大的辐射效应和溢出效应（高传播性）；产品扩散成本低（高价值性）；人员时空约束小（高数字性）；创新迭代速度快（高创新性）。

数字创业资源的关键，是对其进行编排、拼凑的过程。数字资源的编排与再造，包含了持续测试（continuous testing）、资源众包（resource crowdsourcing）、排序分类（sorting）、机会勘探（prospecting）、资源移植（resource grafting）和资源精简（resource streamlining）六个单元。

（三）数字创业的四种模式

从"数字创业"的概念进行延伸，企业数字创业是指利用数字技术（数字平台、基础结构和部件），在已有的轨迹（产业/路径）或新的轨迹上进行的组织创新和价值创造，其实质是数字技术创新结果在企业层次的商业化应用与价值转换。所以，数字创业的模式取决于两个方面：一方面是数字技术是否具备渐进性或突破性；另一方面是企业数字化创业的发展轨迹是遵循已有的轨迹，还是开创了崭新的道路。据此可以将公司数字创业类型构造为矩阵模式，划分为四类基本象限，分别是捍卫者、重塑者、赋能者和冒险者。对于每种模式的特征，表9-7进行了介绍。

表 9-7   数字创业的模式

创业角色	具体特征
捍卫者	企业利用成熟、稳定的数字技术，在现有行业发展上进行组织创新和价值创造。强调应用渐进式数字技术成果，降本增效，巩固现有市场地位

续表

创业角色	具体特征
重塑者	企业利用数字技术重构产业格局和竞争方式，推动数字化转型和升级。重塑者掌握并熟练应用数字资源，具有成为行业标杆的潜力
赋能者	企业将持续改进的数字技术引入新行业，挖掘新的发展领域，进一步开发事业。赋能者以范围经济为锚，强调技术的跨行业应用，扩张产品的市场范围
冒险者	企业脱离现有事业规划的轨道，利用全新的数字技术，踏入新行业发展，形成企业新的事业路径

需要说明的是，"捍卫者模式"往往出现于传统行业当中，如零售、消费以及中介服务等。选择捍卫者模式的企业，往往具有以下特征：①相对缺乏数字资源、技术能力和现金流；②缺乏明显的扩张意图。捍卫者模式对数字资源的硬性要求不高，更强调企业对现有资源发挥创造性应用，在生产、运营、财务等职能领域，进行组织层面的创新。

冒险者模式主要基于"主动"和"被动"两类情况。一是由于公司自身处在"夕阳"状态，或者受到外界的突然打击，整个产业的发展没有希望，不得不脱离原来的发展轨迹；二是由于内部和外部的环境原因，如政策变更、"企业家精神"等，公司在新兴产业中利用数字化技术进行"二次创业"。

四、数字化创业平台

（一）数字化创业平台的概念

创业是推动经济高质量发展的重要抓手，而新时代开展创业的重要变化是要注重利用好数字基础设施。随着数字技术的应用深化，基于场景的基础能力沉淀不断增强，数字平台生态系统（digital platform-based ecosystem）日益重要地支撑着创业活动的基础设施。在数字平台生态系统这一新型组织架构出现的早期，成熟的在位企业往往对进驻生态持谨慎观望态度，平台企业需要采取措施激励创业企业加入共创。生态中蕴含的丰富创业机会"拉动"创业企业加入。例如，苹果手机应用商店和谷歌应用商城的创建，为软件开发商提供了高效的应用发布和获利平台，吸引了大量创业者加入。

数字技术使得互联网平台成为驱动共享经济发展的新型连接系统，它为企业价值创造了新的商业基础设施，企业期望借助平台与其他主体互动合作，进而实现价值共创。互联网平台利用数字技术连接多方，替代传统的商品或服务交易中介，通过网络协同与数据智能促进多方价值共创。

（二）数字化创业平台与价值共创

学者们从不同理论视角研究了数字化创业平台的价值共创。

1. 资源基础观视角

从强调在创业过程中获取具有稀缺性、不可替代性价值的资源以获取竞争优势，转为强调用户定义资源的价值、企业与用户共创价值。

2. 动态能力视角

从强调创业过程中如何协同资源形成相应能力以应对环境不确定性，转为强调如何形成共创能力，促进企业与利益相关方之间的价值共创。

3. 制度理论视角

认为借助数字技术赋能，消费者等利益相关方在推动变革中起重要作用，且与企业共创价值。

（三）数字创业与传统创业

数字创业与传统创业的对比见表 9-8。

表 9-8   数字创业与传统创业的对比

比较范式	数字创业	传统创业
创业要素	数字技术、数字创业能力、数字创业机会、数字创业资源、数字商业模式	创业机会、创业资源、创业团队
创业团队	多层次性、可演化性、无预定义性	单一且明确的创业个体或团队
创业机会	创业机会碎片化和识别过程动态化	创业者的个体经验或创业团队对某一市场机会的深挖
创业资源	可获得性和可替代性高，获取成本低	资源有限，获取成本高
创业过程和结果	创业过程具有开放无边界性和动态迭代性，创业产出具有自生长性	创业过程具有清晰稳定边界，创业产出具有确定性
理论基础	数字创新理论、平台理论等	资源基础观和不确定性理论等

资料来源：刘志阳，林嵩，邢小强. 数字创新创业：研究新范式与新进展[J]. 研究与发展管理, 2021, 33(1): 1-11.

 拓展阅读 9-10

数字化创业平台——美团

美团企业是中国领先的服务型电子商务平台，该企业致力于建设以生活日常消费为核心的多层次科技服务，截至目前已开发出美团、美团外卖、美团单车等系列大众消费服务型应用软件，服务类型涉及餐饮、零售、出行以及休闲娱乐等多达 200 余项品类，业务区域覆盖全国约 2800 个县区市。美团平台以餐饮服务为核心，致力于建设成为从需求侧到供给侧的多层次综合服务平台，其主要盈利模式包括商家佣金、消费者沉淀资金、广告费等。从送外卖到万物，从饮食、购物到旅行和住宿，作为一种"新型零售+技术平台"，美团通过提供各种应用场景来在线供应以满足离线消费需求。目前，美团的 B 端业务主要针对餐饮供应链和线下商店数字化，使用数字手段扩展在线运营，利用技术创新来满足消费所需的应用场景，并通过技术驱动确保及时有序地运营餐饮市场。

在数字经济背景下，平台型企业在不拥有资源所有权情况下，借助于数字技术识别和提升资源价值，其中包括：

第一，提升资源的闲置价值。以美团打车平台为例，该平台识别和开发私家车等资源的潜在价值，例如受访的网约车平台管理者表示："当车辆处于闲置状态时，该资源的价值并未有效利用，而美团能通过互联网技术盘活资源闲置的价值，以更低成本和更高速率来匹配海量社会闲置资源的供给和需求。"美团平台的酒店及餐饮业务同样存在该逻辑，即美团平台能识别市场中存在众多酒店及餐饮等资源价值，而在数字化技术发展之前，此类资源难以被充分利用进而闲置。美团凭借数字技术识别和提升资源的价值，并提供精准的供需匹配以提升其利用率与资源价值。

第二，提升资源所有者及用户价值。美团借助数字技术所提升的资源价值，一方面为个人或商户带来额外收益，另一方面为市场的消费者或用户带来更方便、快捷、低成本的服务和产品，因而能够提升资源所有者和用户的价值。如案例资料显示，美团招募司机，给予的抽成比例低于滴滴的 20%～25%，也低于出租车。顾客使用美团，除了网约车带来的便利性等好处，也有更多补贴优惠。

第三，提升资源的社会价值。美团网约车服务使得私家车的产权主体共享其资源的使用权以取代资源归司机或个人所有，有限的车辆能够搭载更多的用车需求者或既定的用车需求者可通过共享权利的方式减少道路上的运营车辆，既节约社会资源也减少拥堵，其最终结果呈现出美团网约车服务提升资源的社会价值。

［资料来源：刘方龙，蔡文平，邹立凯. 2023. 数字经济时代平台型企业何以诞生？：基于资源产权属性的案例研究[J]. 外国经济与管理，45（2）：100-117.］

五、数字化与创业管理

（一）数字化与创业管理的内涵

从企业组织理论的视角来看，数字企业是指基于数字技术能力来创造价值的社会技术实体。从实践视角来看，数字企业是指基于数据来完成交易或提供数字化体验产品和服务的企业，数字技术将充分融入于企业经营管理活动之中。数字化下企业的创业管理则是指基于数字技术应用配置人员流程和结构等要素完成战略变革和创新，实现企业目标和价值的实践和活动。

数字创业的创业机会、创业资源和创业团队等关键要素在质量、形态和数量上均发生了根本性变化，也使创业过程变得更加动态、复杂和非线性。数字技术造就了更加灵活多变的、具有高成长性和高价值性的创业模式，使数字创业具有开放、汇聚、智能、共生、裂变、跨时空等新的特征。数字创业的发展正成为发展数字经济的强大推动力量，急需对数字创业的新规律、新模式、新规制等进行系统深入的研究。

（二）数字创业中的抑制因素

任何的创新与变革都可能遭遇潜在的阻力，公司数字创业也不例外。由于资产专用性、组织刚性以及内部创新效率低下等因素的制约，成熟企业很难像新创企业那样灵活地应对技术环境变化，难以有效地识别和把握数字创新所催生的创业机会。从组织因素的角度看，公司数字创业的抑制因素主要包括组织惰性、路径依赖和感知风险三大类。

1. 组织惰性

成熟企业内部普遍存在着保持既定行为方式和消极应对环境变化的倾向，即组织惰性，它是对企业产生不利影响的"短视"行为。

1）洞察惰性

组织环境中的重要变化与组织意识到这些变化之间存在时间滞后，对环境变化的识别及其响应不会及时发生。

2）行动惰性

即使组织意识到环境的变化，但囿于组织结构和文化的刚性和排他性，导致组织安于现状、行动缓慢，甚至是抵制变革活动。

3）心理惰性

组织成员在意识到外部压力时产生心理焦虑和认知防御，对组织寻求变化的要求表现出冷漠或激烈反对。

2. 路径依赖

1）结构依赖（即组织结构的刚性）

无论是传统的层级式，还是新兴的网络式组织结构，都是企业为实现管理效率而进行的制度化选择，它是企业发展历史和经验的积淀，具有一定的刚性。

2）竞争依赖

在超强竞争环境下，专有竞争资产是持续竞争优势的来源，但竞争资产的专一以及由此形成的刚性核心竞争力会限制企业对新业务的接纳和支持水平。

3）文化依赖（即组织文化的排异性）

组织文化是企业价值观和经营宗旨的集中体现，既具有凝聚和激励组织成员的作用，又会排斥与现有文化存在差异或相悖的思想和行动。

3. 感知风险

在公司数字创业过程中，企业对外部风险的感知主要来自两方面：一是政策稳定性，它能使企业形成相对准确的创业活动预期，以及对潜在风险的提前研判；二是技术外溢性，它是企业获取技术资源、建构技术机会的关键环节。

 拓展阅读 9-11

小米：数字时代创业机会识别与用户价值共创

随着数字时代到来，用户行为可数据化，创业企业与用户在互动频率和深度上发生质变，形成新的需求获取模式。用户对产品有了更高要求，追求产品基本使用功能的同时更追求外形美观和质量上乘。杭州小米分公司相关负责人指出，插线板、照明等消费品大部分市场被小企业分割，但小企业没有能力生产，导致大量伪劣产品充斥市场，用户渴望高质量产品难以实现。而小米通过丰富的销售渠道（如小米商城、淘宝、京东等）、广泛的社交媒体（以MIUI论坛为中心，扩散至微博、微信、豆瓣等主流线上媒体等）以及自身硬件设备等积累大量用户消费记录，包括地区、年龄、手机外观和内存偏好等，这均是小米搜集整理以形成价值创造的前提。

在机会识别阶段，小米以软硬件结合打通数据连接渠道，同时在手机周边、智能家居等不同场景中搜集用户行为数据。当时的小米创业平台负责人刘德曾在发布会上提出：中国为什么不能做满足不同用户需求的电饭煲？杨华加入小米生态链，研发出可以根据用户不同口味自主调节米饭的软硬程度，甚至能根据区域优化功能的电饭煲。在机会评估阶段，在数据分析基础上与用户实现数据对话，快速评估机会。小米正是通过粉丝在小米论坛或微博发布的话题和帖子，快速获得大量用户反馈意见提升其产品创新，利用优质供应链和销售渠道与创业团队想法相结合不断更新产品，并丰富信息资源，对创业机会进行及时反馈和调整。在机会利用阶段，通过信息交互快速进入市场，提高产品与市场需求的匹配度。小米将自己成功的商业模式赋能到生态链企业中，相继开发了耳机、电饭煲、手环等系列智能硬件产品，吸纳超过 500 个开发者加入小米生态链中。同时成立了米家（MIJIA）品牌，希望用新国货理念推动中国制造业升级。

［资料来源：周文辉，陈凌子，邓伟，等. 2019. 创业平台、创业者与消费者价值共创过程模型：以小米为例[J]. 管理评论，31（4）：283-294.］

第三节　国际创业

一、国际创业的由来

"国际创业"一词最先由莫洛伽（J. F. Morrow）提出，他对国际创业的概念进行了界定，由此"国际创业"引起了学者们对国外市场上新创企业的注意。西方学者帕特里夏·菲利普斯·麦克杜格尔（Patricia Phillips McDougall）通过对本国创业企业和国际创业企业进行比较分析，揭示了国际创业企业的特征，为国际创业研究的学术化奠定了理论基础。在之前研究的铺垫下，西方学者本杰明·奥维亚特（Benjamin M. Oviatt）和麦克杜格尔在 1994 年发表的《国际新创企业理论》一文中对国际新创企业的形成机理进行了进一步分析，是国际创业理论发展的重要里程碑。此后，国际创业相关研究迅速发展。随着研究的逐步展开和深入，以及其他领域的学者加盟，国际创业借鉴和吸收了心理学、社会学、经济学、人类学和历史学等多学科领域的相关研究成果，拓宽了国际创业的理论视野和研究空间。

二、国际创业的定义和演进

国际创业，简而言之，就是创业者跨越国界实施商务活动的过程，包括出口许可证贸易、合资经营、战略联盟、跨国并购、在国外开设办事处以及其他国际化行为。这种满足目标客户的行为经常发生在多个国家。当创业者在多个国家实施其商业模式时，国际创业就发生了。但具体定义上，什么样的行为才可以称为国际创业，学术界至今尚无统一的、可供参考的划分标准（表9-9）。

表 9-9　国际创业的代表性定义

学者与年份	概念界定
麦克杜格尔（1989）	从一开始就致力于国际商务活动的新创企业实现国际化成长的方式
奥维亚特和麦克杜格尔（1994）	新创企业利用国际资源或市场，寻求获取竞争优势以实现国际化成长
赖特和瑞克（1994）	公司层面（包括新企业和成熟企业）跨越国界的创新行为和活动
麦克杜格尔和奥维亚特（1996）	以实现组织内价值创造和成长为目标的企业跨界创新行为
佐拉和杰维斯（2000）	不同年龄、规模的企业为进入国际市场而从事的创业活动和冒险性行为
奥维亚特和麦克杜格尔（2000）	以实现组织价值创造为目标的跨国界创新、超前行动和冒险行为的集合
佐拉和乔治（2002）	创造性发现、开发国外市场机会以追求竞争优势的过程
奥维亚特和麦克杜格尔（2005）	发现、设定、评估和利用跨国界商机以创造未来商品和服务
琼斯等（2011）	通过跨越国界的创新和冒险行为，其目的是实现组织中的价值创造
黄胜和周劲波（2013）	创业者通过激发创业导向、运用国际化知识并采取恰当的国际化模式对跨国界的机会进行识别、评估和利用以实现价值创造的过程
田毕飞和丁巧（2017）	企业发现、设定、评估和利用全球商机并跨境创造未来商品和服务的过程

国际创业概念内涵的演进经历了以下三个阶段。

（一）提出阶段

国际创业研究是从考察国际新创企业开始的。在早期的研究中，麦克杜格尔等把国际创业视为新创企业利用国际资源或市场实现国际化成长的方式，强调的是初创或成长阶段企业的迅速国际化问题，其研究对象是国际新创企业或从创立开始就致力于国际商务活动的小企业。然而，以国际新创企业为研究对象来概括国际创业的内涵是不全面的。创业活动不仅发生在新创企业，很多成熟的大型跨国公司也在尝试模拟新创企业发展的积极属性，如灵活性、适应性，探索创新方法，进入新的领域和国际市场并开创新的事业。

（二）拓展阶段

深入理解国际创业的全面含义，首先必须明确创业的含义。多数学者认为，创业具有创新性、超前行动性和冒险性的特征。据此，国际创业学者在吸收创业理论的基础之上，对国际创业的概念进行了修正，从早先关注国际新创企业发展到大公司内部创业，拓宽了国际创业的概念内涵。然而，这一修正仅仅是对创业行为特征的描述，问题在于上述特征并不是创业的全部维度。虽然已有不少学者围绕创业特征开展了实证研究，并采用相关量表进行了测度，但往往并没有深入剖析或说明在不同量表之间做出选择的依据或标准，从而导致国际创业的研究结论趋于分散化，难以形成贯穿始终的理论主线和统一的研究框架，无法为企业实践提供系统、全面的指导。

（三）深化阶段

近年来，创业机会日益成为创业研究的主线，西方学者谢恩和文卡塔拉曼认为，创业研究应着重考察"什么人通过何种方式去发现、评价和利用机会以创造未来商品和服务"（Shane and Venkataraman，2000）。这样界定创业的好处在于，不仅将公司创业包括进来，而且聚焦于机会，可以采用非均衡分析方法来描述特定的人对一定环境下的商机表现出的创业倾向，而不是找出所有环境下有别于他人的行为特征，从而消除了关于创业维度的无休止争论。奥维亚特和麦克杜格尔在接受创业机会观的基础上，通过整合各种观点，对国际创业做出了新的界定，把国际创业视为"发现、设定、评价、利用跨国界商机以创造未来的商品和服务"的过程，这一定义通过引入创业机会的概念巧妙地把国际商务和创业学的最新发展整合在了一起，进一步推动了国际商务与创业学的相互渗透与融合，并丰富了国际创业的概念内涵。

三、国际创业的模式

国际创业模式在西方文献中一般被称为国际市场进入模式，是企业为实现海外经营所设定的一种使用各种资源和技能的制度安排。基于风险，国际创业模式可划分为贸易型、契约型、投资型和联盟型。

（一）贸易型创业模式

贸易型创业模式是指企业将母国境内的产品向目标国境内销售的模式，主要包括间接出口和直接出口两种方式。贸易型创新模式是大多数企业进行国际创业的最开始的选择策略。

1. 间接出口

间接出口是指企业通过本国的中间商进行出口的行为。在所有的创业模式中，间接出口的风险最低，并且具有投资少、易于管理等特点。它适用于刚刚起步进行国际化经营的企业，实力比较强的企业也会通过间接出口的方式大面积铺设国际市场。但是，进行间接出口的企业会存在无法获得更多的国际经营经验、无法全面掌握市场信息、无法完全掌控销售市场等缺点。间接出口主要有以下形式：①通过国外公司在本国设立的分公司销售；②通过贸易公司出口；③通过出口管理公司出口。

2. 直接出口

直接出口是指企业不通过中间商，而是直接通过国际市场销售渠道进入国际市场。在直接出口模式中，主要由本国的内部营销部门进行出口活动，企业不同程度地直接参与产品出口活动。当企业国际市场份额增长较快时，可以选择直接出口模式。直接出口的主要形式有：①通过国外代理商或经销商进行销售；②通过国外分公司或子公司进行直接销售；③直接销售给最终用户。

（二）契约型创业模式

契约型创业模式是指公司通过技术合约、管理合约和销售渠道等资源与目标国的公司建立紧密联系，从而进入国际市场，在目标国的公司中并不参与股份。它又分为许可经营、特许经营、管理合同、合同制造、国际分包合同、一揽子合同等方式。

1. 许可经营

许可经营是指国内企业将无形资产转让给外国企业，主要包括专利、专有技术、商标使用权等交易。许可经营是中小企业契约型创业模式的主要方式。

2. 特许经营

特许经营是指公司将自己公司的商标、专利、专有技术或者经营管理等转让给国外的另一家企业，并且后者向前者支付费用来获取转让的资本。特许经营是一种低成本、低风险的国际创业模式。

3. 管理合同

管理合同是指企业派遣管理人员到目标国的企业完成管理任务。这种管理权可以是管理全部的经营活动，也可以只是管理某一部分活动，如生产管理或销售管理。

4. 合同制造

合同制造是指企业与目标国制造企业签订合同，由该国的制造企业制造产品，本国企业负责销售。合同制造能使企业比较快地打入国际市场，风险非常小，并且有利于企业与国外制造商之间建立良好的合作关系。

5. 国际分包合同

国际分包合同通常指国内总承包企业向其他国家的分包企业订货，目标国企业进行生产，承包商在国内市场和第三国市场出售产品。国际分包合同与合同制造的不同点在于，合同制造中目标国企业承担了生产的整个过程，而国际分包合同中目标国企业只承担生产过程的一部分。

6. 一揽子合同

一揽子合同又称启钥契约或交钥匙契约，是指两国买卖双方签订的工厂设备和技术转让的买卖协议。从选择工程方案、提供设备、培训人员到施工、生产，承包企业承担所有过程的全部责任，最后把完成的工程交给买方。

（三）投资型创业模式

投资型创业模式是指企业直接在国外建立公司进行国际创业。投资型创业模式的最大特点是股权参与，因此对目标国的生产经营活动和市场开发具有更大程度的掌控权。投资型创业模式可以分为独资经营和合资经营。

1. 独资经营

独资经营指由投资者在目标国建立一个自主经营、自负盈亏、自担风险的企业。独资经营投资高，即期利润少，风险大。具有足够的海外经营经验、充足的资本和相对较大的市场份额的企业较适合进行独资经营。

2. 合资经营

合资经营是指母国企业与目标国企业在目标国按照其法律共同投资建立一个共同经营、共享利润、共负盈亏、共担风险的合资企业。

（四）联盟型创业模式

联盟型创业模式是指两个或多家企业为了实现优势互补、扩大国际市场、实现共赢而制定的双边或多边的合作协议。联盟型创业模式更偏重战略建设。战略联盟模式已经成为国际创业的新兴方式。战略联盟主要有以下形式。

1. 技术开发联盟

技术开发联盟是指企业之间形成的技术协议，即由一方企业提供新产品研制技术，另一方企业提供资金和有效渠道，合作进行新产品开发，成立合作研究小组，双方将集中研发力量，加快研发进程，形成规模经济。

2. 合作生产联盟

合作生产联盟是指由联盟各方共同出资购买设备进行生产制造。合作生产联盟各方可以优化各自的生产技术和生产方法，根据不同情况及时调整生产量，最终提高生产能力，生产出高质量产品。

3. 营销与服务联盟

营销与服务联盟是指联盟方共同制定适合合作各方在国际市场的营销和服务营销计划，从而联盟方比竞争对手更迅速地占领国际市场；联盟各方也可以通过这种形式开发新的国际市场。

4. 多层次合作联盟

多层次合作联盟是上述多种联盟形式的集合，联盟方在多个领域内开展多方面多层次的合作业务。企业可以从一项业务合作发展到多项业务合作，逐渐进行多层次合作。

5. 单边与多边联盟

单边联盟是指两个国家的两个企业进行联盟，多边联盟则是指多个企业多个国家的联盟。市场营销与服务联盟主要定位于某个特定地区的消费市场，因此大多数情况下是单边联盟。随着经济全球化的发展，多边联盟成为一种发展趋势。

四、国际创业风险的类型

企业在国际化进程中，不可避免地要面对来自东道国和相关经济实体的各种不确定性因素的影响，从而给国际化创业带来一定的风险。由于国际创业是一种跨越国界的资本投资活动，其创业环境与国内创业环境相比更为复杂多变，面临的风险更大，尤其是当今国际市场风云变幻莫测，传统风险和非传统风险相互交织，因此避免或降低投资的风险对于国际创业企业而言更具有现实意义。

（一）风险、国际创业风险

尽管不同学者及不同领域专业人士对风险理解有所不同，但本质方面基本相同。日本学者武井勋在其著作《风险理论》中总结了历史上诸家的观点，归纳出风险定义应有的三个基本因素：①风险与不确定性有所差异；②风险是客观存在的；③风险可以被测算。在这个基础之上，武井勋对风险下了一个比较完整的定义：风险是特定环境下和特定时间内自然存在的经济损失变化。相对来说，经济损失也包括盈利的不确定性。

以上关于风险的定义，同样适用于国际创业风险，只不过国际创业风险是一般风险的更具体的风险形态。故国际创业风险是指在特定环境和特定时期内，客观存在的导致企业创业经济损失的变化。

（二）国际创业风险的类型

因国际创业风险成因复杂，根据不同的划分标准，其风险可划分为不同的类型。按其产生的原因，大致可以分为商业风险、文化风险、国家风险、社会责任风险四类。

1. 商业风险

国际创业的商业风险是指由于经营环境、经营战略、经营决策等的变化导致投资经济损失的变化。它包括以下几个方面。

1）汇率风险，又称外汇风险，是指国外创业活动中汇率变动对企业潜在利润、净现金流量和市场价值变动的影响。它是创业者面临的最普遍的风险。按照不同的时间关系，外汇风险可以分为交易风险、经营风险和财会风险。

（1）交易风险是指汇率变动对债权和债务价值造成的影响。交易风险是由外债引起的。具体来说，有以下几种情况：第一，以外币表示的买卖商品或商品性服务时的应收账款或应付账款；第二，以外币表示的借款或贷款；第三，签订外币的期货合同；第四，其他任何以外币表示的资产及债务。

（2）经营风险是指投资国和东道国货币汇率发生变动时，使得在东道国建立的外国企业的投资价值确定、股权和收益确定方面发生的汇率风险。

（3）财会风险，有时又称为转换风险，是母公司将国外子公司或被并购公司的财务报表转换为母公司的财务报表时所面临的一种风险。

2）利率风险，是指一定时期内由于利率的变化而导致的国际创业者的资产价值发生变化。它主要表现在资本的筹集和运用的过程中。利率的变化包括创业者在借款或贷款活动中的利率变化、不同的国家的利率变化、不同市场和不同币种的利率变化。利率的变化对创业者的影响直接反映在其创业的成本上。

3）自然风险，指由于意外的自然灾害、自然环境的突变，如地震、洪水等，所引起的创业者经济损失的变化。该风险主要源于大自然的异常变化，创业者对其较难控制。

4）通货膨胀风险，指的是由创业投资所在国通货膨胀因素而引发的一系列损失或收益减少。通货膨胀率直接关系到投入品的价格，而后者直接影响企业的生产成本，生产成本的高低又与产品的竞争力休戚相关。

5）违约风险，是一种信用风险，指一方不履行合同对另一方造成的损失。

6）经营管理风险，是由于企业自身经营管理不善而出现的财务上、资产上的风险。如流动资金周转不灵、产品老化、产品成本过高、销售渠道不畅等，都将导致经营管理风险。

2. 文化风险

由于国家间、民族间的文化差异所带来的创业损失的变化叫作文化风险。能否克服文化风险，是企业进行国际创业过程中所面临的挑战和难题之一。

文化风险，是由文化差异带来的。文化，简言之，是指社会群体的行为模式和价值观念的总和。不同的国家、民族有着各种不相同的文化形态。这种文化差异体现在语言（包括有形语言和无形语言）、艺术、宗教、时间、社会关系等方面。假若国际创业在两种不同的文化氛围中进行，如果不把这两种不同的文化氛围协调好，就可能导致严重的文化冲突，影响企业的生产和经营，从而带来不必要的损失。

3. 国家风险

国家风险是指国际创业中造成的损失，由于东道国政治、经济状况的变动，以及政策、法律的变更，导致创业的环境发生变化，从而给企业造成损失或消极后果。这种风险是无法为个人或企业所左右的。国家风险属于系统性投机风险，影响面大，破坏力强，并呈现出突发性和高度的复杂性。当风险事件发生时，即使政治强势、财力雄厚的公司也不能幸免，因而也最难以对付。国家风险的种类有以下几种。

1）东道国政局变动风险

政局动荡是国际创业的大敌。造成一国政局动荡的主要因素有：政府内的党派、集团之间的矛盾引起政府领导班子的大改组，国内各阶层的利益冲突，国内宗教派别之争、民族关系不和，是否属于军人执政。

2）东道国政策变动风险

由于土地政策涉及外资对东道国土地购买或批租年限、土地税的高低等，税收政策涉及歧视性的折旧税、营业税以及税率上的累进税等，价格政策关系到投资企业为在东道国消费的水、电、气及其他服务支付的费用，市场开放政策涉及对外企开放国内市场的范围与程度，外汇管制政策涉及外资企业以外汇形式将利润汇出东道国的管制、外资企业所获的利润在东道国再投资的比例规定以及本国货币对外汇汇率的规定或限制等，故创业者对东道国这些政策的变动极其敏感。由这些政策变动引起的风险叫作东道国政策变动风险。

3）东道国法律对抗风险

如果东道国的法律缺乏对外国创业企业的保护，或者东道国法律与国际投资法相抵触，东道国与创业企业国之间又没有政府间的保护投资双边协议，那么，对于创业者来说，贸然进入该东道国就会引致法律对抗的风险。即在东道国创业的外资企业发生法律纠纷时，得不到应有的法律保护。这类风险叫作东道国法律对抗风险。

4）其他形式的国家风险

除上述国家风险之外，东道国发生战争、东道国没收外国投资企业等因素，同样构成了国家风险。

4. 社会责任风险

国际创业活动作为实物资本和货币资本的跨国交易活动，上述风险不可避免，也是为人们所熟知的常规风险范围。随着各国社会对企业社会责任的普遍关注与强调，因为社会责任问题而引发的国际新创企业与东道国乃至更大范围的冲突态势日益明显。因此，除上述常规风险类型外，国际创业过程中的社会责任风险也不可小视。当今世界，企业除了创造财富和对股东负责之外，社会责任也越来越重，如包括遵守商业道德、保护劳工权利、保护环境、保护弱势群体等。全球范围内对企业的社会责任及标准日益看重并持支持态度，这在另一种意义上给跨国公司海外投资增加了风险。因此，国际新创企业在风险管理过程中不可避免地产生新的问题，譬如，如何把握责任新趋势，如何转变发展模式、注重社会效益，如何减少能耗、保护环境等。

五、数字经济对国际创业的影响

随着互联网、云计算、大数据、物联网、人工智能等数字技术在世界范围快速发展并广泛应用，全球社会快速进入数字时代，亚马逊、阿里巴巴、腾讯、京东等具有国际影响力的数字平台企业不断涌现，新型的平台型和生态型数字经济正在形成，数字经济对国际创业的决策、行为和绩效产生了深刻的影响。

数字平台的快速涌现为国际创业的成功提供了支持。如成立于 2010 年的全球速卖通，是阿里巴巴旗下一家为全球买家服务的电子商务平台，帮助创业企业接触终端批发零售商，融合订单、支付、物流于一体的外贸在线交易平台，目前是具有全球重要影响力的跨国企业对消费者（business-to-consumer，B2C）平台。平台为全球 220 多个国家和地区的客户提供服务，目前有 18 种不同语言以满足不同国家和地区客户的需要，每月平台访问次数达到 2 亿次。全球速卖通平台拥有服装、汽摩配、家电、运动娱乐、消费电子、箱包等丰富品类的产品，俄罗斯、美国、巴西、法国等市场的交易额较大，2017 年海外买家数已经增长到 1 亿个，2018 年全球速卖通进入了全球 APP 的下载榜单前 10 位。全球速卖通为创业企业国际化提供了全方位赋能方案，如平台提供了丰富的市场渠道资源，全球速卖通大学为创业企业提供各类培训服务，可以为海外市场运营提供支付、物流等解决方案，使得广大创业企业可以更低成本、更高效率地开展海外业务。

数字化促进创业企业的内在机理主要在于：一是数字化运作有助于降低企业内部和企业之间的交易费用，相对于传统企业，数字化使得国际创业活动具有更低的运作成本和更高的运作效率等优势；数字技术可跨越地理空间实时传输信息，极大地降低了信息沟通成本，可以较好地应对市场和需求快速变化的特点。二是数字化深度融合产业价值链，有助于再造产业价值体系，创业企业可以从产业融合中识别和创造高价值的创业机会，面向国际市场开发新型业务活动；数字技术有助于集成原有的单项活动，组织内部和组织之间活动的协同能力得到有效提升，使得新创企业可以在新的价值链和价值网中占据有利的位置。三是数字技术可以实时互连互动，以较低的成本调动各种资源，有助于创业企业在全球范围整合利用相关资源，促进创业企业快速国际化；数字技术使得传统产业的边界逐渐模糊，产业之间融合成为趋势，创业企业可以在跨产业边界之处寻找新的创业机会，开发出新的产品和服务，而不是与传统在位企业进行正面竞争。四是数字技术有助于新创企业及时获取外部市场、技术等信息，促使新创企业组合各种信息和知识开展产品和服务创新，形成差异化的独特竞争优势，支持创业企业成功国际化。

【本章小结】

本章包含了三个模块，分别是主要创业类型、数字化创业与国际创业。主要创业类型模块介绍了常见的创业类型，如大学生创业、内部创业、社会创业等，并通过具体案例结合理论进行说明；数字化创业模块介绍了数字化赋能创业机会、团队、资源的作用机制，并通过案例阐明数字化与创业平台管理实践间的效果逻辑；国际创业模块介绍了国际创业的由来、定义、模式、风险以及数字经济对国际创业的作用等内容。

【回顾与思考】

1. 从创业机会的角度，如何定义国际创业？
2. 创业主要有哪些类型？
3. 数字化如何促进国际创业？

【课后训练】

SHEIN（希音）：快时尚的新王

SHEIN 是一家孵化于南京，崛起于广州，总部位于新加坡的电子商务公司，专注于快时尚服装，定位于中国以外的市场。它以 4600 亿元的企业估值入选《2024 全球独角兽榜》，排名全球第五。

SHEIN 的创始人许仰天毕业于青岛科技大学国际贸易专业。2007 年，毕业后的他进入了南京一家跨境电商服务商进行工作。一年后，许仰天和两位合伙人创建了属于自己的跨境电商网站及企业。他们做起了服装出口的生意，由于没有自己的工厂，更多的是承担了一种中间商的角色（从国内工厂拿货销往国外）。经过一年的沉淀，许仰天发现婚纱市场在国外非常火爆。很多时候，将人民币的进价改为美元甚至就能直接售卖。由于与两位合伙人意见不合，许仰天独自带领团队另立门户站上了婚纱跨境电商赛道，他们的跨境电商业务迎来了第一次快速发展。而由于婚纱行业复购率差、用户黏性低的特点，想要将蛋糕做大很困难，对于许仰天来说，转型刻不容缓。许仰天认为女装永远是最容易走通的方式，利用婚纱生意所积累下来的资金，开始全力转做跨境快时尚女装生意。

SHEIN 的前身 sheinside.com 成立，网站首先在西班牙（快时尚巨头 ZARA 的母国）上线，随后在法国、俄罗斯、德国、意大利等欧洲国家上线。SHEIN 以远远低于其他产品的价格（平均价格仅为 10 余美元）以及众多的款式积累了大量的客户。时至 2013 年，SHEIN 的内部员工依旧仅有 50 人，同年 SHEIN 完成了 A 轮融资，获得了来自集富亚洲的 500 万美元。随着业务的快速增长，供应链的短板越来越明显。所以许仰天亲自来到广州番禺，筹建了自己的设计团队及供应链。依托于当地的服装产业优势，布局了能够最快 7 天发货的供应链（同年的 H&M 及 ZARA 等巨头最快也需 15 天）。随后，网站相继在阿拉伯、印度等中东和东南亚国家上线。2015 年，公司正式更名为 SHEIN，同时 APP 也投入运营，同年获得了景林及 IDG 投资的 3 亿元人民币的 B 轮融资。随后的 4 年里，SHEIN 稳扎稳打开拓美国、加拿大、墨西哥以及巴西这些美洲国家的市场。

2018 年，SHEIN 将业务拓展到男装和童装领域，同年 SHEIN 获得了来自红杉资本等大型投资公司的 25 亿美元的 C 轮融资。2019 年和 2020 年 SHEIN 相继完成了 D 轮和 E 轮融资。随着其全球战略的发展，SHEIN 已经遍布全球 220 多个国家和地区，其直接服务的国家和地区也超过了 150 个。SHEIN 已经发展成为一家全球领先的时尚和生活方式的零售商，其覆盖了 50 多个语种的国家，拥有超过 30 种热门品类以及 11 个自有品牌。

（资料来源：笔者根据网络资料整理）

问题讨论：

1. 国际创业同国内创业相比有什么不同呢？
2. 电商先行者"淘宝"未能如 SHEIN 一样取得海外市场的原因是什么？
3. SHEIN 成功的关键是什么呢？

第十章

商业计划书

【学习目标】

1. 了解商业模式、商业模式画布；
2. 了解商业模式画布的模块及模块间的关系；
3. 能够运用商业模式画布分析项目的商业模式；
4. 掌握商业计划书的撰写要点；
5. 掌握项目 PPT 汇报要点；
6. 掌握商业路演要点。

■■■■■ 导入案例 ●

东方甄选的商业模式

摘要： 东方甄选农产品双语知识型直播带货模式，是在原有电商直播商业模式上的升级，是尚不完善的微型商业模式创新。其短时间内的成功，是在政策和直播电商行业发展的特殊背景下，利用抖音平台流量资源加持、自有名师资源形成优质知识内容输出、原有粉丝用户转化为直播间顾客、企业家精神推动企业持续创新转型，以免坑位费、低佣金、高定价和规模取胜的盈利模式，为社会、顾客、员工以及企业创造价值。但也应看到其供应链能力尚不完善、盈利模式可持续性值得商榷，未来需要尽快补齐短板，完善商业模式创新的全流程。

一、引言

东方甄选是新东方在"双减"政策出台后，寻求转型而推出的直播带货平台。自 2021 年 12 月 28 日正式发布至 2022 年 12 月 28 日，抖音号粉丝量已突破 3600 万人，农产品双语知识型直播带货模式成为广泛关注的话题。这种商业模式并未突破原有电商直播商业模式，但也有其创新之处。同时它也是不完善的，当前对其高定价、产品质量的质疑声很多，其盈利模式能否走远尚不明确。因此，我们将其定位为尚不完善的微型商业模式创新。

东方甄选发展时间路线：

2021 年 7 月 23 日，"双减"政策给教培行业带来巨大冲击，新东方股价当日收跌 54.22%，市值蒸发 59.49 亿美元，约合 385 亿元人民币；

2021 年 11 月 7 日，俞敏洪表示将转型做农产品的直播带货，此前已将新东方的 8 万套新桌椅捐给乡村学校；

2021 年 12 月 28 日，东方甄选正式发布并开播，初期销售额为 47 万元，而同为创业者转型、曾为新东方老师的罗永浩，首次直播带货销售额为 1.1 亿元；

开播至 2022 年 2 月 20 日，东方甄选开播初期市场表现惨淡，累计直播销售额仅 549.47 万元；

2022 年 3 月 25 日，东方甄选双语知识带货模式成型；

2022 年 6 月 9 日，东方甄选双语知识带货模式走红，抖音粉丝量突破 100 万人，同时在线人数超过 1 万人，董宇辉在直播间登场，成为新一代网络红人；

2022 年 6 月 16 日，抖音号粉丝量达到 1000 万人；

2022 年 6 月 29 日，抖音号粉丝量突破 2000 万人；

2022 年 12 月 28 日，东方甄选账号从 1 个增加到 6 个，粉丝总量突破 3600 万人，已推出 52 款自营产品，总销量达 1825 万单。

二、商业模式创新的背景

1. 政策环境："双减"政策、直播监管政策、乡村振兴战略促成新东方转型和创新

"双减"政策冲击：2021 年 7 月，"双减"政策出台，给教培行业带来巨大冲击。受政策影响，新东方股价暴跌，教培机构面临转型问题。

直播电商监管加强：直播电商监管趋严促使行业规范化发展。自 2020 年起，《网络直播营销活动行为规范》《关于加强网络直播规范管理工作的指导意见》《网络主播行为规范》等相关政策出台，国家税务总局加强对网络主播的税收审查，直播电商的监管体系日益完善，未来将会进入规范发展的新阶段。

乡村振兴战略：乡村振兴战略给农业转型升级带来机遇，直播电商助农顺应政策导向。党的十九大报告中首次提出乡村振兴战略。在技术引领下，发展现代农业、农业数字化转型成为重要发展趋势，东方甄选开展农产品的直播带货顺应政策导向。

2. 行业发展环境：直播电商进入新发展阶段，面临优质内容和优质主播缺位的瓶颈

东方甄选进军直播行业时，直播电商已是红海市场，直播电商进入内容化、知识化发展阶段，面临优质内容和优质主播缺位的瓶颈，以新东方名师作为主播的东方甄选农产品双语直播模式的出现恰逢其时。2021 年两位主播"双十一"预售首日成交额接近 190 亿元的成绩，展示了这个行业的巨大潜力。然而，直播电商的快速发展也带来了不少问题，使行业进入发展瓶颈期。一方面，全网最低价的叫卖式直播不再受消费者欢迎，消费者更愿意为内容化、知识化的直播买单。另一方面，频发的偷税漏税和售假问题，使得头部主播体系进入洗牌阶段。2022 年 "618" 前夕，几位顶尖主播相继停播、转型或陷入丑闻，整个直播电商行业因此面临优质主播的缺位，某平台因头部主播的出走陷入优质内容和优质主播匮乏的困境。在此背景下，东方甄选在抖音平台的流量扶持下，依托名师资源，以双语和知识直播带货模式迅速走红。

三、商业模式创新的案例分析

1. 价值创造

东方甄选助农直播创造社会价值。一是东方甄选直播间通过双语知识直播带货模

式，帮助农民解决农产品推广和销售问题，助力农产品上行。二是在不断完善商业模式创新的过程中，东方甄选将会与农业、农民建立更深联系，可以更好地助力农业农村数字化转型。

教培机构直播转型创造企业价值。一是新东方受到"双减"政策的影响，股价一度遭遇暴跌，通过农产品双语知识直播带货商业模式创新的成功转型后，短时间内促使企业市场价值大幅上涨。二是为教培行业其他企业未来的转型发展提供方向。

双语知识直播带货为顾客创造价值。东方甄选的双语知识直播带货模式用优质内容为顾客创造价值。东方甄选的老师主播通过双语知识直播带货，同时结合地理、历史、哲学等学科知识，弹唱英文歌、诗词歌赋、名家典故、爆梗段子等优质内容为顾客提供了知识价值。

商业模式创新为新东方员工转型成为"老师主播"提供契机。"双减"政策后，新东方迎来裁员风暴，而东方甄选的商业模式创新为员工提供了新舞台。

2. 资源整合

抖音平台流量资源。一方面，直播电商告别野蛮发展时代后，优质内容型直播更易获得平台的流量加持。另一方面，俞敏洪作为知名企业家有着传奇经历和二次创业逆袭的励志故事，主播们作为知识分子有着优质形象背书，2022 年"618"前夕，抖音平台在头部主播缺位的情况下，为东方甄选提供了大量的流量支持，这是东方甄选能够迅速走红并积累大量粉丝的重要原因之一。

名师主播资源和优质内容资源。新东方名师学历高、沟通水平强、英语好、知识储备量高，又自带丰富的教学经验、学生及家长粉丝基础。而知识直播和教学授课也存在一定共性，名师资源很容易转化为优质主播资源，比如当前走红的董宇辉、顿顿、YOYO 等主播老师。依托名师主播资源，东方甄选进一步形成优质的内容资源。名师们凭借差异化的内容和叙述形式，将产品销售包裹在诗词、哲学、英语学习中。

核心客户资源。新东方在教培行业尤其是英语教育界有很大影响力，新东方于1993 年成立，据统计累计学员已经超过 6490 万人，将会转化为东方甄选直播间的核心用户。这些用户主要是有学习需求的城市年轻群体和城市中产家庭的家长，他们受教育水平和消费水平较高，对新东方认可，更易成为黏性客户资源。

企业家精神和企业文化资源。"绝望中寻找希望"的企业家精神是新东方能够不断进行商业模式创新的不竭动力。俞敏洪作为东方甄选创始人，他经历三次高考、曲折创业、遭遇教培行业覆灭，他的坚韧品质是新东方能够持续转型创新的原生动力。

3. 客户需求

东方甄选的目标用户主要是有学习需求的城市年轻群体和城市中产家庭的家长。根据目标客户群体，东方甄选定位中高端市场。选品环节注重品质，如五常大米、牛排、《DK 博物大百科》等都属于相对高价位、高品质需求。直播环节注重双语、知识、文化方面的讲解，将客户需求与直播内容、售卖产品紧密结合，有助于形成更多黏性客户群体，更易让客户买单。

4. 盈利模式

传统直播电商盈利模式为"坑位费+佣金"。资料显示，腰部主播的坑位费 5 万元左右，佣金 20%左右；百万级主播的坑位费达到几十万元。自 2021 年以来，品牌方被坑位费裹挟的消息不绝于耳，有品牌商支付 6 万元坑位费，而直播销售额仅为 397.2元。也有直播间采取免坑位费的模式，但抽佣比例较高，佣金为 30%左右。

东方甄选采取免坑位费、差异化的低佣金、高定价的盈利模式。东方甄选不收取坑位费，佣金 15%左右，低佣金也是由农业本身利润率低导致的。佣金采取差异化抽佣，助农佣金和农业公司抽取不同佣金，以兼顾履行社会责任和赚取利润。在免坑位费和低佣金模式下，东方甄选对农产品的定价较高，这和其定位中高端市场一脉相承。据统计，相较于其他直播间，东方甄选同款产品定价更高，如东方甄选的玉米卖到 6 元 1根。此外，东方甄选在利润率低的情况下，致力于通过做大规模赚取更多利润。

总体而言，东方甄选以免坑位费、低佣金、高定价和规模取胜的盈利模式为主。但是这种盈利模式的实际效果及是否可持续有待商榷。

（资料来源：笔者根据网络资料整理）

第一节　商业模式和商业模式画布

一、商业模式的含义

彼得·德鲁克曾经指出，现代企业的竞争已经转变为商业模式之间的竞争。成功的企业不仅仅是产品和服务的竞争，更多的是基于不同商业模式之间的差异和优势。企业需要不断创新和优化其商业模式，以确保其在竞争激烈的市场中保持竞争优势。一个有效的商业模式有助于公司实现持续盈利、增加市场份额、建立竞争优势并提升整体价值。鉴于商业环境的迅速变化、新兴技术的不断发展以及新商业模式在前沿行业中不断涌现，商业模式成为媒体和学界广泛讨论和研究的热门话题。

商业模式的定义因不同的作者和机构而有所差异。《商业模式新生代》一书的作者亚历山大·奥斯特瓦德（Alexander Osterwalder）和伊夫·皮尼厄（Yves Pigneur）将商业模式定义为"创造、传递和捕获价值的原则和方法的整体框架"。他们认为商业模式是一种概念性工具，可以用来说明企业如何通过创造顾客价值、建立内部结构，以及与伙伴形成网络关系来开拓市场、传递价值、创造关系资本、获得利润并维持现金流。麦肯锡公司则将商业模式定义为企业通过调整核心逻辑和组织结构，来创造新的价值主张、盈利模式和交付方式的框架。笔者采纳了魏炜和朱武祥教授的简洁定义，即商业模式为企业的利益相关者（如客户、供应商、合作伙伴，以及内部部门和员工）提供了将各种交易活动相互连接的纽带。商业模式的多样性决定了企业的价值和发展速度将不同，企业通过选择不同的商业模式，在市场中展现出独特的特点和竞争力。

二、商业模式画布

商业模式画布是用来描述和分析企业的商业模式的一种工具，由亚历山大·奥斯特瓦德和伊夫·皮尼厄提出，旨在帮助企业清晰地描述、分析和设计商业模式，被广泛应用于企业战略规划和创新过程中。商业模式画布将企业的商业模式要素以图形化的方式呈现在一个单页上，包括价值主张、客户细分、渠道通路、客户关系、核心资源、关键业务、重要伙伴、收入来源和成本结构九个关键要素。通过填写和分析商业模式画布，企业可以更好地梳理关键要素之间的关系，发现机会和挑战，并促进商业模式的创新和优化。

　　商业模式画布是一个适用性非常广泛的分析工具，它不仅能用于梳理商业模式，还可以用来梳理各种项目，包括创业项目、创新项目、产品开发项目、市场营销项目等。凡涉及向某些用户（内部或者外部）提供产品或服务来满足其需求的，都可以借用商业模式画布来梳理。商业模式画布的构成模块如图 10-1 所示。

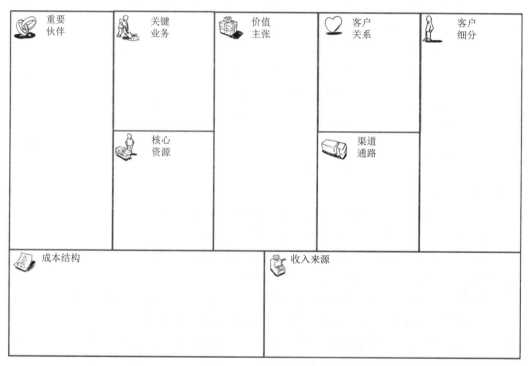

图 10-1　商业模式画布

　　商业模式创新通常涉及对传统商业模式中的某些模块进行调整和优化，以实现项目的创新和发展。通过对商业模式中的不同要素进行改变或整合，企业可以寻求新的机会和优势，同时应对市场变化和竞争压力。

（一）价值主张

　　价值主张是指企业通过所提供的产品或服务为特定顾客群体所解决的问题或提供的价值。要构建一个成功的价值主张，企业需要深入理解目标市场和客户群体的需求和痛点，并找到切实解决这些问题的方案。价值主张应该能够清晰地传达企业所提供的独特价值，与竞争对手相区分，并激发消费者的兴趣和购买欲望。

　　价值主张模块需要关注的第一个问题是：需求是可以创造的吗?

需求本身是一种存在的现象，是人们对某种产品、服务或解决方案的渴望或需要。一般来说，需求是由人们的生活、工作、学习等方面的实际情况和问题所决定的，因此需求本身无法被企业直接创造。目标人群的需求原本就已经存在，企业所需要做的事情是用更好的方式去满足那些未被满足的需求，或者未被完全满足的需求。这意味着企业应该通过创新、改进、个性化等方式，提供更符合客户期望和要求的产品或服务，从而满足客户的需求并获得竞争优势。因此，企业应该通过深入了解目标客户群体的需求、痛点和偏好，以及对市场的不断观察和分析，来确定如何更好地满足客户的需求，而不是试图创造新的需求。

价值主张模块需要关注的第二个问题是：你在创造什么价值？

从功能角度来讲，可以省时、省力、简化流程、降低风险、整合资源、节约成本、提升品质、提供多样化选择、增强感官魅力；从情感角度来讲，可以减少焦虑、奖励自己、怀旧、追求设计与美学、提供象征价值、简化情况、提供疗愈价值、带来娱乐、增强吸引力、提供便捷渠道；从改变生活的角度来讲，可以提供希望、促进自我实现、激发动机、创造传承价值、建立联系与获得归属感；从社会影响方面来看，价值主张可以体现在客户能够实现自我超越，对社会产生积极影响。

在商业模式画布中，通过明确和定义价值主张，企业可以更好地了解客户需求和期望，以及满足客户的其他相关方面。一个强大的价值主张不仅着重于产品或服务的特性和功能，还要考虑客户所追求的其他方面，比如便利性、个性化、品牌信任等。价值主张可以包括以下几个方面。

（1）质量和可靠性。客户通常关注产品或服务的质量水平和可靠性。他们希望购买高质量的产品或服务，以确保长期可靠性和良好的性能。

（2）方便性和易用性。顾客倾向于选择便于使用和理解的产品或服务。价值主张应该强调产品或服务的用户友好性、操作简单性和便利性。

（3）个性化和定制化。客户倾向于购买能够满足其个体化需求和偏好的产品或服务。价值主张可以包括个性化定制的能力，以提供与众不同的体验。

（4）时效性和响应速度。客户通常希望快速地获得响应和满足需求。价值主张应该强调企业的响应速度、交货速度和及时性。

（5）客户支持和售后服务。顾客重视企业提供的客户支持和售后服务。价值主张可以在包括24小时在线支持、售后服务保障以及与客户建立持久关系等方面做出承诺。

（6）价格和性价比。客户通常会考虑产品或服务的价格，并希望获得性价比较高的选择。价值主张应该强调产品或服务的性能和质量与其价格之间的平衡。

（7）社交认同和形象塑造。顾客倾向于购买能够展示其社交认同和塑造个人形象的产品或服务。价值主张可以强调产品或服务的品牌形象、社会声誉和用户群体。

（8）风险降低。顾客通常关注购买产品或服务的风险。价值主张应该说明如何降低风险，例如提供退款、保修或保险等。

（二）客户细分

客户细分的主要目的是根据客户的共同需求、行为和属性，将客户划分为不同的群体或细分市场，以便企业能够更好地了解他们的需求并提供定制化的产品和服务。

通过将客户细分，企业可以更深入地了解每个细分市场中客户的共同特征和行为模式，例如购买习惯、偏好、需求、挑选准则等。这可以帮助企业更好地满足每个细分市场的需求，提供个性化的产品定位、营销信息和服务。客户细分还可以帮助企业识别新的市场机会和潜在的客户群体，并制定针对性的市场策略。

1. 划分方法

对目标客户群体的划分方法多种多样，可以按照客户的地域分布、组织归属、职业属性、性别、年龄、信仰、爱好、收入、性格、家庭构成、价值取向，以及最近消费、消费频率和消费额度等关键属性来进行划分。

（1）地域分布：根据客户所在的地理位置划分，可以是国家、地区、城市等维度。

（2）组织归属：将客户按照他们所属的组织类型进行划分，如企业、政府机构、非营利组织等。

（3）职业属性：根据客户的职业或行业进行划分，如医生、教师、工程师、销售人员等。

（4）性别：根据客户的性别进行划分，即男性和女性。

（5）年龄：根据客户的年龄段进行划分，如青少年、中年人、老年人等。

（6）信仰：根据客户的宗教信仰进行细分，如基督教、伊斯兰教、佛教等。

（7）爱好：根据客户的兴趣爱好进行划分，如运动、音乐、旅行、美食等。

（8）收入：根据客户的收入水平进行划分，如高收入群体、中等收入群体、低收入群体等。

（9）性格：根据客户的性格特点进行划分，如外向、内向、冒险、保守等。

（10）家庭构成：根据客户的家庭状况进行划分，如已婚无子女、已婚有子女、单身等。

（11）价值取向：根据客户对产品或服务的价值观进行划分，如环保意识、社会责任感、实用性等。

（12）最近消费、消费频率和消费额度：根据客户最近的购买行为、购买频率和消费金额进行划分，帮助企业了解消费者的消费偏好和购买能力。

这些划分方法可以单独使用，也可以结合在一起进行更精确的客户细分，以便企业能够更好地了解和满足不同客户群体的需求。值得注意的是，对客户细分的方法和属性的选择应该根据企业的业务模型、产品定位和市场需求来确定。

2. 需要关注的问题

客户细分模块需要关注的第一个问题是：谁是我们的目标客户群体？

服务的客户群体不同，就意味着提供的产品完全不同，和客户的沟通方式完全不同，提供给客户的价值完全不同，服务的方式、运营的方式以及需要的人才均不同。了解并识别自己的目标客户群体，是为了能够更好地满足他们的需求并提供更具针对性的产品和服务。

客户细分模块需要关注的第二个问题是：是否要服务尽可能多的人群？

在选择用户的过程中，并非服务更多的人就能获取更大的收益，我们可能需要做出一些割舍，选择最契合的目标顾客，成为市场领先代表，才能让企业走得更远。

客户细分模块需要关注的第三个问题是双边用户/多边用户的问题。

企业服务的可能不是一类用户，而是双边用户或者多边用户。比如滴滴在进行商业模式设计的时候，考虑的不仅仅是乘客，还需要考虑司机，因为司机和乘客这两个群体是滴滴商业模式的关键。

客户细分模块需要关注的第四个问题是错误客户的问题。

企业常常遇到一个问题，即目标用户不是最终具有决策权的人。比如少儿教育机构，产品的使用者是青少年，而产品的决策者是青少年的父母。在这个过程中，产品的使用者和产品的决策者不是同一个人。即便产品对于使用者来说非常具有价值，但是决策者认为你的产品不是刚需产品，那么你也很难去获取顾客价值、完成目标。

（三）渠道通路

渠道通路是企业与客户建立联系的媒介和渠道，用于传送产品或服务，以实现销售和满足顾客需求。渠道通路的主要作用就是让目标客户群体了解企业的产品或服务，最终能够购买企业的产品或服务。

渠道通路模块需要关注的问题是：有哪些渠道或媒介能与目标客户建立联系？这些渠道能连接多少客户？这些渠道的获客成本如何？这些渠道怎样建立联系？这些渠道和媒介如何组合？

渠道通路包括以下几个方面。

1. 直销

企业直接与顾客建立联系和销售产品或服务，常见的形式有企业销售团队、门店销售以及电话销售等。例如，阿迪达斯通过自己的销售团队直接与顾客建立联系，并销售他们的运动鞋、运动服装和配件。他们在一些体育场馆和健身房设立了零售点，以便顾客可以直接购买产品。

2. 经销商或代理商

通过与第三方经销商或代理商建立合作伙伴关系，将产品流通至终端顾客。经销商或代理商通常拥有更广泛的市场渗透能力和分销网络。例如，苹果公司与各地的手机运营商建立合作关系，将 iPhone 通过运营商的销售渠道流通至终端用户。运营商在销售过程中提供合约和服务支持。

3. 零售渠道

将产品放置在零售商店或超市等零售通路中，顾客可以直接购买。这包括实体店面、连锁店以及电商平台等。例如，沃尔玛是全球最大的零售商之一，他们在各个国家拥有实体店面，顾客可以在店内直接购买各种商品，包括食品、家居用品和电子产品等。

4. 线上销售

通过互联网、社交媒体、电子商务平台等在线渠道进行销售。线上销售可以降低成本、提升便利性，吸引更多的顾客。例如，亚马逊是全球最大的电子商务平台之一，顾客可以通过他们的网站或手机应用程序购买各种商品，并享受快速的物流配送和优质的客户服务。

渠道通路确实没有优劣之分，只有适合和不适合的区别。在选择渠道通路时，企业应该根据自身拥有的资源和提供的产品或服务类型来进行评估和决策。

（四）客户关系

客户关系是指企业与其客户群体之间建立的联系和保持的关系类型。企业与客户建立联系后，维护和优化良好的客户关系对企业的成功至关重要。与客户建立和维持关系的动机可以是：建立关系，促进交易成交；增强满意度，促进再次购买；提升长期销量或销售额；推动口碑传播和用户推荐。

客户关系模块需要关注的问题有：期待与每一类客户群体建立和保持怎样的关系？这些关系可以实现什么目的？建立和维持这些关系类型的成本如何？这些客户关系类型与商业模式中其他的模块如何结合？

客户关系的类型可以因企业的业务模式和目标客户群体的特点而有所不同。常见的客户关系的类型如下。

1. 一次交易

这种客户关系类型指的是企业与客户之间仅有一次交易，并且双方之间没有进一步的持续关系。例如，在零售业中，顾客进入商店购买一件商品，完成交易后离开，这是一次交易关系。

2. 多次交易

不同于一次交易，多次交易类型的客户关系是指企业与客户之间存在多次的购买或交易行为，形成了连续性的交易关系。例如，一个手机运营商与顾客签订合同并提供移动服务，顾客每月支付账单，并与运营商保持长期的交易关系。

3. 长期服务

这种客户关系类型强调的是企业与客户之间的长期关系。企业提供持续的产品或服务，并与客户保持长期的合作和互动。例如，一个会计师事务所与客户签订年度合同，并提供全年的财务审计和咨询服务。

4. 自助服务

这种客户关系类型是指企业提供给客户的自助服务方式，其中客户可以独立地获取产品或服务，并进行必要的操作和管理。例如，银行提供了 ATM 机，顾客可以通过这种服务方式在任何时间和地点取款。

5. 线上服务

这种客户关系类型是指企业通过在线平台或应用程序提供的产品或服务。客户可以通过互联网访问和使用这些服务，无须亲自到实体店面。例如，在线零售商提供电子商务平台，顾客可以在网站上购买商品并完成交易。

6. 线下服务

与线上服务相反，线下服务是指客户需要亲自到企业的实体店面或服务点以获取产品或服务。例如，一家美容沙龙为客户提供专业的美容服务，顾客若需要可亲自前往沙龙享受这些服务。

7. 免费服务

在这种客户关系类型中，企业提供给客户的产品或服务是免费的，这可以用来吸引客户、建立品牌忠诚度或作为其他盈利模式的一部分。例如，社交媒体平台如Facebook、Instagram 等提供免费的社交服务，用户可以创建个人账户并与朋友和家人分享内容。

8. 收费服务

与免费服务相反，收费服务是指客户需要支付费用才能获得企业提供的产品或服务。例如，一家健身房提供会员服务，顾客需要购买会员资格并支付每月或每年的会费，以使用健身设施和参加健身课程。

9. 社区服务

企业通过社区活动或资源共享来与客户进行互动。企业通过参与社区活动并提供有价值的服务来建立顾客的品牌认知和忠诚度。例如，一个电子产品公司创建了一个在线论坛，顾客可以在这个论坛上互相交流和寻求技术支持。

（五）核心资源

核心资源是指支撑企业的运作和实现竞争优势所必需的关键资源。商业模式的成功实施需要多种类型、相当数量和质量的资源投入，这些资源是支持商业模式运作和实现竞争优势的基础。而且，独特的商业模式通常需要独特的资源来支持，以创造与竞争对手的差异化。这些资源可以是专有的技术、专业的知识、独有的渠道关系、独特的市场数据等。

核心资源模块需要关注的问题有：提供优秀的产品和服务需要怎样的资源？建立和应用渠道通路需要怎样的资源？维系客户关系需要怎样的资源？建立和维系合作伙伴关系需要怎样的资源？如何去获得这些资源？

资源有以下几种类型。

1. 物力资源

这包括实际的物料、设备、工厂和生产基地等。物力资源是用于生产、制造和交付产品或服务所必需的，如机器设备、生产线、原材料等。

2. 人力资源

这包括组织中的员工，他们具有特定的技能和专业知识，可以为企业提供核心竞争力。人力资源包括经理、工人、销售代表、技术专家等。

3. 知识资源

这包括专业知识、专利、专有技术和研发成果等。知识资源对于创造创新的产品和服务以及应对竞争至关重要。

4. 品牌资源

这是企业在市场中建立的品牌价值和声誉。品牌资源可以吸引客户、建立客户忠诚度，并提供竞争优势。

5. 金融资源

这包括资本和财务资源，用于企业的初始投资、运营资金和扩展等。金融资源的可获得性和成本对商业模式的成功至关重要。

6. 渠道资源

这包括销售渠道、分销网络和供应链管理等。渠道资源使企业能够将产品或服务传递给最终客户，与客户建立联系并实现销售。

7. 合作伙伴关系资源

这包括与供应商、合作伙伴和其他利益相关者建立的合作关系。合作伙伴关系资源可以为企业提供补充资源、知识共享和市场拓展等机会。

（六）关键业务

关键业务是指企业为实现商业模式和创造价值所必需的核心活动和运营过程。这些关键业务通常是与企业的核心价值主张密切相关的，是为了满足客户需求、提供优质产品或服务、建立竞争优势等而必须开展的活动。

关键业务模块需要关注的问题有：保障客户细分准确和价值主张实现需要哪些关键业务？建立有效的渠道通路需要哪些关键业务？维系客户关系需要哪些关键业务？获取充分的收入来源需要哪些关键业务？建立和维系核心合作伙伴关系需要哪些关键业务？获取支撑商业模式的资源需要哪些关键业务？

以下是一些常见的关键业务类型。

1. 产品研发和创新

企业进行研究、开发和创新活动，以提供符合市场需求的新产品或服务。

2. 生产和制造

负责将原材料转化为最终产品或提供服务的过程，确保产品的质量和供应的稳定性。

3. 销售和市场营销

通过制定市场推广策略、销售渠道管理、广告宣传等活动来促进产品或服务的销售和推广。

4. 供应链和物流管理

管理供应商关系，确保产品和服务的正常供应，并进行物流运输和库存管理。

5. 客户关系管理

建立并维护客户关系，提供良好的客户支持与服务，满足客户的需求和期望。

6. 技术支持和售后服务

提供技术支持、维修、保养和售后服务，确保客户对产品或服务满意并持续使用该产品或服务。

7. 数据分析和市场研究

通过数据分析和市场研究，了解客户需求和市场趋势，为优化产品和市场策略提供决策支持。

（七）重要伙伴

重要伙伴是指支撑商业模式有效运作所需的各类合作方。一家公司往往无法完全独立地向客户提供高效、稳定的价值，需要众多合作伙伴协作完成。合作伙伴在商业模式中扮演着重要的角色，他们提供了各种资源、能力、专业知识和网络，帮助公司实现价值创造和交付。通过与合作伙伴的协作，公司能够补充自身的不足，强化核心竞争力，更好地应对市场需求和变化。

重要伙伴模块需要关注的问题有：关键产品的上游合作伙伴有哪些？渠道通路方面有哪些主要合作伙伴？合作伙伴参与了哪些关键环节和业务？合作伙伴为企业提供了什么资源和价值？与伙伴的合作关系深入到什么程度？

以下是一些常见的重要伙伴类型。

1. 供应商

企业所依赖的原材料、产品或服务的供应方。供应商的质量、可靠性和交付能力对企业的生产和运营至关重要。

2. 分销商

扮演销售和分销企业产品或服务的角色，将它们引入市场并传递给最终客户。分销商可以扩大企业的市场覆盖范围，提供销售渠道和市场推广能力。

3. 战略合作伙伴

与企业建立长期、紧密合作关系的伙伴。战略合作伙伴通常在企业的核心业务领域或关键市场上有共同的战略目标和利益诉求。他们可能提供技术、市场、品牌、资金等多方面的支持，与企业共同开发新产品、拓展新市场或优化业务流程，以实现双方的共赢和可持续发展。

4. 渠道合作伙伴

提供销售、分销和推广产品或服务的渠道伙伴。渠道合作伙伴可以通过其广泛的分销网络和市场影响力帮助企业进入新市场，扩大市场份额。

5. 技术合作伙伴

在技术领域与企业合作的伙伴。技术合作伙伴可以提供专业的技术支持、研发能力和创新解决方案，推动企业的技术创新和竞争优势。

（八）收入来源

收入来源是指公司获取盈利的途径和方式。可持续的收入来源对于创业公司来说至关重要。它不仅是确保企业生存和持续发展的基础，还为企业提供了资金和资源，以支持其创新、扩展和实现长期战略目标。

收入来源模块需要关注的问题有：客户是否愿意为价值主张付费？不同细分客户的付费意愿和能力如何？企业有哪几种收入来源？每个收入来源对总体收入和利润的贡献比例是多少？

以下是一些常见的收入来源类型。

1. 销售产品或服务

公司通过销售自己生产的产品或提供的服务来获得收入。这包括实体产品、数字产品、咨询服务、技术支持等。例如，亚马逊通过在线零售平台销售各种产品，包括电子产品、图书、家居用品等。其收入主要来自产品销售额。

2. 许可费用

公司通过授权他人使用其知识产权（如专利、商标、版权等）或品牌来获得许可费用。例如，微软公司收取使用其操作系统 Windows 的电脑制造商的许可费用。

3. 订阅模式

用户支付一定的费用来获得长期或定期获取产品或服务的权益。这适用于许多媒体、软件和云服务提供商。例如，Adobe 公司通过提供创意云套件的订阅，让用户按月或按年订阅其设计和创意工具。

4. 广告收入

公司通过在产品、服务或平台上展示广告并向广告商收取费用来获得收入。这种模式常见于媒体、搜索引擎、社交媒体和应用程序等领域。例如，百度通过在其搜索引擎的搜索结果和网页上展示广告从广告商那里收取费用。

5. 佣金或交易手续费

平台或市场通过收取交易金额的一定比例作为佣金或手续费来获得收入。电子商务、旅游预订和金融服务等行业常见这种模式。例如，美团通过其平台提供外卖和餐厅预订服务，从餐厅的订单金额中收取一定比例作为佣金。

6. 授权费用

公司可能通过将其品牌、产品或服务授权给其他公司或个人赚取授权费用。例如，迪士尼将其知名的角色和品牌授权给其他公司，以获取授权费用，用于在玩具、衣物、电影等领域推出相关产品。

7. 定制化产品或服务

公司根据客户的特定需求提供定制化的产品或服务，并按照合同约定的费用收取收入。这适用于许多工程、咨询和专业服务行业。例如，咨询公司根据客户的需求提供专业咨询服务，并根据合同约定的费用收取收入。

8. 会员费

公司提供特定的会员计划，会员支付一定的费用以享受会员特权、折扣或独家服务。例如，健身俱乐部以及在线教育平台提供钻石会员或 VIP 会员计划，收取会员费用，以获取额外的服务和优惠。

（九）成本结构

成本结构指的是企业在开展业务活动过程中所产生的各项费用和成本。即使是看上去相似的产品或服务，在不同的商业模式下，其成本结构也可能会有很大的差异。这是因为不同的商业模式对各项成本的侧重程度和分配方式可能有所不同。例如，一个基于线上销售的电子商务企业与一个传统的实体零售商相比，可能更加注重技术和数字营销的成本，而减少了租金和零售场所相关的费用。因此，在设计和选择商业模式时，企业需要仔细考虑其成本结构，并确保与其战略目标和利润模式相一致。了解不同商业模式的成本结构差异有助于企业更好地优化资源配置、控制成本，并提高竞争力和盈利能力。

成本结构模块需要关注的问题有：最重要的固定成本是什么？关键业务的成本是怎样的？成本结构能否支持商业快速增长？怎样的成本结构能使公司有较强的抗风险能力？单位成本是否能随业务规模扩大而下降？

以下是几种常见的成本结构类型。

1. 固定成本

这些成本是不受企业销售量或产量变化影响的固定费用。例如，房租、设备折旧、办公室开支和固定员工工资等。

2. 可变成本

这些成本与企业的销售量或产量成正比，当销售量或产量增加时，这些成本也会相应增加。例如，原材料成本、制造和生产成本、变动性的人工和运输成本等。

3. 边际成本

边际成本是指为生产或销售额外的单位产品或服务所需的额外成本。它主要关注每单位产品的成本。例如，原材料的额外采购成本、包装材料的额外费用等。

4. 研发成本

这些成本涉及企业进行的研发和创新活动，包括新产品开发、技术改进和市场研究等费用。研发成本通常会在初期比较高，并在产品推出后逐渐减少。

5. 销售和营销成本

这些成本涉及企业为推广和销售产品或服务而支出的费用，例如广告、促销活动、市场调研、销售人员的薪酬和佣金等。

6. 分发成本

这些成本涉及产品或服务的分发和交付，包括物流、仓储、配送和供应链管理等费用。

7. 客户服务成本

这些成本与客户交互、提供售后支持和服务相关，如售后服务人员的薪酬、客户关系管理系统和技术支持等。

8. 管理和行政成本

这些成本涉及企业运营和管理方面的费用，例如管理团队的薪酬、行政支出以及办公室设备和文具费用等。

 拓展阅读 10-1

Airbnb 成立于 2008 年，是一家总部位于美国的在线共享经济平台。它为用户提供了一种独特的住宿体验方式，通过在其平台上发布和租赁短期房源，实现了房主和房客之间的直接联系和交易。

Airbnb 使房主能够将他们的空闲房源、公寓或房屋等转化为可出租的房源选择，并通过提供照片、描述、价格和可用日期等详细信息来吸引潜在的房客。房客可以通过 Airbnb 的网站或移动应用程序搜索符合其需求的房源，并通过在线预订和支付功能进行预订。

Airbnb 强调提供与传统酒店不同的本地化和个性化旅行体验。房客可以选择在当地社区居住，与房主交流，并获得更真实的本地生活感。此外，Airbnb 还提供了一些特殊体验，如城市导览、烹饪课程、艺术工作坊等，以满足不同旅客的需求。

为了确保用户安全和信任，Airbnb 提供了用户评价和身份验证系统，并在必要时提供保险保障。房主和房客可以通过这些功能来评估对方的可靠性和信誉。

Airbnb 的商业模式主要依靠从每笔房源租金中抽取一定比例的佣金来获得收入。此外，Airbnb 还推出了其他收费项目，如清洁服务费和社区费等。

随着时间的推移，Airbnb 逐渐扩大了其业务范围，并提供了更多服务，例如长租住宿、商务差旅等。截至 2021 年，Airbnb 已经成为全球最大的在线住宿平台之一，覆盖了超过 100 万个房源，遍布世界各地的数千个城市和地区。

（资料来源：笔者根据网络资料整理）

三、常见的商业模式类型

（一）订阅模式

订阅模式是一种商业模式，其中用户按照一定的周期支付费用，以获取服务或产品的使用权限。这种模式通常涉及连续性的价值交付，用户可以根据自己的需求选择不同的订阅计划。订阅模式在许多行业中都得到了广泛应用，包括软件、媒体、娱乐、健康和美容等领域。订阅模式的特点如下。

1. 连续性服务交付

用户周期性支付费用，通常是每月或每年，以持续获取服务或产品的使用权。这种连续性的服务交付有助于建立长期的客户关系。

2. 灵活的订阅计划

订阅模式通常提供多种不同的订阅计划，用户可以根据自己的需求和预算选择最适合的方案。这种灵活性有助于满足不同用户群体的需求。

3. 持续的价值交付

订阅模式通常涉及持续的价值交付，即用户在每个订阅周期都会获得新的价值。这种持续的价值交付有助于保持用户的满意度和忠诚度。

4. 可预测的收入流

对于企业来说，订阅模式提供了可预测的收入流，因为他们可以预先知道每个订阅周期会产生多少收入。这有助于企业进行长期规划和运营管理。

5. 客户续订率

订阅模式的成功与否通常取决于客户的续订率。因此，企业需要不断提升产品或服务的质量和价值，以吸引用户继续订阅。

（二）平台模式

平台模式是一种商业模式，其中一个公司或组织提供一个在线平台，连接多个参与者，以促成交易、交流或合作。这些参与者可以是供应商、消费者、服务提供者或其他利益相关者。平台模式的核心是提供一个中介平台，为不同参与者提供价值，促进彼此之间的交互和交易。平台模式在电商平台、共享经济平台等领域得到了广泛应用。平台模式的特点如下。

1. 多边市场

平台通常是多边市场，吸引多个参与者加入，例如买家和卖家、服务提供者和服务消费者等。平台通过连接这些参与者，促成交易和互动。

2. 网络效应

平台的价值通常随着参与者数量的增加而增加，因为更多的参与者意味着更多的选择和更大的交易机会。这种网络效应可以带来正反馈循环，加速平台的增长。

3. 低成本运营

平台通常不需要自己生产产品或提供服务，而是提供一个基础设施和规则框架，让参与者自主交易和互动。因此，平台模式的运营成本通常较低。

4. 数据驱动决策

平台通常会收集大量的数据，包括用户行为、偏好和交易信息。这些数据可以用于优化平台的功能和服务、提供个性化的体验，以及制定更有效的营销策略。

5. 生态系统建设

平台通常会建立一个生态系统，吸引和支持参与者的成长和发展。这包括提供工具、资源和支持，以及建立合作关系和伙伴关系，共同推动平台的发展和创新。

（三）付费广告模式

付费广告模式是一种商业模式，其中企业向其他企业或个人收取费用，以在其平台上展示广告。这些广告通常以文字、图片、视频或其他形式呈现，旨在吸引目标受众的注意力，促进产品销售或品牌推广。付费广告模式在社交媒体和搜索引擎等平台上十分常见。付费广告模式的特点如下。

1. 收费模式

企业通常向广告商收取费用，费用可以根据广告展示次数、点击量、转化率或其他指标来计费。这种模式的收入来源主要是广告商的付费。

2. 广告平台

企业通常提供一个广告平台，让广告商可以在其中创建、管理和监控他们的广告活动。这些平台通常提供广告投放的工具和服务，以便广告商能够有效地管理他们的广告活动。

3. 目标定位

广告平台通常会提供目标定位功能，帮助广告商将他们的广告展示给特定的目标受众。这种精准的目标定位可以提高广告效果，并增加广告商的投资回报率。

4. 广告形式

广告可以采用多种形式，包括搜索广告、展示广告、视频广告、社交媒体广告等。企业通常会根据广告商的需求和平台的特点提供不同形式的广告服务。

5. 数据分析

广告平台通常会收集大量的数据，包括用户行为数据、广告效果数据等。这些数据可以用于优化广告投放策略，提高广告效果，并为广告商提供相关的数据报告和分析。

（四）商品销售模式

商品销售模式是一种传统的商业模式，指企业通过销售实体商品来获取收入的商业模式。这种模式是传统零售业的基础，也是许多电商企业的主要运营方式。商品销售模式通常涉及库存管理、供应链等方面的挑战。商品销售模式通常包括以下关键要素。

1. 产品选择和采购

企业需要选择合适的产品线，并通过采购或生产来获取商品库存。

2. 渠道销售

商品销售可以通过多种渠道进行，包括实体店铺、在线电商平台、电话销售等。企业需要选择适合自己的销售渠道，并制定相应的销售策略。

3. 库存管理

管理商品库存是商品销售模式的重要环节。企业需要确保库存充足，同时避免库存积压和滞销。

4. 价格策略

企业需要制定合理的价格策略，包括定价、促销和折扣等活动，以吸引消费者并提高销售额。

5. 售后服务

提供良好的售后服务可以提升顾客满意度和忠诚度，促进其再次购买。售后服务可能包括退换货政策、产品保修和客户支持等。

商品销售模式适用于各种不同行业和规模的企业，从传统的零售商到在线电商平台，几乎所有企业都可以采用这种模式来进行业务运营。通过商品销售模式，企业可以实现商品的流通，并在此过程中实现商品价值的转换，从而获取利润和收益。

（五）许可模式

许可模式是一种商业模式，其中企业通过将他们的知识产权或品牌授权给其他企业或个人使用来获取收入。这种模式通常适用于具有特定技术、专利、商标、版权或其他知识产权的企业。在许可模式中，许可方（通常是知识产权的所有者）向被许可方（通常是其他企业或个人）授予特定的使用权，以交换一定的费用或特定的条件。这种使用权可能涉及生产、销售、分销或其他方面。以下是许可模式的一些关键要素。

1. 知识产权持有者

这是拥有特定知识产权的企业或个人，例如技术专利、商标、版权等。

2. 许可方

这是向其他企业或个人提供知识产权使用权的一方。

3. 被许可方

这是获得知识产权使用权的一方，通常是为了生产、销售或使用特定产品或服务。

4. 许可费用

被许可方通常需要支付一定的费用来获取知识产权的使用权。这个费用可以是一次性支付，也可以是基于销售额或其他指标的持续性支付。

5. 条款和条件

许可协议通常包含双方同意的条款和条件，包括使用范围、地域限制、保密条款等。

许可模式在许多行业中都有广泛应用，包括科技、医疗、娱乐、餐饮等。通过许可模式，知识产权持有者可以将其专业知识和技术转化为稳定的收入来源，而被许可方则可以获得需要的资源和权限，从而加速业务发展和市场拓展。

第二节　商业计划书的撰写

商业计划书是一份详细描述商业项目的文件，其中包含了该项目的目标、策略和实施计划等关键信息。它旨在为潜在的投资人提供一个全面的介绍，以便他们能够了解该项目的商业机会和投资潜力。商业计划书的撰写和展示的主要目的之一是吸引投资者的注意并获得他们的投资。由于使用场景和目标受众的不同，商业计划书可以分为多种类型，本书主要针对创业型商业计划书进行阐述。

一、商业计划书撰写逻辑

（一）发现的问题

商业计划书的撰写通常始于对问题的发现。这个问题可以是一个市场上存在的痛点或需求，也可以是一个未被满足的爽点或机会。在商业计划书中，我们需要清晰地描述这个问题，并阐明这个问题为什么具有商业价值。所以，发现什么样的问题、痛点以及需求对商业计划书的撰写至关重要。在这个模块中，我们不仅要明确受到痛点影响的群体是谁（谁痛）、问题有多严重（有多痛），以及受影响的范围是什么（痛在哪），还要确定我们所发现的问题和需求是真实存在的，还是表面上看似需求实则并非真实需求。对于创业项目而言，发现的问题决定了创新项目所涉及的领域，对于创业项目而言，所发现的问题就决定了创新项目所在的领域，面对的市场也决定了创业项目的上限。因此，发现的问题，也就是项目最终要解决的问题，很大程度上就成了投资人对项目的首要判断标准。

（二）用于解决问题的技术/方案

一旦成功确定了创业项目需要解决的问题，就需要考虑如何解决这个问题。对于不同类型的创业项目，解决方案可能会有所不同。对于科技成果转化类的项目，重点应描述解决问题所需的技术方面。具体描述应包括所采用的技术，是否拥有该技术的自主知识产权，是否经过实际测试和成熟运用。

对于文化创意类的项目，我们需要清晰地说明采用的方案以满足目标客户需求。这些方案可能是资源的整合或创意的发挥。在这个阶段，强调创新的重要性，无论是技术创新还是创意创新，都是创业团队作为智力资源所提供的创新价值。并且，这种创新价值的所有权归项目团队所有，来自团队本身，尽量不依赖他人的技术。主要目的是向投资人传达我们已经具备解决这个问题所需的技术或方案的能力和实力。

（三）把技术/方案转化为产品

产品是创业项目的核心。作为面向消费者并从消费者处获取利润的最终载体，产品的形态对项目的成功至关重要。尽管我们已经找到了问题并拥有相应的技术或方案，但我们仍然需要仔细思考如何将这些技术或方案转化为具体产品，以创造适合目标客户群体的创新产品形态。换句话说，我们需要考虑什么样的产品形态能够吸引目标客户群体，并促使他们购买和使用这些产品。在这个阶段，需要综合考虑技术、用户需求、创新、用户体验和市场反馈等多个因素，通过充分理解目标客户的需求，提供有吸引力的产品。

（四）确定目标客户群体

精确定位目标客户群体对于创业项目来说非常关键。我们需要清晰地展示如何分析目标客户群体并找到刚需群体，也就是那些对我们项目产品明确表达需求的群体。能够准确地定位和强调刚需属性的目标客户群体，预示着项目在未来市场上的前景更加乐观。精确把握目标客户群体能够向投资人传递关键信息，从而让他们充分了解我们已经进行了深入细致的市场调研和分析，发现的需求是真实存在的，并且对市场的预期是合理的。同时，如果能具体列出项目的目标客户是谁，那将进一步增强投资人对我们创业项目的信心，确认其不仅是一个优秀的创意，而且具有很强的落地可能性。在这一阶段，可以采用以下方法确定目标客户群体。

1. 市场调研

通过广泛的市场调研，包括定性和定量研究，了解不同群体的需求、行为和偏好。这将帮助我们识别潜在的目标客户群体。

2. 用户画像

创建目标客户群体的详细用户画像，包括年龄、性别、地理位置、教育程度、收入水平、兴趣爱好等特征。这有助于更精确地定位目标客户群体。

3. 问题与解决方案匹配

将产品的解决方案与目标客户群体的问题进行匹配。确定哪些群体最需要解决方案，并能够从中获得最大的价值和效益。

4. 竞争分析

分析竞争对手的目标客户群体，找出他们未能满足的需求。这将为我们定位目标客户群体提供突破口和更好的解决方案。

5. 反馈与迭代

与潜在客户进行交流和反馈，并不断优化产品以满足他们的需求。通过这种互动，可以更好地了解目标客户群体的期望和特点。

（五）产品的优势所在

产品的优势所在是创业项目中需要突出的重点。首先，产品的功能优势是指我们的产品能够解决其他产品无法解决的问题。核心思路是我们的产品能够在目标客户群体面临的问题上，实现其他产品无法达到的效果。这一优势源自我们在产品核心功能方面的巨大突破，使我们能够解决别人无法解决的问题。其次，产品的性能优势是指在目标客户群体遇到的问题上，与同类产品相比，我们能够提供更好的解决方案。当我们与其他竞争对手都能够满足需求时，我们需要进一步强调我们能够更好、更快速地解决问题，我们在核心性能数据方面有很大优势，我们能够提供更优质的解决方案，我们能够更好地降低成本、减少风险。这些都构成了我们产品的核心优势。

（六）销售过程的实现

销售过程的实现需要明确以下几个方面。首先，我们需要了解销售过程的步骤和要求。其次，需要确定自身是否具备独立完成销售过程所需的能力，或者是否有可提供助力的资源渠道来解决问题。一旦具备了必要的能力和资源，我们需要充分展示如何利用这些能力和资源来实现销售过程，包括获取意向订单或真实订单、达成部分合作关系，以及成功交付产品或提供服务等。为了实现销售过程，我们可以按照以下步骤进行。

1. 销售策划

制订详细的销售计划，明确目标客户群体、销售目标和策略。

2. 销售推广

利用各种市场营销工具和渠道，例如广告、线下活动等，来推广我们的产品或服务。

3. 客户开发

寻找潜在客户并建立联系，了解他们的需求并提供解决方案。

4. 销售谈判

与潜在客户进行谈判，沟通产品或服务的优势和价值，协商价格和合同条款。

5. 销售成交

成功达成交易并与客户签订合同，确保按时交付订单或提供服务。

6. 客户关系管理

提供满意的售后服务，维护客户关系并寻求进一步的合作机会。

（七）创业团队

当整个创业项目的思路相对成熟和稳定后，就需要考虑由谁来负责并执行项目计划，这就需要重点介绍项目团队的整体情况。以下两个关键内容需要清楚描述。

1. 团队分工

团队分工指团队成员在创业项目中承担的不同工作职责。在一个创业团队中，常见的分工如下。

1）研发/设计负责人

负责项目的技术开发和产品设计，具备相关领域的专业知识和技能。

2）生产/产品负责人

负责项目的生产流程和产品制造，具备生产管理和质量控制方面的经验。

3）营销/销售负责人

负责项目的市场营销和销售推广，具备市场开拓和销售策略制定的能力。

4）财务负责人

负责项目的财务管理和预算控制，具备财务分析和投资决策的知识。

2. 团队成员的历史成就

团队成员的历史成就指团队成员的个人经历、背景和资历，以及能够胜任所负责工作任务的能力。在描述每个团队成员时，需要遵循客观事实。具体包括以下几个方面的内容。

1）教育背景

列出团队成员的学历、毕业院校和专业，以突显其专业知识和学术背景。

2）工作经验

详细描述团队成员过去的工作经验，包括所在公司或组织的名称、担任的职位以及实现的成就。

3）技能和专长

强调团队成员具备的特定技能、专业知识和专长，以及在相关领域的经验。

4）承担的职责

详细说明团队成员所负责的具体工作任务和职责，以展示其在团队中的价值和贡献。

（八）盈利

企业的目的是盈利。对于一个创业项目而言，能够赚多少钱，一定是投资人对一个创业项目评判的重要依据。所以在这一模块，我们需要着重写清楚我们需要用到什么样的方式，通过哪些盈利点，最终在什么样的时间维度上，能够创造多少收益，而这个收益又分成了营业额和利润两组数据。这些内容描述清楚，可以让投资人充分地评判出项目的商业价值和盈利能力。

1. 盈利方式

明确说明我们将使用哪些方式来实现盈利。例如，销售产品或提供服务、收取订阅费用、广告收入等。

2. 盈利点

详细列出创业项目中的盈利点，即能够带来收入的具体方面。这可能涉及产品或服务的不同特点、市场需求的独特性、竞争优势等。

3. 盈利时间维度

明确指出我们预计在多长的时间维度上实现盈利。这可以是短期内的快速收益，也可以是中长期的可持续盈利。

4. 收益预测

提供关于预计收益的数据，包括营业额和利润两方面。营业额是指总体销售收入的金额，而利润则是扣除成本和费用后的净收入。

二、商业计划书的通用框架

（一）执行摘要

商业计划书的执行摘要部分是整份计划书的精华所在，旨在概述项目的核心内容和亮点，以吸引读者的注意。此部分需要高度概括以下关键信息：公司使命，技术方案及服务的独特价值，市场机遇，商业模式，项目当前的发展阶段，已取得的进展，以及未来的发展规划和愿景。

（二）背景分析

背景分析部分旨在全面了解所涉及行业的现状及其未来发展趋势，具体包括行业背景分析和商机分析两大部分。

行业背景分析包括：确定大行业和细分行业，评估行业的发展程度，分析当前发展动态，统计数据概览（包括该行业的总销售额、总收入以及发展趋势等关键统计数据），分析经济发展和政府政策对该行业的影响程度，以及评估该行业发展的主要决定因素。

商机分析部分则关注：目标市场现存的主要问题及市场痛点，项目在特定行业背景下所面临的发展机遇，以及未来政策导向和行业发展趋势对项目发展的潜在助力。

（三）产品和服务

产品和服务部分旨在全面介绍项目所提供的产品和服务，以及与之配套的商业模式。

产品和服务部分主要包括两部分内容：一是产品或服务所用到的关键技术，二是主要产品或服务概况。关键技术部分包括：关键技术的详细描述，关键技术在行业中的优势分析（包括国内外对比情况），关键技术的难点及解决方案，关键技术改进和更新换代的计划以及相关专利情况。除了关键技术外，还需要详细介绍项目所提供的主要产品或服务。具体包括：产品或服务概述，产品或服务给客户带来的价值，产品的开发流程及研发周期，产品所处生命周期阶段，同类产品是否已在市场上出现（如未出现，需说明市场空白原因及潜在需求；如已出现，则对比项目产品与市场上同类产品的差异和优势所在），产品的市场前景及潜在增长点。在介绍产品或服务时，有两点需要特别注意：首先，不要试图覆盖过多的领域或功能，而应专注于解决一个具体问题或痛点。避免大而全的策略有助于提升项目的专业性和竞争力。其次，不要盲目追随投资热点或市场趋势，而应基于自身的行业洞察、技术实力和市场需求来制定项目方向。

商业模式部分主要阐述公司的盈利模式和商业模式的市场反馈及验证效果。具体包括：公司的商业模式概述，当前商业模式适合公司目前发展阶段的原因（包括市场需求、资源匹配、竞争优势等），公司未来新增营收渠道计划及其可行性分析。商业模式落地验证部分主要展示：产品开发进展及成果，生产/分销渠道建设及合作伙伴情况，早期用户和营收（包括用户反馈、收入规模、增长率等），客户证言和成功案例，知识产权布局情况以及相关媒体报道等。

（四）市场营销

市场营销部分重点关注目标市场和竞品分析，并据此制定相应的营销策略。

目标市场部分需要重点介绍目标市场的细分情况，明确目标客户群体定位，并详细描述目标客户群体的特征，包括年龄、性别、职业、兴趣爱好等关键信息。同时，合理估算目标市场的规模，并确定公司在该目标市场中的预期份额。

竞品分析部分主要涉及基本情况对比（主要竞争对手及其所处的发展阶段）、产品或服务对比（具体技术、产品参数、价格、性能、质量等量化指标对比）、经营市场对比（包括竞争对手的市场份额、市场策略、年营收、主要客户规模、融资情况等）。竞品分析过程中，要坚持客观、真实的原则，不夸大本产品的优势，也不掩盖其可能存在的劣势。任何产品都有其独特之处，同时也有改进的空间。同时，针对竞争对手的情况，制定自身的竞争策略，突出自身在产品或服务、经营市场或其他方面的优势，并客观评估自身承受竞争压力的能力。

此外，还需制定全面的营销策略，具体涵盖营销机构和队伍的建设、营销渠道的选择和营销网络的建设、广告策略和促销策略、价格策略、客户关系管理策略以及市场渗透和开拓计划。特别是在项目初期，需要明确公司如何吸引并获取目标客户，以及如何实现订单收入。这包括明确第一批目标用户群体，确定获取这批用户的渠道，选择首次推出产品的重点市场，制定提高公司产品品牌知名度的营销策略，并选择合适的媒体平台进行推广等。

（五）创业团队

创业团队部分着重介绍企业的关键人物，这些关键人物包括专家顾问团队、指导老师团队和学生创业团队，他们在企业发展中发挥着重要作用。

专家顾问团队通常由行业内的资深专家、学者、前企业高管或成功创业者组成。他们凭借丰富的行业知识、敏锐的市场洞察力和实战经验，为企业提供宝贵的战略指导和技术支持。

指导老师团队大多由高校教授、创业导师或具有丰富创业指导经验的专家构成。他们不仅具备深厚的理论功底，还深刻理解创业教育的实际需求，通过案例分享、模拟实训等方式，为学生创业团队提供全面的指导和支持。

学生创业团队是创业企业的直接执行者，由一群具有创新思维、创业激情和专业技能的学生组成。他们通常是项目的发起者、实施者和维护者，为企业的未来发展注入源源不断的活力。学生创业团队需要详细介绍团队负责人，可以从以下几方面进行介绍：教育经历（包括毕业院校、所学专业等），工作经历（包括实习、兼职或全职工作经验），创业经历（描述其以往的创业尝试或项目经验），所具备的能力（如企业管理、技术研发以及市场营销等方面的专业技能和领导能力），取得的标志性业绩（列举其带领团队取得的显著成绩或标志性事件）。此外，还需要着重介绍每位核心骨干，包括姓名与公司职位、教育经历与专业背景、工作经历、能力与特长评价等。

（六）运营现状

运营现状部分旨在全面展示公司成立以来所取得的业绩情况。具体涵盖以下几个方面。

（1）创始团队骨干情况：简要介绍创始团队骨干的背景信息、专业能力以及他们在公司发展中的关键作用。需要特别强调团队成员之间的协作精神和创新能力，以及他们如何共同推动公司的成长。

（2）研发投入与技术突破：详细描述公司在研发方面的投入，包括资金、人力和时间等，突出展示公司在技术领域的重大突破和创新成果，以及这些成果对公司业务的积极影响，如提高了生产效率、降低了成本或开拓了新的市场等。

（3）公司客户与产品销售：首先，列举公司的主要客户群体。包括他们的行业背景、需求特点和合作情况。其次，介绍公司的主打产品和销售情况。包括产品的市场竞争力、销售渠道、市场份额和客户反馈等，可以具体列举一两个成功案例，以更直观地展示公司在产品销售方面的优势。最后，分析市场趋势和竞争态势。充分展示公司在产品销售方面的优势和潜力。

（4）公司财务状况：详细介绍公司收入、投入（成本）、利润等财务指标。通过过去三年的资产负债表、损益表、现金流量表，呈现公司的财务活动。此外，还可以通过提供年度财务总结报告书，对公司过去一年的财务状况进行全面总结和分析。

（七）发展规划

发展规划部分旨在详细阐述公司未来三年发展规划、业务发展进度以及财务指标预估。主要内容包括以下几个方面。

（1）新产品推出计划：介绍公司未来推出新产品的计划，并详细说明新产品的功能、定位、目标市场以及预期竞争优势。

（2）产品矩阵完善：介绍新产品将如何进一步完善公司目前的产品矩阵，分析新产品与现有产品的互补性、差异性以及共同构成的产品生态。

（3）市场扩展计划：公司是否打算向全新的市场扩张，如新的城市或新的用户群体？详细说明目标市场的选择理由、市场规模、竞争情况以及公司进入市场的策略。

（4）业务发展进度图：绘制业务发展进度图，并标明业务发展里程碑（关键节点），包括新产品研发、上市、市场推广、用户增长等关键阶段。同时，指明未来业务新突破点，这些突破点可能是技术创新、市场拓展、用户增长等方面的关键成就。

（5）实现业务发展里程碑的条件：分析实现业务发展里程碑所需的资源、能力、合作伙伴以及市场环境等条件，并且阐述公司如何确保这些条件的满足，以实现业务发展的顺利推进。

（6）收入预测：基于市场分析和业务发展计划，预测公司未来三年的营业收入及其增长趋势。

（7）成本与利润分析：分析主要成本构成，预测成本变化趋势，并据此计算预期利润水平。

（八）融资需求

融资需求部分主要阐明公司现在的股权架构和详细的融资计划。

公司现有的股权架构部分需要清晰地描述公司当前的股权架构。具体包括：主要股东、持股比例、股权分配原则等关键信息。这有助于投资者了解公司的所有权结构，以及潜在的投资对股权结构可能带来的影响。

融资计划部分主要包括以下几个方面。

（1）创业所需要的资金额：明确创业所需的资金总额，以便投资者评估投资规模和风险。

（2）团队出资情况：说明公司管理团队和核心员工的出资意愿和出资比例，展示团队对公司的信心和投入。

（3）公司发展目标：公司未来 2～3 年的发展目标，包括业务扩展、市场份额、盈利能力等。

（4）资金需求计划：详细列出资金需求的金额和时间点，确保与公司的业务发展计划相匹配。

（5）资金使用计划：需要明确资金用途，详细说明所融资金将用于哪些方面（如产品研发、市场推广、团队建设、运营扩展等），并通过列表的方式详细阐述资金的具体分配和使用计划。同时，明确在获得本轮融资后，公司期望达到的目标，包括产品上市、市场份额提升、用户增长等，并设定相应的进程和里程碑。

（6）投资人诉求：明确所希望寻求的投资者类型，包括他们对行业的了解程度、资金实力、投资周期偏好以及风险管理能力等方面的考虑。

（7）占股说明：阐述投资人所占股份的比例，以及股份的分配原则和依据，确保双方权益的公平和合理。

（8）公司投资价值：分析公司吸引投资人的原因，强调突出公司的优势、特色和竞争力，如市场潜力、技术优势、管理团队等，增强投资者的信心。

（9）投资人回报预期：简要说明投资人可以期望的回报方式、回报周期和回报水平，以增强投资人的信心。

（10）其他资金来源：如银行贷款、政府补助等，展示公司多元化的融资渠道和资金保障。

（九）资本结构

资本结构部分主要关注迄今为止的资金投入状况、未来的资金筹集计划和资本结构规划。首先，明确迄今为止已经投入的资金总额（包括股东出资、银行贷款、政府补助等）以及目前正在筹集的资金数量及筹集进度。同时，基于当前资金状况，评估企业可持续运营的时长，并制订相应的资金管理和使用计划，阐述下一轮投资的计划金额、时间表和预期目标。其次，关注企业可以向投资人提供的权益，包括股权、可转换债券、普通债权等，并详细描述每种权益的特性、转换条件或相关条款。最后，整理当前的资本结构表，包括当前的股东成分、已投入资金、股权比例等信息。在资金筹集到位后，及时更新资本结构表，以反映最新的股东成分、股权比例和资金投入情况，简要对比分析当前和未来的资本结构对企业运营、盈利能力和风险控制等方面的影响。

（十）投资者退出方式

投资者退出方式是商业计划中关键的一环，它直接关系到投资者的切身利益。因此，需要明确规划投资者在未来如何安全、有效地退出。以下是几种主要的投资者退出方式：首先是股票上市。股票上市是投资者退出的一种常见且理想的方式，对于持有上市公司股票的投资者，可以通过证券市场出售股票实现资金回收。当然，该方式的可行性需根据商业计划的具体情况、市场环境以及相关法律进行深入分析，同时需要明确上市的前提条件，包括公司的财务状况、业务规模、盈利能力、治理结构等方面的要求。其次是股权转让。股权转让是投资者通过将其所持有的公司股权转让给其他投资者或机构来回收投资的方式。这种方式的灵活性和可操作性较高，但需要注意转让价格的合理性、转让过程的合法性和合规性以及潜在的法律风险。同时，股权回购也是一种选择，股权回购是公司按照事先约定的条件，从投资者手中回购其所持有的公司股权的方式。公司应向投资者详细说明实施股权回购计划的具体细节，包括回购价格、回购时间、回购条件等，以确保双方的权益得到保障。最后是利润分红。利润分红虽然不是一种直接的退出方式，但它是投资者通过公司利润分红获取投资收益并收回投资资金的重要途径，所以，在商业计划书中，公司还应向投资者说明实施利润分红政策的相关情况，包括分红时间、分红比例等，以增强投资者的信心。

（十一）风险分析与对策

在公司的发展过程中，可能会遇到多种风险，这些风险如果不加以识别和控制，可能会对公司的运营和未来发展产生严重影响。所以，风险分析与对策部分需要详细说明公司发展过程中可能遇到的主要风险，包括但不限于政策风险、技术风险、市场风险、管理风险、经营风险、财务风险、竞争风险、人才风险和其他不可预见的风险。同时，需要针对可能存在的主要风险，制定相应的风险控制和防范手段。

（十二）其他说明（可选）

这部分可以说明为什么投资人应该选择投资贵企业而不是其他企业。这个部分突出本企业的优势、特色和竞争力，从而吸引投资人的关注和支持。

（十三）附录（包括但不限于以下内容）

附录材料可以包括：营业执照、政策支持文件、荣誉证书、专利证书、测试报告、已发表论文、市场调查问卷及分析、新闻报道、日常工作照片、实验室场景、生产场景、销售场景、重要任务参观场景、展览会场景、意向合作协议、意向投资协议。

第三节 创业项目路演和 PPT 制作

一、创业项目路演

创业项目的路演是获取投资人和资源支持方认可的核心环节。在这个快节奏且竞争激烈的商业环境中，如何在有限的时间内高效、准确地向投资人传递项目的核心价值和潜力，是创业项目路演成功的关键。因此，项目路演需要精心准备，并重点考虑以下几个关键要点，以确保能够吸引投资人的注意并赢得他们的支持。

（一）路演 PPT 内容简洁、清晰

路演 PPT 要以简洁明了的方式表达，重点突出商业计划书中的关键词和数据，避免文字过多和内容密集，因为数据往往比文字更具说服力，能够精准量化项目的价值和发展潜力。优先使用图表和提纲式的内容结构来展示，以吸引投资人的注意力，并使他们能够全神贯注地聆听演讲。同时，使用简洁而高质量的设计风格，如明亮的颜色、清晰的字体和简洁的布局，以提高 PPT 的视觉吸引力。需要注意的是，不要在一张 PPT 中包含过多的信息。确保每张 PPT 的信息都集中在一个主要观点或关键数据上。在阐述每一页 PPT 时，要遵循重点突出和给出结论的原则，帮助投资人迅速捕捉到每页 PPT 所展示的关键信息和重要结论。

（二）重点突出核心问题

因演讲时间有限，应选择对投资人最关注的问题进行阐述。这些问题包括客户痛点、产品/服务、商业模式/盈利模式、运营数据、核心竞争力、项目团队等。在阐述过程中，要特别注意避免商业模式表述不清晰、主动暴露项目弱点以及盲目乐观预判市场等不利情况。如果时间不够充裕，可以简要提及项目背景、相关政策和战略规划等要点。同时，需要严格把控路演稿的节奏，务必在要求的时间内完成路演，也避免时间未到便提早结束路演的情况。

（三）路演者的选择

一个创业项目在路演环节的表现很大程度上取决于路演者的演讲水平，因此路演者的选择至关重要。一般情况下，项目团队的负责人是路演者的首选，因为他们对项目的细节、技术、商业模式和战略等方面有深入的了解，也知道投资人可能更关注哪些核心点。其次，所选择的路演者需要具备良好的演讲能力，包括清晰的口头表达能力和自信、吸引人的演讲风格。路演者应该能够将复杂的概念和数据以简洁明了的方式传达给投资人。在选择路演者时，还需要注意其形象必须与创业项目相匹配。路演者应该具备专业、自信且可靠的形象，能够代表项目团队与投资人进行沟通。此外，需要特别强调，整个路演环节应只由一位路演者独立完成，也就是说，不允许中途更换路演者或由多位路演者共同进行。

（四）路演稿的篇幅

确定路演的时间安排与 PPT 内容之后，路演稿的撰写便成为连接项目与听众的桥梁，是展现创业项目核心竞争力的关键所在。因此，路演稿不仅需提前撰写完毕，更需在路演现场作为阐述内容的唯一蓝本，严格遵循，避免任何形式的即兴发挥。路演现场的时间限制要求路演者必须对每一分钟都精打细算。充分的路演稿准备，正是高效利用时间的基石。为了确保路演内容的紧凑性和时间的合理性，需要根据路演者的正常语速，精心计算路演稿的篇幅和所需字数，从而大致估算出合适的篇幅。这一步骤至关重要，它直接关系到路演时间的精准把控和内容的充分展现。当路演稿的字数与路演者的语速相匹配，达到熟练且稳定的程度时，便能精准把控路演时间。每一分每一秒都将被

充分利用，用于向评委或投资人详尽而清晰地展现创业项目的精髓。这不仅是对项目本身的一次深度剖析，更是对项目团队专业素养和准备充分性的有力证明。

（五）高频模拟演练

在确定了路演稿和路演者之后，模拟演练成为不可或缺的关键环节。项目路演中，常常会出现规定时间内未能完整呈现内容的情况，为了确保在规定时间内完整且高质量地呈现路演内容，以下建议可供参考。一是充分理解和背诵路演稿。路演者需要对路演稿的内容进行全面且深入的理解，并加以背诵。这样不仅有助于更精准地掌握内容，还能有效避免遗漏关键信息的情况。二是反复演练。进行反复的模拟演练至关重要，包括个人独自练习、团队协作演练以及针对特定场景的模拟。通过不断的练习，路演者能够显著提高对内容的熟悉程度，以及增强演讲的流利度和自信度。三是记录并采纳听众反馈。在模拟演练过程中，可以邀请团队成员或其他听众进行观摩，并认真记录他们的反馈意见。这些宝贵的意见和建议，可以帮助路演者不断改进演讲内容和形式，使其更加贴合听众需求。四是根据反馈调整演讲。根据听众的反馈，及时调整路演内容和表达方式。这一步骤至关重要，它能够使路演更加贴近投资人的需求，确保传达最重要的信息。通过多次的内部模拟演练，路演者不仅能够熟练地掌握演讲技巧和时间管理，还能在规定的时间内完美地向投资人传达项目的核心价值和优势。模拟演练的核心目的是增加路演者自信、提高演讲效果，从而吸引投资人的兴趣并获得其支持。

（六）立体、具象地开展演讲

由于投资人可能首次接触这类项目，可以采用立体、具象的方式，更加生动和有说服力地传达项目的核心价值和商业机会，便于投资人全面理解项目。以下是一些具体实施策略。一是视频介绍。制作一段1~3分钟的视频，直观展示产品或服务的具体应用场景和解决方案。视频凭借其直观性和信息丰富性，能够在短时间内传递项目价值，并帮助投资人更直观地感受项目的潜力。二是短故事阐述。一个好故事，更容易引起共鸣、直击人心，进而代入产品。利用短故事来解释项目的核心问题，如客户故事、团队故事、创业初心、创业磨难、未来梦想等（故事应具有逻辑性，避免虚构和强行插入环节，与产品相互呼应，例如，可以描述某用户在真实场景下的痛点，或者分享某用户使用产品后的真实反馈）。这种方式可以使投资人更具体地感知项目商业机会的真实性。三是实物展示。在路演现场，携带相关产品或模型，让投资人近距离观察和体验。通过实物的展示，可以更加形象地展现产品的特点和优势，增强投资人对项目的信心和兴趣。四是情怀引领。适当"谈梦想""诉情怀"，强调项目的未来愿景、社会价值以及项目格局。这不仅能展现项目团队的长远眼光和社会责任感，还能激发投资人的共鸣，增强其对项目的情感认同。

（七）路演答辩问题准备

针对项目本身的情况，需要提前依据商业计划书所涉及的内容逐一准备答辩问题，尽量做到全覆盖无遗漏，以确保在答辩过程中能够自信且准确地回答投资人的问题。答辩问题可以从以下几方面进行准备。

（1）项目概述方面：简述项目定位、解决的问题、商业模式及核心竞争力。

（2）产品/服务方面：介绍产品特点、优势、用户反馈及市场接受度等。

（3）营销策略方面：阐述市场推广策略、渠道选择及预期效果。

（4）核心竞争力方面：阐述技术优势、品牌优势、市场优势等。

（5）团队与管理方面：介绍团队成员背景、专业能力、管理能力、经验、业绩、协作效率及激励机制等。

（6）运营现状方面：分析当前运营状况、用户增长情况、市场份额及竞争态势等。

（7）财务预测与资金需求方面：展示财务预测数据、资金需求计划及资金用途等。

（8）未来规划方面：阐述项目未来发展方向、市场扩展计划、技术创新及战略规划等。

（9）风险与控制方面：分析潜在风险、应对策略及风险控制措施等。

二、创业项目 PPT 制作

（一）常规创业项目 PPT 通用框架

1. 项目 PPT 封面

包含以下核心要素：创业项目名称（避免使用公司名称、论文名称、专利名称以及具有迷惑性或过于技术化的名称），项目描述（用一句话概述项目定位和亮点），参赛高校，参赛组别，项目负责人名称以及项目负责人联系方式等。此外，封面还应添加项目专属的标志或图标等视觉元素，以增强项目辨识度。本部分内容建议用 1 页 PPT 阐述。

2. 项目背景

行业市场现状分析。包括：项目相关的行业背景（细分行业），项目所在行业的市场规模，项目所在行业的市场发展趋势，项目所在行业是否有相关的政策支持与引导等。值得注意的是，行业市场分析要具体且有针对性，紧密关联项目实际，避免空泛论述。

行业痛点与用户需求分析。包括：项目所在行业领域现阶段存在的痛点问题和用户需求，以及这些痛点问题和用户需求导致的不良现状。如已有解决相关痛点的产品或服务，还需要简要分析已有的产品或服务存在的不足，以及这些不足为创业项目提供了哪些潜在的商业机会。本部分内容建议用 2 页 PPT 阐述。

3. 研发历程

项目团队通过哪些精心策划的环节和步骤（如市场调研、需求分析、技术突破、原型设计等）深度参与实践，最终成功研发出一项什么样的技术或者服务方案。该技术或者服务方案能够针对性地解决上述提到的行业痛点问题与用户需求。本部分内容建议用 1 页 PPT 阐述，通过图表、流程图等形式直观展示研发历程。

4. 项目介绍

项目概述。清晰描述项目提供的解决方案或者项目的核心产品。

核心功能介绍。详细介绍方案或者产品的核心功能，并说明这些核心功能是如何有针对性地解决前面提到的行业痛点问题和用户需求的。在介绍核心功能时，可以结合具体的应用场景或案例，以更直观的方式展示核心功能的效果和价值。本部分内容建议用 1 页 PPT 阐述。

5. 核心优势介绍

逐一介绍产品的核心优势，比如技术优势、资源优势、口碑优势或者团队优势，每个优势单独占 1 页 PPT，整体内容一般控制在 2～4 页。

技术优势：介绍产品的核心技术或者创新技术，并详细阐述这些技术带来的改变和效果。

资源优势：强调产品所依赖的独特资源，如合作伙伴、政府支持、数据资源、供应链优势、行业垄断等。

口碑优势：提及产品已经获得的良好口碑，包括在研发、生产、销售等关键环节所取得的进展，以及行业内的认可情况。同时，展示用户对产品或服务的正面评价，以证明产品的市场接受度和用户满意度。

团队优势：如果是技术科研型团队，可以介绍项目团队的背景、专业能力和工作经验，以及他们如何为产品的成功研发和市场推广提供有力支持。

6. 技术支撑

列举项目团队成员在技术研发方面所取得的成就和荣誉，以证明项目的技术实力和创新能力。具体内容包括：项目团队成员所发表的高水平论文、申请的专利或者软件著作权、科技查新报告、科技成果奖以及专家推荐信等。本部分内容建议用 2 页 PPT 阐述。

7. 竞品分析

选择国内外多个具有代表性的同类型产品，从关键维度上进行全参数对比分析，突出本项目产品在功能、性能和成本价格等方面的优势。为了更加直观地展示分析结果，建议采用表格和简短的文字说明，直观展示竞品分析结果和本项目产品的优势。本部分内容建议用 1 页 PPT 阐述。

8. 商业模式设计

本部分详细介绍研发、生产和销售环节分别由谁负责以及如何实现。此外，还要明确产品面对的用户群体，并针对这部分用户群体所涉及的所有有效模式进行阐述。商业模式的设计可以通过清晰的图表和文字说明，直观展示其核心内容和实施路径。本部分内容建议用 1 页 PPT 阐述。

9. 商业模式落地现状

本部分旨在展示商业模式落地的实际进展和成果。具体内容包括：目前已经达成的里程碑式合作案例，通过数据详细展示合作案例数量、总收入、合作年限、合作效果等关键环节的进展；研发、生产和销售环节分别取得的显著成果；与第三方（如供应商、分销商、合作伙伴等）签订的相关协议以及取得的部分销售订单。本部分内容建议用 1 页 PPT 阐述。

10. 应用案例和反馈

列举 1~2 个具体目标客户使用产品或试用服务的实际案例，包括目标客户、使用场景、使用时的照片、使用后的效果以及目标客户的正向反馈，以展示产品或服务的实际效果。本部分内容建议用 2 页 PPT 阐述。

11. 团队介绍

详细介绍团队构成及成员背景，具体包括：专家顾问团队（可选）；指导老师团队（科技成果转化项目需要详细说明）；学生创业团队，需要详细介绍团队的合理分工，以及项目负责人和主要成员的背景、能力（强调个人的能力适合该岗位）和业绩。明确团队成员之间的互补性，强调团队组合的独特优势，并阐述这些优势如何与创业项目相匹配，为项目的成功提供有力支持。本部分内容建议用 1~3 页 PPT 阐述。

12. 以赛促教

本部分阐述项目团队在"以赛促教"方面的实践和成果。具体包括：项目团队是否实现了专创融合；项目核心成员所学专业和创业之间的内在联系；团队成员是否回馈母校，如为母校提供更多的实习实训机会或参与校内活动支持；团队成员是否起到正面典型的作用，激励和带动学弟学妹积极参与创新创业；项目是否得到母校的支持和认可，包括资金、资源、政策等方面的支持；团队成员是否体现当代青年学子的使命担当，如积极参与社会公益、推动科技进步等。本部分内容建议用 2 页 PPT 阐述。

13. 带动就业

本部分阐述现阶段如果成立公司，预计该公司将直接带动的就业人数和间接带动的就业人数，以及未来三年累计直接带动的就业人数和间接带动的就业人数。本部分内容建议用 1 页 PPT 阐述。

14. 财务预测

以柱状图的形式直观展示未来三年每一年的预计营业额和利润。本部分内容建议用 1 页 PPT 阐述。

15. 股权融资

本部分阐述项目之前的融资情况，现阶段项目股权划分，计划出让股权融资的比例、融资金额、融资资金的具体用途以及通过此次融资期望达成的目标。本部分内容建议用 1 页 PPT 阐述。

16. 未来发展规划

本部分将详细阐述项目未来三年的发展规划，明确各个时间节点完成的标志性成果。本部分内容建议用 1 页 PPT 阐述。

17. 结束页

用一句话概括项目团队愿景、使命、情怀和担当。本部分内容建议用 1 页 PPT 阐述。

（二）公益帮扶类创业项目 PPT 通用框架

1. 项目 PPT 封面

包含以下核心要素：创业项目名称，项目负责人名称，项目负责人联系方式等。此外，封面还应添加项目专属的标志或图标等视觉元素，以增强项目辨识度。本部分内容建议用 1 页 PPT 阐述。

2. 我们的足迹

首先，介绍项目团队选择前往的地方；其次，阐述选择这个地方的具体原因（比如这个地方比较贫穷、具有红色背景或者是项目负责人的家乡等）；最后，详细介绍这个地方能够接触到的、真正需要帮助的人群。本部分内容建议用 1 页 PPT 阐述。

3. 实施行动

项目团队抵达目的地后，深入基层，了解国情民情。通过对当地的走访调研揭示当地经济发展瓶颈或者当地需要帮助的人们的实际需求，并详细阐述调研过程中的具体举措。本部分内容建议用 2 页 PPT 阐述。

4. 解决方案

为了解决调研过程中发现的问题和更好地帮扶需要帮助的群体，提出帮扶方案，包括所需资源和帮扶方式等关键要素。本部分内容建议用 1 页 PPT 阐述。

5. 方案实施

详细阐述解决方案的具体环节和实施步骤，并真实记录项目团队在实际操作中的每一环节和每一步骤。本部分内容建议用 4 页 PPT 阐述。

6. 帮扶成效

展示项目帮扶所带来的积极效果，并清晰阐述调研过程中发现的问题是否得到解决以及这些问题的解决程度。为了更加直观地展示项目团队的帮扶措施和成效，可以列举 1~2 个具体帮扶案例。在案例展示后，需要对帮扶成果进行总述，以概括性地呈现项目的整体帮扶效果。本部分内容建议用 4 页 PPT 阐述。

7. 认可与反馈

本部分展示项目所获得的广泛认可与积极反馈。具体内容包括：来自当地帮扶对象、当地村委以及各级政府的感谢信，新闻媒体对项目的广泛报道，领导前往项目地点调研参观的情况以及他们对项目团队的关怀和支持，社会各界的广泛认可。本部分内容建议用 4 页 PPT 阐述。

8. 团队介绍

详细介绍项目团队，具体包括：专家顾问团队、指导老师团队和学生创业团队。介绍学生团队的成员，包括他们的专业背景、兴趣爱好和在项目中的角色。重点展示学生团队对项目初心情怀的深刻理解和实践，描述他们如何坚守项目初衷，将情怀转化为实际行动，通过项目为社会带来积极的影响。本部分内容建议用 3 页 PPT 阐述。

9. 以赛促教

本部分阐述项目团队在"以赛促教"方面的实践和成果。具体包括：项目团队是否实现了专创融合；项目核心成员是否运用所学专业知识进行帮扶；团队成员是否起到正面典型带动学弟学妹的作用；项目是否得到母校的支持和认可；团队成员是否体现当代青年学子的使命担当。本部分内容建议用 2 页 PPT 阐述。

10. 带动就业

虽然公益项目的主要目标并非直接带动就业，但对于帮扶类项目而言，其对社会的经济贡献包括直接和间接地创造就业机会。因此，本部分需要说明现阶段如果成立公司，预计将直接带动的就业人数和间接带动的就业人数，未来三年累计直接带动的就业人数和间接带动的就业人数。本部分内容建议用 1 页 PPT 阐述。

11. 财务状况

无论项目当前是以非公司形式运行还是已成立公司，都需要详细说明资金的来源、支出和监管情况。如果是以非公司形式运营，需要详细说明资金来源（赞助、投资、捐款等）、资金用途和资金监管；如果是以公司形式运营，则可以陈列公司相关财务数据，如年度收入、成本、利润等关键指标。本部分内容建议用 1 页 PPT 阐述。

12. 股权融资

公益项目通常不以营利为主要目标，因此不一定需要股权融资。然而，对于以公司为主体运营的帮扶类项目而言，股权融资可能成为一种有效的筹集资金的方式。所以，本部分需要说明项目现阶段的股权划分和融资计划（包括计划出让股权的比例、融资金额以及资金具体用途等）。本部分内容建议用 1 页 PPT 阐述。

13. 未来发展规划

分析项目的帮扶模式是否具有可复制性、可总结性、推广性，未来在什么样的时间，去哪些地方，帮助到多少人。本部分内容建议用 1 页 PPT 阐述。

14. 结束页

用一句话概括项目团队愿景、使命、情怀和担当。本部分内容建议用 1 页 PPT 阐述。

【本章小结】

本章主要涵盖了商业计划书的关键要素和制作技巧核心内容。

首先，本章深入阐述了商业模式的定义，并详细介绍了商业模式画布的使用方法。商业模式画布是一个强大的工具，它帮助企业清晰地描述企业如何创造、传递和捕获价值。通过将商业模式分解为价值主张、客户细分、渠道通路、客户关系、核心资源、关键业务、重要伙伴、收入来源和成本结构九个关键要素，可以使企业更好地理解和优化其商业模式。此外，本章还探讨了多种商业模式类型，包括订阅模式、平台模式、付费广告模式、商品销售模式和许可模式，每种都有其独特的运作方式和盈利模式，企业可以根据自身情况选择最适合的商业模式。

其次，商业计划书的撰写逻辑是本章的重点之一。撰写商业计划书需要逻辑清晰、内容完整，且详细描述项目的各个方面。这包括：发现问题及其商业价值，提出解决问题的技术或方案，转化技术或方案为具体产品，确定并描述目标客户群体的特征和需求，阐述产品的优势所在以及与市场竞品的差异化，详述销售过程的实现策略包括销售策划、推广和客户开发等，制定有效的销售和营销策略以吸引和保留客户，以及进行财务预测以评估项目的盈利能力和资金需求等。通用的商业计划书框架通常涵盖了执行摘要、背景分析、产品和服务、市场营销、创业团队、运营现状、发展规划以及融资需求等内容，确保了全面而系统的信息呈现，有助于吸引潜在投资者的注意。

最后，本章还着重介绍了创业项目路演和 PPT 制作的技巧。创业项目路演是向潜在投资者展示商业计划、争取资金支持的关键机会。在路演过程中，需要简洁明了地表达项目的核心价值和市场机会。而 PPT 制作则强调简洁明了的标题、图表等的运用，有效传达项目的商业模式、市场需求以及财务预测等关键信息。通过精心制作的 PPT，企业可以更好地展示自己的实力和发展潜力，增加获得投资的机会。

综上所述，本章内容旨在帮助读者深入理解商业模式及其核心概念，掌握商业计划书撰写的逻辑和通用框架，以及掌握项目 PPT 汇报和路演的要点。这些知识和技能对于创业者、企业管理人员以及投资者来说都具有重要的实用价值。

【回顾与思考】

1. 何谓商业模式？
2. 如何使用商业模式画布对创业项目的关键要素进行分析？
3. 如何撰写商业计划书？
4. 制作创业项目 PPT 需要注意哪些要点？
5. 进行项目路演需要注意哪些要点？

【课后训练】

练习：

请以小组为单位，参考商业计划书的通用框架（包括执行摘要、市场分析、产品和服务、市场营销、创业团队、运营现状、发展规划、融资需求等部分），撰写商业计划书。

第十一章

创建和管理创业企业

【学习目标】

1. 了解创业企业的组织形式及其创办条件；
2. 了解创业企业选址的影响因素，掌握创业企业选址的基本步骤和细节；
3. 学会如何为创业企业登记注册；
4. 了解创业企业面对的法律和伦理问题，熟悉相关法律法规；
5. 学会管理创业企业的成长和衰退。

导入案例

"亚马逊"的由来

在创业的阶段，杰夫·贝索斯（Jeff Bezos）创立的电子商务公司可以说在电子商务的各个方面都作出了正确的选择，也获得了空前的成功。尽管贝索斯事后认为有些选择具有偶然性，但在旁观者看来，却是与他们前期的充分准备以及贝索斯本人的灵感和"兼听"的作风分不开的。

比如"亚马逊"这个名称的来源就体现了他们工作中的精益求精。最开始，贝索斯打算取的名字是 Aard，但大家觉得晦涩难懂。后来他又想到用 Cadabra，但这个名称很快就遭到了大家的反对。贝索斯后来回忆道："我们本来是以好像咒语般的词汇来替公司命名，但是每一位我们与之提到这个名称的人，包括协助公司创立的律师在内，都觉得 Cadabra 这个词听起来就像是 Cadaver（死尸）一样。"

究竟取一个什么样的名称好呢？贝索斯想起了他的一些经历。

1994 年，贝索斯看到了一个统计数据：互联网的成长速率每年将高达 2300%。这让他兴奋不已。于是，贝索斯毅然辞去了在华尔街的优越工作，带着老婆，驱车远行，选择了在互联网上创业。他们的行程是沿着世界最大的河流——亚马孙河行进。古老的亚马孙河孕育着生机和活力，真正是"渊深鱼藏"。处在创业激情中的贝索斯心情极佳，灵感激发，有关创立公司的诸多事情和设想都是在那个行程中酝酿成型的。

贝索斯集中大家的意见，结合自己的感受，决定要向世界最大的河流看齐。于是，在原名使用两个月以后，公司名称由 Cadabra 换成了 Amazon。1995 年 7 月，亚马逊正式开始线上售书。后来人们诙谐地评论说，也幸亏如此，否则网络上今天出现的就是一家谐音如"死尸"的网络书店，这不把顾客吓跑才怪呢。

单从公司的命名，我们已经看到一个严谨的、充满激情的亚马逊的影子，它在发展的困难时期深受股市的青睐，日后开创了电子商务的成功范例，看样子这一切都不是偶然的。

（资料来源：笔者根据网络资料整理）

第一节　创建创业企业

一、创业企业的组织形式选择

企业是从事生产、流通、服务等经济活动，以生产或服务满足社会需要，实行自主经营、独立核算、依法设立的一种营利性的经济组织。企业主要指独立的营利性组织。依照中国法律规定，公司是指有限责任公司和股份有限责任公司，具有企业的所有属性。因此，凡公司均为企业，但企业未必都是公司。公司只是企业的一种组织形态。我们经常提及的创业企业有以下三类。

（一）个人独资企业

个人独资企业，又称个人业主制企业，是指依法设立，由一个自然人投资并承担无限连带责任，财产为投资者个人所有的经营实体。创办个人独资企业须符合以下条件：①投资人为一个自然人；②有合法的企业名称；③有投资人申报的出资，国家对其注册资金实行申报制，没有最低限额；④有固定的生产经营场所和必要的生产经营条件；⑤有必要的从业人员。

（二）合伙企业

合伙企业是指依法在中国境内设立的由各合伙人订立合伙协议，共同出资、合伙经营、共享收益、共担风险，并对合伙企业债务承担无限连带责任的营利性组织。合伙企业又可分为普通合伙企业和有限合伙企业。

1. 普通合伙企业

普通合伙企业由普通合伙人组成，合伙人对合伙企业债务承担无限连带责任。设立普通合伙企业须符合以下条件：①有两个以上合伙人，并且都是依法承担无限责任者；②有书面合伙协议；③有各合伙人实际缴付的出资；④有合伙企业的名称；⑤有经营场所和从事合伙经营的必要条件，包括全体合伙人签署的设立登记申请书、全体合伙人的身份证明、全体合伙人指定的代表或者共同委托的代理人的委托书、合伙协议、出资权属证明、经营场所证明、国务院工商行政管理部门规定提交的其他文件。法律、行政法规规定设立合伙企业须报经审批的，还应当提交有关批准文件。

2. 有限合伙企业

有限合伙企业由普通合伙人和有限合伙人组成，普通合伙人对合伙企业债务承担无限连带责任，有限合伙人以其认缴的出资额对合伙企业债务承担有限责任。有限合伙企业实现了企业管理权和出资权的分离，可以结合企业管理方和资金方的优势，因而是国外私募基金的主要组织形式，我们耳熟能详的黑石集团、红杉资本都是合伙制企业。有限合伙企业的设立须符合以下条件：①有限合伙企业由 2 个以上 50 个以下合伙人设立，法律另有规定的除外；②有限合伙企业至少应当有 1 个普通合伙人；③有限合伙企业名称中应当标明"有限合伙"字样；④有限合伙人可以用货币、实物、知识产权、土地使用权或者其他财产权利作价出资；⑤有限合伙人不得以劳务出资；⑥有限合伙人应当按照合伙协议的约定按期足额缴纳出资，未按期足额缴纳的，应当承担补缴义务，并对其他合伙人承担违约责任；⑦有限合伙企业登记事项中应当载明有限合伙人的姓名或者名称及认缴的出资数额；⑧有限合伙企业由普通合伙人执行合伙事务，执行事务的合伙人可以要求在合伙协议中确定执行事务的报酬及报酬提取方式；⑨有限合伙人不执行合伙事务，不得对外代表有限合伙企业。

（三）公司制企业

公司制企业是指按照法律规定，由法定人数以上的投资者（或股东）出资建立、自主经营、自负盈亏、具有法人资格的经济组织。我国目前的公司制企业有有限责任公司和股份有限公司两种形式。

1. 有限责任公司

有限责任公司，简称有限公司，中国的有限责任公司是指根据《中华人民共和国公司登记管理条例》规定登记注册，由 50 个以下的股东出资设立，每个股东以其所认缴的出资额为限对公司承担有限责任，公司法人以其全部资产对公司债务承担全部责任的经济组织。有限责任公司包括国有独资公司和其他有限责任公司。设立有限责任公司须符合以下条件：①股东符合法定人数（50 个以下）；②股东出资（全体股东的货币出资额不得低于有限责任公司注册资本的 30%）达到法定资本最低限额（3 万或 10 万元）；③股东共同制定公司章程；④有公司名称，建立符合有限责任公司要求的组织机构；⑤有固定的生产经营场所和必要的生产经营条件。

2. 股份有限公司

股份有限公司是指公司资本为股份所组成的公司，股东是以其所认购的股份为依据对公司承担责任的企业法人。其全部资本分为等额股份，股东以其认购的股份为限对公司承担责任，公司以全部资产对公司的债务承担责任。设立股份有限公司须符合以下条件：①发起人符合法定人数（2～200 人）；②发起人认缴（公司全体发起人的首次出资额不得低于注册资本的 20%）和社会公开募集的股本达到法定资本最低限额（500万元）；③股份发行、筹办事项符合法律规定；④发起人制定公司章程，并经创立大会通过；⑤有公司名称，建立符合股份公司要求的组织机构；⑥有固定的生产经营场所和必要的生产经营条件。表 11-1 呈现了上述不同组织形式的优势和劣势。

表 11-1　不同组织形式的优势与劣势

企业组织形式	优势	劣势
个人独资企业	1. 企业设立、转让和解散等手续非常简单，仅向登记机关登记即可，且费用低 2. 所有者拥有企业控制权 3. 可以迅速对市场变化做出反应 4. 无须缴纳个人所得税，无须双重课税 5. 在技术和经营方面容易保密	1. 创业者承担无限责任 2. 企业的成功过多依靠创业者的个人能力 3. 筹资困难 4. 企业随着创业者的退出而消亡，寿命有限 5. 创业者的投资流动性低
合伙企业	1. 创办比较简单，费用低，经营上比较灵活 2. 企业拥有更多人的技能和能力 3. 资金来源较广，信用度较高	1. 合伙创业者承担无限责任 2. 依赖合伙人的能力，企业规模受限 3. 易因为关键合伙人退出而解散 4. 合伙人的投资流动性低，产权转让困难
有限责任公司	1. 创业股东只承担有限责任，风险小 2. 公司具有独立寿命，易于存续 3. 可以吸纳多个投资人，促进资本集中 4. 多元化产权结构有助于决策科学化	1. 创立程序比较复杂，创立费用较高 2. 存在双重课税问题，税负较重 3. 不能公开发行股票，融资规模受限 4. 产权不能充分流通，资产运作受限
股份有限公司	1. 创业股东只承担有限责任，风险小 2. 筹资能力强 3. 公司具有独立寿命，易于存续 4. 职业经理人进行管理，管理水平较高 5. 产权可以股票形式充分流通	1. 创立的程序复杂，创立费用高 2. 存在双重课税问题，税负较重 3. 须定时报告公司的财务状况，公开公司的财务数据，不利于保密 4. 政府限制较多，法律法规要求严格

二、创业企业的选址和名称设计

（一）影响创业企业选址的因素

1. 政治因素
创业企业的选址应考虑将企业建立在一个政局稳定、政策连贯性较好的地区。

2. 经济因素
创业企业的选址应考虑将企业建在一个关联企业和关联机构相对集中的地区，即将企业建在一个好的产业"团簇"中。

3. 技术因素
创业企业的选址应考虑将企业建在技术研发中心附近，或建在新技术信息传递比较迅速、频繁的地区。

4. 社会因素
创业企业的选址应考虑将企业建在其企业文化与所生产的产品得到较大认同的地区。

5. 自然因素
一个国家的自然资源与生态环境，包括生产的布局、人的生存环境、自然资源、生态平衡等方面的变化，也会给企业带来一些环境威胁和机会，因而也是企业选址和经营战略制定所必须重视的问题。自然因素包括区域气候、气象要素特征值、各项水文指标等。

（二）创业企业选址的步骤

创业企业的选址过程，一般遵循市场信息的收集和研究、多个选点的评价、最终地址的确定和预期收益分析等步骤。

1. 市场信息的收集和研究

在新企业的初创时期，特别是选址阶段，信息对创业者来说是非常重要的。研究表明，市场信息的使用会影响企业的绩效，而市场信息与选址决策衔尾相随的关系更是显而易见。因此，根据已经列出的影响选址的五项因素，创业者自己或借助专业的中介机构有效地收集市场信息是出色地完成选址决策的第一步。

2. 多个选点的评价

通过对市场上各种信息进行收集、汇总、整理及初步简单的定性分析，创业者可以得出若干个新企业地址的候选地，这时可以借助科学的定性定量的方法对各候选地进行整体评价，找出各候选地的优劣点。

3. 最终地址的确定

创业者依据已经汇总整理的市场信息及其所要进入的行业特点和自己企业的特征，通过科学的评估手段，完成选择决策，迈出自己创业至关重要的第一步。

4. 预期收益分析

依据预估销售额、成本、净利率，分析和评估此位置，最后确定是否可以投资。

（三）创业企业选址的十个细节

1. 交通便利

开店选址应选择交通便利的地方，如车站的附近，或者在顾客步行不超过 20 分钟的路程内的街道设店。

2. 接近人们聚集的场所

开店选址应选择接近人们聚集的场所，如剧院、电影院、公园等娱乐场所附近，或者大工厂、机关等附近。

3. 选择人口增加较快的地方

开店选址应选择人口增加较快的地方，企业、居民区和市政的发展，会给店铺带来更多的顾客，并使其更具发展潜力。

4. 选择较少横街或障碍物的一边

许多时候，行人为了要过马路，集中精力去躲避车辆或其他来往行人，而忽略了一旁的店铺，因此开店选址应选择较少横街或障碍物的一边。

5. 集聚效应

人们一想到购买某商品就会自然而然地想起这个地方。

6. 根据经营内容来选择地址

有的店铺要求开在人流量大的地方，比如服装店、小超市，但有的店（如保健用品商品和老人服务中心）则适宜开在偏僻、安静的地方。

7. 有"傍大款"意识

"傍大款"意识即把店铺开在著名连锁店或品牌店附近，甚至可以开在它的旁边，即将店铺开在超市、商厦、饭店、24 小时药店、咖啡店、茶艺馆、酒吧、学校、银行、邮局、洗衣店、冲印店、社区服务中心、社区文化体育活动中心等集客力较强的品牌门店和公共场所旁边。例如，你想经营小吃店，那就将店铺开在麦当劳、肯德基的周围。

8. 位于商业中心街道

东西走向街道最好坐北朝南；南北走向街道最好坐西朝东，尽可能位于十字路口的西北拐角。另外，三岔路口是好地方；在坡路上开店不可取；路面与店铺地面高低不能悬殊。

9. 选择有广告空间的店面

店面要有独立的广告空间，能在店前有"发挥"营销智慧的空间。

10. 选择由冷变热的区位

与其选择现在被商家看好的店铺经营位置，不如选择不远的将来由冷变热的、目前未被看好的街道或市区。

三、创业企业的登记注册

企业注册是指创业者根据国家法律法规相关规定获得合法经营手续的行为。为规范企业行为，保护企业及股东合法权益，维护社会经济秩序，推动社会主义市场经济发展，新企业必须经国家登记机关依法登记，领取营业执照。未经国家登记机关登记的，不得以公司或企业的名义从事经营活动。新企业注册流程包括名称核准，工商注册，印章办理、证件办理、银行开户。

（一）创业企业名称核准

新企业名称通常是生产某类产品或提供某类服务企业的专有名称，是用文字形式表示的一家企业区别于其他企业或组织的特定标志。新企业名称应按照《企业名称登记管理规定》和《企业名称登记管理实施办法》的相关规定，企业只准使用一个名称，登记主管机关辖区内不得与已登记注册的同行业企业名称相同或近似。

申请企业名称预先核准时，应由创建企业的代表或其委托的代表人向登记主管部门提出名称预先核准的申请，并提交如下文件：①有限责任公司的全体股东或者股份有限公司的全体发起人签署的公司名称预先核准申请书；②全体股东或发起人指定代表或者共同委托代理人的证明；③国家市场监督管理总局规定要求提交的其他文件。

（二）创业企业工商注册

注册登记是新企业开办的法定程序。创业者应主动到当地工商行政管理部门咨询，了解申请工商注册登记的程序与要求，及时办理新企业的工商注册登记手续，使新企业的经营活动合法化并受到法律保护。

1. 名称查重

按照国家有关法律规定，企业名称具有唯一性和排他性，且经核准登记，在规定范围内享有专用权，受法律保护，其他企业或个人不得与之混用或假冒。创业者在设计新企业名称后，在注册登记前要到当地工商行政管理部门查询，以确定自己设计的新企业名称与已经工商注册登记的企业名称不重复。为了取得工商行政管理部门企业名称不重复的证明，创业者最好事先设计 3~4 个新企业名称以备用，做到有备无患。

2. 填写登记申请书并提交有关材料

申请人应当按照国家市场监督管理总局制定的申请书格式文本提交申请，并按照企业登记法律、行政法规和国家市场监督管理总局规章的规定提交有关材料。涉及法律、行政法规和国务院发布的决定明确的企业登记前置许可项目的，申请人应当提交法定形式的许可证件或者批准文件。

3. 缴纳出资

创业者登记有限责任公司，股东应当按期足额缴纳公司章程规定的各自认缴的出资额。股东以货币出资的，应当将货币出资足额存入有限责任公司在银行开设的账户；以非货币财产出资的，应当依法办理其财产权的转移手续。

创业者登记股份有限公司，发起人应当书面认足公司章程规定其认购的股份：一次缴纳的，应即缴纳全部出资；分期缴纳的，应即缴纳首期出资；以非货币财产出资的，应当依法办理其财产权的转移手续。

4. 验资

在股东缴纳出资后，必须经依法设立的验资机构验资并出具证明。设立公司的验资证明应当载明以下内容：①公司名称。②公司类型。③股东或发起人的名称或姓名。④公司注册资本额、股东或发起人的认缴或认购额、出资时间、出资方式；以募集方式设立的股份有限公司应当载明发起人认购的股份和该股份占公司股份总额的比例。⑤公司实收资本额、实收资本占注册资本的比例、股东或发起人实际缴纳的出资额、出资时间、出资方式。以货币出资的须说明股东或发起人的出资时间、出资额、公司的开户银行、户名及账号；以非货币出资的须说明其评估情况和评估结果，以及非货币出资权属转移情况。⑥全部货币出资所占注册资本的比例。⑦其他事项。

5. 审查与核准

依法设立的验资机构验资后，由全体股东指定的代表或者共同委托的代理人向公司登记机关报送公司登记申请书、公司章程、验资证明等文件，申请设立登记。在审查过程中，工商行政管理部门可以提醒和帮助申请者补齐各种要求的文件。对于文件不满足要求的申请者，应说明理由，驳回申请。公司登记机关对决定予以受理的登记申请，应当根据情况在规定的期限内做出是否准予登记的决定。

6. 颁发营业执照

营业执照是国家市场监督管理总局，省、自治区、直辖市和市、县工商行政管理局核准登记的向工商企业颁发的合法凭证，具有法律效力。营业执照应当载明公司的名称、住所、注册资本、实收资本、经营范围、法定代表人姓名等事项。营业执照签发日期为公司成立日期。营业执照分为正本和副本两种。正本为悬挂式，用于企业亮证经营；副本为折叠式，用于携带外出进行经营活动。创业者可以根据需要，申请领取所需本数。

（三）创业企业印章办理、证件办理、银行开户

新企业领取营业执照后，还需办理其他相关手续，通常要办理印章并进行证件办理和银行开户。

1. 新企业印章办理

新企业领取营业执照后，创业者须到所在地公安局特种行业管理科办理新企业印章，并向特种行业管理科提供相关文件，包括营业执照、法定代表人身份证明等。公安局审批后到指定的印章刻制单位刻制新企业印章。需要说明的是，企业的印章、企业牌匾、企业银行账户、企业信笺所使用的名称应与新企业在工商行政管理机关登记注册的名称相一致。

2. 新企业证件办理

自 2016 年 10 月 1 日起，为进一步深化行政审批制度改革，提高市场准入便利化程度，我国进行了一场商业登记制度改革，统一采用"五证合一"办证模式。具体是将税务登记证、营业执照、组织机构代码证、社会保险登记证和统计登记证合为一证。

新的"五证合一"办证模式，采取"一表申请、一窗受理、并联审批、一份证照"的流程：首先，办证人持工商网报系统申请审核通过后打印的《新设企业五证合一登记申请表》并携带其他纸质资料，前往大厅多证合一窗口受理；接着，窗口核对信息、资料无误后，将信息导入工商准入系统，生成工商注册号，并在"五证合一"打证平台生成各部门号码，补录相关信息，同时，窗口专人将企业材料扫描，与《工商企业注册登记联办流转申请表》传递至工商、质监、税务、社保、统计五部门，由五部门分别完成后台信息录入；最后打印出载有一个证号的营业执照。

3. 银行开户

银行开户是新企业与银行建立往来关系的基础。依据我国相关法律规定，每个独立核算的经济单位都必须在银行开户，各单位之间办理款项结算，除现金管理办法规定外，均需通过银行结算。单位银行结算账户包括基本存款账户、一般存款账户、专用存款账户和临时存款账户，不同存款账户的功能和用途各不相同。

创办新企业需要先开设一个临时存款账户，待新企业获得营业执照后，该账户转为基本存款账户，也可以申请注销，另开基本存款账户。新企业申请开设单位银行结算账户，应填写开户申请书，提供基本存款账户的企业同意及其附属的非独立核算单位开户的证明等证件，交送盖有企业印章的卡片，经银行审核同意后开设账户。

四、创业企业的法律与伦理问题

（一）创业企业的法律问题

我国的社会主义市场经济已粗具规模，其法律体系的建构已经提前完成。创业者进入市场，须按照市场规则来运作，创业过程中其自身是否具备法律意识和法律理性，是否了解和掌握与其创业相关的法律法规是依法创业的关键。从准备筹划设立企业到企业的日常运营，乃至可能面临的解散破产，这一系列行为中的每个环节都涉及相关法律法规。创业者如果能够在企业初创时就对相关法律法规加以了解，势必会给创业带来很多便利。具体来说，创建新企业需要了解的重要法律法规有以下几种。

1. 专利与《中华人民共和国专利法》

专利包括发明、实用新型和外观设计。发明，是指对产品、方法或者其改进所提出的新的技术方案；实用新型，是指对产品的形状、构造或者其结合所提出的适于实用的新的技术方案；外观设计，是指对产品的整体或者局部的形状、图案或者其结合以及色彩与形状、图案的结合所作出的富有美感并适于工业应用的新设计。《中华人民共和国专利法》规定，专利权的获得需要申请人向国家知识产权局专利局递交申请，专利局通过形式审查、公开申请文件、实质审查等一系列程序之后，对通过审核的申请人颁发专利证书授予专利权，专利权人在法律规定的期限内，对制造、使用、销售享有专有权。

2. 商标与《中华人民共和国商标法》

商标是用以区别商品和服务的不同来源的商业性标志，由文字、图形、字母、数字、颜色或者上述要素的组合构成。商标权是指商标主管机关依法授予商标所有人对其注册商标享有受国家法律保护的专有权。《中华人民共和国商标法》规定，商标必须经国家知识产权局商标局核准注册方受法律保护，即所谓的注册商标。注册商标包括商品商标、服务商标和集体商标、证明商标，有效期为 10 年，到期后可申请续展，每次续展注册的有效期也为 10 年。

3. 著作权与《中华人民共和国著作权法》

著作权即版权，是指自然人、法人或者其他组织对文学、艺术和科学作品依法享有的财产权利和精神权利的总称。《中华人民共和国著作权法》中规定著作权分为两类：著作人身权和著作财产权。著作人身权是指作者通过创作表现个人风格的作品而依法享有获得名誉、声望和维护作品完整性的权利。该权利由作者终身享有，不可转让、剥夺和限制。著作财产权是指作者及传播者通过某种形式使用作品，从而依法获得经济报酬的权利，包括复制权、发行权、出租权、展览权、表演权、放映权、广播权、信息网络传播权等多项权利。

4. 《中华人民共和国民法典·合同》

合同是民事主体之间设立、变更、终止民事法律关系的协议。《中华人民共和国民法典·合同》规定："依法成立的合同，受法律保护。""合同文本采用两种以上文字订立并约定具有同等效力的，对各文本使用的词句推定具有相同含义。各文本使用的词句不一致的，应当根据合同的相关条款、性质、目的以及诚信原则等予以解释。""在中华人民共和国境内履行的中外合资经营企业合同、中外合作经营企业合同、中外合作勘探开发自然资源合同，适用中华人民共和国法律。"

5. 《中华人民共和国劳动法》

《中华人民共和国劳动法》是国家为了保护劳动者的合法权益，调整劳动关系，建立和维护适应社会主义市场经济的劳动制度，促进经济发展和社会进步，根据《中华人民共和国宪法》而制定的法律。创业型企业一出世，面临的竞争难度就超越其他企业，这些企业首先面临的不是赚钱的问题，而是能否生存下来和生存多久的问题，因此很多人呼吁《中华人民共和国劳动法》应对处于婴儿期的创业型企业予以特殊的保护。

6. 《中华人民共和国反不正当竞争法》

《中华人民共和国反不正当竞争法》是禁止以违反诚实信用原则或其他公认的商业道德的手段从事市场竞争行为，维护公平竞争秩序的一类法律规范的总称。《中华人民共和国反不正当竞争法》规定了以下 11 种不正当竞争行为的具体表现形式。

第六条　经营者不得实施下列混淆行为，引人误认为是他人商品或者与他人存在特定联系：

（一）擅自使用与他人有一定影响的商品名称、包装、装潢等相同或者近似的标识；

（二）擅自使用他人有一定影响的企业名称（包括简称、字号等）、社会组织名称（包括简称等）、姓名（包括笔名、艺名、译名等）；

（三）擅自使用他人有一定影响的域名主体部分、网站名称、网页等；

（四）其他足以引人误认为是他人商品或者与他人存在特定联系的混淆行为。

第七条　经营者不得采用财物或者其他手段贿赂下列单位或者个人，以谋取交易机会或者竞争优势：

（一）交易相对方的工作人员；

（二）受交易相对方委托办理相关事务的单位或者个人；

（三）利用职权或者影响力影响交易的单位或者个人。

……

第八条　经营者不得对其商品的性能、功能、质量、销售状况、用户评价、曾获荣誉等作虚假或者引人误解的商业宣传，欺骗、误导消费者。

……

第九条　经营者不得实施下列侵犯商业秘密的行为：

（一）以盗窃、贿赂、欺诈、胁迫、电子侵入或者其他不正当手段获取权利人的商业秘密；

（二）披露、使用或者允许他人使用以前项手段获取的权利人的商业秘密；

（三）违反保密义务或者违反权利人有关保守商业秘密的要求，披露、使用或者允许他人使用其所掌握的商业秘密；

（四）教唆、引诱、帮助他人违反保密义务或者违反权利人有关保守商业秘密的要求，获取、披露、使用或者允许他人使用权利人的商业秘密。

（二）创业企业的伦理问题

在创业过程中，伦理决策对公司的成功与社会声誉具有非常重要的作用。伦理决策往往将行为的社会结果作为判断框架，即什么样的工作或管理行为是符合伦理的。对伦理问题的解决，直接影响到企业的道德规范，最终影响到创业绩效。总的来说，创业企业的伦理问题包括以下几个方面。

1. 创业者与原雇主之间的伦理问题

大部分新企业仍是由曾经从事传统职业的人们所创建的。在辞职进行创业后，一些创业者出乎意料地发现，自己已置身于和前雇主敌对的境地。以下是创业者辞职时必须遵循的两个最重要的原则。

1）职业化行事

"职业化"就是按职业标准化、规范化、制度化的要求塑造自己，即在合适的时间、合适的地点，用合适的方式，说合适的话，做合适的事。职业化行事是根据社会伦理和组织所要求的行为规范来做事。坚守正确的行事规范是职业化素质成熟的表现。

2）尊重所有雇佣协议

对准备创业的雇员来说，充分知晓并尊重其曾签署的雇佣协议至关重要。在一般情况下，关键雇员都需签署保密协议和非竞争协议。

2. 创业团队成员之间的伦理问题

在处理创业团队成员之间的伦理问题时，对创业者团队来说，易犯的错误就是因沉迷于开办企业的兴奋之中而忘记订立有关企业所有权分配的最初协议。因而"创建者协议"（或称股东协议）是处理企业创建者间相对的权益分割，创建者个人如何因投入企业"血汗股权"或现金而获得补偿，以及创建者必须持有企业股份多长时间才能被完全授权等事务的重要书面文件。

创业团队成员之间的伦理问题主要体现在以下几个方面：①未来业务的实质；②简要的商业计划；③创建者的身份和职位头衔；④企业所有权的法律形式；⑤股份分配（或所有权分割）方案；⑥各创建者持有股份或所有权的支付方式（现金或股权）；⑦明确创建者签署确认归企业所有的任何知识产权；⑧初始运营资本描述；⑨回购条款，明确当某位创建者逝世、打算退回或法院传票逼迫其出售股份时的处理方案。

3. 创业者和其他利益相关者之间的伦理问题

创业者和其他利益相关者之间的伦理问题涉及以下方面。

1）人事伦理问题

人事伦理的相关问题与公正公平对待现有员工和未来员工有关。不符合伦理的行为范围非常广泛，涵盖从招聘面试中询问不恰当问题到不公平对待员工等方方面面，其根源可能是因为他们在性别、肤色、宗教等方面有所不同。

2）利益冲突

利益冲突的问题与那些挑战雇员忠诚的情景相关。例如，如果公司员工出于私人关系以非正当理由将合同交给其朋友或家庭成员，这就是不恰当的行动。

3）顾客欺诈

顾客欺诈的问题通常出现在公司忽视公众安全或对顾客缺乏尊重的时候，如误导性广告、销售明知不安全的产品等。

 拓展阅读 11-1

张××、北京××文化传播有限公司等侵害作品信息网络传播权纠纷民事指定管辖裁定书

——侵害信息网络传播权案件管辖法院的确定

中华人民共和国最高人民法院

民事裁定书

原告：张××。

被告：北京××文化传播有限公司。住所地：北京市石景山区××××。

法定代表人：王××，该公司董事长。

被告：程×。

被告：马×。

原告张××与被告北京××文化传播有限公司（以下简称××公司）、程×、马×侵害作品信息网络传播权纠纷一案，秦皇岛市中级人民法院（以下简称秦皇岛中院）于2021年4月1日立案。张××诉称，三被告擅自在相关网站上发布、使用其享有著作权的写真艺术作品，侵害了张××的著作权，请求判令三被告：立即停止侵权行为；连带赔偿经济损失50万元以及为制止侵权行为所支付的全部合理开支；公开赔礼道歉、消除影响；承担本案全部诉讼费用。

马×对本案管辖权提出异议，认为本案属于侵害作品信息网络传播权纠纷案件，秦皇岛中院对本案不具有管辖权，请求将本案移送北京互联网法院审理。秦皇岛中院作出裁定，驳回马×对管辖权提出的异议。马×向河北省高级人民法院（以下简称河北高院）提起上诉。

河北高院作出裁定认为，本案涉及侵害信息网络传播权的侵权行为，应当适用《最高人民法院关于审理侵害信息网络传播权民事纠纷案件适用法律若干问题的规定》（以下简称《信息网络传播权规定》）第十五条的规定。秦皇岛中院将被侵权人住所地作为侵权结果发生地，据以确定本案管辖错误，应予纠正。北京互联网法院作为侵权行为地和被告住所地人民法院，对本案具有管辖权，故裁定撤销秦皇岛中院作出的27号裁定，将本案移送北京互联网法院审理。

北京互联网法院认为，秦皇岛中院作为原告住所地人民法院，对本案具有管辖权，故将本案报请北京市高级人民法院（以下简称北京高院），请求该院报请本院指定管辖。北京高院认为，本案属于因信息网络侵权行为引发的纠纷，2021 年修正的《中华人民共和国民事诉讼法》第二十九条规定："因侵权行为提起的诉讼，由侵权行为地或者被告住所地人民法院管辖。"《最高人民法院关于适用〈中华人民共和国民事诉讼法〉的解释》第二十四条规定："民事诉讼法第二十八条规定的侵权行为地，包括侵权行为实施地、侵权结果发生地。"第二十五条规定："信息网络侵权行为实施地包括实施被诉侵权行为的计算机等信息设备所在地，侵权结果发生地包括被侵权人住所地。"原告张××作为被侵权人，其住所地在河北省秦皇岛市海港区，秦皇岛中院作为侵权结果发生地人民法院，对本案具有管辖权。本案不属于侵权行为地和被告住所地均难以确定的例外情形，不需要适用《信息网络传播权规定》第十五条中的相关规定，河北高院不应将本案移送北京互联网法院审理，故依法报请最高人民法院指定管辖。

最高人民法院认为，对于侵害信息网络传播权纠纷民事案件的管辖问题，2013 年 1 月 1 日施行的《信息网络传播权规定》第十五条规定："侵害信息网络传播权民事纠纷案件由侵权行为地或者被告住所地人民法院管辖。侵权行为地包括实施被诉侵权行为的网络服务器、计算机终端等设备所在地。侵权行为地和被告住所地均难以确定或者在境外的，原告发现侵权内容的计算机终端等设备所在地可以视为侵权行为地。"2020 年，该司法解释经过修正，前述第十五条规定的内容并未修改，仍然继续施行。该规定是规范侵害信息网络传播权纠纷这一类民事案件管辖的特别规定。

《最高人民法院关于适用〈中华人民共和国民事诉讼法〉的解释》第二十五条规定中的"信息网络侵权行为"针对的是发生在信息网络环境下，通过信息网络实施的侵权行为，并未限于特定类型的民事权利或者权益。与之不同的是，《信息网络传播权规定》第十五条规定的"信息网络传播权"，则是《中华人民共和国著作权法》第十条第一款规定的著作权人享有的法定权利，即"以有线或者无线方式向公众提供作品，使公众可以在其个人选定的时间和地点获得作品的权利"。因此，《信息网络传播权规定》第十五条是针对信息网络传播权这一特定类型的民事权利，对侵害信息网络传播权纠纷民事案件的管辖作出的特别规定。在确定侵害信息网络传播权民事纠纷案件的管辖时，应当以《信息网络传播权规定》第十五条为依据。

《信息网络传播权规定》第十五条明确规定，只有在"侵权行为地和被告住所地均难以确定或者在境外"的例外情形下，才可以将"原告发现侵权内容的计算机终端等设备所在地"视为侵权行为地。基于信息网络传播权的性质和特点，侵害信息网络传播权的行为一旦发生，随之导致"公众可以在其个人选定的时间和地点获得作品"，其侵权结果涉及的地域范围具有随机性、广泛性，不是一个固定的地点，不宜作为确定管辖的依据。

本案中，秦皇岛市为原告住所地，并非被告住所地，亦不属于《信息网络传播权规定》第十五条规定的侵权行为地。本案也不存在《信息网络传播权规定》第十五条规定的"侵权行为地和被告住所地均难以确定或者在境外"的例外情形。因此，秦皇岛中院对于本案没有管辖权，河北高院将本案移送北京互联网法院并无不当。

依照《中华人民共和国民事诉讼法》第三十七条的规定，裁定如下：

本案由北京互联网法院审理。

本裁定一经作出即生效。

审 判 长 杜××

审 判 员 张××

审 判 员 戴××

二〇二二年八月二十二日

法官助理 周××

书 记 员 焦 ×

（资料来源：笔者根据网络资料整理）

第二节 管理创业企业

一、管理创业企业成长

（一）创业企业在起步成长阶段面临的问题

起步成长阶段分为孕育期、婴儿期和学步期三个时期。孕育期强调的是企业意图和未来意图实现的可能性。成功的关键在于高水平地确立起所要承担的义务。这种义务最为重要的是要从情感上对创建企业的主张以及企业今后能在市场上发挥的作用这两点承担义务。创业者的动机不应当只是投资回报率，而更应当注意满足市场需求并创造附加值。如果说孕育期关注的是创业者在想什么，企业需要能够确立所要承担义务的梦想，那么，婴儿期所关注的则是创业者在干什么。企业需要更多的脚踏实地的一切以结果为导向的创业者。一旦企业进入学步期，随着销售额节节上升，创业者和整个企业的员工都会豪情万丈，甚至会自认为无所不能。其实，企业生命周期里有两道坎，其中之一就是初创公司的最初 10 年里，是"死婴率"最高的阶段，如同婴儿早夭。在起步成长阶段，企业面临的问题有以下几种。

1. 缺乏系统化的管理制度

企业管理制度没能跟得上企业的发展脚步。企业发展之初，创业者往往忙于企业销售网络的拓展，增大销售量，忽视了企业内部管理者制度的建设，缺乏明确的行为方针、系统的规章制度和健全的预算体系。正所谓量变引起质变，管理制度建设缓慢，迟早会影响到企业最终的销售额的增长。在初创企业的管理中，往往是创业者一个人说了算，即典型的直线式管理模式。这种管理模式在企业的发展之初能有效地提高运营效率，但是在企业进入平稳的发展阶段，企业规模扩大后，这种管理模式的弊端会日益显现，创业者由于能力、精力有限，在决策过程中没有科学决策和智囊团支持，在管理、决策过程中容易出错。企业缺少明晰的发展理念与企业文化，员工没有归属感，不利于企业长期健康、稳定地成长。

2. 缺乏高素质人才

初创企业资金少、规模较小、实力较弱，企业缺乏管理制度，员工发展机会有限，管理层的升迁机会少于大企业，导致处于创业期的企业市场号召力不足。这些问题成为吸引人才的绊脚石，使得高端人才不愿意加入处于创业期的企业，导致企业无法吸收足够多的高素质人才，招聘的职员学历普遍较低，而处于创业期的企业对高素质人才的需求量比较大，这在高端人才的供求上就出现了矛盾。因此，处于创业期的企业在招聘时很难招到有丰富工作经验的人才。同时，由于处于创业期的企业不能提供具有竞争力的待遇和发展空间，员工的工资水平及附加待遇相对较低，许多人才要么在得到大公司工作的机会后毫不犹豫地选择跳槽，要么在习得一技之长后自己创立企业，加入与原雇主的竞争中来，使得处于创业期的企业雪上加霜。

 拓展阅读 11-2

三星的人才战略举措

三星认为，想把业务扩大至世界范围，就必须在全球大量聘用优秀人才。从其他公司引入人才确实是一个方法，但最有效的还是雇用一开始就应聘三星的应届毕业生，在全球范围内培养需要的人才。

（1）三星通过在成均馆大学等学校内设立移动电话学科来培养手机方面的专业人才。考入移动电话学科的学生不仅能学到移动电话开发方面的实务知识，还能免学费并获得生活补助，毕业后进入三星工作，所以入学竞争相当激烈。

另外，三星还在肯尼亚的斯特拉斯莫尔大学以 Built for Africa 为理念设立了研究所。这个研究所成立的目的，在于"由非洲人在非洲开发非洲所需要的产品"，研究内容包括家电和移动电话等产品构思。三星与海外大学开展合作，不只是为了开发出符合当地市场的产品，更是为了笼络优秀人才。

（2）人力开发院。三星使用名为"人力开发院"的住宿型研修设施，目的是对三星新进员工实施必要的教育工作。新员工进入公司后需要立刻接受 26 天 25 夜的新员工研修，在学习三星企业哲学和文化的同时加深与同事和前辈的团队协作。（在三星，新人研修难度大。在《彻底解析！三星成功的秘密》一书中有着如下的介绍：研修期间不只精神方面身心都必须按照高强度的课程表完成日复一日的严酷训练。早晨从 5 点起床上山晨跑开始，课程表从早餐后到晚上 9 点安排得满满的。大约每 20 人会被分成一组，完成规定课题。加上每天必须完成的作业，可以说睡眠时间只有 3 个小时，精神和肉体都到了极限。由于研修太过严格，其中甚至有人掉队。）

（3）地区专家制度。注重推进全球化进程的三星公司有着一种独特的制度，那就是"地区专家制度"。一般来说，公司会以工作或研修等明确目的将员工派往海外，但地区专家制度唯一规定的只有"派遣时间为一年"，在这期间做些什么全凭员工自由决定。派遣期间虽然能照常获得薪水，但从房租到日常生活、语言学习等方面都无法依赖公司，这就需要员工在自力更生的同时去学习这个国家的文化和语言。地区专家制度每年会选出数百人，截止到 2015 年已有约 4000 人被派往亚洲、欧美、中东、俄罗斯等地。

（4）成果主义。三星认为员工获得与之能力相符的待遇非常重要，所以采取以年薪制为中心的成果主义。三星的年薪由个人年薪和附加薪酬构成。个人年薪包括基本工资、能力工资和奖金，能力工资和奖金部分根据个人表现差距很大。附加薪酬由两部分组成，一是员工所属的公司和部分根据绩效支付的集体成果，二是引入优秀人才奖励金。成果主义意味着拿不出成果就得不到高薪。所以，为了获得成果，三星员工倾向于长时间工作。三星在 23 年里改变经营方针多达 10 次，就说明他们的员工并没有多大抵触就接受了改变。反过来想，如此一来无法适应变化的员工就会离开组织，员工的更替也会变得更频繁。这样想来，积极挖掘优秀人才、把他们打造成三星人、实行成果主义这样的人事举措，倒是与三星的经营方针完美地融合在了一起。

（资料来源：笔者根据网络资料整理）

3. 缺乏融资渠道

处于起步期的企业，产品利润回报率相对较低，往往出现投资大于收入的现象。此时，如果没有强大的现金流做储备，企业很难获得进一步的发展。然而，与强烈的资金需求形成对比的是，由于缺乏融资渠道，中小企业的筹资能力相对较弱。在初创期，现金流入量小于现金流出量，企业必须具备很强的融资能力，从而用于开拓市场，创新技术。如果融资能力比较弱，企业发展将举步维艰。

（二）管理创业企业成长的过程

成长是创业型企业一种自然而然的、令人满意的结果。成长是创业型企业区别于其他企业的显著特性。创业型企业追求企业的成长。缓慢成长可以获得成功，而快速成长同样可以获得成功。成功地实现企业成长并不是随机发生的，也不是靠运气。追求企业成长的成功往往要求企业家对所有与成长相关的挑战加以管理，也就是为企业成长制订计划、进行组织并实施控制。

1. 为创业企业成长制订计划

尽管看起来我们似乎又回到了计划问题的讨论上，而不是控制问题，但实际上，控制与计划之间有着密切的联系，而且最佳的成长战略都是经过精心计划的。理论上，追求成长的决定并不是自发形成的，而是企业整体业务目标和计划的一部分。缺乏计划的快速成长可能会带来灾难性的后果。企业家应该将成长战略视为企业规划的一部分，但在计划过程中不应过于僵化。这些计划应该足够灵活，以开发和利用意外出现的机遇。制订了适当的计划之后，接下来企业家必须为企业成长进行组织。

2. 为创业企业成长进行组织

企业家面临的关键挑战包括筹集资金、招募人才和强化组织文化。筹集到足够的资金是创业型企业在成长过程中面临的一项主要挑战。企业需要资金来实现扩张。筹集资金以供企业成长的过程非常类似于企业初创阶段的融资过程。幸运的是，到了这一阶段，企业已经拥有一些成功的业绩记录来支持资金要求。如果没有这些记录，获得必要的资金就可能极为困难。这也是我们前面所说的最佳的成长战略都是经过精心计划的原因。计划的其中一部分应该包括如何筹集资金来支持企业的成长。

创业型企业在成长阶段需要解决的另一个重要问题是招募人才。如果企业处于快速发展阶段，由于时间的约束，这项挑战可能会变得更加严峻。为了支持企业在成长阶段日益增加的工作负担，尽可能地对所需员工的数量和类型进行规划非常重要。为员工提供额外的培训和支持，从而帮助他们应对企业日益成长所导致的不断增大的压力，这一点必不可少。

最后，企业在不断成长的过程中，创造一种积极的、成长导向型的文化也非常重要，以促使组织及其人员能够抓住实现成功的机遇。有时候，鼓励这种文化的形成是有难度的，尤其是当外界经常发生变化时。然而，在这一阶段树立并得到强化的价值观、态度和信念对创业型企业未来的持续成功至关重要。保持员工专注并投身于企业正在做的事情，这一点对企业成长战略的最终成功至关重要。如果员工不认同创业型企业前进的方向，那么企业成长战略很可能不会取得成功。

3. 对创业企业成长实施控制

创业型企业在成长阶段所面临的另一项挑战是加强已有的组织控制。保持现金流、存货、客户数据、销售订单、应收账款、应付账款以及成本等良好的财务记录和财务控制，这对于每一家企业来说都应该是重中之重，无论这家企业是否追求企业成长。然而，当创业型企业处于扩张阶段时，加强这些控制尤其重要。在完成某项工作任务时间紧迫的情况下，撒手不管或推卸责任再容易不过了。企业的快速成长或缓慢成长都不能成为忽视实施到位的有效控制的借口。事实上，建立正式的程序、协议和流程并加以应用尤为重要。尽管失误和低效永远不可能完全消除，但企业家应尽最大的努力以实现高水平的生产率和组织效率。如何实施控制？遵循一项"终身客户"战略，这意味着围绕可能对客户造成的影响来确定组织的工作决策，并持续地对客户关系进行监测和管理。

（三）创业企业的战略管理

战略管理是对一个企业未来发展方向制定和实施决策的动态管理过程。一个规范性的、全面的战略管理过程可大体分为四个阶段（图 11-1），即确定企业使命阶段、战略环境分析阶段、战略选择及评价阶段、战略实施及控制阶段。

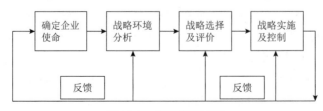

图 11-1　战略管理过程

1. 确定企业使命

企业使命是企业在社会进步和社会、经济发展中所应担当的角色和承担的责任。

一般说来，一个企业的使命包括两个方面的内容，即企业哲学和企业宗旨。所谓企业哲学是指一个企业为其经营活动或方式所确立的价值观、态度、信念和行为准则，是企业在社会活动及经营过程中起何种作用和如何起这种作用的一个抽象反映。所谓企业宗旨是指企业现在和将来应从事什么样的事业活动，以及应成为什么性质的企业或组织类型。企业在制定战略之前，必须先确定企业的使命。这是因为，企业使命的确定过程常常会从总体上引起企业发展方向、发展道路的改变，使企业发生战略性的变化；此外，确定企业使命也是制定企业战略目标的前提，是战略方案制订和选择的依据，是企业分配资源的基础。

2. 战略环境分析

战略环境分析包括企业外部环境分析和企业内部环境分析两部分。企业外部环境一般包括：宏观外部环境，即政治与法律因素、经济因素、社会因素、技术因素；微观外部环境，即企业所处行业的竞争状况。外部环境分析的目的就是要了解企业所处的战略环境。掌握各环境因素的变化规律和发展趋势，研究环境的变化将给企业的发展带来哪些机会和威胁，为制定战略打下良好的基础。战略环境分析还要了解企业自身在同行业中所处的相对地位，分析企业的资源和能力，明确企业内部条件的优势和劣势，以及了解不同的利益相关者对企业的期望，理解企业的文化。企业内部环境分析的目的就是发现企业所具备的优势或弱点，以便在制定和实施战略时扬长避短，有效地利用企业自身的各种资源，发挥出企业的核心竞争力。

3. 战略选择及评价

战略选择及评价过程就是战略决策过程，即对战略进行探索、制定以及选择的过程。通常，这个过程主要包括三个方面的工作：一是拟订多种可供选择的战略方案；二是利用各种战略评价方法对拟订的各个战略方案进行评价；三是选择最终执行战略。

企业的战略选择应当解决以下两个基本的战略问题：一是确定企业的经营范围或战略经营领域。即确定企业从事生产经营活动的行业，明确企业的性质和所从事的事业，确定企业以什么样的产品或服务来满足哪一类顾客的需求。二是突出企业在某一特定经营领域的竞争优势。即要确定企业提供的特定产品或服务的类型，要在什么基础上取得超越竞争对手的优势。

4. 战略实施及控制

战略实施及控制过程就是把战略方案付诸行动，保持经营活动朝着既定战略目标与方向不断前进的过程。这个阶段的主要工作包括计划、组织、领导和控制四种管理职能的活动。

一是将企业的总体战略方案从空间上和时间上进行分解，形成企业各层次、各子系统的具体战略或政策，在企业各部门之间分配资源，制定职能战略和计划。

二是对企业的组织机构进行调整，以使调整后的机构能够适应所采取的战略，为战略实施提供一个有利的环境。新战略的实施往往需要对现有的组织进行重大变革，变革总会有阻力，所以对变革的领导是很重要的。这包括培育支持战略实施的企业文化和激励系统，从而克服变革阻力等。

三是要使领导者的素质及能力与所执行的战略相匹配，即挑选合适的企业高层管理者来贯彻既定的战略方案。

四是在战略的具体化和实施过程中，为了实现既定的战略目标，必须对战略的实施过程进行控制。战略控制是战略管理过程中的一个重要环节，它伴随战略实施的整个过程。管理人员应及时将反馈回来的实际成效与预定战略目标进行比较，以便及时发现偏差。适时采取措施进行调整，以确保战略方案的顺利实施。在战略实施过程中，如果企业外部环境或内部环境发生了重大变化，则要求对原战略目标或方案做出相应的调整，甚至重新审视环境，制订新的战略方案，进行新一轮的战略管理过程。从以上过程可以看出，战略管理过程是一个环环相扣、循环往复、不断发展的全过程的总体性管理，是一个动态的、持续不断的过程。

战略实施最终要回答三个问题：①Who：由谁来实施战略规划？②What：必做之事是什么？③How：战略实施人员如何做应该做的事？

（四）创业企业的营销策略

1. 洞察和创造需求

成功的创业者应该基于真实的顾客需求来开发新产品和服务。但奇怪的是，很少的创业者开发出了能满足真实需求的产品，大部分都因不能生产或销售而失败，这是因为大部分创业者陶醉于创建新企业的想法之中，而对于能否提供优于市场上现有产品的新产品考虑不够。真实的需求指顾客存在未解决的问题，而现有的产品或服务又不能提供一种解决方案。例如，能够治愈肺癌的药物就具有真实的需求。至今没有一种治愈这种病的药，而得这种病的患者需要这种药。

2. 创业营销

1）创业营销的概念和价值

新企业的营销也称创业营销。为了减少营销投入，创业者常常以创新型、非尖端的营销战术和个人网络进行各种营销活动。创业营销就是对未经计划的、非线性的、理想化的创业企业营销活动所进行的理论总结。它是营销者不受当前资源限制、基于机会视角主动寻求新手段为目标客户创造价值的营销活动。

结合美国市场营销协会（American Marketing Association）和相关学者的研究，创业营销可定义为：创业营销是创业者为突破资源束缚，通过创新、风险承担和超前行动，主动识别、评价和利用机会，以获取可保留的有价值客户的组织职能或过程。

2）传统营销和创业营销的比较

创业营销意在为营销者提供更有针对性、更有效的新的营销手段，它并不排斥传统营销的基本原理及手段。所以，创业营销与传统营销所采用的许多营销手段是相同的，很难用简单的二分法加以区分。

创业营销的最重要目标是要解决创业企业的生存问题，帮助创业者敏锐地捕捉到市场机会，采取营销行动，主宰企业的生存命运。

3）创业的 STP（segmenting，targeting and positioning）策略

STP 是一种市场营销策略，是指企业根据一定的标准对整体市场进行细分后，从中选择一个或者多个细分市场作为自身的目标市场，并针对目标市场进行市场定位。

A. 创业者要进行有效的市场细分

创业者一定要避免面面俱到，从创业开始就要瞄准细分市场，这样更容易发现市场中的营销机会，有利于创业者集中有限的资源进行有效竞争。市场细分的依据和方法很多，以个人消费品为例，主要有四大类别，即地理变量、人口统计变量、心理变量和行为变量。

B. 选择合理的目标市场

创业者首先根据细分市场的规模和增长潜力、细分市场结构的吸引力和企业目标、资源情况等评估细分市场，选择最具有吸引力的细分市场。目标市场的选择策略很多，通常选择集中性目标营销策略更易成功。

C. 进行准确的市场定位

创业者可选择不同的差异化来源进行创造性的市场定位，通常有以下三种市场定位战略可供选择：①避强定位。这是一种避开强有力的竞争对手的定位战略，其优点是风险小。②补缺定位。将企业产品定位在目标市场的空白处，不与目标市场上的竞争者直接对抗。创业者采取补缺定位更易于成功。③重新定位。通常是指对那些销路不好、市场反应差或形象不清晰的产品进行二次定位，优点是能摆脱困境，重新获得增长与活力。

4）创业的 4R（relevance，reaction，relationship and reward）策略

A. 4R 营销的概念

21 世纪伊始，《4R 营销》的作者艾略特·艾登伯格（Elliott Ettenberg）提出 4R 营销理论。4R 营销理论以关系营销为核心，重在建立顾客忠诚。它阐述了四个全新的营销组合要素：关联、反应、关系和回报。4R 营销理论强调企业与顾客在市场变化的动态中应建立长久互动的关系，以防止顾客流失，赢得长期而稳定的市场；面对迅速变化的顾客需求，企业应学会倾听顾客的意见，及时寻找、发现和挖掘顾客的渴望与不满及其可能发生的演变，同时建立快速反应机制以对市场变化快速做出反应；企业与顾客之间应建立长期而稳定的朋友关系，从实现销售转变为实现对顾客的责任与承诺，以维持顾客再次购买和顾客忠诚；企业应追求市场回报，并将市场回报当作企业进一步发展和保持与市场建立关系的动力与源泉。

B. 4R 营销的操作要点

（1）紧密联系顾客。企业必须通过某些有效的方式在业务、需求等方面与顾客建立关联，形成一种互助、互求、互需的关系，把顾客与企业联系在一起，减少顾客的流失，以此来提高顾客的忠诚度，赢得长期而稳定的市场。

（2）提高对市场的反应速度。多数公司倾向于说给顾客听，却往往忽略了倾听的重要性。在相互渗透、相互影响的市场中，对企业来说最现实的问题不在于如何制订、实施计划，而在于如何及时地倾听顾客的希望、渴望和需求，并及时做出反应来满足顾客的需求，这样才利于市场的发展。

（3）重视与顾客的互动关系。4R 营销理论认为，如今抢占市场的关键已转变为与

顾客建立长期而稳固的关系，把交易转变成一种责任，建立起和顾客的互动关系。而沟通是建立这种互动关系的重要手段。

（4）回报是营销的源泉。营销目标必须注重产出，注重企业在营销活动中的回报，因此企业要满足客户需求，为客户提供价值，不能做无用的事情。一方面，回报是维持市场关系的必要条件；另一方面，追求回报是营销发展的动力，营销的最终价值在于其是否给企业带来短期或长期的收入能力。

C. 4R 营销的特点

（1）4R 营销以竞争为导向，在新的层次上提出了营销新思路。根据市场日趋激烈的竞争形势，4R 营销着眼于企业与顾客建立互动与双赢的关系，不仅积极地满足顾客的需求，而且主动地创造需求，通过关联、反应、关系等形式建立与它独特的关系，把企业与顾客联系在一起形成了独特竞争优势。

（2）4R 营销真正体现并落实了关系营销的思想。4R 营销提出了建立关系、长期拥有客户、保证长期利益的具体操作方式，这是关系营销史上的一个很大的进步。

（3）4R 营销是实现互动与双赢的保证。4R 营销的反应机制为建立企业与顾客关联、互动与双赢的关系提供了基础和保证，同时也延伸和升华了营销便利性。

（4）4R 营销的回报使企业兼顾到成本和双赢两方面的内容。为了追求利润，企业必然实施低成本战略，充分考虑顾客愿意支付的成本，实现成本的最小化，并在此基础上获得更多的顾客份额，形成规模效益。这样一来，企业为顾客提供的产品和追求回报就会最终融合，相互促进，从而达到双赢的目的。

（五）创业企业的商标与专利策略

1. 商标设计与及时申请注册

商标是用来区别一个经营者的品牌或服务与其他经营者的商品或服务的标记。商标有利于培植富有个性的产品形象和市场形象，以取得竞争对手所不及的特定优势。因此，设计和选择一个好的商标是新创企业吸引消费者的重要营销手段。

商标的设计与选择虽然涉及心理学、社会学、市场学、美学、艺术等专业知识，但是首先应该考虑其法律上的有效性。申请注册的商标，应当有显著特征，便于识别，且不得与他人在先取得的合法权利相冲突。商标的显著性是指从总体上具有独自特征并能与他人同种或类似商品的商标区别开来，即"独特性"或"可识别性"。应遵循以下几个原则：①使用的商标与所依附的商品没有直接的关联；②使用的商标与他人及行业通用、共用的标志相区别；③使用的商标与指定的商品上的标志相区别；④商标设计要简练突出、线条突出，富有自身特色，做到简单、明确、易记、易看、易读、易写，要既符合商品特点，可引起消费者联想，又适应消费者心理和消费群体的文化素质；如果是外销产品，还应符合输入国商标法规定，符合当地风俗习惯与宗教信仰。

商标注册是我国取得商标专用权从而获得法律保护的必要前提，新创企业对其使用或准备使用的商标应该及时注册，否则该商标只能是未注册商标，得不到法律的有效保护。包括我国在内的许多国家的法律并不排除未注册商标的使用，未注册商标也并非在任何情况下都得不到法律保护。然而，一旦本企业的商标出名之后，很容易被抢先注册，企业丧失前期积累的商标信誉。这里的"及时注册"还包括一定地域范围的超前注册，企业在进入外国市场之前尤其应重视获得商标权，为未来商品或服务的进入提供法律保障。

2. 专利的申请

新创企业，尤其是技术型新创企业，有效地应用专利策略将直接关系到企业竞争力的获取和可持续发展。国家颁发专利证书授予专利权的专利权人，在法律规定的期限内，对制造、使用和销售享有专有权（又称垄断权或独占权）。

新创企业申请专利的动机各不相同，主要包括：①防止模仿，通过合法权利发布而阻止他人使用；②向投资人、潜在合作者以及客户传递信号，获得竞争优势；③自己使用，且阻止他人获得专利权；④通过转让、许可等经营方式，从专利中获利，比如IBM在过去十年仅专利许可费获利就高达上百亿美元；⑤自己并不使用，只是为了阻止竞争对手产品或技术的商业化。但是，无论是出于何种动机，企业都将面对是否申请专利、申请时机、申请种类、申请国别等问题。

新创企业发明创造出新技术之后，首先将面临是否申请专利的决策，可决定是否通过申请专利、技术秘密保护或者是公开成果的方式进行。以下情形适合申请专利获得专利权：①成果具有申请专利所要求的新颖性、创造性和实用性（简称"三性"）；②技术比较复杂，是领域内的重大成果；③竞争对手容易通过反向工程获得技术要点；④市场前景不明朗、经济价值不确定的成果。以下情形适合采用技术秘密的方式加以保护：①不属于专利法保护的主体；②技术创新成果不具备申请专利的"三性"要求；③竞争对手能够在研究专利说明书后轻易绕过的成果；④技术成果经济寿命周期短，很快将出现可替代技术。采用公开成果的方式可以使竞争对手的专利申请丧失新颖性，阻止他人获得专利权。

新创企业一旦决定申请专利，接下来就面临申请时机的决策问题。《中华人民共和国专利法》规定"专利先申请原则"，对专利的及时申请提出了要求，但是过早申请会带来麻烦。例如，过早申请会向竞争对手暴露自己的研发战略和技术秘密。此外，专利保护有期限，我国发明专利从申请日开始受保护期限也仅仅只有20年，一旦其未能及时商业化，很可能在获得经济回报之前就已经到期。因此，申请时机应该确保研究开发的技术达到一定的成熟度并在研究竞争对手技术发展动态、市场效益等因素后综合考虑。其间要特别注意采取严格的保密措施，以免技术被公开而丧失新颖性。

在申请种类决策上，我国专利分为发明、实用新型和外观设计三种，需要从中选择。三者各有其特征，新创企业应该根据发明创造的特点，结合不同要求进行选择，甚至可采用组合的方式，在实践中同时申请两种或以上的保护形式，以使各种专利申请形式取长补短，并在实践中延长专利保护期限。

专利地域性特征决定了一项专利权只有在某一国家或地区获得授权，才能在该地域内受到保护。因此，在申请国别决策上，企业还需要考虑自身的跨国经营战略。

3. 专利的运营

专利运营是企业充分运用专利资产，整合各种资源，提高企业经济效益的市场行为。有学者认为技术可从转让、许可、合资、战略联盟、业务整合和赠予六种模式中获利。新创企业可能涉及的专利运营模式很多，本章仅介绍专利许可与专利转让两种常用的策略。

1）专利许可

专利许可，又称专利权的许可使用，是指专利权人许可被许可人使用、实施其专利权，并从中获取该专利的权利使用费的活动。与专利转让不同，许可方式更为灵活，可以在不改变专利权所有关系的情况下，实现专利的市场价值。专利许可的形式包括独占实施许可、排他实施许可、普通实施许可以及分许可和交叉许可。在独占实施许可的情况下，许可人在合同约定的范围内也不能实施该专利。

专利许可人与被许可人应当订立许可合同，内容包括：许可实施的专利权的描述；许可方在本合同生效前实施或许可本项专利的基本情况；许可的范围、方式和期限；为保证被许可方有效实施本项专利，许可方应向对方提交的技术资料和技术秘密；许可方提供怎样的技术服务和技术指导；专利权使用费及支付方式；许可方合同有效期内维持本项专利权的有效性及合法不侵权的保证；技术竞争和技术发展；许可实施的专利技术和技术秘密进行后续改进；违约责任；等等。

新创企业专利许可同样存在两种情况，一种是作为许可人，另一种是作为被许可人。如果企业是被许可人，则应注意查明许可人是否为真正的专利权人。如果是真的专利权人，还应该进一步明确该专利是不是共有专利或从属专利，专利的实施许可还应当经其他共有专利权人或基本专利的专利权人的许可，否则实施许可活动是不合法的。此外，还需明确许可方为实施专利技术所提供的技术协助、服务等。如果企业是许可人，应该确认被许可人的法人资格和经营范围，评估其实施专利技术的条件、资信状况等。

2）专利转让

专利转让是指将专利权由出让方转移给受让方所有的法律行为。新创企业专利转让分为两种情况：一种是企业自行研究开发出来的专利技术，自己现在及未来都不可能实施，就可以以专利转让的形式收回研究开发的成本，并从中获取利润；另一种是基于开放式创新概念，新创企业发展初期很难依靠内部资源进行高成本的创新活动，为了适应快速发展的市场需求以及日益激烈的企业竞争，将外部专利技术资源通过受让的方式整合到企业内部。

专利权转让包括专利申请权转让和专利所有权转让。专利申请权转让是发明创造人或其他有权提出专利申请的人就该项发明创造的专利申请权转让给受让方所有，由受让方就该项发明创造向专利局提出专利申请。专利所有权转让是指专利权人将其所有的专利权让渡给受让人所有，并由受让人行使专利权。

特别注意的是，新创企业无论是作为出让方还是受让方，无论是转让专利申请权还是专利所有权时，都必须以书面形式订立合同。专利转让合同涵盖的内容主要包括：转让方向受让方交付资料，交付资料的时间、地点及方式，专利实施和实施许可的情况及处置办法，转让费及支付方式，专利权被撤销和被宣告无效的处理，过渡期条款，税费，违约及索赔，争议的解决办法等事项。转让合同订立后，应当向国务院专利行政部门办理登记。专利申请权或者专利权的转让自登记之日起生效。依照《中华人民共和国民法典》的规定："依法成立的合同，自成立时生效，但是法律另有规定或者当事人另有约定的除外。依照法律、行政法规的规定，合同应当办理批准等手续的，依照其规定。未办理批准等手续影响合同生效的，不影响合同中履行报批等义务条款以及相关条款的效力。应当办理申请批准等手续的当事人未履行义务的，对方可以请求其承担违反该义务的责任。依照法律、行政法规的规定，合同的变更、转让、解除等情形应当办理批准等手续的，适用前款规定。"

二、管理创业企业衰退

对于创业型企业来说，尽管实现企业成长是一个重要的期望目标，但是当事情并没有按照计划进行时（成长战略并没有产生预期的结果，反而导致绩效下降），会发生什么？在管理企业衰退时，会出现各种严峻的挑战。没有人喜欢失败，尤其是企业家。然而，当创业型企业面临困难时，能够采取什么措施呢？

（一）识别危机局面

如何成功地管理企业衰退？第一步是识别正在形成的危机。企业家应该对企业陷入困境的预示信号保持警觉。绩效可能下滑的一些预示信号包括现金流不足或现金流为负值、员工冗余、不必要的和累赘的行政程序、害怕冲突和冒险、容忍工作不称职、缺乏清晰的使命或目标，以及组织内部无效或糟糕的沟通。关于识别绩效下滑的另一种视角涉及一种"温水煮青蛙"现象，在这一现象中，很难识别这种细微的下滑状况。"温水煮青蛙"是一个经典的心理反应实验。在第一次实验中，一只活青蛙被放进一盆开水中，这只青蛙会立即做出反应跳出这个开水盆。但在第二次实验中，一只活青蛙被放进一盆温水中，然后逐渐加热到沸点，而这只青蛙没有做出任何反应并最终死亡。小企业特别容易陷入这种"温水煮青蛙"现象，因为企业家可能无法识别"正在逐渐升高的水温"，也就是绩效缓慢下滑的恶化状况。当企业绩效缓慢地下滑时，可能永远不会触发重大的反应，也可能太晚才开始采取措施以至于无法有效干预这种状况。"温水煮青蛙"现象带给我们什么教训？它告诫我们，企业家需要对企业绩效可能恶化的信号时刻保持警惕，不要等到"水温达到煮沸临界点"时才做出反应。

（二）应对衰退、业绩下滑和危机

尽管企业家希望永远都不必应对企业衰退、业绩下滑和危机，但总有某种时候，企业家必须应对这些事情。毕竟，没有人喜欢把事情往坏的方面想，也不喜欢考虑事情的恶化。但这确确实实是企业家应该做的事情——未雨绸缪。时刻更新企业的危机处理计划至关重要。这就好比在火灾发生之前计划从家出逃的路线。企业家希望能够在突发事件出现之前做好准备。这个计划应该聚焦于提供具体细节以控制企业运营最根本、最关键的几个方面——现金流、应收账款、成本和债务。除了制订控制企业关键流入和流出的计划之外，还应该采取其他一些行动，包括制定具体的战略来削减成本和重构企业等。

（三）退出创业企业

对于企业家而言，从一个创业型企业退出似乎是一件奇怪的事情。然而，企业家确实可能在某个时间点做出退出企业的决定。这个决定可能基于这样一种事实：企业家希望把在企业中的投资转化为资金（也称为收割），或者企业家面临严重的组织绩效问题并希望退出企业，甚或企业家投身于其他追求（个人追求或商业追求）。退出企业涉及的事项包括选择一种合适的企业评估方法，以及了解出售企业过程中涉及的一些事项。

1. 企业价值评估方法

评估方法一般划分为三个范畴：①资产评估；②收入评估；③现金流评估。为一家企业设定一个价值可能有点棘手。很多时候，企业家为企业牺牲了太多，并将其视为自己的"宝贝"。根据各种客观标准（如现金流或净利润）来计算"宝贝"的价值有时候会令人感到震惊。因此，对于希望退出企业的企业家而言，请专业人员对企业进行全面的综合评估以做好充分准备非常重要。

2. 退出企业涉及的其他重要事项

虽然退出企业最棘手的部分是对企业进行评估，但也应该将其他一些因素纳入考虑范围。这些因素包括为退出企业做好准备、决定谁来出售企业、考虑税收事项、筛选潜在的收购者，以及决定在出售企业之前还是之后告知员工这一消息。退出创业型企业的过程应该如同创建企业的过程一样谨慎地一步步推进。如果企业家出售的企业呈现一种积极的态势，那么他希望获得企业所创造的价值。如果退出企业是因为不断下滑的企业绩效，那么企业家希望能够使可能的收益最大化。

【本章小结】

本章由创建创业企业和管理创业企业两部分组成。创建创业企业包括创业的组织形式选择、创业企业的选址和名称设计、创业企业的登记注册、创业企业涉及的法律与伦理问题。组织形式可以划分为个人独资企业、合伙企业和公司制企业，不同形式的组织有其不同的成立条件。企业的选址会受到自然因素、社会因素等外部因素影响，学会科学的选址步骤及关注选址细节能够帮助企业取得成功的开始。创业企业的注册登记是企业创立过程中的关键步骤，包括名称核准，工商注册，印章办理、证件办理、银行开户。创业企业涉及一系列法律问题，对《中华人民共和国专利法》《中华人民共和国商标法》等相关法律法规的了解非常重要。创业企业所面临的伦理问题来源分为三类。第一类问题主要涉及一些职业规范问题及保密协议和竞业限制的问题，如果不加注意甚至可能会面临法律风险。第二类问题需要明晰相关的所有权的分配、未来业务的实质及创业者的职位等相关的未来利益分配以及相关的职权问题，避免由此带来的一系列利益纠纷问题。第三类问题则与一般企业的伦理问题类似，企业应当注意对其他利益相关者的保护。管理创业企业包括管理创业企业成长和管理创业企业衰退。为企业成长制订计划、进行组织和实施控制是十分重要的，通过计划为创业企业的成长提供规划、通过组织为企业的成长提供所需的相应资源及文化、通过控制来调控相应的程序和秩序等是创业企业得以成长的关键。管理创业企业衰退分为三部分：第一部分是危机的识别，应当对绩效下滑、现金流不足等相关的预警信号提供充分的关注；第二部分是应对衰退，应注重现金流、应收账款、成本等关键因素，以针对性地采取措施；第三部分是退出创业企业，应注重对企业的资产评估，对企业资产的合理评估能为企业的合理处理带来很大的帮助。

【回顾与思考】

1. 创业企业有哪些不同的组织形式？如果你是创业者，你会选择哪种创业模式？为什么？

2. 创业企业的选址需要注意哪些细节？对于不同的行业它们都适用吗？为什么？

3. 企业登记注册的程序有哪些？你觉得其中最重要的步骤是什么？

4. 管理创业企业的成长需要注意什么？

5. 你知道的企业资产评估方法有哪些？它们有什么区别？

【课后训练】

5元创业盈利赛

——一次微型的创业体验

本练习旨在通过创新和积极思维的集体运用，提升大家对创业的真实感受。通过这样的一次微型体验，使大家真实地接触创业的方方面面，通过实践与知识结合，加强对知识的理解应用。

作业形态：分小组完成。

小组人数：每组人数相同，4～8人不等。

完成周期：2周。

作业名称：5元创业盈利赛。

目标：在5元现金资本的限制下，小组成员共同努力寻找创业机会，磨炼创业本能，提升创业能力。

要求：同学们将从老师那里获得每组5元的"种子资金"作为启动资本，来从事任何方向的事业，能够使用免费获得的任何其他类型的资源。相关"企业"要在老师处注册后才可开展活动。在2周后，向班上其他人展示创业结果，比一比谁赚取的利润多。当然，将5元种子资金归还老师后，利润均由团队成员留存、分配。同时将本次创业行动中相关活动（计划、选址等行动）通过书面形式形成一份商业计划书。

参 考 文 献

彼得·德鲁克. 2007. 创新与企业家精神(中英文双语典藏版)[M]. 蔡文燕译. 北京: 机械工业出版社.

彼得·德鲁克. 2018. 创新与企业家精神[M]. 蔡文燕译. 北京: 机械工业出版社.

蔡莉, 张玉利, 蔡义茹, 等. 2021. 创新驱动创业: 新时期创新创业研究的核心学术构念[J]. 南开管理评论, 24(4): 217-226.

蔡莉, 张玉利, 陈劲, 等. 2023. 中国式现代化的动力机制: 创新与企业家精神: 学习贯彻二十大精神笔谈[J]. 外国经济与管理, 45(1): 3-22.

陈劲, 阳镇, 尹西明. 2020. 新时代企业家精神的系统性转型: 迈向共益型企业家精神[J]. 清华管理评论, (7/8): 25-34.

陈睿君, 谢雅萍, 黄丽清. 2020. ISM 框架下连续创业行动影响因素分析[J]. 科学学研究, 38(9): 1662-1669.

陈晓暾, 陈李彬, 田敏. 2017. 创新创业教育入门与实战[M]. 北京: 清华大学出版社.

《大学生创新创业基础》编委会. 2016. 大学生创新创业基础[M]. 北京: 中国林业出版社.

戴维奇, 杨俊. 2020. 战略创业: 因应突变环境之道[J]. 清华管理评论, (10): 80-87.

邓立治. 2018. 商业计划书: 原理、演示与案例[M]. 2 版. 北京: 机械工业出版社.

杜晶晶, 郝喜玲. 2023. 数字创业背景下创业机会研究综述与未来展望[J]. 河南大学学报(社会科学版), 63(1): 20-26, 152.

杜晶晶, 王涛, 郝喜玲, 等. 2022. 数字生态系统中创业机会的形成与发展: 基于社会资本理论的探究[J]. 心理科学进展, 30(6): 1205-1215.

冯林. 2017. 大学生创新基础[M]. 北京: 高等教育出版社.

郭润萍, 裴育, 尹昊博. 2022. 社会互动视角下数字创业机会客观化机理: 基于数字创意新企业的多案例研究[J/OL]. 南开管理评论: 1-24. http://kns.cnki.net/kcms/detail/12.1288.f.20221013.1640.002.html [2024-12-20].

何伟. 2018. 创新与创业基础[M]. 北京: 国家行政学院出版社.

黄丽华, 朱海林, 刘伟华, 等. 2021. 企业数字化转型和管理: 研究框架与展望[J]. 管理科学学报, 24(8): 26-35.

黄胜, 周劲波. 2013. 国际创业影响因素与内在机理研究[J]. 科学学与科学技术管理, 34(4): 110-118.

贾建锋, 刘梦含. 2021. 数字创业团队: 内涵、特征与理论框架[J]. 研究与发展管理, 33(1): 101-109.

兰玲. 2018. 经管类专业创新创业教育[M]. 北京: 经济管理出版社.

雷家骕, 张庆芝, 张鹏, 等. 2019. 创新植入增长: 基于科学的产业的技术赶超与自主创新[M]. 北京: 清华大学出版社.

李华晶. 2022. 创业型领导的双重转型: 画法和兵法的启示[J]. 清华管理评论, (3): 91-97.

李家华, 褚建伟, 张春青, 等. 2022. 创新创业教育[M]. 2 版. 北京: 高等教育出版社.

李兰, 王锐, 彭泗清. 2023. 企业家成长 30 年: 企业家精神引领企业迈向高质量发展: 中国企业家队伍成长与发展 30 年调查综合报告[J]. 管理世界, 39(3): 113-136.

李庆丰. 2021. 新竞争战略: 创新商业模式, 打造超级产品, 让小企业成为巨无霸[M]. 北京: 北京时代华文书局.

李巍. 2021. 公司数字创业的四种模式[J]. 清华管理评论, (11): 41-53.

李巍, 明荷汶, 庞青丹. 2022. 路径依赖对公司数字创业的抑制及免疫机制研究[J]. 科技进步与对策, 39(4): 91-100.

李新春, 潮海晨, 叶文平. 2017. 创业融资担保的社会支持机制[J]. 管理学报, 14(1): 55-62.

李秀华, 刘武, 赵德奎. 2015. 大学生创新与创业[M]. 长春: 吉林大学出版社.

李扬, 单标安, 费宇鹏, 等. 2021. 数字技术创业: 研究主题述评与展望[J]. 研究与发展管理, 33(1): 65-77.

刘方龙, 蔡文平, 邹立凯. 2023. 数字经济时代平台型企业何以诞生?: 基于资源产权属性的案例研究[J]. 外国经济与管理, 45(2): 100-117.

刘方龙, 李新春, 邹立凯, 等. 2024. 数字化转型背景下企业内部创业的治理机制: 基于人力资本细分产权激励的案例研究[J]. 南开管理评论, 27(7): 161-172.

刘方龙, 邹立凯, 李新春. 2022. 企业高管的衍生创业机制: 基于专用性资产的影响研究[J]. 南开管理评论, 25(1): 105-117.

刘刚, 王泽宇. 2016. 创业团队文化多样性与互联网创业融资: 基于产品众筹数据的实证分析[J]. 财贸经济, (6): 113-128.

刘志阳. 2018. 创业画布: 创业者需要跨越的 12 个陷阱[M]. 北京: 机械工业出版社.

刘志阳, 林嵩, 邢小强. 2021. 数字创新创业: 研究新范式与新进展[J]. 研究与发展管理, 33(1): 1-11.

迈克尔·勒维克, 帕特里克·林克, 拉里·利弗, 等. 2023. 设计思维手册: 斯坦福创新方法论[M]. 高馨颖译. 北京: 机械工业出版社.

孟方琳, 田增瑞, 赵袁军, 等. 2022. 公司创业投资的共生演化与培育机制研究[J]. 科学学研究, 40(4): 684-694.

彭华涛, 潘月怡, 陈云. 2022. 社会网络嵌入、双元均衡创新与国际创业研究[J]. 科研管理, 43(11): 45-54.

彭四平, 伍嘉华. 2018. 创新创业基础[M]. 北京: 人民邮电出版社.

芮正云, 马喜芳. 2021. 创业者跨界能力与创业质量关系研究[J]. 科学学研究, 39(7): 1277-1284.

邵际珍, 陈卓武, 陈嘉锐, 等. 2022. 基于 CiteSpace 的大学生创新创业研究可视化分析[J]. 科技管理研究, 42(10): 98-104.

谌飞龙, 陈松, 马宁. 2021. 创业机会—资源动态匹配机制分析: 基于连续创业者经历的质性研究[J]. 科技进步与对策, 38(24): 116-123.

斯晓夫, 吴晓波, 陈凌, 等. 2020. 创业管理: 理论与实践[M]. 2 版. 杭州: 浙江大学出版社.

田毕飞, 丁巧. 2017. 中国新创企业国际创业自我效能、模式与绩效[J]. 科学学研究, 35(3): 407-418.

王节祥, 刘双, 瞿庆云. 2023. 数字平台生态系统中的创业企业成长研究: 现状、框架与展望[J]. 研究与发展管理, 35(1): 72-88.

王强, 陈姚. 2021. 创新创业基础: 案例教学与情境模拟[M]. 北京: 中国人民大学出版社.

王青迪. 2020. 大学生创新创业教育与就业指导[M]. 上海: 上海三联书店.

王卫东, 黄丽萍. 2015. 大学生创业基础[M]. 北京: 清华大学出版社.

王晓明. 2023. 大学生创新创业赛事解析与筹备[M]. 北京: 线装书局.

郗婷婷, 周萍, 曾成, 等. 2021. 创新创业基础[M]. 北京: 清华大学出版社.

项国鹏, 高挺, 万时宜. 2022. 数字时代下创业企业与用户如何开发机会实现价值共创? [J]. 管理评论, 34(2): 89-101, 141.

熊立, 年鹏翔. 2022. 创业者社会网络、团队双元即兴与市场响应绩效研究[J]. 管理学报, 19(11): 1637-1647.

徐锋. 2017. 有效需求分析[M]. 北京: 电子工业出版社.

杨德林. 2006. 创意开发方法[M]. 北京: 清华大学出版社.

杨俊, 朱沆, 于晓宇. 2022. 创业研究前沿: 问题、理论与方法[M]. 北京: 机械工业出版社.

杨震宁, 杨德林. 2018. 创业管理[M]. 北京: 经济科学出版社.

亚历山大·奥斯特瓦德, 伊夫·皮尼厄. 2011. 商业模式新生代[M]. 王帅, 毛新宇, 严威译. 北京: 机械工业出版社.

英格丽·葛斯特巴赫. 2020. 设计思维的 77 种工具[M]. 方怡青译. 北京: 电子工业出版社.

员宁波. 2022. 创业机会来源的分类及特征研究[J]. 忻州师范学院学报, 38(5): 53-56, 78.

张慧玉, 尹珏林. 2011. 企业社会责任前移: 小企业和新创企业的社会角色[J]. 科学学与科学技术管理, 32(7): 130-135.

张维迎. 2022. 重新理解企业家精神[M]. 海口: 海南出版社.

张玉利. 2016. 创业管理[M]. 4 版. 北京: 机械工业出版社.

张玉利, 谢巍. 2018. 改革开放、创业与企业家精神[J]. 南开管理评论, 21(5): 4-9.

张玉利, 冯潇, 田莉. 2022. 大型企业数字创新驱动的创业: 实践创新与理论挑战[J]. 科研管理, 43(5): 1-10.

张玉利, 薛红志, 陈寒松, 等. 2020. 创业管理[M]. 5 版. 北京: 机械工业出版社.

章剑锋, 陈乃启. 2021. 创新思维与创业设计[M]. 北京: 电子工业出版社.

周文辉, 陈凌子, 邓伟, 等. 2019. 创业平台、创业者与消费者价值共创过程模型: 以小米为例[J]. 管理评论, 31(4): 283-294.

朱秀梅, 刘月, 陈海涛. 2020. 数字创业: 要素及内核生成机制研究[J]. 外国经济与管理, 42(4): 19-35.

Leszek A. Maciaszek. 2011. 需求分析与系统设计(原书第 3 版)[M]. 马素霞, 王素琴, 谢萍等译. 北京: 机械工业出版社.

Autio E, Nambisan S, Thomas L D W, et al. 2018. Digital affordances, spatial affordances, and the genesis of entrepreneurial ecosystems[J]. Strategic Entrepreneurship Journal, 12(1): 72-95.

Bourdieu P, Wacquant L J D. 1992. An invitation to reflexive sociology[M]. Chicago: University of Chicago Press.

Burgelman R A. 1983. Corporate entrepreneurship and strategic management: Insights from a process study[J]. Management Science, 29(12): 1349-1364.

Casadesus-Masanell R, Zhu F. 2013. Business model innovation and competitive imitation: The case of sponsor-based business models[J]. Strategic Management Journal, 34(4): 464-482.

Cramer J, Krueger A B. 2016. Disruptive change in the taxi business: The case of Uber[J]. American Economic Review, 106(5): 177-182.

Elia G, Margherita A, Passiante G. 2020. Digital entrepreneurship ecosystem: How digital technologies and collective intelligence are reshaping the entrepreneurial process[J]. Technological Forecasting and Social Change, 150: 119791.

Foss N J, Saebi T. 2017. Fifteen years of research on business model innovation: How far have we come, and where should we go?[J]. Journal of Management, 43(1): 200-227.

Greenwood B N, Wattal S. 2015. Show me the way to go home: An empirical investigation of ride sharing and alcohol related motor vehicle homicide[R]. Fox School of Business research paper, No. 15-054.

Hébert R F, Link A N. 1989. In search of the meaning of entrepreneurship[J]. Small Business Economics, 1(1): 39-49.

Janssen O. 2000. Job demands, perceptions of effort-reward fairness and innovative work behaviour[J]. Journal of Occupational and Organizational Psychology, 73(3): 287-302.

Jones M V, Coviello N E, Tang Y K. 2011. International entrepreneurship research (1989–2009): A domain ontology and thematic analysis[J]. Journal of Business Venturing, 26(6): 632-659.

McDougall P P. 1989. International versus domestic entrepreneurship: New venture strategic behavior and industry structure[J]. Journal of Business Venturing, 4(6): 387-400.

McDougall P P, Oviatt B M. 1996. New venture internationalization, strategic change, and performance: A follow-up study [J]. Journal of Business Venturing, 11(1): 23-40.

McDougall P P, Oviatt B M. 2000. International entrepreneurship: The intersection of two research paths[J]. Academy of Management Journal, 43: 902-906.

Milliken F J. 1987. Three types of perceived uncertainty about the environment: State, effect, and response uncertainty[J]. Academy of Management Review, 12(1): 133-143.

Minniti M, Bygrave W. 2001. A dynamic model of entrepreneurial learning[J]. Entrepreneurship: Theory and Practice, 25(3): 5-16.

Osterwalder A, Pigneur Y, Tucci C L. 2005. Clarifying business models: Origins, present, and future of the concept[J]. Communications of the Association for Information Systems, 16: 1-25.

Oviatt B M, McDougall P P. 1994. Toward a theory of international new ventures[J]. Journal of International Business Studies, 25(1): 45-64.

Oviatt B M, McDougall P P. 2005. Defining international entrepreneurship and modeling the speed of internationalization[J]. Entrepreneurship Theory and Practice, 29(5): 537-553.

Sarasvathy S D. 2001. Causation and effectuation: Toward a theoretical shift from economic inevitability to entrepreneurial contingency[J]. Academy of Management Review, 26(2): 243-263.

Schmitz A, Urbano D, Dandolini G A, et al. 2017. Innovation and entrepreneurship in the academic setting: A systematic literature review[J]. International Entrepreneurship and Management Journal, 13: 369-395.

Schumpeter J A. 1912. Theorie der wirtschaftlichen Entwicklung. Leipzig: Duncker & Humblot. (English translation published in 1934 as: The Theory of Economic Development[M]. Cambridge: Harvard University Press.)

Scott S G, Bruce R A. 1994. Determinants of innovative behavior: A path model of individual innovation in the workplace[J]. Academy of Management Journal, 37(3): 580-607.

Shane S, Venkataraman S. 2000. The promise of entrepreneurship as a field of research[J]. Academy of Management Review, 25(1): 217-226.

Shepherd D A, Patzelt H. 2011. The new field of sustainable entrepreneurship: Studying entrepreneurial action linking "what is to be sustained" with "what is to be developed"[J]. Entrepreneurship Theory and Practice, 35(1): 137-163.

Song A K. 2019. The digital entrepreneurial ecosystem: A critique and reconfiguration[J]. Small Business Economics, 53(3): 569-590.

Thompson N A, van Gelderen M, Keppler L. 2020. No need to worry? Anxiety and coping in the entrepreneurship process[J]. Frontiers in Psychology, 11: 398.

Timmons J A, Spinelli S, Tan Y. 2004. New Venture Creation: Entrepreneurship for the 21st Century[M]. 6th ed. New York: McGraw-Hill/Irwin.

Wellalage N H, Hunjra A I, Manita R, et al. 2021. Information communication technology and financial inclusion of innovative entrepreneurs[J]. Technological Forecasting and Social Change, 163: 120416.

Wright R W, Ricks D A. 1994. Trends in international business research: Twenty-five years later[J]. Journal of International Business Studies, 25: 687-701.

Zahra S A, Garvis D M. 2000. International corporate entrepreneurship and firm performance: The moderating effect of international environmental hostility[J]. Journal of Business Venturing, 15: 469-492.

Zahra S A, George G. 2002. International entrepreneurship: The current status of the field and future research agenda[C]//Hitt M A, Ireland R D, Camp S M, et al. Strategic Entrepreneurship: Creating a New Mindset. Oxford: Blackwell Publishers: 255-288.